PEIYANG UNIVERSITY AND MODERN CHINA

VOL.2

北洋大学与近代中国

—————— 第2辑 ——————

王杰 张世轶 主编

创于1897 商务印书馆
The Commercial Press

图书在版编目 (CIP) 数据

北洋大学与近代中国. 第 2 辑 / 王杰，张世轶主编
. — 北京：商务印书馆，2023
ISBN 978-7-100-21790-3

Ⅰ. ①北… Ⅱ. ①王… ②张… Ⅲ. ①天津大学—校史—文集 Ⅳ. ① G649.282.1-53

中国版本图书馆 CIP 数据核字 (2022) 第 210274 号

北洋大学与近代中国

（第 2 辑）

王杰 张世轶 主编

商 务 印 书 馆 出 版
（北京王府井大街 36 号 邮政编码 100710）
商 务 印 书 馆 发 行
艺堂印刷（天津）有限公司印刷
ISBN 978-7-100-21790-3

2023 年 12 月第 1 版　　　开本 787×1092　1/16
2023 年 12 月第 1 次印刷　　印张 23 1/2
定价：128.00 元

序 一

行稳致远　初心如磐
——祝"北洋大学与近代中国"研讨会与时偕行

芳菲四月，春满花枝，暖阳遍洒，景新岁和。

刚刚送别了"繁花与共"的"海棠季"，今天，我们又在这里迎来了"北洋大学与近代中国"研讨会的召开。

"走进中国第一所现代大学"校史博物馆参观活动，是今年天津大学"海棠季"系列活动"读懂·兴学强国"的组成部分，"校史寻踪""定格北洋""感受·创新脉搏""传承·优秀文化""邂逅·北洋之春""寻梦北洋"，等等，为今年花开斑斓的"海棠季"，增添了浓浓的、深厚的历史文化色彩。

自 2016 年开始，天津大学连续六年举办了"北洋大学与天津"恳谈会，汇集众多专家，对"北洋大学与天津"进行了深入的研讨，连续五年出版了"北洋大学与天津"丛书。

2022 年，在这项研究的基础上，为进一步探求、审视北洋大学文化与历史的研究途径，又把研究范围及主题扩大和提升到"北洋大学与近代中国"，并于 127 周年校庆之时，由商务印书馆出版了《北洋大学与近代中国（第 1 辑）》。

这是因为，主办者十分清楚，只有了解历史才能看得远，理解历史才能走得稳。

2023 年"北洋大学与近代中国"研讨会的举办，正是为了汲取中国第一所现代大学百余年来积蓄的"实事求是"的精神力量和科学智慧，培育创新文化，倡导科学精神，弘扬优良学风，营造创新氛围，重整行装，勇毅前行。

习近平总书记特别注重学习借鉴历史，他说："重视历史、研究历史、借鉴历史，可以给人类带来很多了解昨天、把握今天、开创明天的智慧。"

心有所信，方能致远；学有所悟，方可笃行。

一百多年来，北洋大学和现在的天津大学以"实事求是"的校训，培育出一代又一代崇尚自由和创新的青年才俊，孕育了他们终身不散的清正之气，培植了他们做人做事的厚积薄发。这种精神力量一直跨越时空，在教学相长中发展，在言传身教中传承，而且伴随着他们走向社会愈益彰显，促使他们立足长青基业，尽责使命担当。

一般认为，现代大学至少应有四大功能：人才培养、科学研究、传承创新和社会服务。因此，在现代社会里，大学教育是整个教育体系的核心，是国家建设的重中之重。

一滴水，可以折射出涌动的春潮。

大学的专业设置，不应仅仅以就业为导向，还应当追求专业上的崇高成就。国际上，一流大学的核心标准有两个：一个是拥有顶尖的学术研究成果，一个是拥有享誉世界的杰出人才。教育是一项高尚的事业，伟大的时代必有自己的杰出人物。一所成功的大学，还应是培养可堪大用、能担重任的杰出人才，培养国家栋梁和领袖的地方。

历史铭记，砥砺百年。

党的二十大特别强调，要实施科教兴国战略，强化现代化建设人才支撑。教育是民生，更是国计，优先发展教育，关乎人民生活幸福，更关乎党和国家的发展全局。习近平总书记深刻指出："'两个一百年'奋斗目标的实现、中华民族伟大复兴中国梦的实现，归根到底靠人才、靠教育。"青年强，则国家强；教育强，则民族强。千秋伟业，关键在人——科技是第一生产力、人才是第一资源、创新是第一动力。

岁月长河，奔涌向前，虑远谋深，方能行稳致远。中华民族伟大复兴，正在迎来关键一程。我们应以科学的态度对待科学，以真理的精神追求真理。只有真理之光，才能照亮前进方向；只有核心坚强，才能领航壮丽征程；只有伟大事业，才能凝聚磅礴力量。

理论的价值在于指导实践。

中国有着自己的国情和传统，没有任何现成模式可以照搬；中国式现代化，既应基于自己的国情特色，又应具备世界现代化的共同特征。习近平总书记《在二十届中央政治局常委同中外记者见面时的讲话》中，向世界宣称："我们将同各国人民一道，弘扬和平、发展、公平、正义、民主、自由的全人类共同价值"。

文脉同国脉相连，文运与国运相通。恩格斯说："文化上的每一个进步，都是迈向自由的一步。"这就是说，人类社会每一次跃进，人类文明每一次升华，无不伴随着文化上的历史性进步。

改革开放是中华民族一次伟大的觉醒，是决定当代中国前途命运的关键选择，是冲破思想束缚、大踏步赶超世界的重要途径。过去照亮未来，征途未有穷期。一个国家、一个民族要发展、要振兴，就必须在历史前进的逻辑中坚毅前行，在时代前沿的潮流中踔厉奋发。

历史画卷，总是在继往开来中展现；时代华章，总是在持续奋斗中书写。相信通过"北洋大学与近代中国"的研讨，我们能够得到许多启迪，让我们坚定历史自信，增强历史主动，坚持守正创新，拓展世界眼光，以海纳百川的宽阔胸襟，借鉴、吸收人类一切优秀文明成果。真心期望我们国家的每一所大学，都能当好中国现代化的开路先锋。

祝"北洋大学与近代中国"的研讨与时偕行！祝研讨会圆满成功！

谢谢大家！

罗澍伟

2023 年 4 月 28 日

序 二

在 2023 年"北洋大学与近代中国"学术研讨会上的致辞

今天，我们在这里召开"北洋大学与近代中国"学术研讨会暨《北洋大学与近代中国（第 1 辑）》首发式。我谨代表天津大学向各位嘉宾表示热烈的欢迎。期待将来有机会能与在座的嘉宾多多交流学习，也欢迎各位嘉宾关心和支持天津大学的文科建设。

北洋大学的建立是中华民族历史上重要的事情，为中华民族近代的发展做出了重要贡献，中国大学的精神文化由此萌发。从深厚的历史积淀中汲取营养实现我们的文化自信，深入挖掘塑造天津大学的文化形象，通过一系列的研究成果最终发出具有天津大学品格的强有力的文化声音，展现中国大学的精神气质，是我们建设中国特色世界一流大学、培养社会主义合格建设者和接班人所不可或缺的。用什么样的文化来育人，选择何种文化精神贯穿于教育教学全过程，采选何种文化来滋养我们自己，不仅是我们作为个体必须追问的动态命题，更是我们教育工作者和文化工作者必须回答的历史与时代命题。

天津大学的前身北洋大学，成立于 1895 年，是中国第一所现代大学。现代大学的建立是中华民族非常重要的大事，为中国步入现代社会做出了重要贡献。我们在深厚的文化积淀下，回应"为天地立心，为生民立命，为往圣继绝学，为万世开太平"的中华传统。扛鼎"兴学强国"的旗帜，以实其事求其是。这是对中国大学精神的诠释，也是在民族精神及社会道德情操上的引领。

进入新时代，中国大学要承担更重要的责任和使命，将教育、科技与人才三项重要工作放在一起统筹部署，通过协调配合，共同塑造发展的新动能新优势，服务于创新国家建设。教育必须充分发挥基础性、战略性、先导性的作用，为党育人，为国育才，培养德智体美劳全面发展的社会主义建设者和接班人。在我们未来的发展道路上，我们要以优秀文化传统、大学精神、时代精神来激活中华优秀传统文化的生命力，助推中国大学精神在新时代铸造华彩篇章。这也是在中华优秀传统文化继承与创造性转化中，我们作为中国第一所现代大学能够给予教育、给予社会的精神资源。

众人能移万座山。在我们的研究队伍中，有年事已高的长者，有奋进的青年才俊，既有天津的著名文史专家，也有来自其他地区社会各界的著名学者，还有从各地专门赶来的嘉宾和媒体界的朋友，还有很多都是与我们北洋大学、天津大学具有深厚渊源的老朋友、新朋友。感谢大家在深化主题探索、展现宏大视野、弘扬精神传统、彰显大学魅力等方面做出的富于创造且卓有成效的研究实践。我们将以各种形式持续支持北洋大学与中国的研究，希望其在精神资源探求的道路上不断爆发原动力和创造力。

再次感谢大家！

韩庆华

2023 年 4 月 28 日

前　言

　　北洋大学与近代中国，将一所大学与一个国家、一个时代相联系，这样的命题将大学放在了社会进步和时代变迁的大背景下进行研究，突破了就大学论大学的局限，无疑是新的尝试。但是，是否立意牵强，存在逻辑上的不对称呢？据教育部 2022 年 5 月 31 日公布的数字，全国高等学校共计 3013 所，其中普通高等学校 2759 所（本科 1270 所、专科 1489 所），成人高等学校 254 所。统计数字未包含港澳台地区高等学校和军事类院校。三千多所院校，可否每一所院校都可以立意某大学与近代中国呢？北洋大学之于中国的近代大学有着怎样的典型意义？它与近代中国有着怎样密切的联系呢？

　　现代大学是现代社会的启明星。现代大学出现在 11 世纪的欧洲，现代意义的"大学"在意大利中部的博洛尼亚（Bologna）出现，1158 年建立的博洛尼亚大学被称为"大学之母"，1231 年萨莱诺大学建立，意大利随即成为欧洲文艺复兴的基地。伴随着工业革命的到来，现代大学也在英国兴起，1168 年牛津大学建立，1209 年剑桥大学建立，"新大学运动"后，伦敦大学、伯明翰大学、利物浦大学等一批应用科学院校兴起，使英国很快成为第一次工业革命的领导国。1180 年法国建立了巴黎大学，拿破仑执政后颁布了《帝国大学令》，随后法国大学兴起，为法国大革命和进入现代社会提供了思想、技术、艺术的支持。典型的现代大学起源于德国，威廉·冯·洪堡创办的柏林大学体现了现代大学的三原则：科学研究与教学的结合；学术探索的自由；学科知识的构建。黑格尔曾言："没有洪堡大学就没有光辉灿烂的德意志文明。"柏林大学影响了德国的社会发展，也带动了世界大学的改革，带来了现代大学的发展。在美国，先有哈佛，后有美利坚合众国。1636 年哈佛学院建立，1783 年美国独立。17

世纪中叶的哈佛大学，以及后来的耶鲁大学和麻省理工学院等 18 世纪的常青藤联盟大学，支撑摆脱殖民统治的美国成为世界超级强国。世界历史充分证明现代大学是现代社会的启明星，它顺应现代社会的需要而出现，也支撑了现代社会的发展，这在中国也是如此。

中国的传统学府自唐代紧紧结合科举取士的国家选材政策，以国子监、太学等官学为国家的法定教育模式。到了清朝末年，无论是朝廷设立的国子监、宗学、八旗官学，还是地方书院，都已徒具虚名。"儒学浸衰，教官不举其职"，官学废弛、书院陈腐，中国的封建教育走进了死胡同。

清末，西方文化以"炮利船坚"的高压态势打开中国的大门，西方文化如一股潮水涌入中国的河道。甲午之战后，一些眼界开阔的有识之士认识到日本发展迅速的原因："日本维新以来，援照西法，广开学堂书院，不特陆军海军将弁皆取材于学堂；即今之外部出使诸员，亦皆取材于律例科矣；制造枪炮开矿造路诸工，亦皆取材于机器工程科地学化学科矣。仅十余年，灿然大备"，提出"自强首在储才，储才必先兴学"的"兴学强国"的主张。盛宣怀在建立北洋大学堂的章程中写道："头等学堂，本年拟先招已通大学堂第一年功夫者，精选三十名列作末班……至第四年底，头等头班三十名，准给考单挑选出堂。或派赴外洋，分途历练；或酌量委派洋务职事。此外国所谓大学堂也。"1895 年（光绪二十一年）10 月中国第一所现代大学——北洋大学堂在天津创建。

北洋大学是一所开先河的大学，为中国的现代大学起到了示范性的重要作用。

清末发起的洋务运动正是中国社会向"求强""求富"的近代社会转型的开始。北洋大学堂是洋务运动的产物，也是洋务运动的组成部分，代表了中国社会进入近代社会的成就。北洋大学与欧美大学学制相同。头等学堂相当于欧美的大学本科，二等学堂相当于欧美的大学预科，头等、二等学堂学制皆为四年，历时八年方能培养出高级专门人才。1899 年北洋大学堂第一届学生毕业，这是我国第一批大学毕业生。随后多人被送往欧美和日本著名大学的研究院攻读研究生，成为了我国第一批掌握现代科学技术知识的高级专门人才。北洋大学堂是一所摆脱封建教育功能，以培养全新的实用人才为主的新式大学，其功能是现代教育机构，学校性质是科学技术人才的培养。

北洋大学建立 16 年后，辛亥革命爆发，清政府倒台，中国的封建社会画上句号。中华民国的建立就社会形态来讲标志着中国从封建社会转型进入近代社会。

现代大学是支撑社会发展进步的动力源。美国硅谷依托斯坦福大学和加州大学伯克利分校，还包括加州大学系统的其他几所大学和圣塔克拉拉大学建立，成为融科学、技术、生产为一体的新业态高地，为大学支撑社会发展的典型案例。其实，在中国，北洋大学的建立对于中国社会的影响更是显而易见。北洋大学初创设立了法律、矿冶、建筑和机械学科，培养了中国急需的现代人才。这些人成为了中国不同领域的开拓者。如北洋大学法科毕业生王宠惠曾担任民国首任外交总长，海牙国际法庭的首位中国法官；王宠佑成为中国首位有色金属专家；刘瑞恒成为中国外科专家、协和医院院长；齐璧亭开拓了中国师范教育；师昌绪成为中国材料学科的领军人物。这样的例子不胜枚举。不仅仅是人才支撑，还开辟了现代工业的许多领域，如地质、冶金、能源、建筑、材料、机械、动力及城市卫生等。北洋大学对于中国社会的贡献和影响力，应该加以总结，从中梳理出大学与社会发展之间的内在联系。

大学是人类社会的精神标高。中国的现代大学办学模式是新颖的，但其文化根源是传统的，这是中国大学最为鲜明的特色。中国的大学自古提倡"学大艺，履大节"，讲求道德修养。孔子在《大学》中讲道："大学之道，在明明德，在亲民，在止于至善"，这是中国大学所追求的精神标高。

"汉兴大学，立五经博士，以养天下士。"大学在古代作为一所汇集知识分子、汇集知识文化的地方已经存在，相当于近代国立的以教师为主的大学。这种古代实体性教育机构追求的目标仍然可以看作是"大学之道，在明明德，在亲民，在止于至善"。只不过此间的大学之道不仅为己修身，还在"传道、授业、解惑"于他人，告诉"为人君，止于仁；为人臣，止于敬；为人子，止于孝；为人父，止于慈；与国人交，止于信"，达到"止于至善"的最高境界。

封建社会所培养的知识分子是封建秩序的维护者，封建社会的大学以儒家学说的纲常人伦为核心内容，将修身与社会的治理结合，将人与自然的和谐结合，以实现"善治"的社会生态。这是大学之道，也是大学的作用。

今日之大学作为一个社会组织，它的功能是"在明明德，在亲民，在止于至善"。

"明明德"就是弘扬正能量，以科学的、进步的思想影响社会，为社会贡献符合社会发展规律和自然变化规律的知识，推动社会的正确前进。大学"在亲民"，不能脱离社会，有社会服务意识，要面向公民服务，"善行""善举"，以知识和成果贡献社会。"止于至善"，意味着大学要"择善而从"，以进步的文化旗帜引领社会，以科学的成果服务人类和自然，将人类社会不断引导向"至善"的境界。

大学之道还包括"立德树人"，这是学校的根本任务，"立德"是学生的"核心素养"。"立德"既是"明明德"，树立社会主义的核心价值观；也是"亲民"，有社会关爱、家国情怀、责任担当；更是不断完善自我，提升品德修养，追求"止于至善"，"让每个学生都能成为有用之才"，成为社会中的"善人"，成为民族复兴、社会进步的中坚。

一所大学与一个国家、一个时代紧密相连，北洋大学最具有代表性，其家国情怀、"兴学强国"的追求和对于国家和民族责任的担当，代表了中国现代大学的最鲜明特色。历史学者罗志田指出，"中国士人因屡挫于西方和日本而大谈国家富强"，"富强本不为儒家所强调，寻求富强正是在西潮影响下产生的国家目标"。研究北洋大学与近代中国不仅具有历史意义，对于中华民族伟大复兴中国梦的实现更具有现实意义，这就是我们开展北洋大学与近代中国研究的目的。

2017 年，天津大学开始召开"北洋大学与天津"恳谈会，连续召开了五届，并陆续出版发行了研究成果《北洋大学与天津》，共五辑。2020 年在此基础上将研究视野扩展到"北洋大学与近代中国"，为了让关心这项研究的各届人士了解选题转变的原因，特此作序说明。

在此还要说明两个概念，本文使用的"现代大学"一词是指教育学关于现代大学的标准划分，确切地说相对于古代大学，是现代性质的大学。使用的"近代社会"一词是按照历史学的社会分期所普遍使用的提法。

编　者

2022 年 6 月 20 日

目　录

中国高等教育之父

——盛宣怀的办学事迹

严孝潜[*]

盛宣怀对中国近代教育有历史贡献，他创办了我国最早成立的两所大学北洋大学堂和南洋公学，是我国近代高等教育的开创者和奠基人。盛宣怀将民族希望寄予大学这样的先进教育场所，深知中国科举制度培养出来的那些熟读四书五经、擅长撰写八股文的秀才无法满足洋务企业的人才需求。甲午中日战争结束后，盛宣怀奏报朝廷请求开办学堂，他在奏折中提到"西国人才之盛皆出于学堂"等兴学强国主张。在得到了光绪帝的首肯后，成立了北洋西学学堂。这所学校在光绪二十二年（1896）改名为北洋大学堂，是中国第一所以"大学堂"命名的高等学校，也是中国近代史上第一所官办大学。

盛宣怀对北洋大学堂可谓是寄予厚望，不但聘请了许多外国专家，还聘请美国教育家丁家立担任北洋大学堂总教习，丁家立按照美国大学的标准设立北洋大学堂的课程，对学生的要求也十分严格。可以说从北洋大学堂毕业的学生，完全可以达到当时美国本科大学生的毕业水准，可以直接进入美国著名大学的研究院学习。

光绪二十五年（1899）的第一批毕业生中，18岁的香港学员王宠惠因学习成绩优异获得"钦字第壹号"文凭，他后来成为了著名的书法家、政治家、外交家，还曾参与《联合国宪章》的起草。

盛宣怀还在光绪二十二年（1896）于上海创办了南洋公学。与北洋大学堂不同，

＊ 严孝潜，1938年生，系严复之侄曾孙。毕业于西安交通大学。曾任第八届、第九届全国政协委员，天津市南开区政协常委。现为福建省严复学术研究会、福州市阳岐严复纪念馆、天津严复与北洋水师学堂纪念馆顾问。

这所学校不是官办，而是官办民助，即办学经费一半来自官方，一半来自商民（招商局、电报局）。这所学校培养人才的标准也和北洋大学堂有所不同，更偏向于实业。尽管更偏向于实业，但南洋公学却没有放弃教学质量。在经历几次改名后，光绪三十三年（1907）著名教育家、国学大师唐文治担任上海高等实业学校校长，将学校改为工科大学，聘请一批高质量的教师，直接采用美国哈佛大学、麻省理工学院等著名大学的教科书，极大地提高了学校的办学质量和水平。

本文谨就中国高等教育之父盛宣怀的办学教育事迹，按时间顺序从 1895 年至 1900 年予以梳理。

1895 年 7 月 19 日，清光绪皇帝下诏全国，征求"自强""求治"之策。谕旨称："自来求治之道，必当因时制宜，况当国事艰难，尤应上下一心，图自强而弥祸患。……叠据中外臣工条陈时务，详加披阅，采择施行，如修铁路、铸钞币、造机器、开矿产、折南漕、减兵额、创邮政、练陆军、整海军、立学堂……"严令各省将军、督抚"悉心筹划，酌度办法"。

此即朝廷要求各地建立新式学堂的上谕，同时也是北洋大学堂开办的直接原因。

这时盛宣怀久蓄宏志，闻风而动起，提出"自强首在储才，储才必先兴学""伏查自强之道，以作育人才为本，求才之道，尤以设立学堂为先"，提出"兴学强国"的主张。

1895 年 7 月，盛宣怀聘请美国人丁家立在天津创办官办大学。盛宣怀和丁家立两人"考究再三"，酌拟"头等学堂、二等学堂章程"，拟就"拟设天津头等学堂章程、功课、经费"和"拟设天津二等学堂章程、功课、经费"等款折。这里表明"天津头等学堂"和"天津二等学堂"是不同的两个独立的学堂，各有各的章程。

盛宣怀还"拟定请丁家立为总教习，负责延订中西教师，考取学生，购买机器和图书等事"，为创办大学堂做了前期的准备。

1895 年 8 月 20 日，《香港华字日报》发表题为《书院将成》的报道，披露盛宣怀拟在博文书院"接办兴作"的讯息：

> "津函云：津郡土城南门外前经海关税务司德璀琳君建造博文书院一所、楼阁崇宏、规摸广阔。嗣缘经费支绌、暂行中止。迩闻津海关道盛杏荪观察慷慨自任、拟接办兴作。倘能一鼓作气、定卜相与有成。"

1895 年 9 月 1 日，盛宣怀与丁家立商议，先起草了一个《拟设天津中西学堂章程禀》。这是最早出现"天津中西学堂"的名称。

同时，盛宣怀还未等上禀北洋大臣王文韶，就让丁家立提前进行招生工作。

盛宣怀与丁家立商定"二等学堂本年拟由天津、上海、香港等处先招已通小学堂第三年功夫者三十名，列作头班；已通第二年功夫者三十名，列作二班；已通第一年功夫者三十名，列作三班；来年再续招三十名，列作四班。合成一百二十名为额。第二年起，每年即可拨出头班三十名升入头等学堂。其余以次递升，仍每年挑选三十名，入堂补四班之额"。"头等学堂，本年拟先招已通大学堂第一年功夫者，精选三十名列作末班。来年即可升列第三班，并取二等之第一班三十名，升补头等第四班之缺。嗣后按年通升，亦以一百二十名为定额。"即1895年二等学堂拟招头、二、三班各30名，共90名，而头等学堂则招四班30名。两个学堂合共招120名。到1896年，二等学堂再招30名，列作四班。

1895年9月10日，天津海关道盛宣怀禀请北洋大臣王文韶从速创设天津中西学堂，称："树人如树木，学堂迟设一年，则人才迟起一年。"拟照西法设立头等、二等学堂各一所，请王文韶扎委二等衔候补道伍廷芳总理头等学堂，同知衔候补知县蔡绍基总理二等学堂，而两学堂总教习则延聘美国驻津副领事丁家立充任。

盛宣怀禀请北洋大臣王文韶从速创设"天津中西学堂"，按照西法设立头等、二等学堂各一所。这里的"天津中西学堂"应当是盛宣怀申请建立的学堂的名称。

盛宣怀还建议王文韶任命伍廷芳为头等学堂总办，蔡绍基为二等学堂总办，丁家立为两个学堂的总教习。

1895年9月19日，盛宣怀将修改后的《拟设天津中西学堂章程禀》禀呈新任直隶总督兼北洋大臣王文韶，提出："自日本维新以来，按照西法，广开学堂书院，不特陆海军将弁皆取才于学堂，即今之外部出使诸员，亦皆取才于律例科矣。制造枪炮开矿造路诸工，亦皆取才于机械工程科、地学、化学科矣。仅十余年灿然大备"，"伏查自强之道，以作育人才为本，求才之道，尤宜以设立学堂为先"。

这表明盛宣怀正式向王文韶申请设立天津中西学堂。

天津中西学堂设头等学堂和二等学堂各一所，头等学堂是以培养大学生为目标，以培养工科和法律人才为中心。历年课程分四次：第一年，几何学、三角勾股学、格物学、笔绘图、各国史鉴、作英文论、翻译英文；第二年，驾驶并量地法、重学、微分学、格物学、化学、笔绘图并机器绘图、作英文论、翻译英文；第三年，天文、工程初学、化学、花草学、笔绘并机器绘图、作英文论、翻译英文；第四年，金石学、地学、考究禽兽学、万国公法、财富富国学、作英文论、翻译英文。专门学分为五门：

工程学、电学、矿物学、机械学、律例学。工程学包括：工程机械、测量地学、重学、汽水学、材料性质学、桥梁房顶学、开洞挖地学、水利机器学。电学包括：深究电理学、讲究用电机理、传电力学、电房演试、电报并德律风（电话）学。矿物学包括：深奥金石学、化学、矿物房演试、测量矿苗、矿物略兼工程学。机器学包括：深奥重学、材料力学、机器、汽水机器、绘机器图、机器房演试。

以律例学科为例，一名大学生毕业，须修完20门课，包括：英文、几何学、八线学、化学、格致学、生理学、天文学、富国策、通商约章、律法总论、罗马律例、英国合同律、英国罪犯学、万国公法、商务律例、民间词诉律、英国宪章、田产易主律例、船政律例、听诉法则等。

1895年9月22日，王文韶尚未上奏朝廷，就批复给盛宣怀，准其开办学堂一切事宜。

1895年9月30日，直隶总督兼北洋大臣王文韶给光绪皇帝上奏折《津海关道创办西学学堂禀明立案由》，将盛宣怀的《拟设天津中西学堂章程禀》中的中西学堂改为西学学堂，并删去课程设置等内容，以《津海关道创办西学学堂禀明立案由》奏请光绪皇帝御批。

1895年10月2日，清光绪帝朱批《津海关道盛宣怀创办西学学堂禀明立案由》："该衙门知道"。北洋大学堂成立。

是日，清政府还批准盛宣怀为首任学堂督办，批准聘任伍廷芳为头等学堂总办，蔡绍基为二等学堂总办，美国学者丁家立为首任总教习。督办即为校长，盛宣怀成为大学堂第一任校长，伍廷芳和蔡绍基分别为头等和二等学堂的总办，丁家立为头等和二等学堂总教习。

北洋大学堂是在北洋大臣、直隶总督王文韶和津海关道盛宣怀有力的推动下，光绪皇帝钦准成立的中国第一所大学堂。大学堂设在天津梁家园外的博文书院旧址（今解放南路海河中学及毗邻的解放南园），由头等学堂和二等学堂各一所组成，学制均为四年。头等学堂为大学本科，除教授公共课外，还设有法律、采矿冶金、土木工程、机械、电气等专业。

1895年11月17日，北洋头等、二等学堂开学。地址设在博文书院内，设有律例（法律）、工程（土木工程）、矿冶（采矿冶金）和机械四个学科。

这是由清政府官办的，我国近代第一所本科层次的，以法工学科为主的综合性现代大学堂。

大学堂创建初期，经费由津海关道上缴国库的税银中扣除，确保了办学经费无忧。当时的学生上学一切费用由国家负担，书籍、纸张、笔墨以及膳食都是无偿供给，学生每月还发膏火费一至七两白银，随年级增高而增长。

1895年11月19日，盛宣怀到北洋大学堂视察，学生分班迎谒，后又巡视各学生房舍。

1895年12月4日，盛宣怀因病奏请开缺回沪养疴。

1895年12月6日，盛宣怀乘新裕轮离开天津回上海。

1896年2月29日至3月9日，因病回沪养疴的盛宣怀在上海《申报》发布《督办天津大学堂正任津海关道盛示》：

"天津二等学堂应添招四班学生三十名，自十三岁起至十五岁止。须要读过四书五经，文理通顺者。此项学生，按照奏定章程分年挑取递升头等学堂。头班即可请由北洋大臣咨明总理衙门送部引见，候派差使。国家为自强储备人才。此为入门初基，是以必须严加挑选。身家清白，体气壮实，心地纯粹，资质颖异，方能入选。现定二月中旬本道在上海择期亲自考试。该生等如果有志勋名，务必自写履历，于二月初十以前封送电报总局，听候示期考取。幸外观望！"

在这次发布的告示中，盛宣怀是以天津大学堂督办的身份发布的，第一次出现"天津大学堂"称谓。值得注意，"天津大学堂"的名称是盛宣怀亲自使用的。

1896年3月22日，盛宣怀在上海《申报》，又刊登《招考学生》启事。盛宣怀称：

"天津洋务学堂规模已具，欲在沪上招考学生，大略十五岁以内幼童有曾读四书五经者即可报名应考，及试可派入二等学堂递升至头等学堂，然后兹明总理衙门候派差使，此亦宦途之捷径洋务之初阶。"

"天津所招四等学生前列《申报》专重中学，现拟于二月十六日早八点钟在二马路盛公馆考试，作论一篇，起讲一首，毋考试洋文，届期早临，幸勿自误。"

在这里盛宣怀又使用"天津洋务学堂"称谓。

1896年3月29日，盛宣怀在上海二马路盛公馆举行考试。但结果不理想，招生不足额。

1896年4月17日至21日，因二等学堂头班学生不足额，盛宣怀又在上海《申报》发布《正任津海关道盛示》，称：

"天津大学堂现须挑取二等头班学生十名。必须读过英文三四年以上，通晓地理、算学、代数学，华文亦须清通，能做讲论。年轻体壮、身家清白者，即日到陈家木桥电报学堂挂号。洋文总教习丁家立、汉文教习郑膏民等，准于三月初九日早八点钟在电报学堂面试。幸勿识误。"

在这次招生告示中，盛宣怀仍为天津大学堂挑取学生。

1896 年 4 月 21 日，在上海的盛宣怀亲自到电报学堂进行面试，拟专重汉文。但"谙代数诸学者少，不敷缺额"。

1896 年 4 月 23 日至 4 月 26 日，盛宣怀又在上海《申报》刊登广告续招学生。并定于 4 月 28 日早八点钟在电报学堂面试。

1896 年 4 月 28 日，盛宣怀再次在电报学堂面试学生。经过三次招生考试，盛宣怀亲自考选之学生，"一文一论均清通，多系世家"。他们"相貌英秀，身体结实"。三次考试共招得二十名，盛宣怀拟"延教习范膏民三月来津"，还有十名则"请少东观察照章选取"。

同日，在上海招收到的学生，上午到电报学堂集中，按名开单，发给船票。

1896 年 10 月 22 日，《申报》报道："直隶津海关道盛宣怀著开缺，以四品京堂后补督办铁路总公司事务，钦此。"

这时，盛宣怀才正式调离天津海关道，当然也同时免去大学堂督办职务，在上海督办铁路总公司事务。

1896 年 10 月，盛宣怀向清朝政府正式上奏《条陈自强大计折》，附奏《请设学堂片》，禀明两江总督刘坤一，拟在上海捐地开办南洋公学，经费由轮电两局捐输，聘请何嗣焜出任总理。

1896 年 12 月，得到光绪皇帝准允。至此，南洋公学正式创立。因学堂地处南洋（当时称江、浙、闽、广等地为南洋），参考西方学堂经费"半由商民所捐，半由官助者为公学"，故定名为南洋公学。

南洋公学建校初期，隶属于招商局和电报局，设立了师范院、外院、中院和上院四院，盛宣怀任督办。

南洋公学校舍在清廷的支持下，盛宣怀加紧了对南洋公学的筹备。设总理（校长）1 人，聘请他的同乡何嗣焜担任；设监院（西文总教习，相当于教务长）1 人，聘请美国传教士、前南京汇文书院（后改为金陵大学）院长福开森担任；还任用了前梅溪书院负责人张焕纶为总教习（中文教务长）。同时，还设提调（协助教务长管理教习、教员的行政工作）1 人，文牍员 1 人，庶务员 1 人，司会记 1 人，图书兼备教习 2 人，医生 1 人。学校遂开始运作起来了。

1896 年 12 月 10 日，《申报》之《本馆接奉电音》刊载光绪皇帝批复："直隶津海关道员缺，着李岷琛调补，钦此。"李岷琛正式接任津海关道，并任天津大学堂（北洋大学堂）第二任督办（校长）。

1896 年 12 月 31 日，虽然盛宣怀已调离津海关道，不再任天津大学堂督办，但盛在上海《申报》又以天津大学堂督办名义发布《督办天津大学堂太常寺少堂盛示》，称："天津二等学堂应在上海添招四班学生廿四名"。是次招生年限为"十四岁以内"。报考者须"自写履历，侭年内封送上海电报总局学堂报名，于来年正月十六日（笔者按：1897 年 2 月 17 日）辰刻到本大臣行面试华文"。由盛宣怀亲自考试，皆因此为国家为自强储备人才之入门初基，是以必须严加挑选。此广告隔日发布，至 1897 年 1 月 12 日止。是次考场设于沪北天后宫，仅录取 12 名。

1896 年冬，伍廷芳受命出使美国，北洋大学堂头等学堂总办出现空缺，王修植继伍廷芳任北洋大学堂头等学堂总办。

1897 年 1 月 26 日，盛宣怀在上海呈《开办铁路总公司并启用关防折》与《筹建南洋公学及达成馆舍》片，主要是关于经费的筹集问题。当日，光绪朱批："该衙门知道，钦此。"

盛宣怀首立四院，分层设学。他十分重视基础，把师范和小学放在学堂的首要地位，于 1897 年首先招收师范生，设立师范院，这是中国近代最早的新型师范学校，标志着中国师范教育的开始。盛宣怀后又仿照日本师范学校设附属小学校的做法，挑选了 120 名 10—18 岁的聪明幼童，建立了外院。外院就是小学堂，由师范生分班教学。南洋公学外院是中国最早的公立新式小学。

1897 年，王修植任北洋大学堂总办，总理全校事务。

北洋大学堂自 1895 年成立以来，由于资金是由津海关提供，大学堂督办无论是盛宣怀还是李岷琛，都只是名义上的校长，并不负责学堂具体事务。总办一职直到 1897 年才实际设立，王修植成为第一任总办。

1897 年 2 月 22 日至 24 日，盛宣怀还继续为天津大学堂招生，不过在广告中没有再称"天津大学堂督办"，而只称"本大臣"。

1897 年 11 月，虽然盛宣怀已在去年调任督办铁路总公司事务，但大学堂事务并未移交，王修植、蔡绍基、丁家立等人，凡遇有学堂事宜均书函请禀盛宣怀。

1898 年 1 月 28 日，上海《申报》之《告示汇登》，盛宣怀仍继续在沪为北洋大学堂招生，但只署"大理寺少堂盛招考学生告白"。告白称：

"北洋二等学堂因考选四班学生之期，凡身洁清白质颖性良中学通顺之子弟，年在十三岁外十八岁内情愿应考，应即日赴陈家木桥电报学堂报告，元宵前后试期报考均无迟误。"

南洋公学接着于 1898 年开办二等学堂中院，等待条件成熟再开设头等学堂。南洋公学是我国最早兼有师范、小学、中学、大学的完整教育体制的学校，它加速了对学校教育统治延续一千三百多年的科举制度的灭亡，同时也为清廷两次学制的颁布提供了成功实例。

1898 年 2 月 27 日上海《申报》登载消息：

"芦汉铁路工程浩大，在在需人。前在北洋大学堂内设铁路学堂，考取已习西学之高才生，课以工程。俾异日派司铁路事宜。去岁曾由总办王莙生观察委令总教习赴上海、福州等处考取若干人到津肄业。但工大事繁、而人数较少、不敷差遣。本年正月，观察又示期十五日招考身体结实、汉文通顺十六岁以上、二十岁以下之学生入堂肄业，计报名者 159 人到考者 121 人、榜发计正取 20 人、备取 14 人，示期 18 日，到堂复试，再定去留。大约此次留堂以 20 人为额，大学堂亦拟招考新生 15 名，预期出示于上月，26 日考试。"

当时，正值芦汉铁路即将开工，需要大量的铁路人才。为此、北洋大学堂在 1897 年增设了铁路工程科，也称芦汉铁路学堂，聘请美国学者道宾斯讲授铁道工程学。王修植重视招生工作，曾派人赴南方上海、福建招生，但"人数较少，不敷差遣"。王修植又决定到上海续招学生。

1900 年 2 月，北洋大学堂第一届毕业生毕业，王宠惠以最优成绩毕业，并获清政府颁发的第一张毕业考凭，由此终结了中国没有自己培养的大学生的历史。

"钦字第壹号"考凭上书："钦差大臣办理北洋通商事务直隶总督部堂裕，为给发考凭事照得天津北洋大学堂……"，明白标明当时的大学堂名称是天津北洋大学堂。

1900 年 6 月 10 日，俄、英、美、日、德、法、意、奥等八国，以保护教堂等为名，组成的八国联军，从天津向北京进犯。

1900 年 7 月 14 日，天津失陷。八国联军入城枪杀、驱拨民众，尸体狼藉，血流满街。联军官兵砸门搜敛，当铺、金店、银号、商号、大户人家首当其冲。府衙、县衙被捣毁，直隶总督行馆被占领；长芦盐运使署库银被抢掠一空；商业繁华中心侯家后，估衣街，宫南、宫北大街等地惨遭洗劫。联军官兵烧杀淫劫三日，十室九空，犯下滔天罪行。

北洋大学堂校舍先为美军占领，后成为德军兵营，校舍被霸占，设备、文档卷宗尽遭破坏，学生逃散，学堂被迫停办。八国联军还对凡办理交涉的人员多予戮害，凄风血雨中蔡绍基携妻子儿女避难于海上，在颠沛流离之中，妻子病逝，国难家仇集于一身。

北洋大学堂铁路工程科只开办两年，因八国联军入侵天津，学校被德国兵占领，铁路学堂学生移至盛宣怀在上海创办的南洋公学上学。

盛宣怀创办了我国最早的两所大学北洋大学堂和南洋公学，本文对其早期办学活动与教育思想事迹的梳理，概述其从事教育活动的具体过程、内容以及成效、影响，从而概括出他的教育思想，对他在中国近代教育史上的贡献和历史地位给予恰如其分的评价——中国高等教育之父。

参考文献

1. 王杰、张磊、郭伟全：《天津大学志·综合卷》，天津：天津大学出版社，2015年。

2. 欧七斤：《盛宣怀与中国近代教育》，上海：上海交通大学出版社，2016年。

3. 唐越：《刍议北洋（天津）大学堂之初》，王杰、张世轶编著：《北洋大学与天津（第一辑）》，天津：天津大学出版社，2017年。

4. 严孝潜：《创办北洋大学堂的历史背景和创办过程》，王杰、张世轶编著：《北洋大学与天津（第三辑）》，天津：天津大学出版社，2019年。

盛宣怀、王修植与芦汉铁路学堂

井振武[*]

天津是近代中国铁路建设的发动机，是最早拥有铁路交通的城市。有关铁路技术教育也起步非常早，1890 年在直隶总督李鸿章的授意下，武备学堂开设铁路工程科，聘请德国克虏伯铁路工程师包尔·格奥尔格担任铁路工程总教习，并聘瞿希图担任铁路教习，中国教习有沈琪、俞人风、陈荫东等，招收学生 40 名，传授铁路工程技术的各项课程。[①] 继武备学堂之后，1896 年山海关出现铁路学堂，在并入北洋大学堂过程中出现严重水土不服，1897 年 11 月天津大学堂内决定设立芦汉铁路学堂（铁路科），这是中国的大学兴办铁路职业教育的肇始。而铁路科的创办与兴修芦汉铁路，以及铁路总公司督办盛宣怀和大学堂总办王修植有着密切关系。

一

自 1895 年 12 月 7 日清政府颁布上谕，准许芦汉铁路商办以来，列强各国纷纷寻找代理人，为争夺贷款、修路权明争暗斗，各方势力博弈愈演愈烈，都想"先入为主"。第二年 9 月 2 日，直隶总督王文韶、湖广总督张之洞会奏举荐盛宣怀组建公司，督办芦汉铁路。[②]

盛宣怀（1844—1916），字杏荪，别号愚斋，江苏武进人。入塾读书，多次乡试未中举人，遂花钱捐了个主事头衔。1870 年 8 月，经杨宗濂举荐入李鸿章幕府，初办

* 井振武，天津人，哈尔滨师范大学历史系毕业。现为中国现代史学会会员，天津口述史学会理事，天津大学大学文化与校史研究所特聘研究员，天津师范大学地理学院兼职研究员。

① 天津市河东区政协文化体育和文史委员会编：《天津一局两堂——洋务运动的北方基地》（天津市河东区政协文史资料第 26 辑），2016 年，第 277 页。

② 金士宣、徐文述编著：《中国铁路发展史（1876—1949）》，北京：中国铁道出版社，1986 年，第 80 页。

理文案，后会办淮军后路营务处，深得器重。1879年，署天津河间兵备道。同年，在李鸿章默许下，盛宣怀与天津鱼雷学堂教习贝德斯，在大沽北塘海口炮台与天津之间架设了一条军用电报线，积累了创办电报的经验。1881年，李鸿章奏派盛宣怀为电报局总办，主持电报建设，并出任电报学堂总办，着手培训电讯人才，这是他经办职业教育的开始。1882年，盛宣怀投入资金创办上海至广东、宁波、厦门等地的电报线网，电报局成为北洋外府。

1884年盛宣怀任署理津海关道，涉足西医教育。从香港招录新生十二人，入天津西医馆，将养病院作为宿舍。另新建一处拥有二十六间房屋的养病院，对职业教育，从招生到扩校的全过程熟烂于胸。1885年升任轮船招商局督办。第二年，任山东登莱青兵备道兼东海关监督。1891年因带头捐款赈灾，被朝廷赏加头品顶戴。1892年，经李鸿章推荐出任直隶津海关道兼直隶津海关监督，积极参与筹设天津总医院活动。第二年，上海织布局遭焚，李鸿章命其督办设立华盛总局，控制了大纯、裕源、裕晋等纱厂。至此，北洋淮系洋务派所创办的轮船、电报、纺织等产业悉由盛宣怀一人掌握，无人可及。甲午战争期间，盛宣怀身兼北洋海防翼长，为东征诸军办理饷械转运事宜，战争失败备受各方指责。为改变甲午海战后的不利局面，1896年盛宣怀接办汉阳铁厂，插手芦汉铁路建设，借此改变现状，表现得格外热心。

1896年9月15日，清政府饬令盛宣怀来京，以备咨询。10月9日总理衙门恭亲王奕䜣召见盛宣怀。交谈中面呈筹办芦汉铁路的说帖一件，归纳当前兴建铁路有四难：一是筹官款难；二是集华股难；三是招洋股难；四是借款难。接着提出特设铁路总公司，招集商股40万股，每股100两，先借官款1000万两，续借洋款2000万两启动，悉照公司章程办理等四项具体办法，详尽透彻，恭亲王称赞他"确有见地"，遂准所议。[①]10月19日，光绪皇帝召见盛宣怀，"奏对关于南北铁路事一时许，盛敷陈大指，皇上深维至计"[②]。10月20日，盛宣怀即向直隶总督王文韶电告说："昨日召见称旨，本日奉上谕开缺，以四品京堂候补督办铁路总公司事务，任大责重，胜任二字谈何容易，此事可成不可败。"[③]盛宣怀还被授予专折奏事特权，取得了与皇帝直接对话的资格。王文韶、张之洞相继发电表示祝贺。盛宣怀督办统筹芦汉铁路建设，提出两头并

　　① 《科士达外交回忆录》，《中日战争》第七册，第468页。转引自金士宣、徐文述编著：《中国铁路发展史（1876—1949）》，北京：中国铁道出版社，1986年，第80—81页。

　　② 夏东元编著：《盛宣怀年谱长编》（下），上海：上海交通大学出版社，2004年，第535页。

　　③ 袁英光、胡逢祥整理：《王文韶日记》（下），北京：中华书局，2014年，第967页。

举的建设方针，铁路总公司设在上海，在天津、汉口设分局，并与王文韶、张之洞奏请先领官款 300 万。12 月，盛宣怀卸任津海关道（北洋大学督办）抵达上海，准备先造淞沪一段，以壮中外视听，并委派华美合兴公司工程师李治率勘察队，初步勘测芦汉铁路线路，提供概算报告。1897 年 5 月，经过谈判，清政府与比利时签订《芦汉铁路借款草合同》协议。6 月，北段卢沟桥至保定、南段汉口通济门至滠口开工建设。[1]

二

盛宣怀是职业教育的行家里手，他"环顾四方，人才甚竭，而此路（指办芦汉铁路）之人才尤竭"。[2] 他一方面筹建南洋公学，积极培养各类人才；另一方面奏明将津榆路归并铁路总公司，由黄花农、张振荣接办。同时禀直隶总督王文韶将北洋山海关铁路学堂一并归于铁路总公司旗下。该铁路学堂，是经总工程司英国人金达 1896 年 5 月上书津芦铁路督办胡燏棻，由直隶总督王文韶批准于 11 月成立的。最初借山海关津榆铁路局余房作为临时校舍，招收学员 35 人，聘请洋、汉正副教习各一名，分班教授，三年学成，量才使用。校长由津榆铁路局总办吴调卿兼任。盛宣怀认为：该学堂规模颇小，校舍局促，特批示"应归大学堂办理，"由王修植兼管。[3]

王修植（1860—1902），字菀生，浙江定海人。出自书香门第，早年曾在定海景行书院读书。后云游海内，求学于敷文书院、崇文书院、紫阳书院、诂经精舍等。1885年考取乙酉科浙江优贡生，中为举人。1890 年，考中进士，钦点翰林院庶吉士、编修。

王修植中举后到过上海，曾供职《申报》，与沪上人物多有交集。因诂经精舍读书的关系，与当朝爵相李鸿章同出一门，在李鸿章的提携下，1894 年 10 月出任水师学堂会办。时，胡燏棻编练定武军，初在马厂，后移驻小站。王修植为其出谋划策，撰写练兵奏折，深得信赖，亦兼任定武军营务处帮办。他还曾帮助接任小站练兵的袁世凯，撰写练兵说帖上奏。王修植居于天津紫竹林，其宅邸成为维新派的沙龙，严复、夏曾佑、袁世凯、杭辛斋、孙宝琦等人时有聚会，寻求维新图强之道，曾打算建一学会，专译西人新学之书。

---

① 金士宣、徐文述编著：《中国铁路发展史（1876—1949）》，北京：中国铁道出版社，1986 年，第 96 页。

② 夏东元编著：《盛宣怀年谱长编》（下），上海：上海交通大学出版社，2004 年，第 529、593 页。

③ 盛宣怀代拟《请开矿务学堂折》，约光绪十五年，1889 年，盛档 012201；夏东元编著：《盛宣怀年谱长编》（下），第 582 页。

1896 年 11 月 23 日，清政府"敕封四品衔卿伍廷芳"出使美、日（西）、秘大臣，卸任大学堂总办职。转年初，由王修植接任天津大学堂总办。据《集成报》记载：山海关铁路学堂"嗣经上游拟将该塾移并津上等头等学堂，归王观察兼办，已于昨日奉宪札，择五月朔，迁塾来津。所有监督司事人等，一概裁撤，惟留教习人云。"①1897年 5 月，山海关铁路学堂所有师生移入大学堂，6 月 10 日正常开课。

图 1　盛宣怀（前排坐者左三）与丁家立（前排坐者左二）于大学堂初创时期与部分教师合影〔引自中国第一历史档案馆，天津大学编：《中国近代第一所大学——北洋大学（天津大学）历史档案珍藏图录》，天津：天津大学出版社，2005 年〕

然而，盛宣怀的做法太简单了，很快受到暗流的抵制和台面上的争夺。由于"所有监督司事人等，一概裁撤"，这就动了一些人的奶酪，于是有人利用地方官员与总公司之间存在的利益矛盾从中挑拨，表现在官场上就是有关铁路学堂归属权问题的你争我夺。王修植感到"此君无事不谋，无谋不左，于做官理路尚未清楚云云"，压力很大。俗话说："强龙不压地头蛇"，王修植夹在其中，甚是左右为难，遂致函就奉命并归铁路学堂事内幕，"详委实情密告"盛宣怀。②官场上的不谐声音难免泄露，由此引发山海关铁路学堂师生与大学堂学生之间摩擦不断。于是坊间传出"本年归并总公司后，将学生移至天津大学堂。现闻胡大京兆（指胡燏棻），拟

①　转引自天津市河东区政协文化体育和文史委员会编：《天津老龙头——中国最早的商埠火车站》，天津：天津古籍出版社，2016 年，第 352 页。

②　上海图书馆编：《上海图书馆藏盛宣怀档案萃编》（下），上海：上海古籍出版社，2008 年，第 297 页。

将学堂移至山海关，或在北戴河另建堂舍。"① 由于天津至山海关铁路仍归胡燏棻经办，胡以两堂学生摩擦不断为由，在商得盛宣怀同意后，遂于 1897 年 11 月 16 日将铁路学堂仍迁回山海关。②

三

盛宣怀考虑到芦汉铁路"造端宏远，需才孔亟，必须预为储备，以资调用"③，遂决定另起炉灶，招收新生，在大学堂内创设一所铁路学堂，专为芦汉铁路一路使用。1897 年 10 月，盛宣怀电大学堂总办王修植"芦汉铁路需材孔急，拟另招学生附于大学堂，由总教习丁家立督课，并饬丁家立迅即赴南招考学生"。大学堂总办王修植奉命，即派总教习丁家立等赴上海、福州等地开设考场，"招考读过洋文三、四年者二十余人。随带来津，列为一班。"④11 月 26 日，招考新生实到 16 名，列为一班，并雷厉风行于 29 日在大学堂内正式开学，订明学制 4 年，史称芦汉学堂（又称二班）。学堂专门培养中高级工程技术人员，专授铁路工程学、法文等，使之达到与洋员交涉，并接替洋匠的水平。

与此同时，在语种学习上，盛宣怀表示"铁路学生同是英语，宣尚不肯假借以损大学"⑤。王修植、丁家立聘英国人贾满以英语教授铁路工程，又聘麦基为教习工程，又聘任陆尔奎、吴敬恒、温宗尧等人为汉文教习，还拟定《铁路学堂章程》九条，报直隶总督王文韶立案。大学堂仍由美国人丁家立为西文总教习，聘任陆尔奎担任汉文总教习。

陆尔奎（1862—1935），字浦先，号炜士，祖籍陕西高陵，1862 年生于江苏武进，晚清举人。光绪十七年（1891）入京，曾任天津大学堂教习、南洋公学教习。后入商务印书馆，担任字典部部长，曾主编《辞源》《学生字典》等。

吴敬恒（1865—1953），又名吴雅晖，江苏武进人。早年就读江阴南菁书院、江

---

① 转引自天津市河东区政协文化体育和文史委员会编：《天津老龙头——中国最早的商埠火车站》，第 352 页。

② 西南交通大学校史编辑室编：《西南交通大学（唐山交通大学）校史》第一卷，成都：西南交通大学出版社，1996 年，第 17 页。

③ 北洋大学—天津大学校史编辑室：《北洋大学—天津大学校史资料选编》，天津：天津大学出版社，1991 年，第 43 页。

④ 《记山海关铁路学堂》，1897 年 12 月 18 日，收录于《集成报》第二十三册。转引自高时良编：《洋务运动时期教育》，上海：上海教育出版社，1992 年，第 569 页。

⑤ 夏东元编著：《盛宣怀年谱长编》（下），上海：上海交通大学出版社，2004 年，第 529、593 页。

苏紫阳书院，清末举人。曾任天津大学堂教习、南洋公学教习。汉学功底深厚，草创"斗牙字母"，开中国拼音字母先河，曾撰《国音字典》《汉语拼音表》。

温宗尧（1876—1947），字钦甫，广东新宁（今台山）人。早年在香港中央书院读书，留学英国剑桥大学毕业。1892年参加"辅仁文社"。1897年就任天津大学堂教习。1900年参加唐才常"自立军"，任驻上海外交代表。

1898年初，根据《申报》报道："本年正月，观察又示期15日，招考身体结实，汉文通顺，16岁以上、20岁以下之学生，入堂肄业。计报名159人，到考121人。榜发正取20人，备取14人。示期十八日到堂复试，再定去留。大约此次留堂20人为额。大学堂亦拟招考新生15名，预期出示，于上月26日考试。"[①] 结果录取柏岭等24名新生，作为四班。铁路学堂办学经费并不由轮船招商局和电报局拨付，而由铁路总公司天津分局在造路费项下按月拨付，每月经费约行平化银650—750两。与此同时，在汉口、郑州也各创办了一所芦汉铁路学堂。

四

然而，修铁路筹集商股并不顺利，很难落实；而比利时方面又提出许多无理要求，加码不断、要挟不断，致使修路借款迟迟不能到位，修路陷入半搁置状态。直至1898年6月，《芦汉铁路比国借款续订详细合同》和《芦汉铁路行车合同》才正式签订。10月，芦汉铁路筑路统统交由比利时公司接办，南起点在汉口玉带门，北终点北京正阳门西车站。芦汉铁路于1906年4月1日，全线通车。经验收后，改称京汉铁路。1909年1月，清政府还清京汉铁路借款，收回京汉铁路管理权。

1899年盛宣怀鉴核铁路学堂二、四班大考成绩后，准予相应升入头班、三班。年底，头班学生17人毕业。由于比利时王国是以法语、荷兰语为官方语言的国家，"嗣因芦汉铁路借定比款，雇用比国工司，举凡行车造路，与洋员交涉事宜，均用法语"[②]。为适应形势的变化，以及铁路发展对人才的需求，考虑头班学生到大学堂上课匆匆，所学英语"难于适用"，亦有巩固提高之必要。总办王修植遂决定将在校毕业

---

①　《申报》1898年2月27日，第2页。转引自天津市河东区政协文化体育和文史委员会编：《天津老龙头——中国最早的商埠火车站》，天津：天津古籍出版社，2016年，第352页。

②　北洋大学—天津大学校史编辑室：《北洋大学—天津大学校史资料选编》，天津：天津大学出版社，1991年，第43页。

生，再行留堂一年。从 1900 年正月，添聘了法文教习马贺一人，每天上午学习机械；下午学习法国语言文字。没有毕业各生，亦令随班添习法文、法语，以造就专门人才。有关芦汉学堂的性质，正如上海交通大学盛宣怀研究学者欧七斤指出的那样："尽管芦汉铁路学堂附设于北洋大学堂内，又为 4 年学制，但因该学堂专为建设芦汉铁路培养中高级工程技术人员，入读生都未受过系统的近代初等、中等教育，应仍属于洋务技术性学堂。"[1] 说得通俗一点，就是办铁路职业教育，为重大工程服务，开创了大学堂办职业教育专科之先河。

芦汉铁路学堂仅办了两年半，因 1900 年 7 月 "庚子之乱"，与大学堂一起被迫停办，学生四散。其中一部分学员随总办王修植流亡上海。盛宣怀感到非常可惜，采取补救措施，11 月 12 日照会南洋公学总理何嗣焜，"北洋大学被毁，以致各该生分头逃散。所有芦汉铁路学堂头班学生汤绪等十七名、三班学生杨岭等二十名，自应逐名登报、一律招齐，即将被该堂移至上海，附入南阳公学之内。"[2] 何嗣焜在报上刊登启事招集失散学生。12 月，以新建南洋公学上院为校舍，设立铁路专班，计有学生 18 名，其中天津大学堂头等学堂生 14 名、芦汉铁路学堂学生 4 名。仍由原工程教习麦基、法文教习马贺任教。不久，马贺离校。1902 年 1 月，麦基以 "铁路学堂难期收效" 为由，向公学提出解除聘约，获得批准。至此，铁路学堂因缺乏铁路教授师资及生源而停办。

1900 年天津大学堂被八国联军强行占领、摧毁，这是一起严重的文化灭绝事件。尽管盛宣怀、王修植力图挽救铁路学堂的命运，铁路职业教育还是夭折了。由此可见，中国近代化的进程在帝国主义列强的多方扼杀下，在积贫积弱国度里行走得多么艰难。

---

① 欧七斤:《盛宣怀与中国近代教育》，上海：上海交通大学出版社，2016 年，第 44 页。
② 同上。

图 2　王修植因创办铁路学堂致盛宣怀函（引自上海图书馆编：《上海图书馆藏盛宣怀档案萃编》，上海：上海古籍出版社，2008 年）

《国闻报》始末

张　诚[*]

天津《国闻报》是戊戌变法期间出现的汉字新闻小报，由于其新闻报道及时、论说犀利，很快在当时众多报纸中脱颖而出而备受国人瞩目，立即引起清政府和日、俄两国在华势力关注，于是围绕《国闻报》展开一场生死攸关角逐，为研究当时清政府内政、外交政策以及戊戌变法内幕提供了翔实的依据。

第一节　《国闻报》之缘起

1895 年大清甲午战败之后，李鸿章与日本签订《马关条约》，清政府不顾全国人民抗议，要批准《马关条约》。康有为等闻讯极为愤慨，悲痛欲绝，以《上清帝第一书》同梁启超等鼓动广东、湖南举人上书都察院，请代奏皇帝拒绝批准条约，请求光绪帝拒和、迁都、练兵、变法，掀起一场变法维新的高潮。

时任北洋大学堂总办王修植，与北洋水师学堂总办严复，及暂栖于育才馆的国文大师夏曾佑等筹商，利用职务关系和特长，翻译引进国外新学书籍和报纸，借以地利购办机器租赁房屋，在天津出版类似的报纸，以期唤醒民智消除弊端，达到救国救亡目的。几个人经常在一起探讨新学、谈变法、谈改革、谈练兵，谈辄竟夜。

当时的王修植则"以金闺之彦筮仕畿南，经史、辞章擅名凤昔，而于天文、历算、声光、化电之学亦具研讨有年，心通其意。"而严复则"少日已见重名臣，又至欧洲游学多年，以中国之通儒证欧西之绝，诣地球之上于此二学皆观其深者实罕其人"。[①]

---

　　[*] 张诚，天津人，地方文史学者，现为天津师范大学文化地理研究中心兼职研究员，中国近现代史史料学会会员，河东区政协文史顾问。多年从事天津近代史研究和历史影像研究。
　　[①]《人才蔚起》，《国闻报》1898 年 1 月 9 日。

虽然他们表面上职位不高，但是社会关系很复杂，涵盖京、津、沪各方知名人物，不但有老谋深算的北洋大臣及各司道的支持，还有当红新锐康、梁，以及光绪帝做后盾。

时任日本外务大臣青木周藏认为"《国闻报》发行之目的，与清国南方所发行的报纸旨趣大不相同。"①

他们这几个人不但思维敏捷、治学严谨且审时度势，不但对汪康年、梁启超等在上海创办的《时务报》，满怀热情地予以讴歌，而且还着手在天津创办开化民智、促进改革的报纸，代表了当时先进的知识分子期望以维新变法为手段，以达到富国强国之目的。

虽然当时全国练兵、变法之声日盛，但是他们并未因环境好转而掉以轻心。他们在办报时十分谨慎，在创刊伊始即在《本馆章程》中申明："毁谤官长、攻讦隐私，不但干国家之律令，亦实非报章之公理。凡有涉于此者，本馆概不登载。"②

"此报纸与其他清国之各港口报纸比较，实为高尚且有购读之价值。其报中所刊载之中外交涉事件，由于王修植及严复两人交游广阔，于总理衙门内亦有亲友知己不少，因此自然容易探听许多外交谈判之情况，从而其论述颇有参考之价值。"③

由于当时王修植与严复各有公职，为了避嫌，他们聘请一位名不见经传的福建商人当名义馆主，而王修植则隐其后，主管日刊和对外联络；以夏曾佑为名誉主笔，而论说大都出于严复之手，二人兼负责旬刊。严复从来不到报馆去，写文章亦不署名，对外从不称自己是主笔，宁冒欺君之罪也不承认。《国闻报》的外文翻译由严复、陶大均及两堂学生完成，访事人则是亲朋好友及各售卖处负责人，其中不乏《京津泰晤士报》访事人兼职，因此能够做到消息又多又详细，迅速而准确。

如王修植所言："《国闻报》为余发起而成立。当时仅与有志者（严复、夏曾佑等）共同筹谋，努力多方募集资本。""王总督原本是该报的设立时的最早赞助人之一，且曾间接加以褒奖。"④

据日本人所掌握的材料，《国闻报》是由"北洋大学校长王修植主等几名资本主

① 日本外务省外交史料馆藏：《青木外务大臣致在天津郑领事》，明治33年3月23日，《新闻杂志操纵关系杂纂——国闻报》，第109页。

② 《告白》，《国闻报》1897年10月26日。

③ 日本外务省外交史料馆藏：《郑永昌致外务省次官小村寿太郎报告》，明治31年3月31日，《新闻杂志操纵关系杂纂——国闻报》，第6页。

④ 同上。

及名义人士二三同士合资，由七八千元资金开始。"其中"王修植为候补道台，现北洋大学校长，果断，富能事理，通大多幕宾和学士；夏曾佑为候补知县，现《国闻报》主笔，为育才学校教务长，其博学，性格优柔，这两人为直接关系者。""王文韶，原北洋大臣、直隶总督。严复，海军学校校长，能泰西文，通达。陶大均，督署翻译官，久在我国，能通我事情，参与彼我交涉等，好人。此等为间接关系者。"①

虽然说他们有远大的理想和抱负，又有直隶总督和维新派的支持，但是对于办报来说终究还是外行，具体操作起来事无巨细问题多多，他们一方面要筹集资金、租赁房屋，一方面要劳烦上海方面帮助购置机器、招募工人，一方面还要到处联系销路。本市以河东盐坨天泰客栈刘辅卿、紫竹林上闸口东来栈郑耀臣、东门内经司胡同春兰斋、府署西三圣庵西午彬堂等处为销售处；外埠则联系各大报纸刊登广告及代销。但是他们忽略了"同行即是冤家"，就连夏曾佑表哥汪康年的上海《时务报》也未予理睬。等了一个月仍无消息后，严复于 1897 年 8 月 26 日以《国闻报》之策划人严复、夏曾佑、王修植的口吻，致上海时务报馆梁启超、麦孟华、汪康年：

"上月托公度观察袖呈《国闻报启》一通，求登贵报，俾我下乘附骥而行，谅荷垂察。拜读三十五大报，尚未附录，殊为悬盼。

"现在资本已集，印机已购，开办之期即在来月，伏乞将前寄启文赶为登录，将来出报之后，南中各省埠尚拟依附贵馆派报处代为分送，素纫公谊，当亦乐观其成也。"②

当时印制版面较大的报纸，须在英国购买大型机器，由于资金不足，王修植拟在露清银行贷款，不意为在津俄国间谍侦知。

一日"在天津居留的俄国陆军大佐沃嘉克及该国副领事格罗斯两人突然来访。他们声称目前正当俄清两国交谊最为敦睦之际，此次计划发行之报纸，亦鉴于俄清协作的主意，觉得非常适当。因此，该报开设所需资本金，可全部由俄国人贷出。但是报纸之主笔，必需采用俄国人选拔的。"③

王修植后来在谈到这件事时仍心有余悸。"我惊愕之余，急忙寻找适当的理由谢绝其要求。我思量，既然俄国人抱有如此野心，若为募集资本而迁延时日，却会给俄

---

① 日本外务省外交史料馆藏：《西村博之国闻报引继始末》，《新闻杂志操纵关系杂纂——国闻报》，第 16 页。

② 上海图书馆编：《汪康年师友书札》第 4 册，上海：上海书店出版社，2017 年，第 3274 页。

③ 日本外务省外交史料馆藏：《西村博表面为国闻报馆主过渡报告》，明治 31 年 3 月 31 日，《新闻杂志操纵关系杂纂——国闻报》，第 6 页。

国人以可乘之机，情况愈加不妙。于是，随即与海军学校校长候补道台严复先生协议，资本由严、我二人出具，即刻发行《国闻报》。"①

虽经近半年的筹备，仍在条件不敷的情况下，选址大沽路附近租了一个地方，暂购小型印刷机三台、裁纸机一台，俟大机器到津再行更换，另购铅字、纸墨、辅料等匆忙上马，终于大清光绪二十三年十月初一创刊，也就是公历 1897 年 10 月 26 日，日销两千份。严复在头版头条刊登社论，宣誓办报的宗旨和立场。

图 1 《国闻报》创刊于大清光绪二十三年十月初一日

严复在《国闻报缘起》中说：

"光绪二十二年之夏，馆之主者议创《国闻报》于天津，略仿英国《泰晤士报》之例，日报之外继以旬报，越五月后而成事。""报将出，客有造室而问曰：《国闻报》何为而设也？曰：将以求通焉耳。夫通之道有二：一曰通上下之情；一曰通中外之故。

"道光之际，既通道于欧美各洲；咸同以来，若广州、若福州、若上海、若天津，各以次设立报馆。自上年今大冢宰孙公奏设《官书局汇报》于京师，而黄公度观察、梁卓如孝廉、汪穰卿进士继之以《时务报》，于是海内人士始稍稍明于当世之务，知四国之为矣。

"阅兹报者，观于一国之事，则足以通上下之情。观于各国之事，则足以通中外之情。上下之情通，而后人不自私其利。中外之情通，而后国不自私其治。人不自私其利，则积一人之智力以为一群之智力，而吾之群强。国不自私其治，则取各国之政教以为一国之政教，而吾之国强。此则本馆设报区区之心所默为祷祝者也。"②

————————

① 日本外务省外交史料馆藏：《郑永昌致外务省次官小村寿太郎报告》，明治31年3月31日，《新闻杂志操纵关系杂纂——国闻报》，第6页。

② 《国闻报缘起》，《国闻报》1897 年 10 月 26 日。

第二节 《国闻报》早期经营状况

由于资金短缺，王修植在杏花村下靠近海大道的地方，租了一座隶属于爱德华商会的两座建筑，作为国闻报馆公事房和印刷厂。这里是紫竹林房价最低的地方，原属旧美租界，后来美国政府无暇打理，美国领事孟艮（Willie P. Mangum）于 1880 年 10 月 12 日照会津海关道，拟将大清所拨之租界暂交中方管理，俟后美方如有需要，可再行由领事管理。但是清政府无意涉入此事，因此杏花村一带成了"三不管"。1895 年驻津美领事以本国商人无几，将租界中房产、地亩委托此地最大业主轮船招商局代为管理。①

此时，北洋大臣以下负责对外交涉的为津海关道盛宣怀，兼轮船招商局总办及北洋大学堂督办，是王修植的直接上级。虽然 1896 年底盛宣怀去了上海，但是轮船招商局和北洋大学堂仍在其掌握之中，所以王修植将报馆设在这里不无道理，因而报馆地址未冠租界之名。

时临近之德租界拆迁正如火如荼，德工部局竖立界石，勒令民间土屋一律拆除，芦墓坟冢悉令迁移，界内顿成一马平川。为解决当地居民流离失所，当局与德华银行（Deutsch-Asiatische Bank）签订合同，由银行提供拆迁补偿金，并以获得土地的所有权作为回报，绘制租界地图做出规划，修建道路及码头。因此靠近德租界之国闻报馆遂成突兀之势，尤其白色外墙在晨光中格外瞩目。

此楼是王修植租自爱德华商会之手，租约签订之后，爱德华商会特意为其所建，每年租金为六百一十三大洋，包含二层楼房一座、门房一座，以及不大的院子和一口水井。王修植将主建筑楼下辟为印刷工厂、铅字房和仓库，车间内装有三台小型印刷机和一台裁纸机；楼上办公兼做高级职员宿舍，并设有编辑部、会计部、探访部、活字部、印刷部、杂役部等。

报馆设立之初暂设记者、会计、出纳、业务、访事人等七名；活字部雇用职工六名、印刷工人等十一名、杂役夫九名，内含伙夫一名。人来车往稍显忙乱，显然不能形成正常秩序。

《国闻报》创刊以后，按计划每天日报一大张，用四号字排印；旬刊则装订成册，用三号字排印。版面均于前一日排定，当夜印出，当日早晨六点钟发交各路售报人。

---

① 《详述新辟租界事》，《申报》1895 年 8 月 5 日。

早在一个月前严复又病倒了，夏曾佑为筹备《国闻报事宜》，就从王修植家搬到报馆来住，一面忙于馆务，一面还要教学，间或还要进京投供，忙得一塌糊涂。

创刊第四天他们即在报上刊登启事："谨启者，本馆开办伊始规模草草，一切各种铅字、字模、机器均未到齐，以致排印报章多有不纯不备之处，一俟字机到齐自当收拾完整以塞阅报诸君之望，特此告白，尚乞垂青。"[①]

转天又在报上声明，"近闻阅报诸君往往有迟至第二日始能接到者，实系售报人压阁所致，请即向各路该送报人查询为荷。""本日之报昨夜早已印齐，本日早晨已分发各路。即京城相距二百余里，当日午后各代售处均已分送，况天津近在咫尺，岂有反迟至次日之理。"并申明《国闻报》当时在天津的代销人名称地址，订阅者可向这几处告知，即可按期致送不误。

夏曾佑此前来办过报，他是个教书先生和诗人，梁启超曾把他与黄遵宪、蒋智由并称为"近代诗界三杰"。他曾干过礼部主事，因为是严复的知己，又是王修植的莫逆之交，所以王修植才把他拉来。王修植曾说："今之读书者多，读书而淹博者亦多，读书而不为古人所墨者，惟夏氏一人也。"虽然夏曾佑只有三十五岁，但早已蜚声四海，只因投供不便暂居天津，受孙宝琦之邀才任育才馆教习。

夏曾佑性格爽直善交朋友，京津沪三地无人不晓，特别是他爱喝酒、听戏、下馆子，更显得平易近人。他与北京方面康有为、梁启超、张元济等有着良好关系，与上海《时务报》主编汪康年书信不断，在天津已成众之所望，让他窝在这里确实有些勉为其难。

夏曾佑五年前进京会试中第后，因投供不便暂居天津，先是下榻于轮船客栈。其与王修植等相识较早，与严复见面则是在两年前的夏天，终因居无定所来去无踪，二人并无深交。

1896年初冬一个大风蔽天的午后，夏曾佑乘木船从北京回津，下榻在兴隆栈后，先是到北洋大学堂拜访被盛宣怀委为总办的王修植，后又赴紫竹林第一楼番菜馆参加聚会，同席中又有严复。饭后夏曾佑与他一起应邀到王修植家长谈，夏在日记中没有透露更多细节，只是说谈了很久。转天王修植、孙宝琦设宴为夏曾佑送行，来的都是有关之人，夏曾佑那天很高兴，也喝了很多，当晚干脆就住在王修植家，转天一早离开乘船回到上海。

---

① 《本馆告白》，《国闻报》1897年10月31日。

　　1897年1月17日，这时已是腊月十五了，夏曾佑没在家过年，就乘坐开河后第一班轮来到天津，仍然住在红楼后王修植家。据他在给表哥的平安信中说："弟在津与又陵、志梁、菀生、慕韩诸公建一学会，专译西人新学之书，不作别事，不立名目。租屋、买器统由慕韩承办，明年开会。"①又陵即严复，志梁即姚子良，菀生是王修植，而慕韩则是孙宝琦，这几位应该是创建《国闻报》首议之人，严复则排在首位。

　　夏曾佑在所认识的朋友中，最为赏识者不过二人，一是在京中与康有为一起闹变法的《时务报》主笔梁启超，另一个就是天津水师学堂总办严复。夏曾佑曾和他表哥说过："天津为神京孔道，客自南来者踵相接也，识与不识，无不以见兄与任弟为荣，其不及见者，轧自晦匿。"信中所述任弟，即此时正在京中大红大紫的梁启超。"到津之后，幸遇又陵，衡宇相接，夜轧过谈，谈轧竟夜，微言妙旨，往往而遇。"②

　　到了这年4月，夏曾佑才受孙宝琦、王修植和严复相邀，正式以育才馆教育长的身份在津久住。"弟在津得育才馆教读一席，系慕韩所荐，非无图南之志，奈选官一事，迟早不可知。顷得确信，知七月必到矣。然则相见又不远也。必须间一月投供一次，故不能远行。"但是"学会之事，众志不同，已成罢论"③。显然其中有人黯然退出了。

　　夏曾佑在理顺报馆业务之后，财务状况又陷入窘境。据夏曾佑后来回忆，"当初办此事时，作论、打听新闻则甚劳，筹款、备赔则又甚困，大为外力所挤则又甚窘，其事之苦如此。"由于报馆初创费用较高，加之国人办事悠然，报纸销量又不大，所以收支始终处于不平衡状态，难免亏空越来越大，所以必须要扩大销路增加收入来弥补。

　　他们想出的办法是增收节支，增加广告收入，减少人员开支。奈何报纸刚出影响力不大，商家不愿意将钱砸在这里。于是他们就拉亲朋好友买卖之人，半价或免费在此刊登广告，条件是以提供新闻或协助销售。其中坐落在天津宫北大狮子胡同之"公益仁记南味坊"特别引人注目，都是住在天津的南人生活所必需。另外还刊有北洋大学堂外国教习贾满以及华人教习温钦甫合办的英文夜校招生广告；还有北洋大学堂文

　　① 杨琥编：《夏曾佑集》上卷，书札，国家清史编纂委员会·文献丛刊，上海：上海古籍出版社，2011年，第452页。

　　② 同上。

　　③ 同上书，第453页。

案兼教习方楚青的金石润例和北洋大学堂教习庄紫梁的行医广告等。

1897年12月20日，《国闻报》刊登本馆告白："本报原定章程专纪西北各省之事，至东南诸路报馆林立，一切新闻无俟敝馆赘述。乃近来阅报诸君多嫌本馆不载东南之事，因思申江各报亦闻载京津各事，义取相副不以重复为嫌，本馆因待变通前议，凡东南各省如有重要事情，或关军国大计，或系民生利病，亦于各埠分饬访事友人量为采录邮寄，择其尤要者登之报章，题曰东南各路新闻以餍阅报诸君之贵望，至寻常小事与一切官样文章，仍循前议概不琐登。"

嗅觉很灵的俄国人看出《国闻报》的窘境，于是"沃嘉克等两人又二次来访，告知俄人可每月捐赠三百两，其报酬仍然是该报纸必须为俄人谋利益。对此要求，我（即王修植）申明：《国闻报》必须主动基于一定的主义，坚持以公正的立场，作不偏不倚之论说，绝不能为金钱而改变其主义。只是对于由别处寄来之稿件，亦当予以斟酌刊登。因此，希望将贵国利益相关之新闻纪事随时寄来，《国闻报》必要尽力刊登，决然谢绝其襄助之要求。该人等不知做如何想，遂约以每日购买三百份《国闻报》。"①

为了增加销路扩大影响，《国闻报》除了利用关系及时报道京中时事新闻和戊戌变法外，严复还要撰写大量论说在报上发表。因此《国闻报》在此期间起到推波助澜的作用。

《国闻报》本是应运而生，严复在戊戌变法期间曾连续发表文章，以犀利的笔锋痛陈中华民族面临被列强瓜分的厄运，指出中国唯一的出路就在于改弦更张，采用西法。严复在文章中揭示出中国当时的形势之危："盖自秦以来未有若斯之亟也，""夫士生今日，不睹西洋富强之效者，无目者也。谓不讲富强，而中国自可以安；谓不用西洋之术，而富强自可致；谓用西洋之术，无俟于通达时务之真人才，皆非狂易失心之人不为此。"

严复还利用近代西方社会政治学说，从社会制度上寻找阻碍中国进步的原因，把批判的矛头直指中国两千年来的封建君主专制制度。他尖锐地指出："夫自秦以来，为中国之君者，皆其尤强梗者也，最能欺夺者也。""秦以来之为君，正所谓大盗窃国者耳。"正是他们这伙大盗，"坏民之才，散民之力，漓民之德"。

严复的这些论说振聋发聩，抨击时弊，当时引起社会极大反响，也招致顽固派的

---

① 日本外务省外交史料馆藏：《郑永昌致外务省次官小村寿太郎报告》，明治31年3月31日，《新闻杂志操纵关系杂纂——国闻报》，第6页。

猛烈攻击。从此《国闻报》开始卷入政治旋涡，并引起当局的注意。"一是由于该报社地接北京，容易引起当地政府之注意，一是由于该报社的论说报道，常有赞同改革派之意，而尤为清廷所恶。"①

但是在津日本领事郑永昌看来："《国闻报》虽说创立之日尚浅，但其所着眼以及刊载者，无一不是中外交涉之事件和外国报纸所刊载之有关日清两国交往事项，一一取来翻译登录。""又如北京通信，大有所据，虽然是外交上之问题，直言明记相关事实。由于其探察之敏捷，亦不乏其人，一时颇得内外人士之好评与广泛信用。""此报纸与其他清国之各港口报纸比较，实为高尚且有购读之价值。其报中所刊载之中外交涉事件，由于王修植及严复两人交游广阔，于总理衙门内亦有亲友知己不少，因此自然容易探听许多外交谈判之情况，从而其论述颇有参考之价值。"②

第三节 外部势力对《国闻报》的干涉

1897 年冬，山东巨野地方有德国教士被杀，11 月 14 日，德国当局借口派舰队强占胶州湾。11 月 18 日，《国闻报》开始刊登山东教案新闻及论说。

11 月 21 日，俄国人蠢蠢欲动，东海滨水师驻泊海参崴大小兵轮二十余艘启碇南行。《国闻报》密切注意并每日跟踪报道。"于是，我（即王修植）愈加注意，探求事实，面对世人毫无忌惮地进行了广泛报道，因而更惹俄人不快。""尤其在胶州湾及旅顺口占领问题上，各处寻求通信与联络，无论事情大小，俱有所记，毫无遗漏之处。"③ 几人"数日来为报馆之事极忙迫"，随之"报馆阻力大生，俄人来，诘幼陵，固拒"。④ 一时间报纸销量大涨。

虽然俄国人心中愤懑，无奈大清国正处于戊戌变法高潮，皇帝倡导民众畅所欲言，清政府对新闻界管理也较宽松，暂时也无计可施。而一直在暗中监视的日本人，则开始接近《国闻报》。

"由于日清战争的结果，清国的政体及民情都惹起显著的变化。那些力主所谓

---

① 日本外务省外交史料馆藏：《日本特命全权公使男爵西德二郎致外务大臣》，明治 33 年 4 月 3 日，《新闻杂志操纵关系杂纂——国闻报》，第 111 页。

② 日本外务省外交史料馆藏：《郑永昌致外务省次官小村寿太郎报告》，明治 31 年 3 月 31 日，《新闻杂志操纵关系杂纂——国闻报》，第 6 页。

③ 同上。

④ 杨琥编：《夏曾佑集》下卷，日记，国家清史编纂委员会·文献丛刊，上海古籍出版社，2011 年，第 702 页。

'开化主义'的有志之士，则于各地争相发行报纸，向清政府陈说改革旧政之必要，常常以日本维新为例，专门刊载开新之说。如天津，即有《直报》及《国闻报》两种报纸发行。《直报》乃三年前创立，不过专门刊载京报及民间杂事而已，毫无购读之价值。与此相反，《国闻报》虽说创立之日尚浅，但其所着眼以及刊载者，无一不是中外交涉之事件和外国报纸所刊载之有关日清两国交往事项，一一取来翻译登录。"①

日本公使馆附武官泷川具和、神尾光臣率秘书西村博到津，想与《国闻报》有关人员联系一下，以无偿提供日本方面新闻和翻译的方式，从中获取情报。12月4日中午，直隶总督署日文翻译陶大均，随日本友人越山宽到报馆来，邀夏曾佑到泷川具和居处做客。

夏曾佑应邀，到泷川具和暂住行旌之处后，见在座除有日本公使馆附武官泷川具和、神尾光臣之外，还有日本驻天津总领事郑永昌、日本大阪朝日新闻社记者西村博及日本小说家吴永寿。席间宾客大谈中日两国现在和好，极宜修睦以敦邦交。

陶大均前在东京的中国公使馆任翻译官，长期滞留日本，对日本政情及社会相当熟悉，与日本方面关系殊为密切；而日本驻津总领事郑永昌，其先祖为福建人，明朝时移居日本，其父兄均在日本外务省担任过外交官。夏曾佑认为："馆中外交政策，则俄人与敝馆最为不协，而东邻则与敝馆最合。"因而西村博为馆内提供无偿服务并无大碍，然则夏曾佑并不了解这些日本人的真实身份和接近《国闻报》的企图。

日本公使馆附武官神尾光臣，真实身份是日本参谋本部间谍，即甲午战争时期与荒尾精和石川伍一并称的三大日本间谍之一；日本领事馆参赞泷川具和亦是日本间谍，隶属日本海军省，此时的任务是打着中日亲善、联英抗俄的幌子，筹建类似同文会的组织兴亚会，目的是消化中日战争影响，消磨清国人的意志；西村博虽表面为朝日新闻社记者，其真实身份是泷川具和的秘书，此次专为打入《国闻报》而来；而小说家吴永寿则是为应夏之嗜好陪坐。

随着报纸新闻量的扩展，销量增加，但是限于机器之因，篇幅稍窄，王修植出于扩张之目的，投入两千两以上之资本，到英国采购大型印刷器械，希冀将来大改报纸之面目。同时为了减轻夏曾佑的负担，增加新闻编辑人员，王修植将方楚青、张亦湘招至麾下，此时报馆已有主笔一名、辅助三名、会计一名、庶务三名，合计共八名。

---

① 日本外务省外交史料馆藏：《郑永昌致外务省次官小村寿太郎报告》，明治31年3月31日，《新闻杂志操纵关系杂纂——国闻报》，第6页。

一时间报馆业务大有起色。

12 月 18 日，夏曾佑再次赴京投供，当日住在通艺学堂，与张元济夜谈很久后，转天又去拜访康有为，隔日康有为回拜。第四天晚上与张元济再次拜访康有为，然后于 23 日"乘汽车赴津，晚抵小白楼。"[①] 连夜去见严复叙以京中之事及与康、张相谈经过。这是他第一次称报馆为小白楼。

康有为以联英联日抗击沙俄为当务之急。1898 年 1 月 1 日在代拟他人奏折上称："即日本亦有联我之心，盖事机立变，虽仇国亦当合也。""故我若联日本，日本自计，亦必可听从，而我仍以济成结英之势也。"然《国闻报》却发表了一篇《中俄交谊论》，认为不该"于还我辽东之俄人，窃窃然疑之，不以为德，反以为仇。"

1 月 24 日，光绪帝命恭亲王在总理衙门召见康有为，听其变法陈述。在座者均为李鸿章、翁同龢、荣禄、张荫桓等重臣。而翁同龢听后对康嗤之以鼻，认为其人"狂甚"。

1 月 27 日，严复在《国闻报》上发表《拟上皇帝书》，提出中国的积弱至今已达极点，究其原因，"内治"占十分之七，"外患"占十分之三。在外敌入侵的新形势下，继续用过去的办法治国是不行的。

1 月 29 日，康有为呈《上清帝第六书》后第三天，德国使臣海靖来京与总理衙门会晤，要求中德之间即将缮定教案六条中，除了租借青岛外，还要给德国在山东修铁路和开发矿产的优先权。

就在双方讨价还价之时，有人将《总理衙门奏教案办结胶澳议租折》内容透露给维新派，此时在上海的汪康年受张之洞、梁鼎芬影响，与康等隔阂日深未敢刊布。所以在只好转而求助于天津《国闻报》。

此事非同小可，一是泄露国家机密，二是会追查来源，搞不好会人头落地。但是《国闻报》仍以事关重大，于 2 月 7 日开始连续两天在报纸头条刊登，遂将总理衙门与德国使臣交涉经过，及清廷上层在列强面前的腐败和懦弱公之于世，在社会上引起极大反响。自此《国闻报》取代了《时务报》，成为变法运动中支持维新的主要舆论工具。

但是俄国人看后大为震惊和不满，认为《国闻报》透露了德国人要求在山东"请设立德华公司，造通山东省铁路，并通省及铁路旁近之矿，意在仿照俄华公司利益。"

---

① 杨琥编：《夏曾佑集》下卷，日记，国家清史编纂委员会·文献丛刊，上海：上海古籍出版社，2011 年，第 703 页。

显然是说德国人效仿沙俄在东北的做法。折中曰："此案德国发难，各国多欲干预，中外新闻，电报络绎，殊骇视听。臣等握定中德自商，不愿他国调停，固知他国无实意相助。即貌为居间，而潜相要结，则中国受害益重。"等于把俄国之劣迹公诸于世，从而泄露了俄、德两国外交谈判的秘密，增加了中国人对俄国人之恶感，促进了联英联日抗俄的呼声。

"当地驻扎的俄国领事亦向王总督提出要求，谓《国闻报》泄露俄清两国外交谈判之秘密，使人大增对俄人之恶感，因而希望即刻下令停止该报的发行。"然"王总督对俄人敷衍回答，从无同意。但是，或许该领事向驻扎北京的俄国公使报告此事，该公使又向总理衙门要求停止该报的发行。据说，该公使还贿赂某御史，求其上书停刊《国闻报》。"[①]此事也使总理衙门大为震怒，他们认为《国闻报》有泄露国家机密之嫌，并责令时任直隶总督王文韶彻查。

2月14日，身在北京的张元济写信给夏曾佑："胶案议结奏稿国闻登载，总署震怒严查。昨已有人电告尊处，一切请留意。"

虽然王文韶有保护《国闻报》之意，但在总理衙门的饬令和压力下，不得不命《国闻报》停刊待查。王修植亦"据总署一友人前日所透露的密报称总署已有决意下令停刊。"在无计可施的情况下，遂于2月21日暂时停刊。因而才有"菀生日内当暂归省亲"，"弟亦以五月为限，若尚不选到，则决计归南。"[②]

第四节　《国闻报》引进日资

"俄人之发阻力不足为奇，可奇者政府也，然此正所以成为今日之政府也。""敝馆因政府阻力太甚，俄人亦迭有违言。虽屡行设法消弭，终非持久之道。"王修植苦思无策之时，西村博这个日本人设下的棋子开始行动了。

西村博指出，《国闻报》若日本人所开，清政府则对它无能为力。

王修植也觉得这个"铁布衫"也许能够暂时抵挡俄国人的攻击，于是与西村博一起到北京，通过泷川具和找到日本公使矢野文雄。"兹不得已，与东邻矢野君相商，

①　日本外务省外交史料馆藏：《郑永昌致外务省次官小村寿太郎报告》，明治31年3月31日，《新闻杂志操纵关系杂纂——国闻报》，第6页。

②　杨琥编：《夏曾佑集》上卷，书札，国家清史编纂委员会·文献丛刊，上海：上海古籍出版社，2011年，第454页。

借作外援。"① 日本人深知《国闻报》与京中维新派的关系，此时正是借以《国闻报》施加影响的契机。矢野文雄派书记官石井厥次郎，带日本作家川崎三郎到天津，与王修植相谈入股《国闻报》之事宜。

1898 年 3 月 9 日，"日本泷川具和招饮，座有石井厥次郎、郑永昌、川崎三郎、武富、吴永寿、西村博、杏南诸人。"转天"菀生、杏南招饮，客有泷川、石井、川崎、郑、吴二君，慕韩焉。"② 泷川具和建议以合作的方式入股，借以抗击沙俄势力的攻击。"川崎三郎来津之际，与王修植为共同新闻扩张合资之约后归国。"③

但是川崎三郎归国后始终未作回复。于是，如坐针毡的王修植派陶大均，在 3 月 21 日晚以私人身份拜访郑永昌。

陶大均与郑永昌见面后开门见山，说是受王修植委托有要事相商。在谈及由于俄国公使的强烈要求，总理衙门要求关闭《国闻报》的情况下，王修植认为，"如果《国闻报》就此停止，则殆无再兴之望，并且迄今之苦心努力，皆付之东流，毁于一旦，甚为遗憾。但若能改为日本人名义，则可免除此危难。故特请求予以格外怜察，拯救此次危难。"

郑永昌认为，"假如将该报纸改为日本人名义继续发行，不仅不可能因此而惹起清政府对日本国人的恶感情，此中内情却显示他们希望如此，而且对于日清两国将成为极有意义之机关报纸是不容置疑的。"④ 于是要王修植亲自到领事馆来谈。

转天，王修植亲到领事馆来见郑永昌，首先对日方表示感谢，并将《国闻报》之发起及其沿革作了进一步陈述。言及经一友人所透露，称总理衙门已决意下令停刊，且停刊之谕令已经迫在眉睫。如能速改为日本人名义，或可冀免于不幸。

郑永昌细心地听完王修植的介绍和想法后，拨通了泷川中佐的电话，将陶大均和王修植来的情况说明，并要西村博到领事馆来见。

西村博奉命来到之后，当着郑永昌的面，二人达成四项共识：

> 一是西村博以国闻报之主事资格，办理社务；

---

① 杨琥编:《夏曾佑集》上卷，书札，国家清史编纂委员会·文献丛刊，上海：上海古籍出版社，2011 年，第 488 页。

② 杨琥编:《夏曾佑集》下卷，日记，国家清史编纂委员会·文献丛刊，上海：上海古籍出版社，2011 年，第 705 页。

③ 日本外务省外交史料馆藏:《郑永昌致外务次官都筑馨六》，明治 31 年，《新闻杂志操纵关系杂纂——国闻报》，第 35 页。

④ 日本外务省外交史料馆藏:《郑永昌致外务省次官小村寿太郎报告》，明治 31 年 3 月 31 日，《新闻杂志操纵关系杂纂——国闻报》，第 6 页。

一是《国闻报》所载之论文、新闻，必须经西村博之检阅；

一是西村博于国闻报馆内居住，饮食零用等一切费用由国闻报社支付；

一是西村博暂且不得要求除此之外的一切之报酬。[①]

《国闻报》转让虽"仅为表面之举"，内部仍像以前一样继续发行，暂时以西村博名义继续发行，但是郑永昌仍以该报每月三百元不足敷出维持困难，遂与公使矢野文雄、武官青木宣纯等商议由日方收购。一切布置妥善后，《国闻报》于3月22日复刊并刊登启示：

"启者，本馆自上年十月开办以来，虽蒙阅报诸君远近购取，现在每日售报已至二千张左右。只以当初匆匆开办成本未充，深恐不能持久，因将该馆中所有大小机器、铅字、纸墨、材料底账，时值估计出盘与日本西村博君。自本年中历三月初六日为始，以后馆中一切事情均归西村博君经理；其三月初五日以前所有进出各项，仍由本馆经理人自行理直。特此告白。"[②]

3月26日，夏曾佑亦随王修植拜访泷川具和与西村博，对日本人之相助表示感谢。转天王修植还将出版的日期，由西历1898年3月27日，改为大日本明治36年3月27日。"西村同年3月28日起移居国闻报馆（当时坐落于海大道，俗称小白楼），名义上为报务主干，接管其权利，与财政无关。"[③]

此事终告段落。但王修植仍心怀余悸，他在给汪康年的信中说："此间馆事颇发阻力，总署已具稿，将奏请北洋封禁。此间虽已部署，不悉可靠否耶？"此事完成之后，王修植暂时以回乡省亲的名义离开天津，夏曾佑也计划离开。如坐针毡的严复则撒了个谎，推说所得《总理衙门奏教案办结胶澳议租折》的底稿，是由外国人提供的。

后来王修植在回忆这件事中提道："刻总署密折，经署咨北洋查办。嗣馆中答以此件来自洋人，并有洋文信一函，呈缴北洋，据此复署，遂作罢论。盖总署之意，本系查抄传泄露之人，并不与馆为难。"[④]而当时的总理衙门，并不想追究内部泄露之人，以免造成更大风波。借此王文韶也就顺水推舟，把这个英文稿交上总署，因此几人暂没受到太大冲击。虽然"敝馆阻力已消，然无形之处，不免受其损害。"

① 日本外务省外交史料馆藏：《郑永昌致外务次官小村寿太郎报告》，明治31年3月31日，《新闻杂志操纵关系杂纂——国闻报》，第6页。

② 《本馆告白》，《国闻报》1898年3月27日。

③ 日本国会图书馆之馆藏：《在天津日本领事馆代理总领事小幡酉吉致外务大臣伯爵小村寿太郎》，明治41年9月1日，《新闻纸有关报告及均校送付方文件》。

④ 上海图书馆编：《汪康年师友书札》第1册，上海：上海书店出版社，2017年，第81页。

4月12日，西村博归国，就此事商议如何收买，但是要认真机密，有一定的理由。

在日本滞留三个月后，七月下旬外务省次官小村才通知上面同意买收，如果中间有什么事出来就放弃，购买完成以前关系得以维持体面。

本月底，郑永昌向外务省次官小村寿太郎，将《西村博表面为国闻报馆主过渡》的情况详细报告。详细地报告了天津所发行的汉字新闻《国闻报》的缘起和现状，以及对王修植请求的处理办法。

"《国闻报》开设付出资本以及其他费用，约为一万两。目前每月内外销售量，仅仅约为二千份，收支并不能平衡。然而，近来该报多获内外人士好评及信任，因此毫无疑问，今后刊行份数必然增加。而且王修植出于扩张之目的，前日投入两千两以上之资本，由英国购买大型印刷器械，该器械不日即将到达，今后更加可能大改报纸之面目。王修植还希望同日本人协同，共同实现扩张计划。""鉴于此，我认为若有本部资助此报的有志之士，共集资本，做更进一步之改良，进而向南北各省扩张，此举不仅符合日清两国之利益，而且能够使得清国人更对日人抱有信任、尊敬之意愿。"①

第五节　《国闻报》遭御史弹劾

虽然王修植等想利用日本人瞒天过海，但是清廷中那些顽固派也不是等闲之辈，他们将矛头转向撰写评论的严复，御史李盛铎向光绪皇帝上书，弹劾严复不务正业。

1898 年 5 月 3 日，御史李盛铎向朝廷奏《国闻报馆现归日人，水师学生不应代为译报片》，所述之事均属事实。

"报馆之设，所以宣上德，通下情，开广见闻，转移风气，故泰西视为政教之一端。然议论不纯，或致淆国人之视听，故其禁例亦甚严。

"去年天津设有国闻报馆，其中论说间载北洋水师学堂总办道员严复之言，又有水师学生所译西报。人咸谓系该员严复等合股所开，当自可信。所述列邦政策，中外新闻，颇为详尽，足资参考。惟抑扬中西之论，淋漓满纸，与他报同一流弊。当译自西文，或以激发邦人，因愤生励，其情尚可原。圣朝文纲凤宽，值此时艰，亦不必过于忌讳，尚可置不深究，以示含宏。乃该馆闻因登载总署奏

---

　　① 日本外务省外交史料馆藏：《郑永昌致外务省次官小村寿太郎报告》，明治31年3月31日，《新闻杂志操纵关系杂纂——国闻报》，第6页。

折，惧于究诘，遂于本年三月间归日本人经理，而水师学生译报如故。

"夫华人自设报馆，本无所妨，即华人报馆，售与外人，亦无从禁阻。惟以中国官幕之学生，充外人所设报馆之翻译，于国体甚有关系，于人心亦甚有关系。

"如系中国人所开，不应以外人为护符；如系日本人所开，则水师学生，无论已否离堂，均不应代为译报，二者必居一于此，固为中国所罕闻，抑且西例所必禁。应请将该学生等从严责革，并将该道严复议处，以为谬妄者戒，庶全体制而杜效尤。近年勾串外人以挟制长官，托足洋行以侵扰利权，投身异教以为逋逃薮者，指不胜屈。世道人心已极可愤叹。不意以监司大员荒谬如此，以水师学堂之紧要，玩视如此，师歼舟烬，有自来矣。"①

李盛铎的奏折可谓是刀刀见血，光绪帝接到奏折一看，这还了得，着即颁布谕旨："着王文韶查明该报馆现办情形，及道员严复有无与外人勾串之事，据实具奏"。

据西村博向日本外务省报告中称："王文韶，原任北洋大臣，直隶总督，《国闻报》鼓吹新学，力劝入世之气概，多少是由于王文韶的指导。"王文韶奉到上谕之后，也深感问题严重。为减轻自己失察之责，遣时任海关道李岷琛函致日本领事，询问国闻报馆果否系日人经理，并接自何人之手。

自知其中利害的郑永昌推说："前国闻报馆主李志成为福建人，因亏本歇业，曾于中历本年三月初六日出盘售与敝国士人西村博接办自行经理，已据禀明有案，即于是日在报端刊布告白，兼列敝国年月字样"等。②

王文韶接到郑永昌的函复后，于6月7日将原文照抄转给光绪皇帝，并在奏折中说，经津海关道李岷琛密查：

"二十三年九月，天津紫竹林租界地面，设有国闻报馆，闻系闽广人所开。今年三月，见报端有日本明治年号，询知该馆因报纸行销不广，资本折阅，售予日人。

"查该领事所称，前开国闻报馆者，系闽人李志成；今年三月接开者，系日人西村博，自行经理，皆确有主名，不言另有人合股。

"道员严复素日讲求西学，偶以论说登报则有之。合股之说，即或因此而起，实未闻有勾串情事。查水师学堂学生，遇有西报，皆当翻译，原以备考校而资练习。

---

① 中国第一历史档案馆藏：光绪二十四年录副奏折，新政变法类。
② 故宫博物院明清档案馆编：《戊戌变法档案史料》，北京：中华书局，1958年，第447页。

"有足广见闻者间亦付之报馆，或报馆人自向索取登入，尚非受雇代为译报，其刻载姓名亦系报馆常例。

"窃见迩来报馆林立，指摘时政，放言罔忌，措词多失体要。《国闻报》所登严复议论，亦时蹈此失。盖该道曩年游历泰西，熟谙洋务，狃其书生之见，欲以危言耸论，警动当世，以冀力振时局，其心尚属无他。今该道被参报馆合股，及与外人勾串各节，既查无其事，应仰恳天恩，免其置议。臣仍谕饬严复并学堂学生等，嗣后不得再有只字附登馆报，以自取戾。"①

加上京中形势向维新派有利方面发展，《国闻报》暂且无恙。于是，严复和《国闻报》在王文韶的庇护下，涉险又渡过一关。而且报纸的销量也在上升，每天能够销一千五百张，其中本津五百张、北京二百张、俄商一百五十张、外埠七百余张"。

夏曾佑在给汪康年的信中，提及此事时说："外侮耶？内溃耶？敝处亦有此二病，近日又为李木斋所劾，其折中劾报馆一层，不过陪笔，而实则劾又陵。"② "敝报风波叠见，虽不足为害，而蝈蟥聒耳，殊厌听闻。总而言之，中国之事万不能做，而报馆尤不可开也。"

虽然严复"不得再有只字附登馆报"，但是被御史弹劾的严复竟然不倒，一时成为维新派的香饽饽。有支持维新派倾向的王文韶，也成为炙手可热的人物。

第六节　光绪帝因《国闻报》召见严复

在全国上下的呼声中，有维新派支持的光绪帝，于1898年6月11日下《定国是诏》，开始维新变法，让各地举荐人才。6月16日，光绪帝召见康有为等五人，谕旨康有为、张元济，授二人为总理衙门章京，派孙家鼐管理大学堂事务，授梁启超六品衔办理译书局事务。并把王文韶调到身边，封他为户部尚书，在军机大臣和在总理各国事务衙门上行走，让荣禄暂署直隶总督。

王文韶在入京前上书为严复请奖，说他"尽心督课，不遗余力，以积年综理之功，储异日兵轮之用，询属着有微劳"。议将交吏部从优议叙。光绪在奏折上朱批，"着照所请，吏部知道"。

---

① 中国第一历史档案馆编：《光绪朝朱批奏折》第112辑，北京：中华书局，1996年，第400—402页。
② 杨琥编：《夏曾佑集》上卷，书札，国家清史编纂委员会·文献丛刊，上海古籍出版社，2011年，第455页。

严复听说后欣喜若狂，遂于6月19日《国闻报》在"京师新闻"中，以《简在帝心》为题报道光绪对康有为等志士的赞赏。之后还《总报局告白》的形式，大力推销康有为、梁启超等人的变法维新论著。荣禄到天津后，也召见严复等有维新倾向的官员，积极布置慈禧来津巡幸事宜。

7月2日，《国闻报》在英伦订购的大机器亦运到天津，安装调试后开印，报纸放大，价仍照旧，每张售大钱十文，外埠亦照旧章酌加寄费，形势一片大好。

7月9日，张元济坐火车由京到津，总理衙门章京今非昔比，一时间津城大小官员前来拜访者冠盖如云，转天王修植与夏曾佑亦前去拜见，隔日夏曾佑同张元济同车赴京，12日拜访同为总理衙门章京的康有为，虽然铁哥们儿当了大官，但是夏曾佑这个候补知县，晚上仍能"与康先生、任父小饮"。14日王修植处理完天津的事务后也到北京，与夏曾佑、张元济、梁启超一起同饮于京都一品升酒楼。

7月17日，管学大臣孙家鼐，奏派张元济为京师大学堂总办，并拟聘请严复为总教习。而天津这边，荣禄也委任严复、王修植、孙宝琦等为洋务局会办，参与接待慈禧来天津的行宫、阅兵操场布置等事宜。

西村博虽为名义馆主，表面上整天除了喝酒什么也不管，但是实际上暗中观察这些人的动向。此次归国就是为了把《国闻报》的内幕及经营状况全部报告给日本外务省外务次官小村寿太郎。

7月20日，西村博在递交外务省的报告中，称《国闻报》"每月收入七百五十元，其中月报纸发卖平均收入六百元，广告费及其他收入一百五十元；每月支出一千零七十元，其中记者等员八名俸给二百元，工人十六名俸给一百一十二元，小使杂役夫十名给料六十元，采访者报酬一百元，用纸及墨汁二百八十元，其他数料一百二十元，房租五十元，邮便电信料五十元，杂费一百元。差引不足三百二十二元。"这就意味着《国闻报》虽然励精图治增收节支，但是每月仍是负债经营，时间久了恐不能支撑。另外，由于《国闻汇编》阅者多以文义艰深为嫌，每期仅售五六百份，实在赔本不起，现已停止不印，专办日报。西村博并拟《国闻报保护方案请愿书》，通过外务次官小村寿太郎，向日本政府外务省和海军部申请，作为暗中支持国闻报的补助金，并请川崎三郎代他办理在日本的手续事宜。

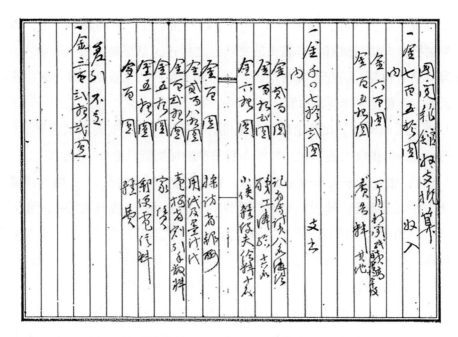

图2　西村博报告给日本外务省国闻报馆收支概算影印件

日本政府对大清国的维新变法及《国闻报》的作用十分重视，接到西村博的报告后立即就批准了，小村外务次官在致电驻津领事郑永昌的密电中说：

"《国闻报》之义买以来先程来归期中，同新闻社名前人西村博称他有意将与本国人携手扩张业务，并已与某报社主共同商议，但是尚未能达成协议，而且仅他一人很难推进商议，因而本官决定参与襄助。尽管尚未知能否将事情谈妥，总之要使该人勿与报社关系断绝。如该人所呈之愿书称在协议谈妥之前，我方决定每月金五十元为该新闻社之补助。"①

北京方面，8月29日少詹事王锡藩上《奏保人才折》，也推荐严复为时务所需人才，说："北洋水师学堂总办候选道严复，本船政驾驶学生，出洋学习，于西国典章名理之学，俱能探本溯源，精心研究，中学亦通贯群籍，著述甚富，水师情形，尤其所熟知专习。久在北洋供差，奉公之外，闭户寡合，其人品尤为高卓通达时务，朝廷应量才器用"。光绪阅后即命"北洋差委候补道严复着荣禄饬令来京，预备召见"。

9月4日，荣禄为严复奉旨进京予备召见，正式下发咨文。9月8日严复乘火车到达北京，并于当晚拜访时任总理衙门章京上行走的郑孝胥，并让他看了所带《拟上

①　日本外务省外交史料馆藏：《小村外务次官致郑永昌》，明治31年7月21日，《新闻杂志操纵关系杂纂——国闻报》，第12页。

皇帝书》，郑观后深感其"文词深隽，诚雅才也"。

9月14日，严复一早到皇宫觐见光绪帝，光绪向严复详细垂询办理海军、开办学堂以及其他方面的事情，奏对约三刻钟之久。

在涉及《国闻报》问题时，光绪问他："本年夏间，有人参汝在天津国闻报馆主笔，其中议论可都是汝的笔墨乎？汝近来尚在国闻报馆主笔否？"严复很怕这事牵涉过深，只是喏喏地说："臣非该馆主笔，不过时有议论，交于该馆登报耳。"

其实光绪帝并不是要追究，而是赞赏严复的文笔和胆量，接着又问："汝所上报之文，其中得意文章有几篇？"严复听后答道："无甚得意者，独本年正月间有《拟上皇帝书》一篇，其文颇长，当时分作六、七日登报，不知曾蒙御览否？"

光绪帝听后一怔说："他们没有呈上来。"然后说："汝可录一通进来，朕急欲观之。"严复赶紧回答说："臣当时是望皇上变法自强，故书中多此种语，今皇上圣明，业已见之行事，臣之言论已同赘疣。"

光绪说："不妨，汝可缮写上来。但书中大意是要变什么法？"

严复说："大意请皇上于未变法之先，可先到外洋一行，以联各国之欢；并到中国各处纵人民观看，以结百姓之心云云。"

光绪帝微微叹了口气，喃喃地说："中国就是守旧人多，怎好？"此外，光绪帝还问严复许多事情，倾听严复的看法。

严复被皇帝召见后非常振奋，回到通艺学堂后便伏案疾书，拟将《拟上皇帝书》登报稿本紧急修缮，以备再呈。但是他不知道就在这天晚上，康有为让谭嗣同招来湖南会党毕永年，密谋要在颐和园杀掉慈禧，而后党顽固派也要慈禧废掉光绪。

就在严复准备二次召见的时候，传来变法失败康梁出逃的消息，保举严复的王锡藩和张元济均受革职，凡与变法有关书籍和报纸一律停刊或销毁，时任军机大臣和在总理各国事务衙门上行走的王文韶，暗示严复赶快离京。

9月21日，夏曾佑在日记中写道："小雨竟日。夜起，至待盦（王修植）处，知国家有大事也。"转天一早夏曾佑再到王家探听消息时，王修植正要去塘沽办事。如坐针毡的夏曾佑等了一天没有消息，晚上被郑永昌召到领事馆，才知道京中大变，梁启超已避入日本公使馆，而康有为则不知下落。然此时康有为已乘船逃往上海，清政府正在塘沽和上海两地堵截。

9月23日，慈禧在勤政殿举行训政礼，而光绪帝则被禁于南海瀛台。

9月25日，日本人井上雅二来找夏曾佑，转天二人与西村博一起去了塘沽，"见聂功庭、黄少卿、黄花农、吕秋樵诸君方捕亡人。昔人云：鸿飞已翔于寥廓，戈志独视于薮泽。岂不然哉？"[1]

9月27日，正值清政府到处捉拿维新派的时候，《国闻报》则以《视死如归》为题报道说："有某国驻京公使署中人前往谭嗣同处，以外国使馆可以设法保护之说讽之。谭嗣同曰：'丈夫不作事则已，作事则磊磊落落，一死亦何足惜。且外国变法未有不流血者，中国以变法流血者，请自谭嗣同始'。"对谭嗣同大义凛然之态度进行了报道。

这天"阴雨，入暮转急，萧萧然。真足动旅人之感也"。转天，谭嗣同等六君子被斩于北京菜市口。谭嗣同面对刽子手的大刀，临终大呼："有心杀贼，无力回天，死得其所，快哉，快哉。"而就在这天的晚上，康有为在英国人的协助下逃到香港。

虽然清政府一再声称只办首恶不问胁从，但是与之有关人员均遭到通缉和处理。清廷不但追杀康梁的亲属、门徒，还对他们进行了抄家，所有与之有关书籍全部焚毁，与之有关部门全部查封，当然他们也不会放过与之有关的《国闻报》。严复和王修植因有公职不能离开，夏曾佑为了避祸，于10月6日乘新裕轮船前往上海回籍。

第七节　顽固派追杀《国闻报》

严复回到天津后，得知六君子遇难，作有《戊戌八月感事》诗和《哭林晚翠》长诗。1898年9月15日，日本汉学家内藤湖南到天津，在拜见北洋大学堂总办王修植时，说他也同情和支持中国的维新变法，并举出日本维新以来的经验、教训，希望中国能吸取有益之处，汲取前车之鉴。王修植则以变法失败及清政府绞杀《国闻报》行为，指出："政府的高官们，大都年老而倦于政务，肯定没有改革的希望。依我看来，必须从百姓自己的团结做起。"内藤又问："贵国时事，尚难变法耶？"王修植答："目前尚未能说到此，大约十年以后，列邦交逼，即使上不变，下亦必变。"当时内藤其对王修植的印象是："年齿四十一，容貌温籍，虽不通欧文，犹在现职，盖为才物也。"[2]

慈禧太后重新听政后，除追捕康梁杀六君子外，在外人的干涉下并未牵涉过多。西村8月中业归津，国闻报馆财政日益困难，加上康有为政变受到打击，以新闻为卖

---

[1]　杨琥编：《夏曾佑集》下卷，日记，国家清史编纂委员会·文献丛刊，上海：上海古籍出版社，2011年，第712页。

[2]　《燕山楚水·禹域鸿爪记》，《内藤湖南全集》第2册，东京：筑摩书房，1973年。

点的报纸顿减，面临苦况陷入危机，需要赶紧救济，欲找外务省但同年没有任何解决方案。于是《国闻报》在西村博的幌子下继续刊行，王修植仍不时地在报上刊登涉及戊戌变法后闻，因此又被那些狐群狗党追杀。

9月28日，因戊戌变法被废的前户部主事缪润绂向朝廷上书，说是"奸党甫去，乱端复萌。"其证据是："天津之《国闻报》依然邪说横行，假外人为名，实皆华人笔墨。"

10月5日晚，香港《德臣西报》采访人，在香港与隐匿半个月的康有为秘密会晤，调查戊戌变法内幕及康出逃经过情形。

康有为在与《德臣西报》访事人谈话中，说慈禧太后"因循守旧不甚好更张"，并揭露"十一年前中国筹办银元三十兆两以备整顿海军，不料购得战舰五艘后，余款即拨归修建颐和园；及后又筹三十兆两建造铁路，但仅将此巨款兴筑铁路至山海关后，又拨此款为修南苑之费。"

康有为说："皇太后高拱深宫，日中所见者只寺人数名，一切西法绝无闻见。除此优游耽乐事外，未尝有励精图治之意。""中东一役以前，尚以李傅相为可作长城。兵败地割则翻然改变，凡事皆属意于恭忠亲王及荣中堂主办，至弄权之大惟侍监李莲英。皇太后听政时犹有召见各王大臣，及归政后只有金壬宦寺等辈日侍其旁而已。""前二年有两员曾具折奏请皇上直言不讳，皆以皇太后为文宗显皇帝之妃不当摄理朝纲等语。"

康有为在谈到戊戌变法时说："迨自今上乾纲独振，宵旰忧劳，于时皇太后已有废立之心，遇事不无阻止。胶州一失皇上益觉愤怀，请于皇太后，曰时事日艰，请懿旨准其力求上治。皇太后迫于无可如何，亦俯准皇上勤求治理，然虽满口许之而心中尚未转移也。"

随后康有为将矛头转向当权者恭亲王和荣禄。"予到总署时力陈改革之益步法泰西，王大臣多不以为然，所尤不喜者惟荣禄一人矣。予在总署所陈整顿政务各节，当日恭忠亲王则以为非惟翁协揆则以为是。以上条陈皇上交总理衙门议复，惟恭忠亲王、荣禄、许应骙皆以为不是，予于召对时力陈时事孔艰，非变革无以维持政治。皇上乃慨然曰，此守旧大臣之所以惧朕也。各大臣之黜陟朕难操权，只候皇太后懿旨，朕亦知各大臣非有志于西法者。"[①]

北京方面转天得到消息后，慈禧立即下懿旨："凡有关于国家大计者，指陈得失，

---

① 《德臣西报访事在香港与康有为问答》，《国闻报》1898年10月21日至22日。

毋得自甘缄默，果系心存君国，直言无隐，无不曲予优容；倘若淆乱是非徒事攻讦，亦必治以应得之罪，为公为私自难逃朝廷洞鉴也。"其意在让康有为封口。

然而10月9日上海《新闻报》首先将其刊出，立即引起轰动。清政府命令查禁上海、天津、汉口等地报馆，并"严拿主笔"。顽固派有了慈禧这道懿旨，立即将矛头马上转向《国闻报》。

10月11日，江南道监察御史徐道焜奏劾《国闻报》及严复、王修植，说他们借《国闻报》"指斥朝政，略无忌惮，意在挑畔"。

10月21日至22日，《国闻报》以事关重大，公然违背创刊伊始之"毁谤官长、攻讦隐私，不但干国家之律令，亦实非报章之公理。凡有涉于此者，本馆概不登载"的立场，连续以《德臣西报访事在香港与康有为问答》为题，冒险将康有为谈话内容刊出，顽固派立即将矛头转向《国闻报》，誓将新仇旧恨一起算。

10月28日，礼部右侍郎准良递上奏折，说："报馆奉旨停止未及旬日，旋即照常刊布，其诽谤诋斥较诸往日有加无已。九月初七日，述康逆问答之词，尤为肆逆不法。"[1]他强烈要求："一见国闻此报，即行查办！"慈禧接到奏章立即下旨："该报馆名为设自洋人，必有内地匪徒，挟洋为重，敢于肆行指斥。著裕禄拣派妥员，密查明确，设法严禁。此等败类，必应拏获惩办，毋得轻纵。原折著钞给阅看，将此谕令知之。钦此。"[2]

然而《国闻报》仍在10月29日的"本馆照录"中，仍在公然嘲笑政变后守旧朝臣请求禁毁康有为变法书籍的文章《孙中堂请禁康氏悖谬各书奏稿》，为"放马后炮""打落水鸡也。"

直隶总督裕禄在接到慈禧太后的懿旨后，暗中派人调查，说《国闻报》借以日本人名义为掩护，暗中反对清政府，认为直接将其查封，恐会引起对外交涉风波。鉴于其设立以来，其消费资本金已达一万二三千两巨额，须借财以补足，故当时绝无利息支付，现在穷苦非常，穷境濒临。于是裕禄就想采取一万全之策，即用重金收购的办法，然后再将其关闭。于是就派津海关道黄花农拜访郑永昌，询问购买事宜。

黄花农表示以三万银元的重金收买《国闻报》，然而郑永昌早就看出他的把戏，认为如果将《国闻报》卖给清政府，则此报必关无疑。虽然拿着这些钱还可以再开报馆，但是不能再冠《国闻报》之名，之前的努力皆付诸流水，"解散容易，再兴困难"。亦

---

① 国家档案局明清档案馆编：《戊戌变法档案史料》，北京：中华书局，1958年，第482页。

② 中国第一历史档案馆藏：《上谕档》，光绪二十四年秋季档。

于无形中使清政府的阴谋得逞，于是谎称业主不在，暂时回绝了黄花农的要求。

郑永昌在后来给日本外务次官都筑馨六的报告中说："一日海关道到我领事馆来访，问《国闻报》是否日本人所有，我答是……来人说清政府想购买，并慷慨允以金若干。"[1] 郑永昌认为《国闻报》不能因此而放弃，目前其仍有利用价值。

据继任日本驻华公使西德二郎讲："近日，天津道台曾与郑领事商谈，有购买该报之意。该领事向本省请示，本省回复不欲出售该报。因此该领事遂谢绝海关道之请求。"

郑永昌故意对黄花农撒了个谎，说："承贵道意欲购买国闻报馆一事，嘱为电询业主是否愿售，当即发电询问，兹按接电复云，该报馆自开设以来历经数年，现在辅有规模，仍欲自为办理不愿出售。"

11月5日，《国闻报》继续"顶风作案"，连续两天在"国闻录要"栏目中刊载《再录西报六月十六日康有为奏对之词》，将戊戌变法过程及康有为出逃内幕刊出。并在其后跋白中加以评论，如此做法，凶险可知，《国闻报》已抱定"舍得一身剐，敢把皇帝拉下马"之信念。

在黄花农多次与郑永昌商谈收买《国闻报》不果的情况下，12月2日清政府下令，直接以严复、王修植等在报馆秉笔屡被参劾为由，命直隶总督裕禄随时察看。如此以来，既然不能在报上发表论说，也不能刊登有关朝政新闻，即失去了"通上下之情"和"通中外之故"的宗旨，也就失去了办报的宗旨，因此二人决定待夏曾佑回津后将其关闭。

12月6日，夏曾佑离津避祸两月后从上海回到天津，见"报馆王、严均拟暂停，已有成议"。虽然"日人尚不甚愿"，但是他还是将"报馆之席辞去"，离开小白楼，"移居王菀生家"。"鄙人二馆具辞，一官未得，其窘可知。"[2] 俨如落水鸡也。

第八节　屈辱的历史：《国闻报》被迫卖与日本人

在清政府持续高压和川崎三郎方面仍无回复的情况下，王修植、严复决定关闭国

---

① 日本外务省外交史料馆藏：《郑永昌致外务次官都筑馨六》，明治31年12月12日，《新闻杂志操纵关系杂纂——国闻报》，第30页。

② 杨琥编：《夏曾佑集》上卷，书札，国家清史编纂委员会·文献丛刊，上海：上海古籍出版社，2011年，第457页。

闻报馆，而日本领事郑永昌则"不甚愿意"。

1898 年 12 月 12 日，郑永昌致电日本外务次官都筑馨六，希望日本政府协助维持《国闻报》继续发行。

西村博见报馆财政日益困难，加上戊戌变法失败后维新派遭到打击，以新闻为卖点的报纸顿减，都面临苦况陷入危机，需要赶紧救济，郑永昌打电报请外务省从速解决。

郑永昌在给外务省的电报中说："天津发刊之汉字报纸《国闻报》，原为王修植所有，因清国政府施加种种迫害，遂有日本人做表面之社主维持经营，对此，已在以前之报告中述详细说明其困难经历，现今王修植已陷入行将解散之窘境。""该报社之消长实与日本之利益有很大关系。吾等已在当地用尽种种救济方法，毕竟难觅良策，遗憾之至。因此，务请在国内劝导有志之士，设法救济报纸。仅需一万元左右即可充分维持，请多方劝导有志之士。"[1]

日本外务省收到请求后，同意郑永昌的意见，日本政府出资二万银元，以郑永昌个人名义，购买《国闻报》一切财产。日本公使矢野文雄通过日本横滨正金银行拨给郑永昌《国闻报》买收金洋银一万一千元为内渡金，12 月 20 日郑永昌到天津代理处太古洋行领取了第一笔洋银五千元，作为定金交给王修植。而作为出卖方领到定金后悉数撤离，交由日方打理一切事宜。

据后来日本总领事馆文件显示，"郑领事打电报请外务省从速解决，结果同意收买，以总计银元二万元购买一切财产。同年 2 月 1 日收受手续同报，在郑领事监督下，以西村之主干经营，记者只方若、张颐两名。"[2]

1899 年 2 月 5 日（明治 32 年 2 月 5 日），郑永昌致外务次官都筑馨六，确认"《国闻报》买收金内渡洋银五千元领收"，作为定金已经付给王修植，"而国闻报社财产让受，清历一月六日即我二月十五日执行，且同日西村博就《国闻报》维持法，经笃实地调查详细报告。"[3]

2 月 27 日，夏曾佑在给表哥汪康年的信中确认："国闻报馆已认真卖与日人，已交五千元，而余数尚未决定，馆事则一切交与日本人矣。""而自交日人之后，日人西

---

① 日本外务省外交史料馆藏：《新闻杂志操纵关系杂纂——国闻报》，第 26 页。

② 日本国会图书馆之馆藏：《在天津日本领事馆代理总领事小幡西吉致外务大臣伯爵小村寿太郎》，明治 41 年 9 月 1 日，《新闻纸有关报告及均校送付方文件》。

③ 日本外务省外交史料馆藏：《郑永昌致外务次官都筑馨六》，明治 32 年 2 月 5 日，《新闻杂志操纵关系杂纂——国闻报》，第 42 页

村博名为馆主，而其人性极雅淡，且言语文字均不甚通，虽在馆中而悠然物外，若与馆事无涉也者。日领事郑永昌稍精明，而无暇力及此。此外更无人过问，遂将全权付与宁波某君（即方楚青）。"[1]

退出《国闻报》后，几个人的状况各异，"又陵甚自危，菀生稍可，慕韩可无事。""弟两馆均不能就，所入遂无一文，不过虚悬一语以自骗而骗人，曰就要选着而已。日来吃饭睡觉之外，一无所事。"

3月16日，日本外务大臣青木周藏电告矢野文雄公使，在将天津汉字新闻《国闻报》购买协议之前，将其资产状况以及维持方法报外务省备案。

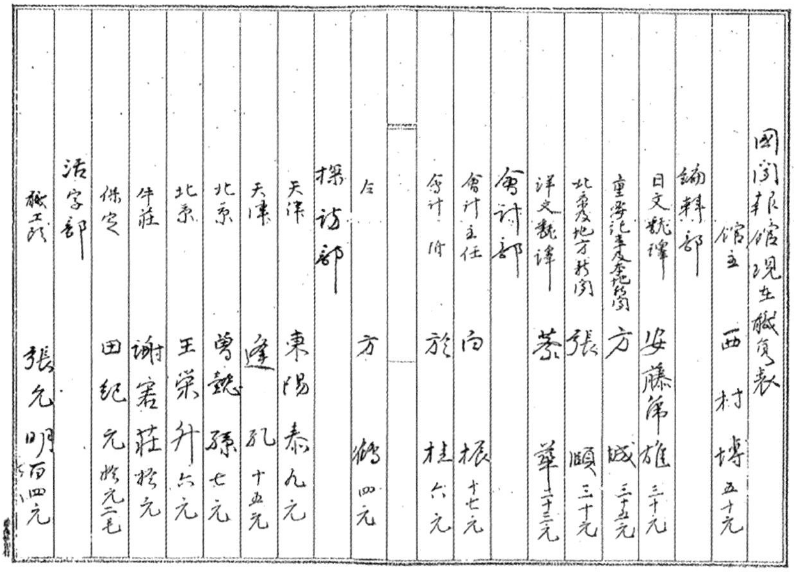

图3　国闻报馆现在职员表（略）

郑永昌接到指示后，立即令西村博与方楚青组织人员，对国闻报馆现有一切有价之物进行彻底清查。其中"机械设备合计洋银五千四百九十三元，活字铅板等二千零三十五元，印刷材料合计银洋一千零五十七元，房产合计洋银六百一十三元，其他什物器具合计洋银五百五十五元，总计价值洋银一万一千元。"另将现有职员及薪金制表同期上报。

清查工作结束后，为此西村4月12日归国，就此事与外务、陆、海军三省当局

---

①　杨琥编：《夏曾佑集》上卷，书札，国家清史编纂委员会·文献丛刊，上海：上海古籍出版社，2011年，第457页。

者商议如何收买。

4月25日，在得到正式答复后，郑永昌将余款付清，并约定四日内正式签约。夏曾佑在致汪康年的信中说："菀生三四日必当动身回宁，到沪即可面谈。然渠到沪恐不耽搁，当留心访之为要。""又陵博大胜，已到手者已万金，水师学堂总办大可不做矣。"

4月29日，王修植与郑永昌正式签署《国闻报卖约》，其内容如下：

> 立卖约人王修植，今将国闻报馆所有机器铅字、生财什物及一切费用等项，出卖与大日本国驻津郑永昌领事，言明价值洋钱一万一千元，其洋钱均以照数收清，自卖之后所有国闻报财产及一切经理，均由郑领事做主，无论盈亏不涉原主之事，立卖约为凭。
>
> 大清国光绪二十五年三月二十日
> 立卖约人王修植
> 受买者郑永昌
> 见卖者西村博、方楚青①

图4 《国闻报卖约》影印件

卖约签署完毕后，王修植将收据交与郑永昌，双方正式交割完毕，《国闻报》正式卖与日本人。

---

① 日本外务省外交史料馆藏：《国闻报卖约》，明治32年4月29日，《新闻杂志操纵关系杂纂——国闻报》，第46页。

5月27日，郑永昌将《国闻报现况报告书》正式上报外务省。并将报馆组织情况列表，馆内设主管一名，对馆内一切事务管理；设记者三名，其中负责论说一名，杂报一名、翻译一名；馆内设会计一名，负责金钱出纳；设事务一名，负责新闻选送及广告，探访者七名，其中天津、北京、营口、吉林各二名，保定一名；活字场内职工六名，内有一名工长，二名见习；印刷职工十一名，内含一名工长；杂役夫九名，内有小使三名，门番及选送系二名，厨夫一名，配达人一名，杂役二名。

随后郑永昌又将新《国闻报》现状及扩张计划进行了汇报：

"去年北京政变当时销售量大为增加，后来由于禁止在《国闻报》上发布论说以后，销售量急剧减少。去年冬天十二月顷最衰微，然本年又见销售量增加，殆今日平复改良之后，加入新闻增加广告后销售量还会增加，现将今《国闻报》配布区域及配布员数举如下：

清国之天津、北京、营口、保定府、烟台、开平、上海、汉口、厦门、杭州、苏州、广东、福建、澳门、塘沽、四川；日本之东京、横滨、京都、大阪、长滨；韩国之釜山、俄国之符拉迪沃斯托克以及香港等地。"[1]

第九节　国闻报馆是小白楼

自从 1898 年 7 月 2 日，《国闻报》在刊登"本馆大机器由英京伦敦运到，现已装就，定本月十四日开印，报纸放大，价仍照旧。"而随之在报上大肆刊登广告，其中在 7 月 4 日开始刊登的"天津和记经理上海茂生纸烟公司"广告中说："本公司开设上海，机器自制各种卷烟久已驰名南北各省，今分公司归和记号经理，如蒙仕商赐顾照市批发格外公道，本号寓天津海大道小白楼国闻报馆账房。此布。天津和记号谨启。"[2] 这是除《国闻报》创刊号标志"本馆开设在天津紫竹林海大道"，夏曾佑在日记中提到"移居国闻馆""乘汽车赴津，晚抵小白楼"外，第一次见有文字将"天津海大道""小白楼""国闻报馆账房"三条线索结合起来。由此表明坐落在海大道附近的小白楼，本身即国闻报之馆址。

---

① 日本外务省外交史料馆藏：郑永昌《国闻报现况报告书》，明治 32 年 5 月 27 日，《新闻杂志操纵关系杂纂——国闻报》，第 47 页。

② "天津和记经理上海茂生纸烟公司"广告，《国闻报》1898 年 7 月 4 日。

图 5　1898 年 7 月 4 日《国闻报》刊登的天津和记经理上海纸烟公司广告

　　茂生纸烟公司在上海浦东地方建厂开造纸烟已历两年，牌号皆用蓝盒发售。后又不惜工本另选上等烟叶，别种烟纸，不用浆胶，而用机器自然轧成，并装以红盒聊示区别，由公司执事刘晓岚持样到津推销，委托设在小白楼的日商和记号及第一楼番菜馆负责对外经销。

　　另据日本驻津总领事馆有关《国闻报》文件中称："西村同年三月二十八日起移居国闻报馆（当时坐落于海大道，俗称小白楼）内，名义上为报务主管，接管其权利，与财政无关。"① 也从另一方面证实小白楼是国闻报馆址。

　　① 日本国会图书馆之馆藏：《在天津日本领事馆代理总领事小幡西吉致外务大臣伯爵小村寿太郎》，明治 41 年 9 月 1 日，《新闻纸有关报告及均校送付方文件》。

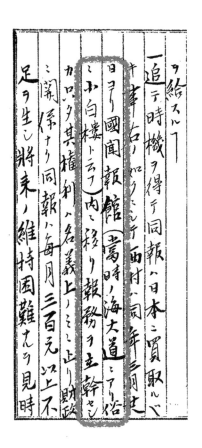

图6　日方文件中关于国闻报馆位置的记载

　　然而当年《国闻报》上为什么只写"开设在天津紫竹林海大道"，而不直接标明是在"小白楼"内呢？原因很容易解释，其实只是个"俗称"，日本人已在文件中特别注释，毋庸置疑。至于《国闻报》租用前之爱德华商会的情况尚不可考，早期文献其能够提供支持的，仅与《国闻报》及有关之人相关。

　　溯小白楼一词之缘，坊间传说不足为凭。在早期清人日记文集中，除《夏曾佑集》外未尝见到，其他早期记载详尽的报纸和新闻，如《申报》自1872年至1900年均未提及；《直报》1895年至1904年未曾提到；唯见于《国闻报》自1897年至1899年的两条广告，其他报纸如《大公报》《益世报》等相关记载甚晚。古籍善本中之天津府志、县志及《津门杂记》《津门纪略》均未有记载。夏曾佑日记中出现于1898年7月4日，而与《国闻报》有关之广告是从1897年12月16日至1899年8月4日，其间17次明确提到"小白楼"之称。而庚子之后"小白楼"之称就消失了，原因是建筑本身毁于战火。直到1909年我们才在《中外实报》上见到小白楼这个地名。

夏曾佑所提及的小白楼，是指建筑本身，还是地点之名？资深学者根据现有资料认为，文中所涉之意均为建筑本身；再有就是此时间段内小白楼所在地区尚未形成，所以《国闻报》只能标明坐落在海大道，更不能将小众俗称之"白楼"置于纸上。而为什么之前未能查到"小白楼"这个名字，皆因此楼为 1897 年始建，而后才因其外观鲜明特点而称其为白楼。西村博给郑永昌的报告中证实，"报馆的本身建筑物属于英商爱德华商会所有，前述两栋在本报馆租借后新建。"

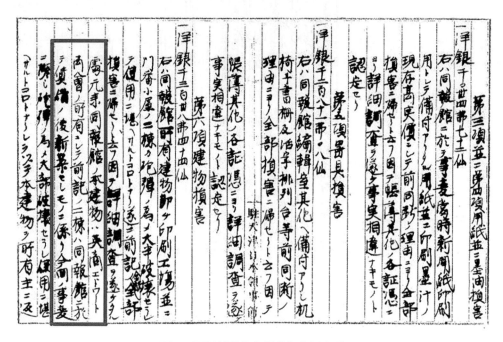

图 7　西村博给郑永昌的报告影印件

另据西村博在《国闻报馆财产目录》所载《国闻报》的不动产为"印刷工厂建筑一栋（附有水井一口），年租金四百三十五元；门房建筑一栋，年租金一百七十七元，合计洋银六百一十二元。"说明此建筑"租赁后新建"产权所有者为英商爱德华商会。皆因地处华界而未冠租界之名，加之相邻德界正值拆迁后期，因此小白楼孤悬塞外非常醒目。

1897 年 12 月至 1899 年 8 月，正值国闻报馆相邻德租界拆迁之期。据《国闻报》1897 年 11 月 3 日，"德国在天津新立租界，自杏花村以下袤长数里，办理半年，处处为难，事事棘手，经海关道宪李委屈周旋，勉为对付"。

据《国闻报》1897 年 11 月 30 日，"梁园门内靳家庄、大土地庙一带因迁让德国租界，凡坟冢之有主者悉令迁移改葬"。

据《申报》1898 年 3 月 18 日，"津郡城东下园一带村庄，业已划归德国租界，德国工部局一律丈量，竖立界石，今年将兴土木"。

据《国闻报》1898 年 6 月 2 日，"德租界内现已将昔日时所盖之土房大半撤去，界之东北角颇形宽阔"。

据《国闻报》1898 年 7 月 22 日，"德租界现正兴工平地，所有界内义冢早已迁移一空，犹有数处坟墓尚未迁让"。

据《申报》1898 年 8 月 11 日，"德国新辟租界，凡居民所有田园房屋，已于去年十月交收，今春多半拆毁"。

据《国闻报》1898 年 9 月 18 日，"海大道德租界路东隙地有泥房数间，木匠某某等居之"。

据《申报》"德国租界拟大加推广，除令从闪各房客一律迁移外，并于今夏将沿河各屋拆卸靡遗，俾将地基加高培厚，丈量既定然后兴工，闻毗连是处之朱家胡同，亦拟租以开马路，已由德工部局董请人前往清丈"。①

由此可见，小白楼周围泥屋、平房拆尽后，只剩其一标志性建筑，又因其外墙涂以白垩格外醒目，后期建设之中在路名未起或饶舌的情况下，小白楼之地名逐渐形成。

戊戌变法失败后风声鹤唳，很多人为避险离京回籍，待形势安稳后又回来，人群中也包括夏曾佑。他是于 12 月 6 日乘最后一班轮船回来的，此时身兼洋务局委员王修植尚在秦皇岛，他是受新任北洋大臣裕禄的委派，带着四名测绘学生，同税务司一起勘察地段，为在此开设通商码头做准备。虽说此时《国闻报》名义上已与夏等无关，但是毕竟还没有彻底厘清，且方楚青和张颐仍在报馆，所以到津后仍暂住小白楼国闻报馆。三天后王修植回来，夏曾佑才将行李搬到王家。

此时的夏曾佑好像变了个人，整日除了看戏就是和朋友喝酒，"饮酒竟日，""本月之事益忘却，所谓醉生梦死者非耶？"此时的《国闻报》遂由西村博和方若、张颐经管，虽不择手段地增加收入，但是报馆仍旧入不敷出。进入 1899 年之后更显捉襟见肘，不得不停刊十天。

其实也不只是《国闻报》，紫竹林的冬天就是难过，每当封河之前最后一班轮船离开，紫竹林的喧嚣立刻就沉寂下来，各店铺都盘点货物，街上除了要账的很少见到人影，只有回不了家的人在这里苦熬，自发组织些文娱活动打发无聊的日子。

---

① 《津沽雪浪》，《申报》1899 年 1 月 30 日。

1 月 8 日适逢周日，为度过这无聊的冬天，方楚青等在小白楼组织消寒会，夏曾佑"晚与澜生、信皆、药雨、亦湘和澍堂饮于白楼，是消寒会之第一集。"药雨即方楚青，宁波人；亦湘即张颐，上海人。并约每周一次。

1 月 15 日的消寒会增加了日本人小田桐男辅和西村博，"午后与小田、白水、澜生、钦甫、复斋、新皆、药雨、亦湘、楳庵饮于小白楼，是为消寒会之第二集"。①

1 月 22 日又增加了日本人井原真澄，夏曾佑在日记中记载，那天"雪甚大，夜与井原真澄、小田桐男辅、白水、澜生、钦甫、菊蒙、新皆、药雨、亦湘、士棠饮于小白楼，是为消寒会之第三集"。

1 月 29 日又多了桥口，人越来越多，也越来越热闹了。夏曾佑"与井原、小田、桥口、西村、澜生、菊蒙、亦夫、新皆、楚青、亦湘、澍堂饮于白楼，是为消寒第四集。"

2 月 6 日的消寒会更热闹了，"亦夫来，子静来，杏南来，同至第一楼夜饭。饭后赴消寒第五之约。是日来者有高木、桥口、小田、林埙介、陈、温、张、方、二蒋诸人。"此时已是腊月二十六了，元旦那天降大雪，午后霁。夏曾佑午刻与朋友小饮竟日，"暮归。怅惘者久之。"

春节之后，漫长的冬季终于过去了，迎来的是一个鲜花烂漫的春天，随着汽笛长鸣第一艘轮船到达天津，各店铺又开始忙碌起来，但是因为许多旅客选择由塘沽直接坐火车赴京，紫竹林远没有像以前那样繁荣。

夏曾佑现在是"无官一身轻"，有时与方楚青到李氏园散心，有时找西村博喝酒，有时到北洋大学堂和教习们聊天。4 月 16 日，是方楚青妹妹大婚的日子，方在小白楼国闻报馆大排筵宴，"东西人会饮于小白楼者二十余人"。

4 月 25 日，夏曾佑"到小白楼一游"。显然，这里易主后是不常来了。三天后夏曾佑在别处喝完酒后，到小白楼，与方楚青、王修植、陈子琴等聊天。

4 月 30 日，夏曾佑由津坐中午的火车到京入署投供，这一次时间较长，一直到 5 月 18 日，"午后三时到津至王家，薙头、啜茗毕，即访知游。与知游至第一楼，饮啤酒二瓶、红酒一瓶。""访药雨，见其甚困。复访知游、略坐，返王家宿。是夜不成寐。"不知为什么，可能是王修植又要出门公干，转天夏曾佑便"运行李至小白楼部署，至午前九时而毕"。他又搬回小白楼住了。

---

① 杨琥编:《夏曾佑集》下卷，日记，国家清史编纂委员会·文献丛刊，上海古籍出版社，2011 年，第 715 页。

时隔两天，"予先至王家检衣箱，即回楼，与林埙介、知游、药雨小饮"。5月23日，"夜访又公即别，因其将他往也"。

5月31日，夏曾佑与伯虞附汽车到京。这次终于被委为祁门县令，虽说是个穷乡僻壤，可是这次夏曾佑应了，因为别人都忙，就他闲得没事干。

6月9日，夏曾佑一早赴西苑引见。转天在京拜谒各大员及王文韶尚书。连续几天的日记均为"拜客竟日"。直到6月20日才回到天津，当晚仍宿王家，但转又"移寓小白楼"。这次终于踏实了，就等着赴任了。

6月25日，他又去了趟北京，7月20日才回来，"与知游同至第一楼，澜生、钦甫皆至。晚同至小白楼宿焉"。转天午后与加入报馆任日文翻译的安藤虎男略谈。22日又"至王宅检行李"。一切安排妥当，整天就是和朋友喝酒了。离津赴皖任祁门知县之前，他与朋友们的告别宴也是在小白楼。

8月4日那天，夏曾佑"与熊泽、冈田、安藤、西村、知游、澜生、药雨、鞠蒙、澍棠共饭，饭后共摄影于小白楼前"。

8月8日，"与又陵、仲宣、弟三、坚仲共饮，饮后共摄景，即归。晚与仲宣至又公寓夜谈"。8月13日九时坐火车赴塘沽，上新丰船第一号官舱，晚七时开行离津，经上海赴皖任祁门知县。因此也躲过了庚子一劫，而严复和王修植则因此而家破人亡。

第十节 清政府继续追杀《国闻报》

《国闻报》正式卖给日本人后，西村博将报馆经营全权交由方楚青打理，郑永昌无日不为报馆的财务状况担心。

方城，字楚青，生于1869年，原籍浙江定海，与王修植是同乡，清末秀才。1893年他孤身一人来到天津，曾任永定河工委员，后在北洋大学堂做文案兼教习。

1897年6月4日晚上，王修植约众人到裕泰洋菜馆去喝酒，夏曾佑在酒桌上第一次见到方楚青。以方之学识和谈吐，夏觉得此人尚可。《国闻报》创刊后，因为一时揽不到广告，便将《方楚青金石刻画润例》充斥其中，以"石章每字洋泉一元，牙竹每字洋泉二元，金磁每字洋泉五元。朱白文不拘。劣质不应，立索不应，余件另议，过大小者议，件交文美逸，云先惠润资，五日取件。丁酉九秋，舟山方楚青白"。可见当年方楚青已小有名气。

10月中旬，王修植派丁家立和方楚青奔赴上海、福州等处，为芦汉铁路学堂招考读过洋文学生，直到 12 月 21 日冬至那天，夏曾佑才在朋友聚会时才再次见到他。可见《国闻报》初期方楚青并不在小白楼。

1898 年元旦之日，夏曾佑与方楚青、蒋澍堂、江伯虞等共饮于紫竹林第一楼番菜馆，他发现方挺能喝，也很豪爽，于是二人遂密切起来。几日后又与方楚青等到鸣盛茶园观剧。从此之后，二人经常一起饮酒，聊起文学、艺术各不相让，聊起历史、地理更是样样精通，二人竟成了绝好朋友。

以夏曾佑的酒量，自称最多能喝二十八杯，虽然不是总那样，但是不喝是绝对不行的。之后每次投供回来第一件事就是喝酒，每次必有方楚青在座。戊戌变法失败后，夏曾佑与方楚青几乎天天在一起。待到夏曾佑等退出报馆之后，方楚青的种种作为，使他对这个宁波人产生了恶感。

"日领事郑永昌稍精明，而无暇力及此。此外更无人过问，遂将全权付与宁波某君。""某君为此以后，不以报之优劣与销数之多寡为报馆之政策，而其政策专主诬人、纳贿，于是苞苴盈庭，有赌场数处，没处每日送二十元，其他称是，于是大发其财。"夏曾佑感叹地说："而我辈昔日之地狱，一转移间而为天堂，俛而思之，不觉大笑。从此有一公理可知，盖支那者无叫化之国，在不开化之地者决不可行开化之事，强而行之，不受大祸，亦有大累；惟相与为不开化之事，则实福可得，而恶名亦可免焉。此理即明，吾党亦可无怨亦！"[①]

方楚青虽为报馆收支平衡想尽了各种办法，甚至做到了"无所不用其极"和"唯利是图"的地步，但是仍不能弥补报馆的亏空，因此郑永昌不得不以七厘的高利率，向天津横滨正金银行借入清银二千两做流动资金，以待经营状况转好后偿还，却因此而引起一场风波。然而他们的直接上级关心的不是财务状况，而是报纸内容不要触怒清政府。

7 月 8 日，任办公室矢野文雄派书记官的石井菊次郎到津，对《国闻报》的现状进行视察，并嘱咐自去年以来，此报屡屡发表有关清国皇帝及西太后的令人不满之报道，训令以后当多加注意，并将《国闻报》收买前后情况翔实汇报。之后矢野将此事亦上报给日本外务大臣青木周藏。

7 月 20 日，西村博将《国闻报引继始末》并《国闻报善后策》上报日本驻京公使馆。并附有《国闻报馆财产目录》《国闻报发行纸数月表》《国闻报馆收支计算书》

---

① 杨琥编：《夏曾佑集》上卷，书札，国家清史编纂委员会·文献丛刊，上海：上海古籍出版社，2011 年，第 457 页。

《国闻报现在职员表》。

《国闻报》现在职员除西村博为馆主外，编辑部增加日文编辑安藤虎雄（安藤虎男），重要记事及本地新闻由方楚青负责，北京及地方新闻由张亦湘负责，英文翻译蒙华；会计部主任白振声、会计员于桂三和方松鹤；探访部天津方面东阳泰、蓬孔，北京方面曾懿孙、王荣生，加上牛庄方面谢君庄和保定方面田纪元。活字部、印刷部、杂役部仍为原班人马。

西村博在《国闻报馆财产目录》中明确说，报馆现有机械大印刷机一组，英国制；小印刷机三组，内一组英国制，名刺额印刷机；裁纸机一组。不动产有印刷工厂一栋，附有水井一口；另外还有门房一栋。①

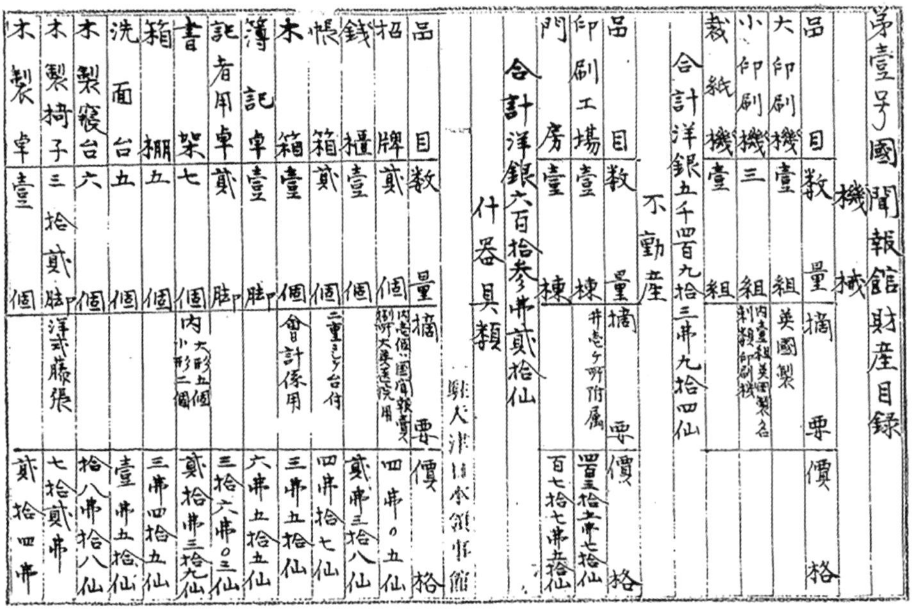

第壹号 國聞報館財産目録

機械

品目	数量	摘要	價格
大印刷機	壹組	英國製	
小印刷機	三組	内壹組英國製名刺額印刷機	
裁紙機	壹組		

合計洋銀五千四百九拾三弗九拾四仙

不動産

品目	数量	摘要	價格
印刷工場	壹棟	井壱ケ所附属	四百三拾五弗七拾仙
門房	壹棟		百七拾七弗五拾仙

合計洋銀六百拾参弗贰拾仙

什器具類

品目	数量	摘要	價格
招牌	贰個	[illegible]	四弗〇五仙
銭櫃	壹個		贰弗三拾八仙
帳箱	贰個	二重ミシン台付	四弗拾七仙
木箱	壹個	會計係用	三弗五拾仙
簿記卓	壹脚		六弗五拾五仙
記者用卓	贰脚		三拾六弗〇三仙
書架	七個	内大形五個 小形二個	贰拾弗三拾九仙
箱棚	五個		三弗四拾五仙
洗面台	五個		壹弗五拾仙
木製寝台	六個		拾八弗拾八仙
木製椅子	三拾贰脚	洋式藤張	七拾贰弗
木製卓	壹個		贰拾四弗

駐天津日本領事館

图 8　西村博《国闻报馆财产目录》影印件之一

为了增加报纸销量，方楚青没有听从石井书记官的警告，仍在《国闻报》上转载清政府内部消息，再次激怒了慈禧太后，谕令直隶总督裕禄彻底查禁。

10 月 25 日，翰林院编修沈鹏《为权奸震主削民，生祸召灾，请肆诸市朝折》送至衙门抑而未上。因此《国闻报》做了跟踪报道。并在《国闻报》上全文刊登沈鹏的奏折。

据翁同龢 12 月 28 日日记中说："连日为沈鹏在京欲讦大臣，同是公议，遂令出京，

---

① 日本外务省外交史料馆藏：西村博《国闻报现况报告》，明治 32 年 10 月 25 日，《新闻杂志操纵关系杂纂——国闻报》，第 55 页。

而炯孙阻之尤力，旋天津报登其疏稿，而论者遂疑余主使。沈鹏既归，见之又作辩诬一篇，欲刊之于报，于是同乡诸君益愤，斌孙面斥其具疏之谬，并痛驳其置辩之非，乃始罢议。噫，沈鹏一痴呆子耳，其人不足惜，而欲累及师门，亦奇矣哉。"

"慈禧太后以戊戌政变，康有为遁，英人庇之，大恨。己亥冬，端王载漪谋废立，先立载漪之子溥俊为大阿哥，天下震动，东南士气激昂，经元善联名上书，至千数人。太后大怒，逮元善。"[①] 此事《国闻报》亦有报道。

于是慈禧下谕旨，凡刊登有关康梁消息的报纸一律查禁。裕禄想出的办法是，"如有购阅各项悖谬报章之人，查出即行严办。但使销路尽无，外人即意欲护持亦无所用"。

"西太后训政以后清国政府欲作皇太子册立之举，本报视之殊然。""清政府认为新闻纸对其有妨害处，各官场严禁购读我报。若购之如犯大忌，以致被威吓几次。""人心怕苟于官场之缘故，一切购读禁止。清历正月中旬以后，着其销售量减至二千以内，立至横害。加之直隶总督之守旧政府，遂将报馆清国人勿论探访者、卖报者均为捕拿。"[②]

1900年2月4日，裕禄指使海关道黄花农照会郑永昌："查报馆之设，所以宣上德通下情，开广见闻，故各国报馆虽多，其或议论不纯，致清国之人观听，其禁例亦均甚严。前因国闻报馆，屡次以敝国时政，妄登报章，肆意毁谤，实有不合，本道现奉北洋大臣裕谕，以该报馆查系贵国人所开，我两国现在和好极宜修睦以敦邦交，饬即转致贵领事，请烦将国闻报馆，即行禁止，免淆惑人心，实于彼此均有裨益。用特函达，即祈贵领事查照饬遵，并希见复为荷。"

2月6日，郑永昌回复黄花农，说《国闻报》确系日人所开，承诺会对该报谆谆诚谕。黄花农对郑永昌的答复也很满意，解释道："国闻报馆系贵国士人所开，本可无须管理禁止之事，然为报章常有毁谤时政，是以有不乐购阅等情。现承贵领事谆谆诚谕，该报馆凡属议论不能肆意毁谤之词，概置弗登，具见贵领事修睦敦交深以为佩。"

但是，顽固派并不满意郑永昌的答复，奏报慈禧"天津国闻报馆，为候补道王修植所开设，上年封禁之后，贿求日本出名，仍系王修植主笔，造作谣言，变乱是非，乃至诽谤朝政，请饬查禁严惩。"

---

① 罗惇曧：《庚子国变记》，中国历史研究社编：《庚子国变记》，上海：神州国光社，1946年。

② 日本外务省外交史料馆藏：西村博致郑永昌《国闻报经过与要求》，明治33年12月，《新闻杂志操纵关系杂纂——国闻报》，第162页。

2月23日，慈禧下旨"著裕禄查明，严行禁止。王修植如果实有主笔等情，并著切实查明，从严参办，毋稍徇隐。原片著钞给阅看，将此谕令知之。钦此。"

因此，裕禄饬黄花农再次照会郑永昌关闭国闻报馆。这次可把郑永昌逼急了。

3月5日，郑永昌在回复黄花农的照会时说：

"本领事不识出于何心，在万难从命。如贵政府必欲严禁，则此报馆原系本国志士所设，应请转达总署与敝国驻京大臣相商，本领事不愿与间也。

"抑有告者，本领事复查中国现在情形风气大开，人心思愤，倘本报设于（光绪）二十年前，恐官虽不禁即亦无人购阅，此人情安于缄默不识时务，故也。今海疆陆地之开张，内忧外患之征，创世道日怯，人心思愤亦时务使然也。于此而欲伏压使不得申，窃恐欲积欲愤，譬诸草木逢春勾萌一动，则从前之固阴沍寒皆不得而阻遇之，岂压力所能制也。望贵政府有鉴斯喻勿伏危机可耳。本领事曾寓贵国历有年所，日望贵国锐进文明为东亚富强之国，故敢进忠告之言。

"本领事日前风闻直隶全省官员，有遵奉堂谕一概不准购阅各项报章，不数日既有禁阅康梁所作报章之谕旨，乃于此令示先不情出一辙，意者其以国闻报为康梁所作乎？不知《国闻报》设自本国志士，原为开化人心申扩见闻，其购阅者非官即商，官阅则是以明达政事，商阅即足以发越商务，以官商籍为进化之阶其所乐闻亦自然之势，非压力所能制也。本领事亦谆谕报馆，凡属有议论不纯肆意毁谤之词概置勿登，庶几无暇可伺而风气日新而人心自正矣。"[1]

郑永昌以激励的言辞在回复直隶总督衙门的照会后，立即给日本外务大臣青木发了电报，告知近来清国内阁之保守派中，反对当地发行的国闻报者居多，常有种种埋怨之声。

3月23日，日本青木外务大臣回复天津郑领事：

"该报纸自去年以来，屡屡发表有关清国皇帝及西太后的令人不满之报道。对此，前任公使矢野屡次提出要多加注意，且在去年7月中特派石井书记官赴天津，就上述的报道，谕示将来应注意之事项。不久前，对于皇嗣对立事件之报道，实又深深刺痛清国政府之感情，以致该政府有灭绝《国闻报》之意，实乃本大臣最遗憾之处。《国闻报》发行之目的，与清国南方所发行的报纸旨趣大不相同。既然专门作为两国外交上的一机关，而在帝国政府的直辖下营业，则现时特

① 日本外务省外交史料馆藏：《郑永昌复海关道》，《新闻杂志操纵关系杂纂——国闻报》，第97、102页。

在清廷的报道中，笔端尤须谨慎，以使不违背善邻交谊之本意。请对该报记者多予教导，并请将《国闻报》现在销售量以及今后业务上的意见详细回报。"①

4 月 1 日，总理衙门致新简日本公使西德二郎：

"北洋大臣文称据津海关道禀，该报往往以无稽之言刊列妄布，甚至造作谣言变乱是非，诚属违例。国闻报馆捏造是非、诽谤政事，实属有违各国报例，请由总署知照日本驻京大臣转饬该领事查禁等因。本衙门查国闻报馆即经开设在中国地方，所刊报章妄跂议论，于中国政治大有窒碍，相应函请贵大臣查照，即系转饬驻津领事，如能裁撤固属甚善，否则必须严饬报馆，凡有妄肆诽谤有碍朝政之词不可登入报章，以息莠言而敦睦谊。"②

日本特命全权公使男爵西德二郎在经过慎重考虑后，于 4 月 3 日，给外务大臣青木周藏发去电报，称：

"对于该报社，清廷颇为注意，其有嫌恶之情，已为不可掩盖之事实。一是由于该报社地接北京，容易引起当地政府之注意，一是由于该报社的论说报道，常有赞同改革派之意，而尤为清廷所恶。由目前形势而推测将来，我国若欲维持该报，反而有害于清廷之感情，使彼借以徒增疑惑，无丝毫之利益。至于所谓启发清国之人民云云，乃为凭空之妄念，显然终无其效。如遇到良好机会，将该报卖出为上策。"③

在威胁和利诱无果的情况下，4 月 15 日裕禄不得不对慈禧回复说：

"据该关道黄建笫禀复，遵饬详查天津国闻报馆，起初原系中国人于光绪二十三年十月间开设，因资本折阅，即于二十四年三月间售与日本国士人西村博接开，馆事皆由西村博经理。内有一华人名方若，本系浙江定海籍贯，因娶日本之女为妻，即入日本籍，现在该报馆司事，管理一切事件；又有日本人安藤为翻译，遍加察访，该馆主笔并非道员王修植。""现经一再访查，该报馆确系日本人西村博所开，买于福建人李志成之手，其在李志成开设报馆之初，王修植有无合股，时仅四月，事隔两年余，详查并无确据。而西村博售买该馆，实在二十四年三月间，并无华人资本在内。

①　日本外务省外交史料馆藏：《外务大臣致郑永昌》，明治 33 年 3 月 23 日，《新闻杂志操纵关系杂纂——国闻报》，第 109 页。

②　日本外务省外交史料馆藏：《总理衙门致日公使》，《新闻杂志操纵关系杂纂——国闻报》，第 113 页。

③　日本外务省外交史料馆藏：《日本特命全权公使男爵西德二郎致外务大臣》，明治 33 年 4 月 3 日，《新闻杂志操纵关系杂纂——国闻报》，第 111 页。

"近奉本年正月十五日谕旨，又复严加申诫，如有购阅各项悖谬报章之人，查出即行严办，但使销路尽无，外人即意欲护持，亦无所用。"经"详切确查，王修植上年请假回籍及赴京引见在津之日无多，实无在馆主笔情事。查王修植才具尚优，粗谙西学，遇事善于炫长，明敏有余，诚谨不足。然自奴才到任后，考察年余，尚无劣迹可指。该员现丁本生父忧，俟其起复到省后，随时留心察看，如果趣向不端，不能敛才就范，即行据实参惩，不敢稍事姑息。"[1]

第十一节　《国闻报》之小白楼毁于战火

日本外务大臣青木周藏接到西德二郎的电文后，回复说："以目前清国形势而论，继续出版发行该报纸，非但无益而且有害。诚如贵意见，一俟有好机会，即可售出于清国当局或与我无关之当地人（俄国除外）。而目前望做临时应变的措施。"

外务省在国内寻找买主不果的情况下，将《国闻报》无偿地转送给旗下的东亚同文会，并与之达成《契约书案》，将国闻报馆包含现有设备机械不动产等以及现存物品，无代价赠予。但是东亚同文会对《国闻报》任何改良计划，都要经外务省许可。另外，东亚同文会必须服从外务省命令，凡《国闻报》刊载的文字，应按帝国利益及日清两国利益计。勿偏。

由于慈禧废立阴谋再度受挫，"孝钦后乃大恨。载漪自以为将为天子父，方大快意。闻各国阻之，乃极恨外人，思伺时报此仇"。

此时正逢京津一带爆发义和团运动，"适义和拳起，诩其术谓枪炮不入，乃大喜，以为天助，欲倚之尽杀使侨，以促行废立"。

5月以后，义和团进至天津附近，百姓随之蜂起。

6月4日，天津义和团于北洋大学堂相近之梁园城门上，张贴《警告国闻报》揭帖，声称不许攻击和诬蔑义和团。

揭帖全文为："我皇即日复大柄，义和团民是忠臣。只因四十余年内，中国洋人到处行。三月之中都杀尽，中原不准有洋人，余者逐回外国去，免被割据逞奇能。《国闻报》上多谬妄，乱语胡言任意登，该报因有日人保，故敢造谤诋我们。兹特示尔《国闻报》，此后下笔要留神，倘敢再有诽谤语，定须毁屋不留情。众家兄弟休害怕，

---

① 中国第一历史档案馆编：《光绪朝硃批奏折》第112辑，北京：中华书局，1996年，第400—402页。

北京今有十万兵，待等逐尽洋人后，当即回转旧山林。"[①] 义和团转天又到国闻报馆投书，报馆的人都慌起来，当地雇员、杂役悉数逃走，只剩下西村博、安藤虎男、阿久泽勘次郎三名日本人，和家在外地的方楚青、张亦湘、白振生、于桂三、方松鹤，以及植字职工张允明、王寿轩、叶顺宝、彭乐二，刻字工顾桂林，印刷工王益之，杂役朱升等十五人。西村博不得不请日本海军陆战队派数名士兵在门前警戒。

6 月 13 日，在天津站和城里的卖报者两名被义和团逮捕，并将报纸扣押，身体在遭受数处刀伤后欲将其杀害，西村博恳请天津知府派人作保才将其放还。

6 月 14 日，天津义和团焚毁了城里的三座教堂。转天又烧毁望海楼天主教堂和马家口教堂。义和团还攻击老龙头火车站，拆毁附近铁轨。天津城枪声彻夜不绝，喊杀声如鼎沸。

6 月 16 日，海大道一带居住华人悉将门锁逃走，满街寂寥，唯独国闻报馆开着门。义和团准备从海大道进入租界被美军击退。

6 月 17 日，联军集中十几条兵舰开始进攻大沽炮台。在敌军猛烈攻击下，大沽炮台全部失守。6 月 18 日，清军所有阵地都向租界炮击。据载：

"开始当同日敌兵发射之炮弹数发，将我报馆中之屋壁贯穿，室内之被炸致化为火，屋内器材全部因之破坏。

"屋内器材、衣类等狼藉。后临时派遣队员抢救，但屋内破坏已不能修，后屋内留之物件东西散乱。当时馆内现存之物件及后部建筑大破，印刷机械活字等乱杂不堪。其后德国军队征用了国闻报馆，遂将器械、活字等转往领事馆保存。植字职工张允明、王寿轩两名至今仍无踪迹，传言此在去上海途中，或于天津城附近为外国兵杀害。"[②]

西村博后在东京《朝日新闻》里说："国闻报馆正值动乱之际，又被三叉河口炮台轰击，道具和机器都被糟蹋得非常严重。其后，日本军队又驻进馆址，就无法继续刊行了。"[③] 由于战争，夏曾佑在天津的朋友都作鸟兽散了。王修植、严复等全家逃到上海，方楚青夫妇于 6 月 20 日只身逃往日本。

7 月 12 日，严复一家乘法万号拖船离开紫竹林到达大沽，这是离开租界的最后一

---

① 李文海、林敦奎、林克光编著：《义和团运动史事要录》，济南：齐鲁书社，1986 年，第 126 页。

② 日本外务省外交史料馆藏：西村博致郑永昌《国闻报馆经过之颠与并向后的经营之允我府禀申》，明治 33 年 12 月，《新闻杂志操纵关系杂纂——国闻报》，第 162 页。

③ 中下正治：《国闻报与郑永昌领事》，《新闻与日中关系史——在中国日本人经营之报纸》，东京：研文出版，1996 年，第 51 页。

批华人，随行的还有他的堂弟和侄儿，随难民一起乘新丰轮船逃往上海。在英租界码头候船时，恰好被水师学堂英国教习马克里希看见，他在当天日记中写道："在人群中我看到了严复，他是中国海军人员，一个进步的开明绅士。这一次船运，差不多把所有的南方人都送走了。"但是由于一路颠簸，次子严璿不幸染疾，在轮船上奄奄一息，被随行人轮流抱着，当时杯水难寻，极度慌困。严复亦急得六神无主，时而喃喃念佛，时而又静默祈祷上帝，但严璿仍不久夭殇。

身在祁门的夏曾佑十分担心他们的安全，他在 8 月 21 日给表哥的信中询问："菀生、蒋信斋、方楚青、伯唐诸人行止，若存若亡，最为可虑。"[①]

战后，严复参加"上海救济善会"，乘广济轮船北上京津救济难民，见有朝衣朝帽之男尸、凤冠霞佩之女尸被抛弃道路，惨不忍睹。他们连日找到南省士民以及眷属二百余名，即令乘坐爱仁轮船回申，后又找到二百多人。庚子之后，严复受张翼邀请出任开平矿务局华部总办。

王修植在天津时也曾和难民一起，被联军拿枪逼着堆砌街垒，抬死尸。逃到上海之后，夫人因惊吓一病不起而亡，他本人身心亦遭受打击。后来勉强在南洋公学任事。1902 年秋天才回到天津，10 月 24 日突然在津逝世。时在北京的夏曾佑，听到噩耗恸哭欲绝，冒着小雨从北京赶来，到浙江会馆给王修植吊丧。见大堂之上挂着严复亲书的挽联："兰以香而焚，膏以明而竭，同彼龚生，天年竟夭；有拔之而起，孰挤使之止，嗟我子敬，人琴俱亡。"闻者无不哀之。

庚子之后，夏曾佑卸任回京，随五大臣赴东西各国考察，归国后升任知府。民国成立后退居上海，继续出任教育部社会司司长，在任职的四年里多所建树，后迁调北平图书馆馆长。

夏曾佑平生不喜附谀，落落寡合。做官无所干求，升沉一听之，因此梁启超在《亡友夏穗卿先生》中说："近十年来，社会上早忘却有夏穗卿其人了。穗卿也自贫病交攻，借酒自戕。""常常终日对客不发一言。'一灯静如鹭'就是对他的真实写照。"[②]

义和团被镇压之后方楚青才回天津，《国闻报》亦被日本外务省列入损害赔偿。

① 杨琥编：《夏曾佑集》上卷，书札，国家清史编纂委员会·文献丛刊，上海：上海古籍出版社，2011年，第 463 页。

② 杨琥编：《夏曾佑集》下卷，附录，国家清史编纂委员会·文献丛刊，上海：上海古籍出版社，2011年，第 1149 页。

第十二节 《国闻报》之战后赔偿

战后，日本政府启动战后赔偿案，凡受此波及的日本企业和个人均可提出战争损害赔偿，经所在地日本人管理机构上报日本外务省。

当时在天津的日本企业不多，除国闻报馆外，还有日本邮船、三井物产、武斋洋行、正金银行、日本棉花、通达会社、同利洋行、泰来洋行、新松昌洋行等。

1900 年 12 月，西村博以国闻报前馆主的名义，向驻津领事郑永昌提出禀申。3 月 31 日，郑永昌将西村博《国闻报馆损害要偿调查书》，以及自己的批复一同寄给外务大臣加藤高明。

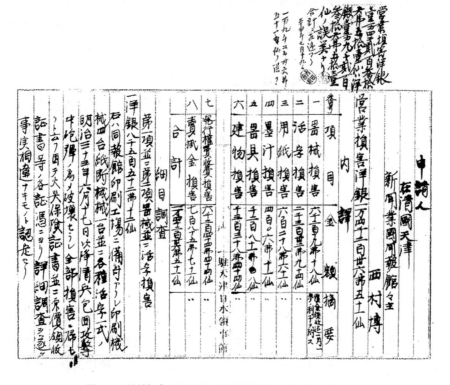

图 9　西村博《国闻报馆损害要偿调查书》影印件之一

西村博狮子大开口，自报营业损害洋银一万四千二百三十六元。其中含器械损害、活字损害、用纸损害、墨汁损害、器具损害、建物损害、发行权收买损害及卖挂金损害。

郑永昌作为见证人和直接上级，对西村博的要求提出批复：

第一、第二项合并为机械设备损害，馆内印刷工厂备有印刷机械四台，切纸机械一台，并二种活字一套。于明治三十三年六月十七日清兵包围攻击中，为炮击破坏全部损害，通过火灾保险证书并原价领收证书等凭证，经详细调查逐一核实后认定与事实相符。

第三、第四项合并为印刷用纸并墨油损害。报馆于天津事变当时新闻纸印刷用纸并印刷墨汁存货同理全部损害，按账簿经各凭证详细调查后，认定与事实相符。

第五项家具损害。报馆编辑室其他桌椅、书栅及活字排列台等，同理全部损害，按账簿其他各凭证详细调查后，认定与事实相符。

第六项建筑物损害。报馆所有建筑物，即印刷工厂和门房小屋两栋，被炮弹大部破坏，已经不堪使用，遂前记金额为全部损害。此经本人详细调查后，此处原国闻报馆建筑物本身，属于英商爱德华（Edward）商会所有，前述两栋建筑系报馆租借后新建的，此次事变之际被炮弹大部破坏不堪使用，待本建筑所有者返还之际，再按相应的价格计算，如过半作废则还有价值，由爱德华商会按价收购，故该建筑物不能按原价赔偿。所以前记损害赔偿金，参照水火保险证书及其他诸凭证，认定与事实相符。

第七项发行权买收损害。报馆原持主王修植国闻报发行权转让金额，今回事变为发行机关全无，使得发行停止，故前记金额遂位损害。

第八项卖挂代金损害。报馆新闻卖挂代金并广告费未收额，根据受领证其他诸凭证详细调查后，认定与事实相符。①

郑永昌满怀信心地将西村博的报告和自己的批复寄给外务省，没想到新简驻津领事伊集院彦吉对此提出异议。4月19日伊集院致外务大臣加藤高明，认为第一、第二项机械活字等日日新闻社仍在使用，应该在赔偿书中删除。对此郑永昌大为光火，他在致代领事矢田长之助关于《国闻报机械活字处分》意见时，对伊集院的看法进行反驳。

郑永昌认为机器和铅字是个大头，如果删除这两项的损害赔偿金八千五百五十二元之后，只剩下五千六百八十四元，不但当初外务省为此出资的一万一千元不能收回，且外务省为当时的国闻报提供的补助金七百五十元更无从收回。另外，他借横滨正金银行清银二千两用什么还。光这几项就得一万五千九百六十四元，如果减除机械

<hr>

① 日本外务省外交史料馆藏：郑永昌认定西村博《国闻报馆损害要偿调查书》，明治34年3月31日，《新闻杂志操纵关系杂纂——国闻报》，第175页。

活字赔款，连零头都不够。另外借款还有利息，赊三井洋行的印刷用纸也有利息，从哪里出。

"前述计算明瞭，毕竟外务省投入《国闻报》一万一千七百五十元资金，其机械活字原价多为损耗。拙者持论，今回事变生损害赔偿理由，如限制其损耗要求，《国闻报》资本由何处出？问其理由要求得远虑和充分，要求希望此书伊集院领事一阅，承认拙者调查《国闻报损害赔偿查定书》公平至当，切希望所前述理由，以拙者调查及《国闻报查定书》原案，交付外务省损害赔偿调查委员会。"①

转天，郑永昌又给总务长官内田康哉写了一份关于《国闻报》补助金的说明。说自己为了维持国闻报，不得已才从横滨正金银行借了二千元。12 月 20 日，小村外务大臣致伊集院领事关于《北清事变后天津国闻报馆损害赔偿额》的意见。

1902 年 1 月 21 日，伊集院彦吉致小村外务大臣，再次提出《关于国闻报社损害赔偿问题》，领事馆总务长官于 1 月 31 日致外务大臣，以西村博、方若等用原国闻报机器开设日日新闻社为由，支持伊集院的意见，扣除机器铅字赔偿金，并对《国闻报》与《日日新闻》性质进行剖析，指出现股东为刘徵云、贾景仁，原系庆亲王幕僚，《日日新闻》无论结构和性质都脱离了原宗旨。

由于前后两任驻津领事对于《国闻报》损害金赔偿意见不同，日本外务省特派一调查组来津核实后，3 月 1 日，外务省对《关于国闻报馆损害调查》文件批复如下：

器械损害一项，要求六千二百一十九元，只给二千四百八十七元；

活字损害一项，要求二千三百三十二元，只给九百三十三元；

用纸损害一项，要求六百三十八元，只给五百零二元；

墨汁损害一项，要求四百零六元，只给三百三十四元；

器具损害一项，要求一千二百八十一元，只给五百十二元；

建物损害一项，要求一千三百三十八元，只给一千零七十元；

发行权买收费一项，要求六千二百四十四元，原数照给；

卖挂金一项，要求七百八十五元，只给三百九十二元；

---

① 日本外务省外交史料馆藏：郑永昌致领事官补矢田长之助《国闻报机械活字处分》，明治 34 年 7 月 11 日，《新闻杂志操纵关系杂纂——国闻报》，第 178 页。

总计西村博要求赔偿金一万九千二百三十六元，只给六千二百三十四元。[①]

不足其要求总数的三分之一。这场关于《国闻报》损害赔偿金数额之争，以伊集院彦吉大胜而告终。

第十三节　《国闻报》更名为《天津日日新闻》

"战后因天津新闻纸的需要，西村与方若等人协议，募集清人若干资金，用国闻报残余机器活字，不用借用西村的名义，在天津玉皇阁开办《天津日日新闻》，其初刊为1901年3月1日，西村充当财政总管兼记者。当时邦人渡来者颇多，来自日本的新闻十分必要。当时机械活字之发行，汉字中须加日文，所以西村5月回国。方若以汉文主笔，日文主笔是森井国雄，会计、监督为铃木苏藏。但是西村不在期间，报馆内事稍有所违，西村遂退出，由方若任主裁兼编辑、财政及总的负责人，日文翻译为小野朝太郎，后为津村宣光，每日发刊五千。"[②]

方若即方城、方楚青，在经营《天津日日新闻》的初始阶段，仍不"痛改前非"，仍然沿用过去的经营思路和办法，召回张亦湘并增加沈荩为编辑。

沈荩因与湖南会党有染和参与戊戌变法"前科"，反对清政府卖国行为，被捕后为乱棍打死，方楚青避入日本领事馆。方楚青妻子汤小豹在日本领事馆工作，能说一口流利的汉语，父亲是日籍华侨，母亲是日本人。豹子因羡慕方楚青才华，二人才结为夫妻。为此他干脆加入日本籍，改名方若，自言"苦日子要熬出头了"。出于身体多病，不断吃药，故将字也改成"药雨"。[③]

小幡西吉很好地总结了《国闻报》的发展脉络：

"《国闻报》于明治三十年六月（1897年6月）创设，系当时天津只有名叫《直报》的汉文小报，后来由北洋大学总办候补道台王修植为发起人，联合天津官场里的革新派、有志者，募集约两万元资本创设，该报股东有王修植、严复、夏曾佑、方城、张颐等，陶大均任通信员，其后来到北京工作。当时有总督王文韶的关系，以新闻及时、记事正确、论说记者，此报汇集清国有数学者，如严

① 日本外务省外交史料馆藏：外务省《关于国闻报馆损害调查》文件，明治35年3月1日，《新闻杂志操纵关系杂纂——国闻报》，第215页。
② 日本国会图书馆之馆藏：《在天津日本领事馆代理总领事小幡西吉致外务大臣伯爵小村寿太郎》，明治41年9月1日，《新闻纸有关报告及均校送付方文件》。
③ 张同礼：《我所知道的方若》，《天津文史资料选辑》第十八辑，天津：天津人民出版社，1982年，第189页。

复、夏曾佑执笔，一时支那新闻界大放异彩。当时西村博作为公使馆副武官泷川具和的随从来津，与该报取得联系，想从中获取情报，为该报无偿提供日本新闻翻译。

"后王修植等人受御史弹劾，王修植与西村到北京找泷川及当时的郑领事，能否表面以西村名义，这样表面上是日本人经营，不至引起麻烦。于是由郑领事及泷川电召，将国闻报名义上转让给西村博。明治三十一年二月末结束，自三月一日起，一切财产权利过渡让给西村，并登报广而告之。

"西村则归津与王修植约定条件，王修植改为辅佐。1. 编辑方面新闻审阅一切权力归西村，有登载记事检查的一切权利，以及财政关系等事。2. 为了对报务的监督，西村居住报馆内，报馆提供其吃住，除此之外不要其他报酬。3. 一旦时机成熟，报纸由日方收买。

"西村同年三月二十八日起移居国闻报馆（当时坐落于海大道，俗称小白楼），名义上为报务主管，接管其权利，与财政无关。该报每月三百元不足敷出维持困难，遂与公使矢野文雄、武官青木宣纯等商议由外务省陆、海军等买收。同年四月十二日归国，就此事与外务、陆、海军三省当局者商议如何收买，但是要认真机密，有一定的理由。

"西村八月归津，本报馆财政日益困难，加上康有为政变受到打击，以新闻为卖点的报纸顿减面临苦况陷入危机，需要赶紧救济，欲找外务省同年没有任何解决方案。

"转年一月，即清国末年初阶段，如何处置破产，又把它卖对外，郑领事打电报请外务省从速解决，结果决定收买，总计银元二万元，购买一切财产。同年二月一日收受手续同报，在郑领事监督下，以西村之主干经营，当时记者只有方若、张颐两名，续编之经济上不足，分八月，领事答应补助续刊。同年六月义和团骚乱，报告为义和团匪多为迫害，受损几处，开战前日职工还在监督之下刊行，租界地内战乱通衢，报馆受数枚炮弹轰击，蒙受财产损失殆尽，遭受破坏，所幸机器、活字尚全。

"战乱起时总部记者职工四散，西村与当时领事馆员少数为郑领事求他居留民多为避难归国，馆内停止馆务补助，战况报告及裁判事务等通通当居其中，报馆机械、活字等集中到领事馆内。义和团一乱制止后，记者方城等归津，更国闻报手续、经费、出途等，外务省不能给予补助，国闻报遂从此完结，其后国闻报馆损害赔偿，被外务省列入损害名单。"①

西村博和方若分开后，1902 年自己开了一家日文报纸《北清时报》，1909 年底与《北支那日报》合并改名为《天津日报》。方若则与庆亲王幕僚刘徵云、贾景仁合作，专事《天津日日新闻》的出版，并将日文版面清除。作为报业资深的华人，英敛之在创建《大公报》之初曾向他请教。

《天津日日新闻》虽然为华文报纸，但是由于日本外务省秘密补贴，其内容亲日倾向严重。据 1922 年日本外务省资料所示，为期提供秘密资金达三千六百美元，占给天津亲日报纸补助金总额的百分之十。方若除经营报纸外，还是当时知名的收藏家，他收藏了大量古钱、石经和字画，他的金石书画古朴清新，许多日本军政人员游津或回国时，必以得方若画幅和曹汝霖字幅做纪念为幸。后来他在日界创办利津公司发了大财，成了日租界很有影响力的人物。七七事变后日本人占领天津，高凌蔚组织伪治安维持会，方若参与其中当了汉奸。日本投降后，河北高等法院天津分院于 1948 年 3 月 20 日判决方若："通谋敌国，反抗本国，处有期徒刑七年，褫夺公权五年。全部财产除酌留家属必需生活费没收。"

1954 年，方若病逝在天津寓所，享年 86 岁。

（后记：近年曾作有《戊戌变法在天津》一文，其中涉《国闻报》不多，且不细，因参考孔吉祥、村田雄二郎之《从中日两国档案看国闻报之内幕》，但因未见原文略有遗憾。近日得闲翻阅国闻报及日本外务省档案，以至有了单独成文的想法，试将《国闻报》之始末厘清以供参考。）

---

① 日本国会图书馆之馆藏：《在天津日本领事馆代理总领事小幡酉吉致外务大臣伯爵小村寿太郎》，明治 41 年 9 月 1 日，《新闻纸有关报告及均校送付方文件》。

保定直隶高等学堂

——北洋大学堂预科学校初探

周醉天[*]

北洋大学堂创办之初分头等学堂和二等学堂，二等学堂即为预科。头等学堂总办是伍廷芳，二等学堂总办是蔡绍基。当时两个学堂在一起办学，外人即笼统地以大学堂视之，预科学校的概念并不明显。到了庚子事变之后，出现了一所北洋大学堂的预科学校，而这所预科学校并不在天津，并且也同样叫作大学堂，它就是坐落在保定的直隶高等学堂。由于年代久远以及其他历史原因，这所学堂早已消失于人们的视野，其遗址几经变化，曾经为几所中学、大学所占用，本文试图探究一下这所学堂的前世和它本身的命运。

它的前身也是一所大学堂，叫作畿辅大学堂。

一、畿辅大学堂

1895年甲午战争清朝惨败，《马关条约》刺激国人发愤图强，教育救国之声遍及朝野，于是国人开始发力办新教育。此为大学堂的办学背景。

1895年9月30日，直隶总督兼北洋大臣王文韶拜发四折四片，其中就包括盛宣怀起草的创办西学学堂折[①]。光绪皇帝于10月2日批准，于是今天的天津大学就把这一天当作校庆日了。这是中国第一所现代大学，而这北洋大学创办之功，今日天津大

---

[*] 周醉天，1962年3月出生于天津，毕业于南开大学法学系，曾供职于天津市高级人民法院，现从事历史研究，天津文化地理研究中心研究员、天津市法律史学研究会理事。

① 袁英光、胡逢祥整理：《王文韶日记》（下册），北京：中华书局，2014年，第910页。

学官方将其记在盛宣怀和王文韶身上，对盛宣怀的研究和介绍已经很多了，而对王文韶的研究相对较少，那么我们就简单了解一下王文韶其人。

王文韶（1830—1908），字夔石，号耕娱、庚虞，又号退圃，出生于江苏嘉定（今属上海），原籍浙江仁和（今杭州），咸丰二年（1852）进士。铨户部主事，累迁郎中，出为湖北安襄郧荆道。同治六年（1867），左宗棠西征，奏派王文韶为总办陕甘后路粮台。不数年间，擢升湖北按察使，湖南布政使，署湖南巡抚；光绪三年（1877）奉特招入都署兵部侍郎，充军机大臣及总理各国事务衙门行走。光绪八年（1882），因涉嫌受贿遭弹劾，遂归养老母，旋丁母忧，前后家居六年。光绪十四年（1888）出任湖南巡抚，次年擢升云贵总督。中日甲午战争爆发，应招入都派充帮办北洋事务大臣从此来津；因甲午战争战败，李鸿章遭问责，王文韶调补直隶总督北洋大臣。在直隶总督北洋大臣任上，王文韶赞助强学会，疏陈统筹北洋海防，开办金矿、煤矿，兴筑京汉铁路，奏设北洋大学堂、铁路学堂、育才馆、俄文馆等。光绪二十四年（1898），以户部尚书，协办大学士入军机处，戊戌变法时受命办理矿务铁路总局。八国联军侵陷北京，随西太后及光绪帝逃至西安，力主对外妥协，授体仁阁大学士，后充政务处大臣兼外务部会办大臣、督办路矿大臣，转文渊阁大学士，晋武英殿大学士。[1]

如此看来王文韶出身科举正途，有征战疆场之功绩，有经年累积之擢升，有被举报被弹劾的遭遇，也有保驾随扈之功勋，擢升至直隶总督北洋大臣，其中不易，说明一定有其过人之处。看这个介绍我们会注意到，在到达天津以后，居然开办了两所著名的学校，一是北洋大学，中国第一所现代大学；另一个是铁路学堂，就是今天西南交通大学的前身。应该说王文韶自1894年来到天津到1898年离开天津的这四年时间，在直隶总督兼北洋大臣任上业绩颇丰，并且比较重视新教育，也算是开创了清朝新教育的局面，历史的机遇使王文韶成为开办现代大学第一人，其开办的北洋大学，本文就不多介绍了，在中国高等教育史上的名声和地位，人尽皆知，所以我们在此也不多说。但是，我们要说的是，王文韶在直督任上重视的新学，其实还有第三所大学，遗憾的是，就连上面的介绍，也就是摘自中华书局出版的《王文韶日记》的前言，对王文韶生平介绍中都未提及，想必大都觉得他这次办学并不重要吧。但是，本文却偏偏要探究一下这次"并不重要"的办学，这所学堂就是畿辅学堂，也叫畿辅大学堂。

---

[1]　袁英光、胡逢祥整理：《王文韶日记》（上册），北京：中华书局，2014年，第1页。

1898 年 4 月 13 日，这一天王文韶"由驿拜发正折四件夹片四件"，其中就包括《创设畿辅学堂陈明筹办情形折》[①]，该折阐明了办学的一些原则："学堂正课经史之外，参以皇朝三通会典通礼律例，近代名臣奏议，中外通商条约，及西国史志舆图公法刑律官制学校工农兵商诸政书。延聘学识纯正、纵贯本末之儒，为之讲授大义，稽究得失。其算学乃六艺一端，为格致诸学所从出；文字亦方言支裔，为通译西学之本根。于正课外，立算学、西文二门，延请京沪同文方言馆艺学已成者二人，分教英、法言语文字，并中西图算。"[②] 由这个办学方针看出，这是一所讲求新学的现代学校，尽管强调学堂"正课经史"，而新学乃"学堂正课经史之外"，但是毕竟"于正课外，立算学、西文二门"，而实践证明这两门课程是非常有用的。

学堂由清苑知县劳乃宣于保定西关灵雨寺行宫（今保定十方商贸城附近）开始筹办，时劳乃宣兼理保定府同知，在保定地盘开办学堂才由他来主持[③]。

劳乃宣，字季瑄，号玉初，1843 年 11 月 14 日（清道光二十三年九月二十三日）生于广平府（今河北永年），浙江桐乡人。1871 年，劳乃宣考中进士。1873 年，李鸿章主持编纂《畿辅通志》，延请劳乃宣入局多年。1879—1900 年，先后在河北临榆、南皮、完县、蠡县、吴桥、清苑等县做知县。其间曾于 1882 年入津海关道周馥幕，携家眷移居天津[④]。1901 年，劳乃宣在上海主持南洋公学（上海交通大学前身）三个月。是年年底至 1903 年，主持浙江求是大学堂（浙江大学前身）。1904 年到 1908 年间，连续充任三任两江总督（李兴锐、周馥、端方）的幕僚。1908 年受慈禧召见，晋升为四品京堂，出任宪政编查馆参议。1910 年，又被清廷挑选为资政院"硕学通儒"议员。其间，向慈禧建议推广汉语拼音字母（当时称简字）。

1911 年，劳乃宣赴南京任江宁提学使。不久即卸任回京。武昌起义后，11 月 26 日，清廷在风雨飘摇中任劳乃宣为京师大学堂总监督。后又兼署学部副大臣。1912 年 1 月，辞官隐居。1917 年 7 月，参与张勋复辟，被授予"法部尚书"。但未敢贸然进京就职。张勋复辟失败后，北洋政府命令逮捕劳乃宣，劳从曲阜逃到青岛，主办礼贤书院。劳乃宣曾长期从事古代数学研究，对汉语拼音文字的提倡和推广做出过贡献，在学术上颇有成绩。1921 年 7 月 21 日，劳乃宣在青岛病逝。

---

① 袁英光、胡逢祥整理：《王文韶日记》（下册），北京：中华书局，2014 年，第 992 页。
② "学生城"的由来中国最早的地方大学——畿辅大学堂，"保定地方志"官方网站数字方志《保定读本》第十章，http://www.bddfz.com/?m=show&cid=162&id=2362。
③ 尤文远：《保定历史沿革初考》，载《保定文史资料选辑》第一辑，1984 年，第 13 页。
④ 张立胜：《县令·幕僚·学者·遗老——多维视角下的劳乃宣研究》，北京：人民出版社，2011 年，第 27 页。

　　畿辅大学堂是保定第一所新式大学堂，也是中国首批创建的现代高等学府之一。为此，王文韶、劳乃宣共同草拟了《畿辅学堂章程》十四条和《畿辅学堂详细规条》二十四条，对办学宗旨、教师聘用、办学规模、事务性人员构成、学生选拔、课程设置、学习规程、以奖助学制度、作息制度、图书管理制度、毕业生去向，以及经费管理等，都做了详细的规划。"《畿辅学堂章程》和《畿辅学堂详细规条》作为创办畿辅大学堂的纲领性文件，详细缜密地设计了学堂运行管理的方方面面，形成一套能够推动学堂发展前进的规程和制度。中国的近代高等教育是在实学救国和西学东渐的背景下发展起来的，畿辅大学堂摒弃科举之学，以经世致用为宗旨，设计传统文化教育，一定程度上吸取了西方的高等教育思想。劳乃宣把畿辅大学堂的课程规划为西式的分科教学，引入了算学、外语以及多门西式课程。这两个纲领性文件合理地界定了教学和行政的关系。教学活动作为学堂的核心，学长全权负责教学、运行、学生管理、学业考核、奖学金评定、毕业生推荐等核心工作，教学活动不受任何行政约束，行政工作为教学活动服务，提调和董事配合学长，做好教学工作，负责学院的事务性工作，切实为教学活动服务，而又无权干涉教学活动。学校的教学和事务性工作，分别有明确的负责人和行为边界，既在各自的职权范围内运行，又相互协作，共同推进学堂的发展。"①

　　而劳乃宣这个人堪称奇人，他在近代史上以出任三所著名大学校长而出名，以官话注音的文字改革而出名，可以说是一个教育家、文字学家，其确是守旧派，却又参与修法，还被委以筹办现代大学，历史充满了悖论。大概也正是这个原因，"大学堂"的牌匾都挂出来了，大学堂却迟迟没有开学，理由却是聘请不到外国人做教习。②

　　那么，畿辅大学堂到底开学没开学呢？还有另一种说法"畿辅大学堂为保定培养出最早的一批新式人才"③，那就是说不但开学了，还有学生毕业了，其依据是民国《清苑县志》记载：清苑学子王祖祚，字梅熙，18岁进入县庠学习，聪颖好学，深得劳乃宣喜爱，其"考送畿辅大学堂肄业"。④后在籍创办宣讲所，参与地方自治，提倡新学，注重儿童教育。该县志还记载知县劳乃宣的宦绩，"创办畿辅大学堂，学校之

---

　　① 杨邓旗、靳明全：《近代国语教育改革的先驱劳乃宣》，太原：山西人民出版社，2020年，第40页。
　　② 北洋大学—天津大学校史编辑室编：《北洋大学—天津大学校史（第一卷）》，天津：天津大学出版社，1990年，第47—50页。
　　③ 杨邓旗、靳明全：《近代国语教育改革的先驱劳乃宣》，太原：山西人民出版社，2020年，第41页。
　　④ 金良骥修、姚寿昌总纂：民国《清苑县志》（1934）卷4，《人物上·名宦》，第54页。

兴，自公始"。①

笔者认为，就目前证据，虽不能证明畿辅大学堂正式招生开学，但是不排除招收少量学生试办，并无毕业生。到 1900 年庚子国变，法、德、英、意四国联军占领保定，畿辅大学堂及灵雨寺均遭焚毁。

二、直隶高等学堂的开办

直隶大学堂开办的背景，简单地说是晚清新政；不简单地说，是 1898 年戊戌变法失败，守旧势力复辟，清朝政治倒退，仇洋情绪高涨，义和团运动导致八国联军入侵，庚子战争清朝失败，首都被侵略者占领。守旧势力让国家陷入灾难的深渊，民不聊生，国将不国，统治集团才不得不号召开言路行变法，在慈禧光绪在外逃难尚未返回北京之时，即发出上谕。1901 年 1 月 29 日，清廷以光绪皇帝名义发布变法谕旨称："世有万古不易之常经，无一成不变之治法，深念近数十年积弊相仍，因循粉饰，以致酿成大衅。现在议和，一切政事尤须切实整顿，以期渐致富强。"这并不表明清政府决心从根本上改革现行的政治制度，甚至也不表明清政府真心认识到了"变法"的重要性，其实以慈禧为代表的守旧势力，其内心已经认识到变法的重要性，唯其认识到，才要坚决反对，因为变法将损害守旧势力的集团私利，所以他们才反对变法，但是这一次他们的意识形态搞到民不聊生、国将不国，为了扭转颓势，为了将其统治维持下去，不得不下诏变法。所以，清廷的下诏变法只是权宜之计，并非真心变法。

但是不管怎么说，毕竟朝廷有旨，封疆大吏必须遵照实行，不管你是什么观点，是否同意，都要按照朝廷旨意办事。于是形成了中国近代史上著名的晚清新政。

朝廷下诏的内容很多，其中重要的一条即教育，朝廷令各省在书院的基础上开办大学堂，这是直隶高等学堂开办的直接背景。

光绪二十七年八月初二日（1901 年 9 月 14 日）上谕：

"作育人才，端在修明学术。除京师已设大学堂，应行切实整顿外，著各省所有书院于省城均改设大学堂；各府厅直隶州均设中学堂；各州县均设小学堂，并多设蒙养学堂。其教法当以四书、五经、纲常大义为主，以历代史鉴及中外政

---

① 金良骥修、姚寿昌总纂：民国《清苑县志》（1934）卷 4，《人物上·名宦》，第 63 页。

治、艺学为辅。务实文行娇羞，讲求实用，方复朕图治做人之至意。著各该督抚学政，切实统筹，认真举办，所有聘延师长妥定教规，及学生卒业应如何选择、鼓励，一切详细章程，著政务处咨行各省，细心酌议，会同礼部覆核具奏，将此通谕告知。"①

对于朝廷的变法号召，袁世凯是什么态度呢？

袁世凯于光绪二十七年九月二十四日（1901年11月4日），上奏《改设学堂酌拟试办章程折》，向朝廷做了汇报，首先是复述上谕，然后颂圣："仰见圣朝敬教、劝学、兴贤、育才、薄海士民，同深庆幸。"然后才开始汇报工作。袁世凯说，"本年春间，应诏陈言，曾以广建学堂为请，并一面访定教习，筹商规制，甫有头绪"②，但是由于丧母，蒙恩赏假，未及兴办，等到八月初二日（9月14日）销假之后，当即通饬各属一律举办，并筹资择地，先于省城改设大学堂，呈上拟订的《山东大学堂章程》，该章程分办法、条规、课程及经费等四章九十六节，对于如何创办省城大学堂作了十分详尽的规定。光绪皇帝于十月初六日（11月16日）照准，于是袁世凯在山东首先办起了官立山东大学堂，十月正式开学。

1900年庚子国变，八国联军占领天津北京之后，于10月20日占领保定。1901年8月8日，清政府答应列强开出的12条谈判条件后，列强陆续从北京保定撤出。9月7日，清朝廷与列强签署《辛丑条约》，11月7日，李鸿章郁闷去世，袁世凯署理直隶总督兼北洋大臣。袁世凯随于本月十一日（1901年11月21日）"自济南束装就道，星驰北上，十六日行抵高阳县途次，准护督臣周馥将钦差大臣关防、直隶总督关访、长芦盐政印信各一颗，并王命旗牌、文卷等件"，委派天津府知府凌福彭、保定营参将韩廷贵送到高阳县衙门，袁世凯于十月十七日（11月27日）"公设香案，遥望行在，叩头谢恩，敬谨接收"③。即，袁世凯于1901年11月27日到保定府上任署理直隶总督兼北洋大臣。

1902年3月11日，清朝廷再颁上谕："前经通饬各省开办学堂，并因经费难筹，复谕令仿照山东所拟章程，先行举办，迄今数月，各该省如何办理，多未奏复，该督抚等身膺重寄，目击时艰，当知变法求财，实为方今急务，其各懔遵迭次谕旨，妥速筹划，

① 骆宝善等编：《袁世凯全集》第九卷，郑州：河南大学出版社，2013年，第627页。
② 同上。
③ 骆宝善等编：《袁世凯全集》第十卷，郑州：河南大学出版社，2013年，第44页。

实力奉行，即将开办情形，详悉具奏。"①"山东章程"即前述袁世凯任山东巡抚时创办的山东大学堂章程，"仿照山东所拟章程，先行开办"，即表示开办大学。此次上谕是说，之前谕旨各地开办大学，现在办得怎么样，应"将开办情形"，向朝廷汇报。

时袁世凯出任直隶总督兼北洋大臣，袁世凯是晚清新政的积极倡导者，也是废除科举兴办新学的急先锋，但是此时的直隶，刚刚经历了庚子战争，元气大伤，正在休养生息，筹款不能急躁，兴利赚钱也要慢慢来，省里的一些公共建筑比如公所、官舍等大半都被战争焚毁，修缮需要时日，所以直隶筹办大学堂比其他各省都更加艰难。②袁世凯与直隶布政使周馥，在善后局结存项下挪拨出来了创办学堂的经费；将原保定畿辅学堂旧址的房舍进行了修缮改造，建成了能容纳130—140人的学生宿舍。袁世凯下令直隶各地选拔生童送来保定参加入学考试，袁世凯亲自主持考试并监考，录取了120余名学生，均"经史略具根基，文理亦均条畅"。

1902年5月25日，是开学日期，这一日，直隶总督兼北洋大臣袁世凯率同司、道、守、令、教习、生徒等，先是拜谒了至圣先师孔子，然后举办了开学典礼，袁世凯在开学典礼上发表了讲话，他号召学生在此艰难时刻，上下一心共度时艰，其讲话颇具号召性，对学生产生积极影响。

三、直隶高等学堂总办其人

袁世凯"复遴委道员马廷亮、陈恩焘经理其事"，袁世凯认为"该二员均曾游历外洋，西学颇有门径，敕令督同诸教习认真启迪，必可日有起色。"③那么马廷亮、陈恩焘是何许人也？袁世凯为什么聘请他二人总理其事呢？

马廷亮，字拱辰，广东南海人，毕业于广州同文馆英文馆，光绪十六年三月（1890年4月）三年学业期满毕业，因考试成绩优秀，被保送到北京同文馆英文馆继续深造，与周自齐、杨晟等为同学；光绪二十二年（1896）初，马廷亮因成绩优异被同文馆聘为副教习，当年四月因总理衙门翻译官沈铎病故，马廷亮接替沈铎出任总理衙门翻译处翻译官。光绪二十三年（1897），马廷亮随总理衙门大臣张荫桓特使赴英国参加维多利亚女王登基60周年庆典，光绪二十四年（1898），马廷亮以盐运使衔分

① 骆宝善等编:《袁世凯全集》第十卷，郑州：河南大学出版社，2013年，第282页。
② 同上。
③ 同上。

省补用知府仍任翻译官。光绪二十年至光绪二十四年（1894—1898），总理衙门曾外差马廷亮官书局英文翻译委员。[1]

光绪二十七年（1901），马廷亮赴济南，奉命协助山东巡抚袁世凯办理外事交涉，因其工作得力而得到袁世凯欣赏与信任，并被袁世凯留在山东，专门办理路矿洋务[2]，成为袁世凯办理洋务的幕僚，这年 11 月 7 日李鸿章病逝于北京贤良寺，袁世凯被任命为直隶总督兼北洋大臣，遂赴保定上任，马廷亮随袁世凯来到保定。光绪二十八年（1902）春，袁世凯、周馥筹措资金，利用原畿辅学堂旧址开办保定大学堂，马廷亮被任命为学堂总办。

直隶大学堂总办马廷亮就职时间很短，1903 年即被派往东京，出任清政府驻日本使馆参赞。

1903 年，广东候补道杨枢[3]以四品京堂出使日本国钦差大臣，即出任驻日公使，其上奏的拣员随带出洋折："查单内有盐运使衔儿分省前先补用道马廷亮，现充直隶大学堂总办差"，其咨呈直隶总督袁世凯"俯赐饬令该道迅速治装，随同本大臣出洋可也。"袁世凯即札："准此，应饬马道随同杨大臣出洋。其总办直隶大学堂一差，于全省教育关系至重，即委该堂提调卢丞暂行代理，仍将一切事宜商承杨藩司、胡前臬司认真整顿。除分行外，合行札饬。札到，即便遵照。此札。"时间是光绪二十九年七月初十日（1903 年 9 月 1 日）。[4]即广东候补道四品京堂杨枢出使日本时，选马廷亮为随员，而马廷亮此时是直隶大学堂总办，所以杨枢咨请直隶总督袁世凯同意，袁世凯同意并委托卢木斋代理直隶大学堂总办，此时，卢木斋是该大学堂提调。所以，马廷亮于光绪二十九年七月（1903 年 9 月）离任直隶大学堂总办。

而袁世凯"复遴委道员马廷亮、陈恩焘经理其事"中的陈恩焘是什么情况呢？

陈恩焘（1861—1956），字幼庸，福建福州人。光绪元年（1875），陈恩焘考入福州船政学堂，成为后学堂第五届学生，学习军舰驾驶、指挥，同届有著名校友程璧光。堂课结业，陈恩焘等被派往二等巡洋舰"扬武"号做练习生，因表现出色，被正

---

① 黎难秋编著：《同文三馆——晚清翻译家外交家的摇篮》，武汉：武汉大学出版社，2016 年，第 94—95 页。

② 骆宝善等编：《袁世凯全集》第九卷，郑州：河南大学出版社，2013 年，第 543 页。

③ 杨枢（1844—1917），清末著名的回族外交家，奉天盛京（今辽宁沈阳）人，字星垣。清同治九年（1870）广州同文馆毕业。曾任广东候补道。随左宗棠办洋务，先后创立广州机房（纺织厂）、广州造币厂。1903—1907 年杨枢出任清政府驻日公使。1906 年，留学日本的回族青年在东京发起成立以"联络同教情谊，提倡教育普及、宗教改良"为本旨的"留东清真教育会"，并创办会刊物《醒回篇》，杨枢热情接见回族留学生并出资赞助。1909—1910 年，杨枢再次出任比利时公使。辛亥革命爆发后，杨枢回居广州，于 1917 年病逝。

④ 骆宝善等编：《袁世凯全集》第十一卷，郑州：河南大学出版社，2013 年，第 343 页。

在筹办北洋海防事务的直隶总督兼北洋大臣李鸿章选中，调往当时中国装备最先进的舰队——北洋水师任职。积功累迁至旗舰"定远号"驾驶大副。光绪十二年（1886）清政府派出第三届海军留学生 34 人前往法国，陈恩焘、刘冠雄、伍光建等在其中。[①]光绪十四年八月二十八日（1888 年 10 月 3 日），清政府批准颁行《北洋海军章程》，中国历史上第一支近代化海军——北洋海军正式建军。刚刚回国的陈恩焘受李鸿章提名，被任命为总管全军军械，授游击衔，直属北洋海军提督丁汝昌。然而，众所周知，经历了一个惨败的甲午战争，尽管北洋水师官兵大多足够英勇，但是由于惨败，其战败过程还是使不少官兵蒙受耻辱，陈恩焘便如此。在刘公岛基地甲午海战的最后时刻，"十八日，丁统领命候补直隶州借补游击海军军械委员陈恩焘做英文情愿输服之书，并请释海军士卒，命广丙管带都司程璧光乘镇北蚊船悬白旗献于倭舰统领陆奥，先是海军仅剩镇、平、济及康济、广丙五艘并蚊船六艘，盖以军伙已罄，军粮已绝，无可如何，乃问计于陈恩焘。陈曰：外国兵口有情愿输服之例，遂引某国某人有行之者，丁意遂决，命陈书而献之。""十八日夜，北洋水师统领丁汝昌及黄岛陆军统领张得三服毒而亡。"[②]战后清政府下令所有海军将领一并革职，听候查办。陈恩焘和幸存的大批北洋海军官兵一起被革职遣散。随后即因人才难得，又获起用，于光绪二十一年（1895），受命与刘冠雄一起前往德国，接收定造的"飞鹰号"巡洋舰。庚子国变后，目击时艰及清政府之腐败，遂萌生退意，离开海军界，从事教育，投身山东巡抚袁世凯幕，随袁世凯创办山东大学堂，并被委以管理总办。1902 年，袁世凯在筹办直隶大学堂时，调陈恩焘、马廷亮一同筹办。

马廷亮出任总办仅一年，即于 1903 年被派往东京，出任清政府驻日使馆参赞；陈恩焘时已是山东大学堂管理总办，并未到任直隶高等学堂。有理由认为，袁世凯选择马廷亮、陈恩焘二人作为创办直隶大学堂的创办时期总办人选，是有他的用意的。一方面，马、陈二人是袁世凯幕僚，马廷亮是因为协助袁世凯山东交涉事宜，被看重成为幕僚；陈恩焘则确是阅历丰富，就读水师学堂、出洋留学、督造舰船、领航远航、参加海战，甚至战败，甚至乞降——这样的阅历，才能教导出大格局的人才，所以袁世凯选择他；同时还因为甲午海战战败导致所有军官尽数问责，全部遣散回籍。但是当时海军军官属于高级知识分子，他们被遣散，造成国家无人可用的局面。为

---

① 姜鸣：《龙旗飘扬的舰队：中国近代海军兴衰史》，北京：生活·读书·新知三联书店，2002 年，第 242 页。
② 卢毓英：《卢氏甲午前后杂记》，福建师范大学图书馆馆藏手稿本，第 47—48 页。转引自姜鸣：《龙旗飘扬的舰队：中国近代海军兴衰史》，第 445—446 页。

此，袁世凯等积极呼吁起用海军人才，1902 年经袁世凯保奏，开复原"威远舰"管带林颖启、"定远舰"副管驾李鼎新、"平远舰"管带李和等人的官职。1903 年袁世凯奏保萨镇冰，奉旨以水师总兵记名简放①，又将蓝建枢、何品璋、程璧光、林文彬开复原职②。袁世凯如此重视海军军官，则陈恩焘投奔袁世凯当也在情理之中。所以袁世凯在其幕僚中挑选该二人创办直隶高等学堂，也就可以理解了。

马廷亮被派往日本任职，陈恩焘在山东另有重任，保定府的直隶高等学堂的下一任总办位置，袁世凯选择了卢木斋，卢木斋何许人也？他又是怎么来到天津的呢？

卢木斋，字勉之，别称卢靖，湖北沔阳（仙桃市）人，是我国著名教育家、藏书家、刻书家，他将自己兴办实业的全部财产用于发展教育事业，先后捐资兴办了卢氏蒙养院、木斋小学、木斋中学、南开大学图书馆等多个教育场所，而这些个捐资办学的业绩，都发生在天津。

卢木斋，1856 年生于教育世家，自幼对算学、武器制造等着迷，1883 年即撰《火器真诀释例》，颇为湖北巡抚彭祖贤欣赏并刊印，调卢木斋进经心书院学习。1885 年，29 岁时中举，张之洞以"博学异才"奏荐，由直隶总督李鸿章委为天津武备学堂算学总教习。1887 年起先后任直隶省赞皇、南宫、定兴、丰润知县。义和团时期知丰润，表示"吾誓死于正命，决不从匪以幸生"，并致书友人托付后事，事后受到朝廷赏识，1903 年被袁世凯任命为保定高等学堂总办，1906 年因调任直隶提学司使而辞去高等学堂总办职。后卢木斋因创办天津、保定图书馆，创办天津卢氏小学（后木斋中学）以及捐建南开大学图书馆（木斋图书馆）而在天津名声大噪，并声名至今依然。

卢木斋之后继任总办为钱鏐、王景禧、罗正均。总办后改为监督，出任监督的有张鸣环，民国后有刘春霖，刘因竞选第一届直隶省议会议员而辞职，遂由北洋大学监督徐德源兼任，直到该校被并入北洋大学。

四、直隶高等学堂总教习

直隶高等学堂创办之初，袁世凯即任命丁家立为北洋大学堂总教习，"至指授西学需用洋员，查有美人丁家立，曾在天津大学堂充当总教习，实心任事，造就甚多，

---

① 骆宝善等编：《袁世凯全集》第十一卷，郑州：河南大学出版社，2013 年，第 89、90 页。
② 同上。

现已招致来保，仍派充西学总教习。"①众所周知，丁家立是中国第一所大学——北洋大学堂的创办者之一。丁家立（Charles Daniel Tenney，1857—1930）②，美国公理会教士、外交官。出生于波士顿，先后毕业于达特茅斯学院、欧柏林神学院。光绪八年（1882）来华，在山西省太谷传教。光绪十二年（1886）辞去教会职务，来到天津为妻子治病，在津开办了一家学校，天津中西书院，并被李鸿章聘为家庭教师。1894年3月到1896年6月，出任美国驻天津领事馆副领事兼翻译官，1895年受盛宣怀、王文韶邀请举办天津中西学堂——中国第一所现代大学，出任头等学堂、二等学堂的总教习。应该说北洋大学堂的创办是成功的，但好景不长，第一届学生刚刚毕业，就发生了义和团运动和八国联军侵华战争，北洋大学堂被摧毁，丁家立被八国联军组织的天津临时政府（都统衙门）聘为汉文秘书。1902年8月15日袁世凯接管天津，天津临时政府（都统衙门）随即解散，丁家立重回北洋大学堂总教习职位，同时被袁世凯任命为直隶省西学监督和直隶高等学堂总教习。

跟北洋大学堂相似，丁家立在直隶高等学堂出任总教习，也是管理全校的教学事务，并且对外自称校长，往来于津保之间，并经常在直隶高等学堂小住。但是在保定丁家立西学教学遭到当地传统势力的反抗，当地传统势力倾向于偏重国学，丁家立则以西学为主，所以教师与教师之间、教师与学生之间存在一些矛盾。1905年北京发生出洋五大臣被炸事件，投掷炸弹的正是直隶高等学堂的学生吴越，"案发查究，吴越入学保人候补知县金祖祺为此获罪革职，一时保定气氛十分紧张"。时任总办王景禧向袁世凯进言："丁家立不孚众望，学生情绪敏感时期，恐于大局不利"。于是袁世凯示意丁家立辞职。丁家立遂辞去北洋大学总教习、保定直隶高等学堂总教习、直隶全省西学监督等职，只留任留美学堂监督一职。③

1906年卢木斋在直隶提学使任上，因丁家立去职而邀请张伯苓担任直隶高等学堂总教习。

张伯苓，清光绪二年（1876年4月5日）生于天津，名寿春，字伯苓。1889年秋考入天津北洋水师学堂，入驾驶班，专习管驾轮船。1895年10月毕业，1898年10月受聘严氏家馆，以新学教授严家子弟。1904年10月16日，严修、张伯苓在严氏家

① 骆宝善等编：《袁世凯全集》第十卷，郑州：河南大学出版社，2013年，第282页。
② 参见〔美〕谢念林等编译：《丁家立档案》，桂林：广西师范大学出版社，2015年，第1页。丁家立，又译丁嘉利、丁嘉立、丁加立。
③ 北洋大学—天津大学校史编辑室编：《北洋大学—天津大学校史（第一卷）》，天津：天津大学出版社，1990年，第47—50页。

馆的基础上创办私立中学堂（南开中学前身），张伯苓任监督，1905 年 1 月私立中学堂改称私立敬业中学堂。1906 年 2 月，私立敬业中学堂（后官称天津私立第一中学堂）监督张伯苓应直隶提学使卢木斋聘请，兼任保定直隶高等学堂总教习。

据《张伯苓年谱》，张伯苓于 1906 年 6 月 27 日赴保定督理直隶高等学堂教务；8 月 10 日赴保定直隶高等学堂，8 月 22 日下午由保定回到北京与严修商议保定高等学堂事；8 月 24 日返回保定易县；9 月 8 日由北京赴保定；10 月 25 日，在天津第四届青年运动会为青年颁奖的仪式上，张伯苓以"保定高等学堂教务长"的身份发表演讲；11 月 4 日，自保定到北京赴严修寓所。[①]

由此我们不难看出，张伯苓很辛苦，其时正是敬业中学堂转身南开中学的关键时刻，建设新校园，迎接新学生，忙得不亦乐乎；其兼任直隶高等学堂总教习，就得经常去保定，亲自到校督理教务，那时天津到保定交通并不便利，每次行程均耗时颇多；此外，那时严修已经是学部侍郎，张伯苓还要经常去北京向严修汇报。所以，张伯苓精力不济，不能全力经营，若兼顾保定，必有顾此失彼之虑。故而张伯苓兼任直隶高等学堂总教习不足一年便请辞，并得到批准。

五、教学与学生

丁家立出任总教习，学制、教师、学生等均归他管。由于庚子战争，北洋大学堂二等学堂学生人数骤然减少，丁家立"将保定直隶高等学堂之学制，按北洋二等学堂之制，改为四年，奏明定为北洋大学堂之预备学堂，毕业生不必经过入学考试，即可直接升入北洋大学堂头等学堂"[②]。直隶高等学堂建成后，袁世凯下令直隶各地选拔生童送来保定参加入学考试，袁世凯亲自主持考试并监考，录取了 120 余名学生，1902 年 5 月 25 日举办了开学典礼。《北洋大学—天津大学校史（第一卷）》认为："保定直隶高等学堂成立之年，即在督署搭棚招考新生约 250 名为第一班。"[③] 笔者采袁世凯上奏奏折，录取新生 120 名。

"保定直隶高等学堂的中文课程为国文、伦理、经学、论理；西文课程为英文、

① 龚克主编：《张伯苓全集》第十卷，天津：南开大学出版社，2015 年，第 12 页。
② 北洋大学—天津大学校史编辑室编：《北洋大学—天津大学校史（第一卷）》，天津：天津大学出版社，1990 年，第 47—50 页。
③ 骆宝善等编：《袁世凯全集》第十卷，郑州：河南大学出版社，2013 年，第 282 页。

数学、史地、理化等科。1906 年暑假奉命调整课程，分文理两科，文科偏重中外文学、史地、政治、经济等，理科则以数学、理化、实验为主科。并且高等以上学生，须通两国以上文字。文科除学英文外，加授法文，理科加授德文。中文课程由中国教员任教，西文课程，由外国教员任教，课本悉购自外文原版。总教习由丁家立兼任，中文教务长为清朝末科状元刘春霖，西文教务长为留英归来的吴焜灵。另外有中外教员十余人，其中英、美籍教员六人。学堂考试制度甚严，连续 3 次月考不及格者，予以除名。而月考得到超特等的学生，分别给予奖金。"①

学生待遇方面，学生为公费生，每人每月 4 两纹银，以 3 两为饭费，1 两为零用，其他课本、文具、操衣、鞋帽，统统由公家供给，唯一需要自己负担的是冬天的棉衣。②但是，就是这唯一自己负担的棉衣，却让一贫寒学子饱受冻手冻脚之苦，这个学生便是梅贻琦。

梅贻琦，字月涵。天津人。1904 年考入天津南开中学，是南开中学的第一届学生，1908 年毕业被保送入保定直隶高等学堂学习，1909 年考取第一批庚款生赴美国留学。1914 年毕业于马萨诸塞州伍斯特理工学院，同年回国，任教于清华学校，后成为清华大学著名校长，被誉为清华"永远的校长"。在美留学期间的 1900 年 12 月 20 日，他在给六弟梅贻瑞的回信中说："兄今衣帽只有二份，时易着之。内衣甚暖，足以御寒，及今手足皆未冻，虽吾在保时，尚未能如是也。"说明他在保定时曾经因为没有棉衣而冻了手脚。赴美前，梅贻琦已经在直隶高等学堂读过一年，到美国后还要从中学学起，似走了回头路，吃了亏。但从梅贻琦信中可知，当时他的心态冷静平和，不认为是吃亏，反觉有益。他说："兄则无所可否，多学一年即得一年之益，夫何乐而不为？"这种顾大局与从长计议的乐观"屈就"性格，一直潜伏于梅氏身心并贯穿其一生。③直隶高等学堂学生张彭春（梅贻琦南开中学同班同学）也于第二年考取第二批庚款生赴美留学。

对于直隶高等学堂在校学生参加科举考试者，为给学生方便，袁世凯特上奏皇上并经奏准：因为参加岁考须回原籍，非常影响在校大学生的学业，故在校学生可以不参加岁考，等乡试时安排统一考试。④

　①　王杰：《直隶高等学堂与北洋大学堂》，河北省政协文史资料委员会编：《河北文史集萃》教育卷，石家庄：河北人民出版社，1992 年，第 65 页。

　②　薛允中：《我所经历的清末直隶省几所学校》，载《河北文史集萃》教育卷，第 17 页。

　③　岳南：《大学与大师——清华校长梅贻琦传》，北京：中国文史出版社，2017 年，第 79 页。

　④　骆宝善等编：《袁世凯全集》第十卷，郑州：河南大学出版社，2013 年，第 326 页。

　　直隶高等学堂教学严格、考试严格，跟它是北洋大学堂的预科，接受北洋大学堂的管理有很大关系。学校开办第二年招收的学生为第二班，该班学生"因毕业时学部认为合格，准予升入北洋大学堂正科，但北洋大学堂教务提调王劭廉亲往保定甄试，认为程度不够，又续读一年才升入正科；第三班以后的课程进度，经王劭廉调整，才与北洋的二等学堂（此时已改名为预科班）程度一致，毕业生届时升入北洋大学堂正科。"①

　　1913 年，保定直隶高等学堂并入北洋大学堂，在校学生四班共 112 人，按文科理科分别插入北洋大学堂预科第一部、第三部各班，一部分教职员到北洋任教。②

　　保定直隶高等学堂仅存在 11 年，但是，由于该校的学制、课程设置与北洋大学堂教学相衔接，形成了近代教育意义上的从中学到大学的教育模式的雏形，具有为后起者借鉴的作用。因此，保定直隶高等学堂是清末北方的一所不可忽略的重要学堂。③

---

① 北洋大学—天津大学校史编辑室编：《北洋大学—天津大学校史（第一卷）》，天津：天津大学出版社，1990 年，第 47—50 页。

② 同上。

③ 王杰：《直隶高等学堂与北洋大学堂》，载《河北文史集萃》教育卷，第 67 页。

李书田与甘肃省立秦安初级实用职业学校

王　杰[*]

李书田是我国近代著名教育家，他一生从事教育事业，在中外开办了数十所各类学校。我从事天津大学校史研究几十年，原以为对于李书田一生中的办学情况比较清楚，不料在 2019 年又有了新的发现。2019 年我去陕西工业职业技术学院指导"文化育人"丛书编写工作，其间，学院宣传部部长与我提到李书田在西北办学期间，在甘肃办了一所职业学校。对于此事我此前一无所知。随后，他将保存的资料寄给了我。

一

西北办学是抗日战争中的事情。1937 年卢沟桥事变爆发，日军发动了全面侵华战争，北京、天津相继失守。同年 9 月，奉教育部令北洋工学院西迁入陕，与北平大学、北平师范大学合组为西安临时大学。1938 年 3 月学校迁往汉中，4 月改称国立西北联合大学，简称西北联大。李书田任校常委兼工学院院长（时无校长，只设常委）。是年 7 月，再奉教育部令，北洋工学院、北平大学工学院、东北大学工学院和私立焦作工学院合组为西北工学院，李书田任筹委会主任，主持筹建工作和学校管理工作。[①]

1939 年 1 月，西康建省，李书田奉命随莫德惠、黄炎培赴川、康、滇考察文化建设。在考察中，他认为西昌地处安宁河谷平原，自古为西南重镇，气候温和，水源

* 王杰，河北滦县人，毕业于南开大学历史系近现代史专业。现任天津大学教授、大学文化与校史研究所所长。

① 北洋大学—天津大学校史编辑室：《北洋大学—天津大学校史（第一卷）》，天津：天津大学出版社，1990年，第 233—265 页。

充足，矿产丰富，而人才匮乏是经济落后的根源。为开发边疆、积蓄抗日资源，他呈请教育部在此设点办学。是年 9 月 13 日，国民政府核准创建国立西康技艺专科学校。即聘李书田为筹备主任，嗣复聘为校长。1939 年 12 月 30 日，李书田在重庆《大公报》上发表《本校创设及使命》中称："本校为西康唯一高等学府，设立之目的不仅在造就各种专门人才，兼负有改进并发展地方事业之责任。"西康技艺专科学校作为综合性多学科的高等专科学校，这在我国尚属首创。因教师大部来自北洋，多为誉满国内外的专家学者，如魏寿昆、周宗莲、曾炯之等，其师资力量之雄厚，当时在国内普通高校实为罕见。同时，因该校在治校方针上，继承了北洋"实事求是"和"学以致用，从严务实"的办学精神，故在社会上享有"小北洋"之称谓。西康技艺专科学校即是今天凉山西昌学院的前身。[①]

1940 年，国民政府行政院根据贵州省参议会要求设立贵州大学以培养"抗建"人才为宗旨的提案，结合当时贵州省的情况，允许先成立国立贵州农工学院。1941 年10 月，教育部聘请李书田出任国立贵州农工学院院长。根据贵州大学校史记载："李院长是国内外知名学者，水利专家。李院长到职，以他的声望和学术影响，聘请了 40位教授、副教授担任教学和工作，所聘教授中多为国内知名人士，""当时可谓人才济济，集一时之盛。李院长办事认真负责，治学和工作态度严谨，对创建农工学院做出了很大贡献，也树立了国立贵州大学良好的校风。李院长到院后，定于民国三十年（1941）12 月 20 日开学，定是日为国立农工学院成立纪念日，后来国立贵州大学即沿用此日期为校庆日。"[②]

李书田在致力于发展高等教育的同时，仍念念不忘北洋大学的恢复工作。1941 年10 月，中国工程师学会及各专门工程学会在贵阳举行年会，各学会中北洋校友甚多。借此契机，在李书田倡议下，10 月 23 日北洋校友会集一堂，商讨成立北洋工学院事宜，决定组建北洋工学院筹委会，公推曾养甫为主任，孙越琦为副主任，李书田为总干事兼院长，茅以升为副院长，并开展募捐活动，筹集办学经费。为此，李书田遂辞去贵州农工学院院长之职，专心致力于北洋工学院的筹备工作。经过一年多的奔走，国民政府终于在 1942 年 12 月决定将浙江英士大学升为国立，其工学院划出更名为北

①　西昌学院校志编撰组：《西昌学院校志》，成都：电子科技大学出版社，2019 年，第 3 页。
②　贵州大学校史编写组：《贵州大学校史（1942—1984）》，1987 年，第 1—3 页。

洋工学院，迁至浙江泰顺，这就是抗战期间的国立北洋工学院。[①]

1943 年 2 月，国民政府任命李书田为黄（河）委会副委员长，5 月他抵达西安上任。时西安尚无国立高等工程专科学校，而秦岭以北的陕、甘、绥、宁、青、新六省广大地区急需工程技术人才。李书田遂报请教育部批准，于 1944 年春成立国立北洋工学院西京分院，下设水利、土木二系，并于同年招生。[②]

以上是我们目前掌握的抗战爆发后李书田在兴办教育方面所做出的成绩，这已经足够丰富了。要知道，抗战时期的大西北条件十分艰苦，物资匮乏，维持一所学校的正常运转都非常困难，何况开办数所学校，更是难上加难。正因如此，我们对于北洋工学院西北办学的教学情况、课程情况、设备情况、生产实习情况，至今没有详细的了解。没想到，李书田在甘肃还成功开办了一所职校，而且这所职校——秦安初级实用职业学校的材料翔实，对于当时学校教育教学等情况记述完备，为我们打开了一扇了解抗战时期西北办学详情的窗户。

二

李书田对于抗战中的西北办学做出了如此重要的贡献，那李书田是怎样的一个人呢？

李书田，字耕砚，河北省卢龙县新房子村（旧属昌黎）人，1900 年 2 月 10 日生于书香门第。年轻时期的李书田出身于文化氛围浓厚的家庭，自幼即受到传统文化的熏陶，特别是其父深知文化之重要，发誓让后代子孙学有所成，光耀门庭。为此专设家塾，延师教读子女。李书田聪明颖悟、秉赋超人，博览群书，就读家塾期间打下了深厚扎实的国学根底。

李书田在其兄李书华（著名物理学家、教育家）的影响和指导下，更加注重对英语、数、理、化课程的学习。1917 年中学毕业时，他立志要报考中国最好的大学。当时，天津的北洋大学在国内外享有很高的声誉，尤其是土木建筑专业更是全国闻名，这对于求学上进的李书田而言，有着十分强烈的吸引力。因此，李书田考入了素有"东方康奈尔大学"之称的北洋大学预科。

---

① 王杰：《以培养卓越人才的视角认识李书田的教育思想与实践》，《学府探赜》，天津：天津大学出版社，2015 年，第 265 页。

② 同上书，第 266 页。

　　同年考入北洋预科的共有 108 人，其同学有陈立夫、曾养甫、叶秀峰、周志宏、孙辅世等人。预科开设的主要课程有英语、数学、物理、化学、国语、制图等。北洋大学的预科按照教育部规定属于大学的一个层次，其教学、考试纪律森严，至 1919 年升本科时，因各种情况退学的就有 30 余人，几乎占了入学人数的 30%。

　　北洋大学本科课程编排、讲授内容、授课进度、教学用书，均以美国哈佛大学、耶鲁大学学制为蓝本。教师讲课除国文外，亦均用英语，课本亦为英文版本，并附德语为第二外国语，课程相当广泛庞杂。考试也相当频繁，除了月考、学期考、学年考外，小考从不预告，口试几乎天天举行，笔试则不定期举行，但均记入成绩单中。那时学校规定两门课程不及格应补考，补考不及格留级，三门不及格退学。严格的教学管理，为在校学生打下了良好的学习基础。

　　李书田在校时的学期成绩、学年成绩、毕业成绩，均独占鳌头，他年年在全班的考试成绩都是第一，成为学校佳话。1923 年，李书田以优异成绩毕业，荣膺"中国斐陶菲励学会会员"，并考取了清华大学官费赴美留学。李书田在北洋大学读的是土木建筑专业，入康奈尔大学研究生院深造，继续攻读土木工程研究生。

　　在康奈尔大学，李书田师从欧鲁克等名家主攻土木工程。他孜孜不倦地刻苦学习。暑假期间，在指导教师的帮助下，做工程设计的业务工作。当时，有关部门曾做过留学生在国外学习情况统计调查，李书田在美各科平均成绩在 99.5 分以上，成绩之优异，为中国派遣留学生以来第一人。在短暂的三年间，他不仅学完了四年的课程，且其博士论文并非所选主科土木工程方面的技术性题目，而是长达 60 万字、属经济学范畴的《铁道管理的工程经济》，显示出作者知识渊博、才华横溢。获博士学位后，他跟随世界著名咨询顾问工程师瓦代尔（Waddel）博士做桥梁设计工程。其间他自费到欧洲进修，到过英、法、比、荷、德、捷、匈、奥、瑞士等九国研究院访问，参观各国港埠、桥梁、库坝等大型工程，开阔眼界，增加知识。1927 年 9 月，应北洋大学校长刘仙洲之邀请，返校任教。从此，开始了他长达近 60 年的教育生涯。

　　李书田回国不久，即被顺直水利委员会（1928 年该会改称华北水利委员会）聘为秘书长。此后，李书田相继提任北方大港筹备处副主任、河北省工程师协会主席、冀热察平津经济建设协会理事长、黄河水利委员会副会长等一系列社会职务。其间，对华北水利的开发、利用，以及黄河、海河、大运河洪患治理，做出了较大贡献。其撰写的《北方大港之现状及初步计划》，被誉为开发华北，促进全国经济发展建设的重要著作，对今日京唐港开发建设仍具有极大的借鉴、参考价值。而其基于多年的研究，提出的治理黄河须标本兼治，修建水库、搞好清淤与加高河堤并举，注重中游黄土高原水土保持工作，植树造林，对防洪、灌溉、航运、发电、围垦等统筹兼顾、综合考虑、量力而行的方案，是一个全面、科学的治黄方案。

1932 年，李书田接受教育部任命，出任北洋工学院代院长。1934 年担任北洋工学院院长。1932 年至 1937 年，李书田在任六年间，北洋工学院发展变化很大。如工程学馆（南大楼）、工程实验馆（北大楼）建筑完成并投入使用，兴建了新图书馆，于土木系添设水利工程组，于矿冶系分置采矿工程组及冶金工程组，于机械系添设航空工程组，创设电机工程系，创办工科研究所并举办全国矿冶地质联合展览会。同时，他率先带头开展科学研究，发表了一批学术论文和著作。北洋工学院出现了教学、科研并举的新气象。1937 年 2 月，他主持拟定了"国立北洋大学筹备缘起及分期完成计划"，提出了将北洋大学建设为理、工、农、医综合性大学的构想。

1937 年 7 月，卢沟桥事变后，他带领北洋工学院师生西迁入陕继续办学。

1945 年抗战胜利，国民政府教育部于 1946 年 1 月决议恢复北洋大学。是时，北洋校园惨遭兵燹，百废待兴。李书田毅然带领西京分院师生，历经千辛万苦，率先于 4 月底抵津复校，并把在西安变卖校舍、处理财产的收入，作为北洋大学复校开办费，全身心地投入复校工作中。从而，为北洋大学早日步入正轨，做出了至关重要的贡献。5 月，茅以升被任命为北洋大学校长。6 月，聘李书田为工学院院长。工学院下设土木、水利、建筑、机械、电机、冶金、采矿、化学、航空、纺织十个系，土木、水利、化学、采矿、冶金五个工程研究所。

1947 年，由于国民党政府忙于内战，北洋大学不仅经费常无着落，且校长人选一变再变，严重影响正常的教学秩序与教学质量。为此，学生会于 11 月发起了"要校长、要经费"活动。这次，李书田先生一改素日反对学生罢课的作法，竭尽全力给予支持，实现了聘请著名水利专家张含英就任校长的诉求，北洋大学得以在艰难困苦中渡过难关，砥砺前行。[①]

1949 年天津解放，北洋大学拒绝南迁，将中国第一所现代大学献给新中国。

李书田一生从事教育工作，为北洋大学的发展做出了贡献，最为突出的是其在抗日战争中表现出来的民族大义与爱国情怀。

---

① 张立先：《李书田传》，天津：天津大学出版社，2010 年，第 75—171 页。

三

抗日战争期间，李书田将西北办学作为抗战和赓续中华民族文化血脉的历史责任，在艰难困苦中砥砺前行，做出了突出贡献。

甘肃省立秦安初级实用职业学校成立于 1938 年。中华民国三十一年五月，即 1942 年印制的《甘肃省立秦安初级实用职业学校概况》（以下简称《概况》）中是这样记载的："于二十七年（1938）国立西北工学院脱离西北联大而独立，筹备主任李书田先生鉴于西北工业之应竭力发展，乃建议教育部筹设工院附设高级职业学校于天水，以造就中级技术干部人才，教育部有试办初级实用职业学校之计划，乃分别训指令甘肃省教育厅及西北工学院协同办理创设本校，为避免军事区域起见，乃择定校址于秦安，初筹备委员有三：马士纬先生、贾秉权先生、杜宗周先生，二十八年（1939）八月间，西北工学院教授崔玉田先生到校，为本校第一任校长，乃于是年十月十日双十节正式开学，迄今已三周年矣。"[①]

《概况》中明确写到秦安初级实用职业学校是由李书田创建，建立的时间正是西北工学院迁址到汉中古路坝之后，与西北工学院的关系是西北工学院的附设校。而此时的西北工学院也刚刚在古路坝开学，李书田又在甘肃建立秦安初级实用职业学校，可见，李书田的办学是具有抗日救国、立足西北培养抗日人才的大局情怀的。

秦安初级实用职业学校首任校长崔玉田是西北工学院机械系教授、纺织机械专家。他在《概况》序言中提道："赖教育部教育厅西北工学院各方之提携，秦安各机关之协助，各筹备委员之努力，现已渐具规模"，招生开学。证明西北工学院对于秦安初级实用职业学校的建立起到了重要的作用。同时，秦安初级实用职业学校也如同一面镜子，映射出西北工学院的办学情况。

《概况》中记述："我们校旗的样式……中间，有四牙齿轮一具，形如孔庙金铎之口，代表工业教育，四齿间镶嵌着机纺织革四字，表示我们的机械、毛纺、染织、制革四科，齿轮也是一直旋转，依定轨道，周而复始地前进着，遵守纪律的前进着，""我们的校旗是这样，我们学生责任呢，当知天行健君子自强不息之义，当奋发有为，自强不息，把富国裕民的责任负起来，因为一个工业人才，没有因循、苟且、懒惰、腐败，能够成功的。"崔玉田亲自为学校撰写了校歌，歌词是"生产建设，生

---

① 甘肃省立秦安初级实用职业学校：《甘肃省立秦安初级实用职业学校概况·学校沿革卷》，1942 年 5 月。

产建设，生产建设重于一切；机纺织革，民生极需；齐努力，齐努力，重大责任要负起！"校旗、校歌反映出学校"实地把中华改造"的教育思想和担当起"重大责任"的家国情怀。①

1942 年 1 月 7 日，秦安初级实用职业学校校务会议通过了由校长崔玉田起草的行政组织大纲，共 24 条，包含了学校管理的方方面面，体现了依法治校、严谨治学的精神。

第一条　本校依照部令定名为"甘肃省立秦安初级实用职业学校"。

第二条　本校设高职及初职，修业年限各为三年。

第三条　本校高职暂设机械科，三十一年（1942）暑期开始招生，初级设机械、毛纺、染织、制革四科，共五科。三十三年（1944），暑期完成十五班，均定为秋季始业。

第四条　本校设校长一人，由省政府主席委任，总理全校教育计划及校务行政事宜。

第五条　本校行政系统分校长室和教务处、训导处、工务处、事务处四处。

第六条　教务处设主任一人，由专任教员任之，除无教学组长外，并兼一级导师。设各科主任办公室，各级导师室，教员预备室，教学组、注册组、图书仪器组，秉承校长意旨，确定并处理教务上一切行政事宜，实施全校教学计划，支配课程，考核教员服务状况及关于教育之统计成绩，保管图书仪器，保管等事宜。

第七条　训导处设主任一人，由专任教员任之，除兼任教育组长外，并兼一级导师，设训育组、军训组、秉承校长意旨，确定训育方针，实施训育计划、指导学生个性，考核学生操行，并纠正学生思想及行动，学校卫生，处理一切关于训导方面行政事宜。

第八条　工务处设主任一人，由专任教员任之，除兼任工务组长外，并兼一级导师，设工务组、管业组及各厂管理员，秉承校长意旨，确定并处理工务上一切行政事宜。实施全校实习计划，考核工务人员服务情形及关于实习统计、成绩品之保管事宜。

第九条　事务处设主任一人，由专任教员兼任之，设文书组、庶务组、会计

---

① 甘肃省立秦安初级实用职业学校：《甘肃省立秦安初级实用职业学校概况·学校沿革卷》，1942 年 5 月。

组，秉承校长意旨，编制全校预决算，掌理经费收支，设备购置，文牍统计，收发及一切关于事务方面之事项。

第十条　本校各处规则及办事细则由各处另定之。

第十一条　本校教职员由校长聘任之。

第十二条　本校设校务会议由下列人员组织之，以校长为主席。

1.校长；2.教务主任；3.训导主任；4.工务主任；5.事务主任；6.庶务组长；7.文书组长；8.卫生组长；9.会计组长；10.全体教员。

第十三条　校务会议得审查议决各列事项：

1.拟定学校具体方针。

2.审议预算（决算由经稽会审查）。

3.审议校舍建筑。

4.审核各处、科、委员会议决重要事项。

5.审议扩充设备事项。

6.审议学生奖惩事项。

7.议复教育部厅咨询事项。

8.审议其他对内对外一切重要事项。

第十四条　本校设教务会议，由左列人员组织之，以校长为主席，校长缺席时由教务主任为主席。

1.校长；2.教务主任；3.训导主任；4.全体教员；5.各科主任；6.工务主任。

第十五条　本校设训导会议以在列人员组织之，以校长为主席，校长缺席时训导主任为主席。

1.校长；2.训导主任；3.各级导师；4.教官；5.卫生组长。

第十六条　本校设工务会议由左列人员组织之，以校长为主席，校长缺席时，工务主任为主席。

1.校长；2.工务主任；3.各科主任；4.各厂管理员；5.教务主任。

第十七条　本校设事务会议，由左列人员组织之，以校长为主席，校长缺席时以事务主任为主席。

1.校长；2.事务主任；3.文书组长；4.庶务组长；5.会计组长；6.其他有关职员。

第十八条　各科主任须襄助工务处，处理计划工务事宜。

第十九条　各级导师须襄助训导处，处理计划训导事宜。

第二十条　各会议规划及职务另订之。

第二十一条　本校由校务会议酌设左列各委员会。

1. 科务委员会。

2. 教学研究委员会。

3. 技术研究委员会。

4. 招生委员会。

5. 经费稽核委员会。

6. 体育委员会。

7. 校友会。

8. 临时委员会。

第二十二条　各委员会规划职务另订之。

第二十三条　本大纲如有不尽事宜，除参酌"甘肃教育单行法规"办理外，须提交校务会议修改之。

第二十四条　本大纲由校务会议通过施行。[①]

甘肃省立秦安初级实用职业学校还设立有学生自治会负责学生的日常管理。

由此，可以看出秦安初级实用职业学校虽然是在抗日期间匆忙开设，却是一所管理严格、治学严谨的正规三年制高职学校。

四

尽管抗战中甘肃的办学条件十分艰难，但是秦安初级实用职业学校的教育教学非常严格，将为支持抗战培养人才和为国家建设培养人才的目标，扎实地落实到教育教学中。秦安初级实用职业学校设置机械、毛纺、染织、制革四个学科，学制为三年，《甘肃省立秦安初级实用职业学校概况》中记载：

学级编制：

（A）现在编制

三十一年（1942）毕业班初级机械、毛纺、染织、制革各一班。

---

① 甘肃省立秦安初级实用职业学校：《甘肃省立秦安初级实用职业学校概况·学校沿革卷》，1942年5月。

三十二年（1943）毕业班初级机械、染织各一班。

三十三年（1944）毕业班初级染织、制革各一班。

共四科八班，均为秋季始业，修业年限各为三年。

（B）三十一年起三年计划内：

本校设高职及初职修业年限各为三年。

本校高职暂设机械科三十一年，暑期开始招生，初级设机械、毛纺、染织、制革四科共五科，三十三年暑期完成十五班，均定为秋季始业。

对于三年中所学课程都有详细的规定，以保证教学质量。《甘肃省立秦安初级实用职业学校概况》中记载的教材纲要如下：

"国文教材纲要：1.寄小读者父母；2.致弟书；3.救火之勇少年；4.国旗；5.少年侦探；6.黄花岗烈士事略序；7.雪耻与御侮；8.有恒与保守；9.习惯说；10.体育的歧途；11.鞭虎救弟记；12.舍己为群；13.岳飞之少年时代；14.爱莲说；15.自由与放纵；16.欧洲人冬夏两季的生活；17.初夏的庭院；18.人皆有不忍之心；19.祭孙中山先生文；20.创造与人生；21.人生以服务为目的；22.木兰辞；23.伯夷颂；24.读书与自动的研究；25.哑孝子传；26.冷泉亭记；27.黄冈竹楼记；28.登泰山记；29.养蜂；30.我们的校旗；31.青年守则。

"应用文教材纲要：1.总说：应用文的范围，效用、组织、特点。2.书信类的作法、作法的意义、称呼的意义、施用的名义。通用的语类、格式的分类、缮写的规范。3.广告类的作法：事实和结尾、格式的分类、广告的常识。4.标据的作法：各种的名称、重要的用语、格式的分类。5.柬帖类的作法：物品的特殊名称，饰词和套语，礼制、服制、格式的分类。6.公文的分类及作法、套语及格式。

"公民教材纲要：1.公民之意义；2.学校生活与公民道德之培养；3.家庭生活；4.社会生活；5.公民与国家；6.公民与政治。

"历史教材纲要：1.上古史太古之传说、唐虞夏商的政治、周之建国及其政教、春秋与战国春秋战国之学术思想。2.中古史：秦之统一与疆土的拓展，两汉之政治，两汉疆域之展拓，三国的鼎立与晋之统一，五胡之乱及南北朝的分合，隋之统一与唐之继起，唐之衰亡与五代之纷乱，宋之统一与变法，辽夏金之兴起与对宋的关系，元代之武功与其衰亡，明之内政和外患。3.近世史：东西交通之渐盛与西学之输入，清之勃兴及其武功清初的外交鸦片战争太平天国和捻党之乱，英法联军之役与中俄交涉，中法战争与西南藩篱的丧失，中日战争与沿海港湾的租借维新运动的始末，八国联军之役，日俄战争和东三省。4.现代史：辛亥革命和中华民国的成立，袁氏专政之失败，军阀的混战，欧战前后的外交，国民革命的经过，国民政府成立后对外交涉，国难时期。

"本国地理纲要：1.概说：地球概说，中国概说。2.本论：中部地方、南部地方、北部地方、东北地方、大漠南北地方、西部地方。3.总结：人口、交通、实业、国防。"

"外国地理纲要：1.亚细亚洲：日本及亚洲东南部、南洋群岛、印度、伊兰高原、小亚细亚及阿拉伯半岛、苏联的亚洲之部。2.欧罗巴洲：苏联、芬兰、波罗的海沿岸诸国、波兰、北欧诸国、德意志、瑞士、捷克斯拉夫、奥地利、匈牙利、法兰西、比利时、荷兰、英吉利、依伯利半岛、意大利、巴尔干半岛诸国。3.北亚美利加洲：坎拿大、北美合众国、墨西哥、中美诸国、西印度群岛。4.南亚美利加洲：哥伦比亚、委内瑞拉、基阿那、巴西、巴拉圭、乌拉圭、阿根廷、智利、布利维亚、秘鲁、厄瓜多尔。5.阿非利加洲：埃及、巴巴里地方、苏汀地方、下几内亚地方、西部沿海地方、东部非洲、南河非利加、马达加斯加岛。6.大洋洲：澳大利亚、新西兰、太平洋诸岛。"

以上是人文素质教育课程，由此可见学校不是单纯地培养职业技术工人，而是十分注意人才的素质培养和人文精神的养成，体现了开办宗旨中"厚德载物"的人才培养理念。

教育教学设计体现了基础扎实、专业精细的特点，而且依靠西北工学院设有管理学专业的特色，将管理学内容融入专业教育之中，这在当时的大学教育中是非常前沿的。《甘肃省立秦安初级实用职业学校概况》中记载：

算术教材纲要：（1）数的表示；（2）整数四则；（3）速算法；（4）整数四则应用题；（5）整数性质；（6）公约数和公倍数；（7）分数；（8）分数应用问题；（9）小数；（10）循环小数；（11）省略算法；（12）开方；（13）比同比例；（14）百分同利息；（15）量法；（16）统计图表。

代术教材纲要：（1）代数的目简易应用问题；（2）正负数；（3）整式四则之一（加法）；（4）联互一次方程式；（5）图解；（6）整式四则之二，乘除法；（7）公式的应用；（8）因子分解法；（9）二次方程式因子分解应用之一；（10）分式四则因子分解应用之二；（11）不尽根虚数根式方法；（12）级数；（13）比例变数法；（14）指数对数。

几何教材纲要：（1）图形的基本概念及实验作法；（2）面积体积的量法；（3）几何学的理论；（4）直界形；（5）直线同圆；（6）比例相似形；（7）多角形的面积；（8）正多角形同圆。

三角教材纲要：（1）绪论；（2）基本公式；（3）三角表之用法；（4）对数解法；（5）任意三角形的解法；（6）三角法的应用。

物理教材纲要：（1）力；（2）水压力；（3）分子及分子力；（4）空气；（5）固体与力；（6）机械及功；（7）运动；（8）声学；（9）热与温度；（10）热与物质的效应；（11）热的传播；（12）太阳与光；（13）光之性质；（14）镜与像；（15）光学器具；（16）光之色散；（17）磁；（18）静电；（19）电流；（20）应电流；（21）电波；（22）真空放电。

化学教材纲要：（1）空气；（2）水；（3）食盐；（4）分子、原子、酸碱盐；（5）硫；（6）硝酸氨；（7）碳；（8）气体燃料；（9）钠钾；（10）氧化还原；（11）电解质；（12）铜贵金属；（13）镁锌镉汞；（14）矽硼；（15）铝；（16）锡铅；（17）磷砷锑铋；（18）铬钼钨锰镍钴；（19）放射性元素；（20）周期律；（21）燃料；（22）醇酯醚；（23）糖；（24）油脂；（25）蛋白质动物纤维；（26）食物。

工厂管理教材纲要：（1）工厂管理之历史；（2）科学管理之需要；（3）科学管理之基础原理；（4）组织之基本原理；（5）管理劳工之问题；（6）人事部之组织与工作；（7）劳工之雇佣；（8）劳工之训练；（9）减少劳工之转换；（10）福利事业之范围；（11）保护职工健康与卫生；（12）防止意外灾害；（13）材料管理之基本问题；（14）原料之接收；（15）制造管理部之务及组织；（16）制造管理之综合观念。

工业簿记教材纲要：（1）绪论；（2）成本构成要素及成本之种类；（3）直接费；（4）间接费；（5）成本会计制度；（6）书式；（7）会计科目之分类；（8）账簿；（9）决算。

机械制图、机械设计、机械原件、汽车学、木工金工、材料力学、应用力学、原动机大意等课程作为专业基础课程，学生的专业基础才能够打得牢固。

机械制图教材纲要：（1）作图的手法；（2）写字；（3）实用几何画；（4）直视图；（5）交线展开面；（6）记尺寸法；（7）机器图。

汽车学教材纲要：（1）总论；（2）汽车发动机之原理；（3）汽车发动机；（4）传动机阀；（5）化油作用；（6）加油装置；（7）催滑作用；（8）磁电学；（9）电池；

（10）发火装置；（11）起动及点灯装置；（12）车驾部；（13）驾驶法；（14）车胎；（15）车身；（16）车之管理法及弊病发生之原因。

汽车修理学教材纲要：（1）汽车各部之保管；（2）汽车修理厂；（3）车主与修理者；（4）机件之拆卸洗刷及装置；（5）汽车各部之声音；（6）汽缸及汽门；（7）活塞、活塞带及活塞轴；（8）曲轴；（9）轴座、轴承、活塞杆头及脚；（10）发动机之总检查；（11）电气设备；（12）化气机；（13）开合器；（14）圆珠轮、圆柱轮及圆锥轮；（15）齿轮；（16）弹簧；（17）车驾及附属机关；（18）前梁；（19）方向装置；（20）散热器水箱及油箱；（21）实心胎及空心胎；（22）汽车之预备。

木工金工工作法教材纲要：

1. 木工：（1）工具；（2）木材；（3）模型组织法；（4）模型制作法；

2. 铸工：（1）熔铁之炉灶及其重要工具；（2）各种元素及温度对于铸物之影响；（3）型砂；（4）铸型制作法；

3. 锻工：工具锻造法接合法淬钢法；

4. 钳工：（1）工具；（2）虎钳锤及錾；（3）锉；（4）平板刮刀及开孔器；（5）绞丝工具；

5. 机械工作：（1）工作机械之分数；（2）车床；（3）钻床刨床；（4）滑动刨床；（5）插床；（6）洗床。

机械设计教材纲要：（1）总论；（2）螺丝栓、螺套及螺旋系件；（3）圆筒及铆钉系件；（4）轮轴系件之键；（5）轴；（6）轴间之传力法；（7）轮齿之轮廓；（8）筒面齿轮；（9）锥面齿轮；（10）螺丝齿杆及螺丝齿轮；（11）引带及滑轮；（12）旋转物；（13）标准支撑装置；（14）联杆；（15）飞轮；（16）螺丝弹簧；（17）摩擦力之应用。

材料力学教材纲要：（1）拉及压；（2）剪；（3）挠曲；（4）扭及轴；（5）柱。

机械原件教材纲要：（1）螺旋；（2）皮带与皮带轮；（3）绳与绳轮；（4）链与链轮；（5）凸轮；（6）摩擦轮；（7）齿轮；（8）间歇运动；（9）均衡装置；（10）调速器。

应用力学教材纲要：（1）力之合成及分解；（2）重心；（3）动力；（4）摩擦及弹性；（5）功及能；（6）功之原理；（7）功之原理手续；（8）单调运动。

原动机大意教材纲要：（1）小规模之汽力厂；（2）燃料；（3）燃烧；（4）汽锅炉；（5）通风与通风器；（6）往复汽机；（7）汽涡轮机；（8）凝汽器；（9）唧机。

工业算学教材纲要：（1）算学复习；（2）木工及建筑数学；（3）金工数学；（4）地轴皮带轮及齿轮；（5）铅管的装置及水力；（6）蒸汽机械学；（7）电工数学；（8）机械数学；（9）纺织数学。

从纺织、制革两个专业的教材纲要可以看到其办学严谨、细致，所培养的人才贴合实际岗位。

纺织专业：

织物整理教材纲要：（1）引言；（2）整理手续之分类：预备手续缩呢手续、起毛手续、剪呢手续、脱水手续、蒸光手续、化炭手续、特别整理手续；（3）整理对象：精梳呢、粗梳呢、交织呢、毛线、绒线；（4）各种整理顺序：精梳呢整理、粗梳呢整理、交织呢整理、毛线整理、绒线整理。

制织大意教材纲要：（1）织物种类；（2）织物组织：平纹织、斜纹织、缎纹织；（3）变化组织之平纹变化各组织、斜纹变化各组织、缎纹变化各组织；（4）重层组织：经重组织、纬重组织、二层组织、三层组织；（5）综光及开口装置辘辘式梢杆式弹簧式；（6）系综及踏法；（7）织经图之设计；（8）准备工程：络经整经浆纱、穿综穿经；（9）织造工程手织机特别机力织机。

毛纺机械教材纲要：

1.预备手续——（1）选毛：西式选毛法、中国选毛法、选毛台；（2）打土：（打土机）羊颈毛除草机；（3）合毛层叠合毛法，合毛机，浇油；（4）弹毛：弹毛理论、粗梳弹毛机——刺带、喟毛装置、除草装置、大滚筒、梳毛对轴、取毛装置、毛片装置（克力奥林滚筒、铺续装置、过桥）各式分涤机、保全法精梳弹毛机——毛涤筒；（5）拼条机（精梳毛纱）。

2.纺织手续——（1）粗纺车；（2）精纺车走锭纺纱车——发动装置、牵伸装置、第一期动作，第二期动作，第三期动作，第四期动作，锭子、保全法、环锭纺纱车——发动装置牵伸装置、卷取装置、形成线穗装置、钢领与钢领圈、大牵伸、保全法、合股机。

3.完成手续——（1）摇纱手续摇纱机；（2）成纹机；（3）打捆机。

漂染法教材纲要：（1）漂染用药剂之分类；（2）精炼法；（3）漂白法；（4）染料之分类；（5）直接染料浸染法；（6）硫化染料浸染法；（7）盐基性染料浸染法；（8）酸性染料浸染法；（9）媒染染料浸染法；（10）酸性媒染染料浸染法；（11）还原染料浸染法；（12）氧化染料浸染法；（13）矿物性染料浸染法；（14）植物性染

料浸染法。

纺织原料教材纲要：（1）引言；（2）主要纺织纤维；（3）植物纤维棉——棉之种类及其产地、棉之物理性质、棉之化学性质、丝光棉；麻——亚麻苎麻、黄麻、大麻、取麻法；（4）动物纤维丝——蚕丝发明史、蚕丝之种类及其产地，蚕丝之物理性质、蚕丝化学性质、柞蚕丝；羊毛——羊毛之种类及其产地、羊毛之剪采、羊毛之物理性质、羊毛之化学性质、四生毛、其他纤维；（5）矿物纤维；（6）人造纤维：人造丝——人造丝之历史与命名、人造丝之种类及其制法，人造丝之物理性质、人造丝之化学性质、人造丝之缺点，人造丝之用途；（7）人造羊毛；（8）动物质人造丝。

力织机教材纲要：（1）力织机之种类；（2）力织机运动之分类；（3）力织机主运动：开口运动，纬入运动，打纬运动；（4）力织机副运动：送经运动、捲布运动；（5）力织机辅助运动：梭箱运动、纬断停机装置经断、停机装置、纬线补充装置、起动及制动装置、布边装置。

印染术教材纲要：（1）印染术之分类：依机械而分，依方式而分；（2）手工印花用器具型纸毛刷刮刀印花台；（3）印花用糊料、淀粉类、树胶类、蛋白质；（4）印花用白糊配制法；（5）直接染料印染法：印棉布法、印丝绸法、印毛布法；（6）硫化染料印染法：印棉布法、手工用印糊；（7）酸性染料印染法：印丝绸法、印毛布法；（8）盐基性染料印染法：印棉布法、印毛布法、印丝绸法；（9）媒染染料印染法：铬媒染、铝媒染；（10）酸性媒染染料印染法、印丝绸法，印毛布法；（11）还原染料印染法：靛蓝、西巴黑林吞阴凡士林；（12）氮化及联氮染料印染法：煸硒黑、纳富妥；（13）矿物颜料印染法、群青铬黄朱红；（14）技染法；（15）防染法。

纹织学教材纲要：（一）提花机之历史；（二）手工提花机：（1）手工提花机之大小手工提花机之构造；（3）手工提花机之应用；（4）手工提花机之对准；（5）提花机上之编号；（6）手工提花机之配置；（7）手工提花机之保全；（8）文纸之砸法；（三）自动提花机；（四）提花机之原理；（五）制提花意匠须知：（1）意匠纸；（2）提花意匠之经迹数、与纬迹数；（3）意匠纸之选定计算；（六）提花意匠之制法与应制部分；（七）作提花意匠之手术：（1）分正绘为方格法；（2）接意匠纸法；（3）正绘与增绘；（八）花样之组成：（1）防止长线浮；（2）平滑部分与斜纹部分之应用；（3）大花样之作法；（九）花地组织：（1）平纹之用法；（2）斜纹之用法；

（3）五线缎地之用法；（4）八线缎纹之用法；（5）其他印就之花地组织；（6）绉纹地组织；（7）正确与不正确提花组织；（8）提花意匠之布边；（十）特别装置提花意匠：（1）二根钩综板装置提花意匠；（2）前综装置意匠图；（3）加起综装置意匠图；（4）加伏综装置提花意匠；（5）起伏综装置意匠图；（十一）两色或多色纬组织品提花意匠；（十二）提花绒纱意匠：（1）提花绒意匠图；（2）提花绒罗纱装置及意匠法；（3）实地纱装置及意匠法。

织纹设计教材纲要：

（一）织物组合之基础——组合概论：（1）织物组合之意义；（2）织物花纹之分类；（3）织物之分类及其组合之原料；（4）意匠纸之形状及其种类；（5）意匠纸与组织之关系；（6）填花纹于意匠纸之方法；（7）织物组合与织物分析之关系；（8）织物每寸内经纬线数之计算；

（二）三原组织及打花板之原理——三原组织之绘法：（1）正则平绞组织；（2）正则斜组织；（3）经纬线捻向与斜纹之关系；（4）正则缎纹组织穿综及打花板之原理：1）穿综之方法；2）打花板之方法；3）经纬交织次数对于花纹之影响；4）穿综之标准；5）穿综与打花板之互相关系；

（三）平纹变化之各组织；

（四）斜纹变化之各组织：（1）单式变化斜纹；（2）复式变化斜纹；

（五）缎纹变化之各组织：（1）单式变化缎纹；（2）复式变化缎纹；

（六）配色花纹——概论：（1）配色花纹之意义；（2）配色花纹组成之方法；（3）配色花纹完成一个组织之要件；

三原组织配色之情形：

（七）改变组织——单式改变组织、复式改变组织；

（八）重布组织：（1）席法组织；（2）双层布组织；（3）多层布组织及重布配织之举例；

（九）起毛组织——纬线起毛组织、经线起毛组织、毛巾组织；

（十）纱罗组织。

织物分解教材纲要：（一）织物分解之意义；（二）织物分解之手续：（1）决定织品之经纬方向；（2）决定织品反正面之方法；（3）决定纱线原料之种类；（4）决定织纹之构造；（三）纱支与纱捻：（1）纱之支数；（2）纱之捻度；（四）纺织物分解与试验：（1）分解手续与用具；（2）含湿度；（3）湿度试验用具及试验法；（五）

伸缩度、伸缩试验；（六）伸强度、伸强试验；（七）纱匀度、匀度试验；（八）纱强纱度试验；（九）捻度、捻度试验；（十）纱之支数、纱之试验。

机织法教材纲要：（一）织机之沿革；（二）制织准备工程：（1）经纱准备目的；（2）纬纱准备目的；（三）络纱：（1）络经；（2）络纬；（四）纱结：（1）构成纱结应注意之点；（2）纱结之种类；（3）结纱器之名称及优点；（五）浆纱：（1）经纱上浆之目的；（2）调浆用料之种类；（3）和浆；（4）配浆法；（5）煮浆糊器械；（6）开放蒸气式煮糊装置；（7）密闭式蒸气煮糊装置；（8）机器浆纱装置；（六）整经：（1）整经之目的；（2）线之排列及计算；（3）手工牵经机之牵法及上轴、机器整经及其种类；（七）穿综：（1）综之种类；（2）综片数目；（3）穿综次序；（八）穿筘：（1）筘之种类；（2）筘之号数及穿法；（九）织造工程：（1）织机种类；（2）手织机；（3）脚踏织机；（4）动力织机。

图案画教材纲要：（一）花样之来源：（1）自然花样；（2）人造花样；（3）混合花样；（4）寓意花样；（二）着色及用具：（1）用具；（2）描法；（3）着色法；（三）花样之配置：（1）直摆法；（2）平纹点式配置法；（3）破斜纹式配置法；（4）缎纹点式配置法；（5）乱摆法；（四）制版部分：（1）直接循环；（2）平纹同向循环；（3）平纹反向循环；（4）平纹对称循环；（5）斜纹循环；（6）缎纹循环；（7）特别情况；（五）美术的原理：（1）节法；（2）调和；（3）分量；（4）对点；（5）自然与意透；（六）错觉与织品花样之关系；（七）尾声：（1）设计花毯应注意之点；（2）印染图案。

制革专业：

制革学教材纲要：（一）制革发达史；（二）皮之构造及性质；（三）生处；（四）浸水工程；（五）脱毛工程；（六）脱灰工程；（七）浸酸工程；（八）底革制作法；（九）带革马具革及鞋面革染制法；（十）铬区鞣皮法；（十一）铬盐鞣皮实用法；（十二）明矾鞣革法；（十三）油脂及酸度鞣皮法；（十四）铁盐及其他鞣皮法；（十五）漆皮制造法。

制革整理教材纲要：（一）皮革整理之意义；（二）干燥反湿水工艺；（三）底革及带革整理法；（四）饰革整理法；（五）反革染色法；（六）加脂工程；（七）鞣软工程；（八）各种皮革整理法；（九）植物鞣轻革整理法；（十）铬盐鞣轻革整理法；（十一）明矾革整理法；（十二）油脂鞣革整理法。

制革材料教材纲要：（一）制革用水；（二）丹宁；（三）植物丹宁材料；（四）

丹宁浸出法;(五)四个空格材料;(六)铬明矾及重铬酸钾鞣皮;(七)明矾油脂法及铁板镇皮;(八)整理皮革材料;(九)染皮颜料。

制革化学教材纲要:(一)发酵作用及研究;(二)植物丹宁鞣皮原理;(三)水;(四)生皮保存;(五)籍兰法石灰水法及酵素法去毛之原理;(六)铬盐革鞣原理;(七)其他鞣皮法原理;(八)皮革染色及颜料;(九)毛皮染色;(十)分析法。

有机化学教材纲要:(一)有机化学之历史;(二)饱和烃;(三)不饱和烃;(四)卤素化合物;(五)醇醚酯;(六)醛酮;(七)氮族化合物;(八)硫族化合物;(九)有机酸;(十)芳香族烃;(十一)芳香族化合物;(十二)醣;(十三)油脂;(十四)蛋白质;(十五)动物纤维;(十六)颜料;(十七)食物。

细菌学教材纲要:(一)定名;(二)细菌学之历史;(三)细菌学之范围;(四)细菌学之界说;(五)细菌在宇宙之分布;(六)细菌之形态;(七)细菌之分类;(八)细菌之生活及其作用;(九)细菌与疾病。

化学实验教材纲要:(一)实验时之注意事项;(二)实验时意外事件之处理;(三)应用仪器药品之说明;(四)实验前之准备;(五)普通应用仪器图;(六)基本手术练习加热装置及玻璃管使用法;(七)物理变化与化学变化;(八)氧;(九)氢;(十)水;(十一)臭气及过氧化氢;(十二)求氯酸钾中氧之百分数求氧一升之重量;(十三)化合物简式之测定;(十四)炭及二氧化碳;(十五)氮及空气;(十六)定比定律及倍比定律;(十七)溶液;(十八)氯;(十九)氯化氢盐酸;(廿)酸碱盐;(廿一)卤素及其氯化合物;(廿二)硫及硫化合物;(廿三)二氧化硫及亚硫酸;(廿四)硫酸;(廿五)氨及其化合物;(廿六)硝酸;(廿七)胶体;(廿八)平衡电离金属之电动力次序;(廿九)磷砷锑;(卅)碳化氢火焰;(卅一)碳水化合物;(卅二)蛋白质油脂;(卅三)肥皂及去垢法;(卅四)香料及化妆品;(卅五)钾钠及其化合物;(卅六)铜汞及化合物;(卅七)银及其化合物;(卅八)硬水及软水;(卅九)锡铅及其化合物;(卌)铁及其化合物;(卌一)铬与锰之化合物。

专业课程设置不仅体现了理论性、知识性,更突出了理论联系实践,体现了校歌中提出的担负起"生产建设"和"民生极需"责任的办学思想。《概况》中对于专业课程的设置的记载,生动反映出四个专业人才培养和知识系统的内容。

下面的四个专业的课表更能够直观地反映出教学情况。从秦安职校的教学情况,就可以反映出西北工学院的办学之严格和细致。

表1　制革科课程表

科目 \ 学年	一 1 讲授	一 1 实习	一 2 讲授	一 2 实习	二 1 讲授	二 1 实习	二 2 讲授	二 2 实习	三 1 讲授	三 1 实习	三 2 讲授	三 2 实习	附注
公民	1		1		1		1		1		1		
国文	3		3		3		2		2		2		
算术	4		4		4		4						
物理	4		4										
历史					2								
地理							2						
无机化学	4		4										
有机化学					4		4						
化学实验		4		4									本表每周教学时数为四十四小时外加纪念周一小时军训童训三小时，合计四十八小时
机械学大意									2		2		
细菌学大意									2		2		
机械制图					4		4		3		3		
制革学	4		4		3		3						
制革材料					3		3						
制革化学									2		2		
制革整理									2		2		
制革实习		20		20		20		11		28		28	
工厂管理									1		1		
工业簿记									1		1		
合计（小时）	20	24	20	24	24	20	23	11	16	28	16	28	
总计（小时）	44		44		44		34		44		44		

表 2　机械科课程表

科目＼学年	一				二				三				附注
学期	1		2		1		2		1		2		
方式＼课时	讲授	实习	讲授	实习	讲授	实习	讲授	实习	讲授	实习	讲授	实习	
公民	1		1		1		1		1		1		
国文	3		3		3		2		2		2		
算术	6		6		4		4						
工业算学													
物理	4		4		2		2						
化学					1				2		2		
历史					2								
地理							2						本表每周教学时数合计为四十四小时外加纪念周一小时军训童训三小时，合计四十八小时
应用力学					3								
材料强弱学							3						
工作法及工作机械	2		2		3		3		4		4		
机械学大意					2		2						
机械设计									2		2		
原动机大意					2		2		2		2		
几何画及投影画	4		4										
机械画					4		4		5		5		
工厂管理									1		1		
工业簿记									1		1		
车工实习										20		29	
钳工实习						9		9					
□工实习						9		9					
□工实习		12		12									
铸工实习		12		12									
合计（小时）	20	24	20	24	27	18	25	18	20	20	20	29	
总计（小时）	44		44		45		43		40		49		

表 3　染织科课程表

科目	一 1 讲授	一 1 实习	一 2 讲授	一 2 实习	二 1 讲授	二 1 实习	二 2 讲授	二 2 实习	三 1 讲授	三 1 实习	三 2 讲授	三 2 实习	附注
公民	1		1		1		1		1		1		
国文	3		3		3		2		2		2		
算术	4		4		4		4						
物理	4		4										
化学	4		4										
历史					2								
地理							2						
织纹设计	2		2		3		3						
图案画	2		2										本表每周教学时数合计为四十四小时外加纪念周一小时军训童训三小时，合计四十八小时
动织染料	1		1										
机织法	2		2		2		2						
机械学大意					2		2						
织物分解	1		1		1		1		1		1		
漂染法	1		1		2		2						
织物整理									2		2		
纹织学									3		3		
力织机									3		3		
印染术									1		1		
纺绩大意					2		2						
工厂管理簿记									1		1		
手织及其准备实习		19		19									
染色及其整理实习													
织纹设计实习													
纺力织实习						22		22		19		19	
送经学成实习										10		10	
合计（小时）	25	19	25	19	22	22	21	22	14	29	14	29	
总计（小时）	44		44		44		43		43		43		

表 4　毛纺科课程表

科目	一学期1 讲授	一学期1 实习	一学期2 讲授	一学期2 实习	二学期1 讲授	二学期1 实习	二学期2 讲授	二学期2 实习	三学期1 讲授	三学期1 实习	三学期2 讲授	三学期2 实习	附注
公民	1		1		1		1		1		1		本表每周教学时数合计为四十四小时外加纪念周一小时军训童训三小时，合计四十八小时
国文	3		3		3		2		2		2		
算术	4		4		4		4						
物理	4		4										
化学	4		4										
历史					2								
地理							2						
机械学大意					2		2						
机械画					2		2		2		2		
准备工程	2	2											
纺原料	1	1											
纺织机械					2		2		2		2		
织物分解	1		1		1		1		1		1		
织物整理									2		2		
漂染法					1		1		1		1		
工厂管理									1		1		
工业簿记									1		1		
木金工实习		6		6									
原料漂染实习						6		6		9		9	
整理毛纺实习		18		18		20		21		20		20	
制织大意									2		2		
合计（小时）	20	27	17	24	18	26	17	27	15	29	15	29	
总计（小时）	47		41		44		44		44		44		

以上课程的设置，既兼顾了基础理论的学习，又注重了学生动手实践能力的培养，学生毕业后即可走上工作岗位胜任技术工作。从中也可以体会到秦安初级实用职业学校的教学水平还是很高的。

五

随着战争硝烟的散去，抗战西北办学的事情已成过往，但是西北办学的艰难困苦的历史不应该被遗忘，中国大学在不同的历史时期所表现出来的"兴学强国"精神应该得到继承和发扬，这就是我将甘肃省立秦安初级实用职业学校资料在此公布和讨论的目的。

我的这篇文章以"李书田与甘肃省立秦安初级实用职业学校"为标题，记述了甘肃省立秦安初级实用职业学校的办学情况，同时也为了纪念李书田先生。抗战期间，他辗转西北、西南，在极端困难的条件下为国家、为民族培养战时人才和战后建设人才，其所做出的贡献同样应该记入史册。

北洋大学对近代天津城市公共卫生事业的推动[*]

何　睦^{**}

　　近代以降，公共卫生成为城市发展中引起人们关注的问题，同时也成为人们评价一个城市文明程度的重要指标。我国城市的公共卫生事业最早产生于沿海开放城市的租界中，天津市作为北方最早开埠的城市，早在 19 世纪末便出现了以租界居民为服务对象的公共卫生事业。到了 20 世纪 30 年代，国民政府在全国范围内发起了市政建设运动，为中国城市公共卫生事业发展带来了契机。而位于天津的北洋大学则是当时最早关注并参与城市公共卫生建设的大学之一。

　　北洋大学是我国近代享誉海外的知名高校。该校创建于 1895 年，由于其在课程设置、办学理念、培养标准等方面均对标于世界一流大学，因此曾获得"东方康奈尔"之美誉。但鲜为人知的是，北洋大学在近代办学过程中也极为注重与属地城市的协调发展，积极参与和推动了天津城市的现代化转型。特别是在当时作为社会文明程度指标的公共卫生建设方面，北洋大学通过专业设置、人才供给、科研项目、科普服务等全面推动了天津城市公共卫生事业的发展。在当前新冠流行背景下回眸这段历史，或可为我们充分融合高校资源优势，促进城市公共卫生治理问题提供有益的启示。

一、打造卫生工程人才培养平台

　　早在清末建校之初，北洋大学（时名北洋大学堂）便已开设了"城市公共卫生工

---

　　* 本文节选自何睦：《象牙塔与摩登都市——近代天津的大学成长与城市发展》，北京：社会科学文献出版社，2021 年，有改动。
　　** 何睦，1981 年生，天津师范大学教育学部副教授，历史学博士。

程"作为工科专业必修科目，并重金聘请美国麻省理工学院卫生工程专业毕业的阿瑟·布雷德弗德·毛理尔（Arthur B. Morrill）等外国专家授课。因此，北洋大学的早期毕业生，普遍具备一定的公共卫生工程知识。

1932 年，著名工程教育家李书田担任北洋大学校长后，开始明确提出将公共卫生人才作为学校人才培养的重点方向。李书田在《卫生工程人才与国民经济建设运动》一文中，将公共卫生所需的人才分为公共卫生人才、公共卫生工程人才和卫生工程人才三类："公共卫生人才，须受具体之应用生物学、卫生生物学、细菌学、卫生设施、卫生行政技术、生命统计、工业卫生等学科训练。公共卫生工程人才须受具有系统之细菌学、卫生设施、公共卫生、工业卫生公共卫生行政及基本的工程技术等学科之训练。卫生工程人才应习知给水清水等工程与污渠工程及秽水及废物处置工事之设计、建筑、养护与管理。对于卫生设施之全领域及其与公共卫生之关系，亦需加以相当之注意。土木工程学术之各部门，凡与卫生工程建设之有关者，均须受此训练。机械及电机工程之有关抽水厂与清水及净污等厂设备选购事宜部分，亦应具有相当之训练。"[1]在详细调研国内高等教育相关专业的实际情况后，李书田进一步指出："各大学在人才的培养上，应有不同的分工侧重。"[2]而北洋大学显然应以工科优势为基础，侧重培养卫生工程方向的人才。由此，北洋校方开始将"聘请在国内素著之大学医学院及工学院的教授，造就公共卫生与公共卫生工程暨卫生工程人才"[3]作为学科发展的重点。

1933 年，经教育部批准，北洋大学在土木工程学系设水利与卫生工程组专业，同时着手设立卫生工程实验室。[4]将卫生工程与水利工程共同设置在一个专业中，这是具有前瞻性、跨领域的专业设置，其中包含着学校对于自身发展规划、学科建设和大城市发展的需要等多方面的考虑。一方面，天津所处的海河流域支系众多，历史上水灾频繁，近代以来更是多次威胁天津城市的安全。在 1917 年的特大水灾中，市区五分之四的面积被洪水淹没，受灾人口达八十多万。因此，水利工程既是近代天津城市基础设施建设的一大主轴，也是北洋毕业生的重要就业方向。另一方面，就 20 世纪初天津公共卫生事业的情况来说，重点是控制导致传染病发生的环境因素，尤其水患引起的防病防疫是天津地区公共卫生领域的主要课题。因此，学校在参考国际上的办

---

[1]　李书田:《卫生工程人才与国民经济建设运动》,《北洋理工季刊》1937 年第 2 期.

[2]　同上。

[3]　《本院土木工程学系二十四年度第一次教务会议纪录》,《北洋周刊》1935 年第 81 期.

[4]　同上。

学经验，特别是较早开设公共卫生工程专业的康奈尔大学水利卫生工程专业的学科设置和课程安排后，决定以原有优势学科为基础，打造兼具水利与公共卫生知识的复合型人才培养平台。为了加快新设学科的建设步伐，学校引进了一批优秀师资，聘请时任华北水利委员会主席的李赋都为专任研究教授，徐世大、涂允成为水利与卫生工程专业兼任教授和专任副教授。[①] 徐、涂二位教授均毕业于北洋大学本科，后留学美国康奈尔大学学习水利卫生工程。重返北洋大学后充分发挥自身科研优势，为水利卫生工程专业的起步创造了良好的条件。截至抗战爆发以前，北洋大学水利卫生工程专业已培养出三届约120名毕业生，[②] 为探索我国卫生工程人才的培养做出了贡献。

在此基础上，校长李书田还积极筹备成立"中国公共卫生协会"，"以协力研究公共卫生学术，促进公共卫生事业及增进国民健康。"[③] 学校还围绕公共卫生这一课题，进行了跨学科研究的探索。1935年，北洋大学教授涂允成受学校委托赴河北省定县做卫生状况的调查，并撰写论文《定县卫生调查》，[④] 对当地的饮水、食物、空气质量、垃圾排放、污水处理、动植物防疫等公共安全要件进行了全方位的考察和记录，为研究和改进乡村社会的公共卫生事业提供了宝贵的资料和数据。值得注意的是，这不仅是北洋大学以科学方法进行社会考察的重要尝试，也是对中国近代社会学发展史上具有里程碑意义的"定县调查"的重要补充。[⑤]

二、积极筹办北洋大学医学院及附属医院

20世纪30年代，天津已经发展成为拥有130万人口的大都市。伴随人口的增长，医疗设施的不足已经成为城市卫生事业的一个难题。1937年，天津市各级医院床位总数仅有400余张，远远没有达到当时应具备的城市中应每千人拥有一张病床的卫生标准，[⑥] 医疗资源的供给与需求之间存在的巨大缺口。以李书田为代表的北洋大学掌

---

① 《本院聘定涂允成博士为水利及卫生工程副教授》，《北洋周刊》1934年第81期.

② 国立北洋大学校友会：《国立北洋大学记往》，1979年，第278页。

③ 李书田：《卫生工程人才与国民经济建设运动》，《北洋理工季刊》1937年第2期.

④ 涂允成：《定县卫生调查》，《北洋理工季刊》1935年第2期.

⑤ 定县调查是中华平民教育促进会进行定县平民教育实验的一部分，从1926年起到1936年，定县调查延续10年之久，调查范围由小到大，遍及全县，几乎涵盖了农村社会经济的各个方面。除了学理与实用价值以外，定县调查所期望的促进社会科学发展的目标也得以实现，从而在中国社会学发展史上占有十分重要的地位。参见李金铮：《定县调查：中国农村社会调查的里程碑》，《社会学研究》2008年第2期。

⑥ 李书田：《国立北洋大学筹备缘起及分期完成计划》，《北洋理工季刊》1937年第2期.

校者敏锐地捕捉到了这一问题："天津市政虽日渐进步，然卫生及医院设施，犹未臻完善。……我天津市虽有市立、租界立、私立及教会立各医院，然究无尽美尽善之医院。……天津昔有陆军与海军医学校两所，后或迁京或停办，以百三十万人口之大都市，而尚无医学院及市民可以托命之医院，殊与文化水准及促进公共卫生有碍……天津应有完备之医学院及附属医院各一所。"①

另一方面，医学院的设置对于北洋大学自身发展也具有非常重要的意义。1929年国民政府教育部相继颁布《大学组织法》和《大学规程》，规定：大学分文、理、法、教育、农、工、商、医八个学院，具备三个学院或九个以上系科者为大学。由于北洋大学当时未能满足其要求，同年被降格为独立学院，北洋大学改称"国立北洋工学院"。②虽然如此，北洋师生并未放弃重新恢复大学称号的努力。早在改名当年的1929年8月16日就聘请王宠惠、王正廷、李煜瀛、王劭廉、赵天麟、茅以升等七位知名校友为"国立北洋大学筹备委员会委员"，筹备恢复大学称号的准备工作。③李书田到任校长之后，制订了《国立北洋大学筹备缘起及分期完成计划》，作为学校未来发展的详细规划，并着手分阶段实施。截止到1937年以前，已经完成"整饬充实发展工学院与筹设理学院"的工作，并将设立医学院作为学校下一阶段发展的方向。因此，医学院的设置也成为"复大"规划中的关键布局。当时，校长李书田计划："至筹设医学院及附属医院……俾可于二十七年夏季招考本科一年级学生"，"本校名称拟即自二十六年七月一日起正式恢复十七年夏季以来之旧称'国立北洋大学'。"④

医学院初步规划学生总数不超过 300 人，每年招收学生 40 名为限。⑤附属医院作为学校产业，同时也是学生的实习基地，设有床位 150 张、手术室、药局、剖检室、实验室、门诊处及 X 光室等。按照当时大学组织规程，医学院初建时暂不分系，"嗣后于医学系之外，添设公共卫生学系"。⑥学生五年毕业，于第六年前往医院实习，并提交毕业论文。医学院建成之后，还将与天津市政府合作设置卫生所，卫生所与医学院附属医院门诊处保持密切联系，既充实了城市公共卫生机构，又为北洋大学相关学

---

① 李书田：《国立北洋大学筹备缘起及分期完成计划》，《北洋理工季刊》1937 年第 2 期．

② 北洋大学—天津大学校史编辑室：《北洋大学—天津大学校史（第一卷）》，天津：天津大学出版社，1990 年，第 125 页。

③ 李书田：《国立北洋大学筹备缘起及分期完成计划》，《北洋理工季刊》1937 年第 2 期．

④ 同上。

⑤ 同上。

⑥ 同上。

科学生提供实习的平台。很明显，在医学院与附属医院的设立规划中，贯穿了北洋大学一贯注重实用人才培养的育才思想。此外，按照计划，为完善医科体系，还将设立生物与生理学系以及医药学系，扩大学科的外延，并以医科为中心，继续设立药学、生物等专业，并独立设置公共卫生工程系，在此基础上成立"国立北洋大学研究院"，使"理、工、医三系之各系组，互相联系，综合成为一有机的学术集团。"[1]为学科之间的交叉发展搭建了平台。

在筹办北洋大学医学院过程中，北洋大学采取以依托天津市既有的教育资源为主、国家拨款为辅的办法，对占份额不大的办学经常费用，申请列入国家岁出教育文化预算之内。而新学院第一年开办时的启动资金，则利用原天津北洋海军医学校的校产来补充。[2]北洋海军医学校前身为北洋海军医学堂，1930年该学校因经费不足停办，将其校产用来筹建北洋大学医学院，这就在解决启动资金的同时，也整合了地方原有的医学教育资源。

在筹办医学院及附属医院的过程中，北洋大学也加强了与天津市各界之间的联系，取得了良好的社会效益。北洋大学于庚子国变中，校舍被德军占领，被迫于1903年迁往距天津城北10里处的西沽，此后便长期位于郊外。但学校认为"医学院及附属医院，必须设于市内，以便诊病与就医。"[3]因此决定将医学院及附属医院迁回原北洋大学的校址。由于时过境迁，原校址产权涉及多个单位和私人宅地。为争取回迁顺利，学校及校友会成员多方奔走，并积极与天津市政府进行沟通，表明北洋大学与城市共谋发展之意。如李书田在与天津市政府的致信中言明："天津为华北一大都市，将来北洋大学医学院及附属医院，于本市亦一重要贡献，将期与贵市政府之市政建设相得益彰。"[4]北洋大学的真诚意愿得到了天津市政府的积极支持，时任天津市市长的张自忠对北洋大学医学院及附属医院规划方案非常赞成，认为"极属有益地方之举，允协助进行。"[5]张自忠特别派出秘书马彦翀和参事边洁清作为市府代表，与北洋大学校方共同商议在天津市内购拨院址事宜。除市政府支持之外，北洋大学也得到了天津本地知名人士的支持。卢木斋、娄鲁青等得知北洋医学院选址涉及自己的房产后，均欣

① 李书田：《国立北洋大学筹备缘起及分期完成计划》，《北洋理工季刊》1937年第2期。
② 李书田：《国立北洋大学筹备添设医学院缘起及规划大纲》，《北洋周刊》1937年第102期。
③ 李书田：《国立北洋大学筹备缘起及分期完成计划》，《北洋理工季刊》1937年第2期。
④ 李书田：《李院长复函》，《北洋周刊》1936年第132期。
⑤ 李书田：《国立北洋大学筹备缘起及分期完成计划》，《北洋理工季刊》1937年第2期。

然同意出让，并在价格方面给予了相当优惠。[1]

　　北洋大学筹办医学院及附属医院，还有另一个目的，就是在全国各大学的激烈竞争中得以壮大发展，实现"以其与上海同济医工，南北并美"的期望。[2] 按计划医学院及附属医院的建立应自 1938 年起，5 年内完成。"本校拟于二十七年（1938）夏季正式添设医学院，开始招生……一切设备及附属医院，务期于三十一年（1942）夏季完成。"[3] 由于地址临近中山路，"中山先生又曾医人医国，则定名为国立北洋大学中山医学院。岂非千秋万世，弥资纪念哉！"[4] 遗憾的是，由于不久之后抗日战争爆发，该计划只好暂时搁置。

三、北洋大学与天津城市建设共同发展

　　"九一八事变"以后，战争的阴影笼罩在城市上空。随着战争的迫近，化学武器对公共卫生安全的危害威胁着人们。当时的化学武器主要以各种毒气为主。第一次世界大战期间，毒气在欧洲战场开始作为战争武器投入使用，对交战双方的士兵及平民百姓造成了重大伤害。由于毒气具有巨大的杀伤力，战后各国列强都将毒气作为主要战争武器进行重点研究和开发。早在 1932 年日本侵华的"一·二八事变"中，日军突袭中国驻军，侵占上海市闸北。当时便有传言日军将使用毒气，造成了极大恐慌和社会混乱。"一·二八之战，沪地人民，唯恐日人施用有悖人道之毒气，此乃由于吾人平素对于毒气之防御无相当准备之故。"[5] 这次事变的过程中，中国高校理工科的学者们发现有必要利用自身的专业知识研究毒气的防御，以减少民众由于对毒气的了解不足所造成的损害。

　　九一八事变以后，京津一带也已处于抗日前沿，北洋校方首先在校刊上刊登了有关毒气的防御和治疗方法的文章，普及相关知识。[6] 继而在军事工程研究会机械化学研究小组下特设毒气化学研究系。[7] 北洋大学教师王子祐撰写了论文《毒气战争概论》，

---

[1]　李书田:《国立北洋大学筹备缘起及分期完成计划》,《北洋理工季刊》1937 年第 2 期。
[2]　同上。
[3]　同上。
[4]　同上。
[5]　高乃谦:《军用毒气之防御》,《北洋理工季刊》1934 年第 3 期。
[6]　洁梅:《战场上的恶魔——毒瓦斯》,《北洋周刊》1932 年第 37 期。
[7]　寒山:《军事工程研究会计划大纲（草案）》,《北洋周刊》1932 年第 39 期。

详细介绍了毒气的历史、种类、效用、防毒措施和原理等知识。其中特别提到普通居民遇毒气攻击时，"须立将住室之窗户及其他与外界相通之处，严为封闭（需事前准备），以免毒气侵入，然后攀登楼上或较高之地，或用浸水或稀薄酸溶液之手帕，封住口部及鼻孔，权当简单之防毒面具"。[1]

北洋大学的高乃谦教授则在其论文《军用毒气之化学浅说》中详尽分析了第一次世界大战以来世界上出现的各种毒气的成分、分子排列、中毒症状等。[2] 在他的另一篇论文《军用毒气之防御》中不但介绍了防毒面具的制作方法及各种应急防护措施，而且前瞻性地提出目前以活性炭为主的防毒措施，是建立在未发现活性炭所不能吸收的毒物之基础上，未来有可能出现针对现有防毒措施的反制办法。"恐将来之毒调必能夺取活性炭素之能力；否则必将以活性炭素为促进化学反应之媒介，而利用其机能，发明适当之混合剂，导致此炭素之上，使面具内起猛烈有毒之化学反应，以资反制。"[3] 不仅教师，在校学生齐玉亭也以战场出现率最高的糜烂性毒气为题，在丁绪淮教授的指导下完成了《糜烂性毒气制法及防御》一文。[4]

战争同样引起了北洋大学的学者对于城市供水安全的担忧。作为沿海商埠，天津市是中国较早出现自来水系统的城市之一，早在1898年，英国仁记洋行发起成立了主要以租界内居民为服务对象的"天津自来水公司"，这也是华北地区最早的自来水事业。然而自此以后，天津市自来水事业一直掌握在私人和外国人中。到20世纪30年代，天津市内自来水供应商主要有英租界工部局自来水部（原"天津自来水公司"）和济安自来水公司，两家公司均由外资控制。其中，济安自来水公司依仗外资特权，建立了一套完整的跨越老城区和各国租界的城市供水系统，垄断了除英租界外几乎全部的城市供水业务。

面对抗战前夕中国复杂的国内外形势，这种城市供水完全为外资垄断的现状引起知识界的忧虑。毕业于北洋大学的马寅初先生，在母校《北洋理工季刊》发表论文，指出自来水事业对于城市安全的重要性，并提倡国有以代替私人或外国资本控制。"试想中国各大都市的自来水，是由私人来办，假设若掌握在几个私人的手里，那就可以操纵一切，进而可以置人民于死地，这不是十分可怕么？"[5] 他还列举了日本攻占

---

① 王子祐：《毒气战争概论》，《北洋周刊》1932年第40期。
② 高乃谦：《军用毒气之化学浅说》，《北洋理工季刊》1932年第4期。
③ 同上。
④ 齐玉亭：《糜烂性毒气制法及防御》，《北洋周刊》1934年第23期。
⑤ 马寅初：《中国之经济建设》，《北洋理工季刊》1936年第2期。

青岛的例子："日本打青岛的时候，不能从海口进来，才从龙口登岸，由陆军占领了青岛的水源地，断绝市内的水源，德国人才起了恐慌，退出青岛。由此可知垄断自来水就可以操纵一切，组建公共事业，不宜置在个人竞争主义之下。"[1] 1936 年，国民政府在各方呼吁下要求济安自来水公司重新在中国政府注册。按照规定，该公司华人股份必须占 51% 以上，须由华人担任董事长和总经理，并接受市政府的监督。[2] 除书面倡议以外，北洋大学也以实际行动对国有公用事业进行支持。学校在医学院及附属医院筹建过程中发现，由天津市政府投资成立的特一区自来水厂，占据了原校址的一部分。虽然筹备医学院急需土地，北洋大学还是决定"惟以该厂系官营公用事业，厂址可权让借用"[3]。并且学校与天津市政府达成协议，"将来本校于该址添设医学院后，应免费用水，俾资互相协助"[4]，既支持了城市公用事业，又保障了自身的权益。

四、关于大学发展与城市建设关系的几点启示

20 世纪 20 年代末，国民政府在形式上完成了国家统一，并开启了后来称为"黄金十年"的国民经济建设时期。通过大规模集中投入和政策支持，迅速建立和重组了一批涵盖多学科的综合性大学，如国立中央大学、国立浙江大学、国立武汉大学等，形成了高等教育规模迅速扩大，竞相发展的繁盛局面。然而，在中国高等教育史上具有开创意义的北洋大学，这一时期却面临办学经费不足、降格为独立学院的困境和激烈的竞争。面对困境，以北洋大学校长李书田为代表的大学管理者开始尝试将学校发展与城市需求相结合，以公共卫生领域为切入点，积极参与城市建设，经过一系列的努力，取得了学科建设和社会效益共同提高，为日后北洋大学的发展奠定了基础。其历史经验也为我们今天办好大学提供了有益的启示。

首先，大学的发展对城市建设具有知识支撑的作用。与城市的其他机构不同，大学具有完整的科研系统，同时具有活跃的学术环境，多学科的研究组织和知识传播的外溢效应。大学不仅拥有一批有一定造诣的专家和学者，而且善于抓住属地城市建设中遇到的问题，纳入学校的研究和发展方向，在解决城市问题的同时收获自身发展。

---

① 马寅初：《中国之经济建设》，《北洋理工季刊》1936 年第 2 期。

② 李绍泌、倪晋均：《天津自来水事业简史》，《天津文史资料选辑》第二十一辑，天津：天津人民出版社，1982 年，第 41 页。

③ 李书田：《国立北洋大学筹备缘起及分期完成计划》，《北洋理工季刊》1937 年第 2 期。

④ 同上。

作为以工科见长的学校，北洋大学选择公共卫生领域中的工程人才作为培养方向，并将其与自身重点规划的水利工程学科相结合，开辟出全新的复合型人才培养方向。不但切入了公共卫生这个城市建设中的命题，而且将其纳入学科建设规划中，拓展了优势学科的涵盖范围。

其次，大学发展要与本地教育资源结合，充分利用现有条件，搭建发展平台。北洋大学在开设医学院的筹备工作前，已对天津市可以利用的相关教育资源做过详细调查，对医学院院址的选择，除北洋原校址外，还考虑启用因经费问题停办的北洋海军医学校校址，可惜由于该校土地抵押法租界工部局后已另行开发，"不得已乃计议另行择地设置医学院"。[1] 但是在最终方案中，仍然以北洋海军医学校地产余款作为开设医学院的启动资金。这说明大学，特别是重点大学作为全民教育系统的中枢，应具有合理整合城市教育资源的意识，充分利用所在城市教育资源，适当兼并重组，从而获得发展所需的条件。从深层次来看，这也是教育为实践服务，而实践为教育发展指明了前进方向。

再次，大学的发展离不开所在城市的支持。北洋大学作为国民政府教育部直接管理的国立大学，与天津市并无隶属关系。尤其自20世纪初学校迁往城区十里外的西沽办学后，两者的关系始终保持一定的距离。在沟通不畅的情况下，一系列的摩擦和误解在所难免，甚至曾经出现"天津市财政局以不悉本校特一区校址原委，误认为市有官产……拟行让售于河北省银行"的事情。[2] 而后来医学院及附属医院筹备工作能够顺利开展，也是得益于校方与市政府之间在密切联系和沟通后取得共识，从而获得社会多方面的支持的结果。前后相较，校城之间打破各行其道，加强互动的必要性显而易见。

对于近代中国城市来说，公共卫生事业的完善程度，是衡量一个城市现代化程度的重要指标。作为国立大学的天津北洋大学积极参与了包括公共卫生在内的各种地方公用事业发展。而在北洋大学按照天津发展路径制定专业设置和科研规划的那一刻起，城市也为北洋大学提供了发展空间，形成一个发展共同体。这对于当前我国高等教育发展中，如何处理大学与所在城市发展关系的问题，提供了良好的借鉴。

---

① 李书田：《国立北洋大学筹备缘起及分期完成计划》，《北洋理工季刊》1937年第2期。
② 同上。

邰光谟与北洋大学的现代科学文化传播

李琦琳[*]

翻阅北洋大学 20 世纪 30 年代中期校史资料，邰光谟这个名字十分常见，其职务为北洋工学院"出版组主任"[①]，当时隶属总务处，此职务相当于今天的大学出版社社长。籍贯武清的邰光谟并非出版专业出身，但他通过对外文科技文献的翻译，为北洋大学现代科学文化的吸收和传播做出了很大贡献。本文就其在校刊编辑、图书出版、科学著述翻译等方面的工作略述如下。

一、求学经历

邰光谟毕业于杨村小学，且为优等生[②]。关于就读的中学，在他于 1941 年写给喻传鉴的信给出了关键信息。此信刊于《南开校友》（1941 年第 6 卷第 4—5 期合刊）的《校友来函》中，内容如下：

> 传鉴先生赐鉴：
>
> 谟于津变发生一个月后，由海道辗转赴西安，服务临大。后迁南郑，嗣改往国立西北工学院。前岁七月由陕入川，往渝两月，助李耕砚先生筹备西康技专。每拟趋候，始终未获如愿。来此以后，又复一年。此间校友仅有张朵山先生（中

* 李琦琳，黑龙江佳木斯人，高级工程师。从事多年天津建筑遗产保护、近代史料研究。

① 参见国立北洋工学院总务处编辑：《国立北洋工学院民国二十四年度教职员录》，1935 年 7 月，第 3 页载："邰光谟，别号子嘉，年龄三二，籍贯河北武清，职别出版组主任，住址本院。"

② 参见中国人民政治协商会议天津市武清县委员会文史研究委员会编：《武清文史资料选辑》（第 1 辑），1987 年 3 月，第 104 页载："1916 年，武清县曾在县城举办全县小学'观摩会'，杨村小学选出学习较好的学生邰光谟、陈同度、诸葛沁、陈凯、杜建时等十余人赴县应考。考试结果，所有参赛的十几名同学均名列优等，总成绩最优。"

学毕业由清华留美，事变前任平大工院纺织教授）及祁敏女士（女中毕业，后在燕大英文系毕业，事变前任教山西铭贤学校），谈及昔日在校情形，未尝不切盼母校之日益光大也。拟请先生将有关校友刊物酌赐全份，俾对母校发展详细情形愈多认识，至深感祷！倘蒙时赐教诲尤所盼幸。谟原习工程，离校后服务于工程界仅四五年，始终未离事务方面，现在此间任秘书并兼总务主任，学用之不能一致，良可慨也。校长高龄远涉，近复直接参与国政，便请代为敬候起居。余不赘，敬候。

　　教祺！母校师长同学统此问候。

学生邰光谟敬启，二月九日

通讯处：西昌国立西康技艺专科学校

1. 在南开中学

信中显示，邰光谟毕业于南开。检《南开学校同学录》，邰光谟1925年毕业于南开中学（该校第十八次毕业生），并考上清华大学，1927年在读。[①] 他之所以找喻传鉴要整套的南开校刊，除了想了解学校和校友情况外，还因为他对校刊有着深厚的感情。据《南开周刊》（第44期，18周年纪念号）记载，1922年10月13日该刊出版委员会开成立大会，参会委员中即有邰光谟。此时，他才刚入高中。两年后，《南开周刊·南开学校二十周年纪念号》（1924年10月27日出版）的《引言》，为邰光谟撰写。可见，校刊的编辑出版工作贯穿了邰光谟的高中生活。他还在校刊发表过自由诗《村中晚步（春）》[②]：

> 河岸上有十几个小童。
>
> 都不过八九岁的光景；
>
> 他们嘈杂的声音，
>
> 远远的就可以听见。
>
> 一个年纪最小的，
>
> 手里拿着一块圆的瓦片，
>
> 竭力向河里一抛。
>
> 辘……辘……

[①] 参见南开学校编：《南开学校同学录》，1927年，第225页载："邰光谟，籍贯：京兆武清，住址或通信处：天津北杨村，职业：清华大学肄业。"

[②] 邰光谟：《村中晚步（春）》，《南开周刊》1922年第43期，第11—12页。

瓦片也风似的滚向水边。
别一个小童，
赶紧跑过瓦片，
用手拿的柴棍，
想把他挡住；
咚——一声响。
瓦片竟掉下水去了！
"哈……哈……你好笨哪！"
岸上别个童子的清脆笑声。
真是自然的音乐哟！

河边有几棵柳树。
才长出最嫩的小叶；
从远处看去，
直是几块淡绿的浮云；
空中的新月，
被他们的疏枝，
阻成美丽花纹；
越发显出绰约的风神。

啊，可怜的蝙蝠，
为什么你见不得阳光？
到了这时——
大家全做完了他们的日工，
找个地方，
去休息他们的心力去了——
在朦胧的状态下面，
你才敢现形，
在空气中飞翔；
哦！白天你觉得怎样？

娘娘庙底红门，

天主堂底白墙，

同时映入我的眼帘；

使我联想到——

西洋的十字架，

和东方的泥菩萨，

已竟有同样的势力了！

很纯洁的一座乡镇。

添了这两个物事；

是锦上添花，

还是杀了风神景？

从诗中所写的村童、村景到乡镇的娘娘庙和天主堂综合判断，这首诗描述的应是当年武清杨村城关的景象。

2. 在清华大学

检《清华同学录》，邙光谟生于 1904 年，在清华大学土木工程专业学习，1929年毕业，为清华大学第一届毕业生。[①] 自 1925 年到 1929 年，邙光谟在清华大学的四年生活中，对文学仍有浓厚的兴趣。1928 年，他翻译的法国独幕喜剧《罗莎莉》(原作者 Max Maurey) 在《国闻周报》[②] 发表。但作为理工科学生，邙光谟对科普文章关注更多。1927 年，他就在《清华周刊》发表了译作《地球底形状及其大小》[③]。在附记中他写道："此篇译自 POYNTING 著《地球略说》(*THE EARTH*) 一书。全书分三篇，此其第一篇；第二篇论地球底重量，第三篇论地球与时计，得暇尚拟次第译之。但译者不文，科学文字，尤重信达；苟有谬误，亟望读者指教。"由此，邙光谟走上了科技文献翻译的道路。1929 年初，他的译著《现代经济学之趋势》在《东省经济月刊》作为"专载"内容连载。之后，他的文章《铁路测量》继续在该刊连载。

---

① 国立清华大学编：《清华同学录》，1937 年 4 月。第 259—274 页为"一九二九大学第一级毕业同学"情况，第 265 页载："邙光谟，子嘉，1904，河北武清；土木工程——B.G.E. (清华)；天津北杨村；天津北洋工学院出版组主任；天津西沽北洋工学院。"

② 邙光谟：《罗莎莉》，《国闻周报》1928 年第 5 卷第 25 期，第 47—51 页。

③ 邙光谟：《地球底形状及其大小》，《清华周刊》1927 年第 26 卷第 8 期，第 641—653 页。

二、供职华北水利委员会

邰光谟信中提到，大学毕业后服务于工程界四五年，后在北洋工学院、西安临大、西北工学院、西康技艺专科学校工作，此"工程界"为何处？《南开同学录》显示，邰光谟曾在华北水利委员会工作，入职时间不晚于 1931 年。[①] 检《华北水利月刊》载《呈报委邰光谟接充文书课员文》[②] 一文显示，华北水利委员会因文书课课员宋瑞莹工作调动，致使文书课工作人员已少到极限，故"补委国立清华大学工学系毕业生邰光谟为文书课课员，月给薪八十元，较宋瑞莹原薪减去六十元，以期遵节薪俸。"并称"令邰光谟即日到会"。可见，邰光谟大学毕业即入职华北水利委员会。

邰光谟任文书课课员，类似今日之办公室文员，做着事务性工作。当时，正是李书田等人组建北方大港筹备委员会之初，港口建设成为热点。邰光谟发挥专业优势，聚焦国外先进科技资料，很快完成《港埠经济论》的翻译。该译著在《华北水利月刊》卷首"论著"专栏分四期连载。在《港埠经济论》引言中，他首先强调了译著的来源和翻译原则："公余之暇，偶阅英人 Brysson Canningham 博士所著 *Port Economics* 一书。喜其内容简当，说理显明，辄拟走笔迻译，俾供国人参证。继以原书遣辞，每多专对英人说法，而其辨析港埠术语之混淆，尤非吾人所亟欲深恶者。乃忘其固陋，就原书略加删润，以成斯篇。"关于译著的意义和对自己水平的判断，引言称："在昔我国闭关自守，港埠之用不著，故典籍鲜有载述。洎乎近世，海禁大开，欧美巨艘，络绎航行于东亚，我国滨海沿江各地，始渐有港埠之开辟；然历时不久，一切必需设置，尚未臻于完备。矧愚甫离校舍，经验毫无，故本篇所用术语名词，率皆仅就闻见所及，仓促厘定，舛误之处，当所难免，谨各附以原文，藉便互相比对。"[③] 可以看出，经过几年的历练，邰光谟在文献翻译工作中坚定地保持着审慎的态度。

1930 年底，邰光谟成为华北水利委员会工程员[④]，1931 年底，停薪留职[⑤]。《清华校

---

① 南开学校编辑：《南开同学录》，1931 年，第 297 页载："邰光谟，籍贯河北武清，职业华北水利委员会。"

② 华北水利委员会编印：《华北水利月刊》1929 年第 2 卷第 8 期，第 58 页。

③ 邰光谟：《港埠经济论》，《华北水利月刊》1929 年第 2 卷第 12 期，第 1 页。

④ 华北水利委员会编印：《华北水利月刊》1930 年第 3 卷第 12 期，第 60 页《第六十六次常务会议纪要》（民国十九年十二月二十四日下午二时）决议案载："决议改委北港处总务课课员邰光谟为本会工程员，月薪仍为九十元。"

⑤ 华北水利委员会编印：《华北水利月刊》1932 年第 5 卷第 1、2 期合刊，第 67 页《第八十一次常务会议纪要》（民国二十一年二月一日）决议案载："决议追认工程员邰光谟自二十一年一月一日起停薪留资。"

友通讯》显示，此后他的工作应是正式转至北方大港筹备处。①从《水利》杂志检到邰光谟文章《北方大港筹备工作之回顾》（与韩同甲合作）、《北方大港气象概况》中可知，他在北方大港筹备处的工作是卓有成效的。②

工作之余，邰光谟投入巨大精力从事外文科技著述翻译工作。1933年底，自然科学小丛书《神秘的宇宙》（原著作者英国吉安斯爵士，也译作"琴斯"）完成。该书由商务印书馆出版，纳入王云五主编的《万有文库》第二集。《申报》1934年12月25日刊《万有书库》第二集预订广告，第54类"宇宙论"载："《神秘的宇宙》，邰光谟译，Jeans，The Mysterions Universe。"直至1936年，《神秘的宇宙》一书仍为商务印书馆所宣传，售价四角五分，并称："本书分五章，以明显通俗之文字，综述近代科学在宇宙研究方面，迄今所获各种重要结果，并加解释论断，说明全部宇宙之真相。"③
1934年底，邰光谟翻译的吉安斯另一部著作《科学的新背景》（原著1933年出版）完成，由开明书店出版。他在《译者序》中写道："这本书所讲的，丝毫不关于科学的实用，现在把他翻译出来，目的只在使国人略知现代科学理论研究的概况，或许能引起对于科学研究的兴趣。如果再进而从事于研究科学，那更是译者所切盼的了。"《申报》1935年11月15日《开明书店半月新书》载："《科学的背景》，琴斯著，邰光谟译，每册六角。"

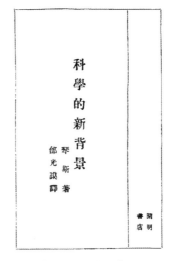

图1　邰光谟译著《神秘的宇宙》《科学的新背景》

①　清华同学会总会编：《清华校友通讯》，1935年第2卷第5、6期，第22页载："邰光谟，职：北方大港筹委会副工程司兼文书。通：天津意界五马路二一八号北方大港筹备处。"

②　《水利》1935年第8卷第6期。

③　《申报》1936年6月10日第3版。

三、倾力《大公报》之《科学周刊》

　　为普及现代科学技术，形成社会氛围，李书田、雷孝实①于 1933 年主办《科学周刊》，作为专栏，自 3 月 3 日起每周五在《大公报》第 11 版整版刊发科技文章。因此事由北平研究院和北洋工学院发起，民国二十二年（1933）三月三日创刊，故组建"二二社"（北平中海国立北平研究院总办事处转）和"三三社"（天津国立北洋工学院院长室转）两个机构负责组稿。在《发刊词中》②，雷孝实阐明了专栏对国家安全和人民幸福的重要意义：

　　（前略）惟昔日闭关自守，与世无争，所需以治国者，惟道德礼教，即可藏事。今则强邻接壤，日夜谋我，所以制吾死命者，惟科学之利器耳。国难发生以来，全国民众团结御侮之精神，与夫友邦道义之声援，卒不能慑敌人之胆，以稍戢其野心者。亦知吾人科学战斗能力之幼稚，不足抗抵其暴行耳。今政府民众咸感科学武器缺乏之严重性矣，例如飞机之捐募，军火之购置，奔走呼号，不乏其人。然此特应付目前不得已之途径，犹未足以言亡羊补牢也。夫国防利器，平时不得研究自造，势必仰给外人。无论海运稽迟，缓不济急。即有从容购置之时间，雄厚充裕之财力，非但利权损失不可胜计，而一旦供给封锁，惟有束手待毙。况此科学产物之防御与运用，皆须相当之知识。以吾国缺乏科学常识之军人，假以新式之军器，其能使用裕如，以尽其效能，亦诚属疑问。然吾固非反对购置器械也，惟以根本图存之道，仍在加紧研究科学以谋自给。非但武器为然，一切商战贸易之制造物，其缺乏之严重程度亦不减于此。故非积极鼓励专家，不足根本救国。非提倡社会之科学常识与兴趣，不足以资专家之造就。近年国内科学组织，所在多有。专门刊物，亦复不少。然或因问题性质限于本身团体与同道者之研讨，或因发行未广，宣传力微。本刊之作，假日报、广播之能力，以唤起社会之注意。一面发表专家论著，以供同志之钻研。一面介绍科学常识，以增社会之兴趣。夫科学范围，种类纷繁。而一切自然与应用科学，罔不与人生直接或间接发生关系。谚曰："隔行如隔山"，此固然也。业于甲者，固不能尽知亦无需尽知乙之问题。然而乙之普通常识，则亦业甲者之

　　① 雷宝华（1893—1981），字孝实，陕西安康人。1917 年 12 月毕业于北洋大学采矿冶金学门庚班。曾任北洋工学院外文教员、采冶系主任兼教务长，后任陕西建设厅厅长等职，1948 年去台湾。

　　② 雷孝实:《发刊词》,《大公报》1933 年 3 月 3 日第 11 版。

所需也。至少限度，亦应知其问题中所涉何事。盖以近代人生之复杂，生存竞争之切迫。多一门常识，即多一分应付环境之能力。而况"为科学而治科学"，亦不乏高尚之兴趣。读者以为如何？

很快，邰光谟在该专栏发表科普文章，署名为"邰子嘉""子嘉""嘉"，他的第一篇文章《科学的功能》发表于 1933 年 7 月 7 日（《科学周刊》第 19 期）。1934 年 3 月 2 日，《科学周刊》总结一年来的成绩并列出《第一期至第五十二期索引表》，所载 13 个专题 79 篇文章中，邰光谟的文章有 6 篇（均为 1933 年发表），涉及总论、理化、生物、土木四个专题，分别为《科学之功能》（第 19 期）、《分泌腺病治疗最近几种惊人成绩》（第 22 期）、《怎样研究科学？》（第 26 期）、《隧道之功用》（第 30 期）、《科学理论的起源、性质与价值》（第 39 期）、《关于光的理论》（第 44 期）。《隧道之功用》为联合撰写，署名为"李书田、邰光谟"。可见，在科技文献翻译、撰写及传播方面，李书田给予了邰光谟巨大的支持。

在一周年总结中，编者提出："近来我国关于科学之刊物日繁，而从事于研究科学者亦日众，故本刊除论著、译述及国外科学新闻以外，拟增辟国内科学刊物撷要及国内科学珍闻二栏；惟望全国各研究科学机关，赐以协助，尽量供给，得使国内有关科学之消息及著作介绍于读者，不胜企盼！"[①]

邰光谟按照专栏要求，加紧翻译，接下来的半年内再发稿 11 篇。分别为：《提倡科学——科学短论之一》（第 54 期）、《科学家的传记——科学短论之二》（第 55 期）、《伟大的宇宙——现代科学谈丛》（第 56 期）、《太阳系的起源——现代科学谈丛》（第 59 期）、《灰尘的重要——现代科学谈丛》（第 61 期）、《染色体与基因》（第 66 期）、《科学的进化》（第 67、68 期）、《科学珍闻》（第 71 期，介绍脑重仪、直升飞机、双轮航海汽船等）、《科学的历史——科学短论之三》（第 73 期）、《相对论创始者爱因斯坦及其学说》（第 76、77 期）、《流质的地球——现代科学谈丛》（第 78 期）。

《科学周刊》发行 80 期后，因资金原因停刊。李书田在《休刊辞》中总结道："创刊以来，阅时一年又六月有半。截至本期，已编刊整八十期矣。每期各约八九千言，迄今已共编刊六七千万言矣。"[②]北洋工学院此次发起的现代科学文化传播活动，无论是稿件的水平还是坚持的时间上都是前所未有的。纵观该刊 80 期的索引表，所列的作者中有李书华、李书田、严济慈、侯德榜、张含英等当时教育科技界的翘楚，而在

---

① 《大公报》1934 年 3 月 2 日第 11 版。
② 李书田：《休刊辞》，《大公报》1934 年 9 月 14 日第 11 版。

众多名人中邰光谟的发稿量、文字量均位居前列，可见他已成为《科学周刊》的重要作者，他的学术能力也由此得到了学界的充分肯定，这也是他成为北洋工学院出版组组长的重要原因。

四、在北洋工学院

在北洋工学院，邰光谟主要负责《北洋周刊》《北洋理工季刊》的编辑出版及专业图书的出版。

1. 充实《北洋周刊》

负责《北洋周刊》编辑出版工作后，邰光谟在以下几个方面发力：

一是完成法定登记。1935 年 9 月 16 日，《北洋周刊》在第 77 期刊首注明了"本刊业经依法请求登记"的字样，说明此时已经在申请登记待批复。1936 年 1 月 13 日的第 93 期，改为"内政部登记证警字第五〇〇二号"。至此，经历四个多月的时间，《北洋周刊》完成了法定登记。

二是不断开辟专栏。《北洋周刊》第 77 期发出启事称，为便于校友间联系，特开辟专栏，刊登校友通信地址变更情况。1935 年 12 月 16 日，第 90 期刊出启事："兹为促进校友间之切磋砥砺起见，拟自一百零一期起，增辟'校友谈话'一栏，专载校友个人奋斗之经验。无论关于求学、任务、研究、人事，凡足供他人之警惕，资友朋之谈助者，文字不拘一格，篇幅无殊长短，信笔写来，言尽则止。原属谈话，无事雕琢，当不致多费时间也。尚望全体校友，拨冗赐撰，随时掷下。则不徒本刊之荣，亦属校友之幸。倘蒙先期通知，更可斟酌篇幅，汇为专刊。无殊于千里面晤，快叙离衷，尤属盛事矣。"第 101 期载朱玉仑的文章《到差六个月中井陉矿厂工作报告》，此后有孙守全的《赴美途中杂感》（第 125 期）、王子祐的《太平洋中随笔》（第 129 期）等，后来由刘光文、刘德润、常锡厚、雷祚雯等多名校友参与的"留美同学轮回通讯"（详见第 144、148 期）则更加丰富多彩。专栏的开辟，提高了校友对周刊的关注度，增强了周刊的实用性，更重要的是让众多在校生开阔了视野，为今后的人生之路打下了更加坚实的基础。当然也有夭折的专栏，1937 年 1 月 18 日，《北洋周刊》第 140 期载《编者谈话》，提出周刊读者不仅要研究工程的学术，对于国家和国际的政治也要有相当的了解。作为周刊改革第一步，增加"时论选粹"栏目，选录报刊中具有重复阅读价值的文章予以刊载。该期转载胡适在《大公报》发表的《新年的几个期望》，此后该栏目却再无消息，原因不详。

为使专栏有旺盛的生命力，邰光谟经常亲自上阵撰稿。1935 年 12 月 23 日，《北洋周刊》第 91 期开始在首页增设"每周评论"专栏，以评论文章对学生的世界观、价值观进行指导，如李书田的《工程与世界和平》（第 106 期）。其中，邰光谟撰写了大量稿件，计有：《责己与责人》（第 98 期）、《国际情况的认识》（第 99 期）、《爱群》（第 100 期）、《希望和空想》（第 101 期）、《互助和分工》（第 103 期）、《研究的精神》（第 104 期）、《工作和趣味》（第 105 期）、《健康与疾病》（第 108 期）、《缓急与本末》（第 110 期）、《假期的利用》（第 111 期）。

三是用自己的译著以周刊为阵地普及现代科学文化知识。按照李书田要求，拓宽学生的知识面，增强对现代科学的了解，邰光谟将在《大公报》的发稿及对专著的翻译内容不断在周刊发表。计有：《算学引论》（第 83—90 期分 8 期连载）、《科学的功能》（第 111 期）、《科学的理论》（第 112 期）、《怎样研究科学》（第 113 期）、《科学的进化》（第 114 期）、《相对论创始者爱因斯坦的生平及其学说》（第 115 期）、《宇宙的伟大》和《太阳系的起源》（第 116 期）、《流质的地球》和《灰尘的重要》（第 117 期）、《光波和电子》（第 119 期）、《数目的观念和界说》（第 124 期）、《算数上的一元论》（第 127 期）、《算学知识的性质》（第 128 期）、《魔方的研究》（第 129、130 期）、《天空观察家泰考布拉略传》（第 132 期）、《天空立法家凯普勒的生平及其学说》（第 134、135 期）、《现代物理学溯源》（第 135—139 期，分 5 期连载）。

2.《北洋理工季刊》《工科研究所丛刊》提速出版

《北洋理工季刊》[①]自 1933 年开始出版，后因种种原因导致拖期。邰光谟于 1935 年接手后，加快稿件征集和编刊速度。在稿件不足时，则加入自己的译著，如第三卷第二期中有《物理学的思想方法》《放射的理论》两篇，第三卷第三期中有《物质的理论》《原子核的研究》。第四卷第一期为天算物理专号，内容全部为邰光谟译著，如《伟大的宇宙》《太阳系的起源》等。为扩大该刊影响，让更多北洋学子接受新知识，出版组经常推出特价订阅活动，如 1936 年 6 月 1 日出版的《北洋周刊》（第 107 期）中《本院理工季刊举行特价尚有一月》一文显示，该刊每期定价六角，全卷四期，预订价优惠至二元（含邮资）。6 月底前，北洋校友预订第四卷全卷一份者，即赠送前

① 国立北洋工学院教务处编辑：《国立北洋工学院民国二十四、五年度普通概况》，1936 年 10 月，扉页《国立北洋工学院刊物说明》载："《北洋理工季刊》，创刊于民国二十二年，每年出版四期，合为一卷，现已出版至第四卷第三期。内容丰富，胥执笔者属本院同人及校友。"

三卷一套（共 12 册）；若只购买前三卷，每卷只收一元（含邮资）。至 1937 年 7 月，《北洋理工季刊》已按计划出版至第五卷第二期。

北洋工学院工科研究所于 1934 年底筹备，1935 年 5 月经教育部核准备案，当年招收研究生。据《大公报》[①]记载，短短两年的时间里，研究所师生用有限的经费，积极投入研究，出版学术专著 11 种，其中第 1 号为《广东云浮紫金铁矿》（谭锡畴著），第 2 号为《内燃机实际能率之分析》（李登科著）。1937 年 7 月，已出版至第 13 号《大冶铁厂水塔损毁原因之研究》（施勃理著）。至此，《工科研究所丛刊》已形成规模。上述专著的出版工作，全部由郜光谟领衔的出版组完成，并负责丛刊出版后的发行事宜。

3. 出版北洋工学院丛书

在为工科研究所出版专业著作的同时，郜光谟发挥自身特长，完成了《现代科学的世界观》《算学引论》《算学史要》《科学论丛》四部译著。上述图书均由北洋工学院出版组出版发行，前三部为北洋工学院《科学论丛》第一集。[②]《国立北洋工学院民国二十四、五年度普通概况》中的《国立北洋工学院刊物说明》载："《现代科学的世界观》，本书为国立北洋工学院丛书之一，系郜光谟先生所译，用比较通俗文字，说明现代科学对于世界构造之观念。内容如下：物理学的思想方法，放射物质'原子核'，物质和放射，现代量子力学。全书约十五万言，爱因斯坦教授评论原著，许为趣味浓厚，有如小说，而对于科学家，亦有相当之贡献。译笔显豁，不失原意。"该说明对《算学引论》《算学史要》也有相应评价，此处不赘。郜光谟的系列译著可视为北洋大学科学文化普及丛书之始。

郜光谟执着地把目光投向国外新发行的科技著作，并加紧翻译。在《算学史要》扉页上开列了《本书译者其他译著》清单，共 12 种，其中《天象奇谈》《科学概论》《科学史纲》3 种为"整理中"。

关于在北洋工学院的工作，郜光谟在《科学论丛》的《序言》中写道：

> 民国二十四年夏，愚承李院长命，至国立北洋工学院办理出版事务。是时院中定期刊物凡二种：一为《北洋理工季刊》，专载学术论著。一为《北洋周刊》，以传达学校及校友消息为主，然以篇幅关系，亦须时有短文。任职后，适值季刊以缺稿衍期，乃用愚作补充，陆续赶印，荏苒经年，始克按时出版。

---

① 《大公报》1937 年 1 月 27、28 日第 6 版。
② 《北洋周刊》1936 年第 131 期，第 18 页。

其发表各文，业经汇印单行者，共计三种：一为《现代科学的世界观》，约十五万言；一为《算学引论》，约十万言；一为《算学史要》，约十万言。至周刊所载短文，或无足观，亦未忍弃置，爰将有关于科学者十四篇，约十万言，汇为一集，类曰《科学论丛第一集》，就正于海内贤达。

非关述作，亦聊资纪念而已。

民国二十五年十一月一日邰光谟
自记于天津西沽国立北洋工学院

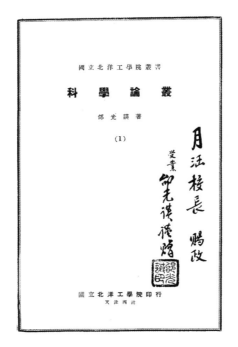

图2　邰光谟赠梅贻琦之《科学论丛》一书签名页

两年的时间里，邰光谟将北洋大学的出版工作水平提升到了一个新的高度，他也用专业的译著给该校的现代科学文化传播注入了很大的力量。时至今日，《中国现代传记文学编年史》（俞樟华、陈含英编撰，2019 年出版）仍关注邰光谟当年的著述，将《泰考布拉略传》《天空立法家凯普勒的生平及其学说》收入其中。

全面抗战后，邰光谟随北洋工学院西迁，任西北临大出版组组长[①]，负责《西安临

---

① 西安临时大学出版组编辑：《西安临大校刊》1938年第4期，第8页《本校教职员录》载："出版组组长邰光谟，别号子嘉，住所工业试验所。"

大校刊》出版工作。1939 年 8 月至 1941 年 7 月，在国立西康技艺专科学校任秘书，还曾任总务主任[1]。据《国立西康技艺专科学校离校教职员录》所载信息，查阅《资源委员会职员录》（1945 年 4 月）、《资源委员会职员暨附属机关主持人员录》（1947 年 3 月），均无其名。此后，再无邰光谟相关消息。

---

[1]　国立西康技艺专科学校校刊编辑委员会编:《康专校刊》（创刊号）1944年第1期，第36页《国立西康技艺专科学校离校教职员录》载:"职别秘书，姓名邰光谟，别号子嘉，籍贯河北武清，在校年月二十八年八月至三十年七月，通讯地址重庆资源委员会，备考曾任总务主任。"

马克思主义在天津的传播

井振武[*]

毛泽东同志指出："十月革命一声炮响，给中国送来了马克思列宁主义。"在李大钊的大力倡导下，津京地区成为马克思主义思想传播的最活跃地区，并从天津涌现出张太雷、刘清扬、周恩来、于方舟等一批共产主义战士。

一、马克思列宁主义落地京华

在天津北洋法政专门学堂苦读六年后毕业的李大钊，于1913年底东渡扶桑。第二年9月入日本早稻田大学政治经济科，受到著名社会主义学者、教授安部矶雄的经济学影响，关注研究社会问题。他积极参加留日学生总会活动，以文会友，结识了章士钊、陈独秀等仁人志士，并开始接触帝国大学教授河上肇教授讲解的马克思学说著作，还在图书馆阅读了许多社会主义理论书籍，思想发生重要变化。

1918年1月，经章士钊推荐李大钊出任北京大学图书馆主任，增购中外书籍（包括德文版康德、黑格尔及马克思主义书籍），宣传介绍新思想，成为新文化运动的重要阵地。6月，发起成立少年中国学会。十月革命后，他相继发表《法俄革命之比较观》《庶民的胜利》《布尔什维主义的胜利》《新纪元》《我的马克思主义观》等一系列文章，热情地讴歌十月革命和马克思列宁主义，成为中国最早的马克思主义者。

* 井振武，天津人，哈尔滨师范大学历史系毕业。现为中国现代史学会会员、天津口述史学会理事、天津大学大学文化与校史研究所特聘研究员、天津师范大学地理学院兼职研究员。

图 1 中国最早的马克思主义者李大钊

在李大钊的大力倡导下，马克思主义在中国开始得以广泛传播。1920 年 3 月，他在北京大学秘密成立马克思学说研究会，成员有邓中夏、高君宇、朱务善、刘仁静、黄日葵、罗章龙、张国焘等十几人。设立 3 个特别研究组、11 个固定研究组。还成立"亢慕义斋"，收集一批马克思主义书籍，供会员阅读学习使用。《新青年》杂志成为重要舆论宣传阵地，后来会员发展达 60 多人。

这是中国最早研究马克思主义的团体。天津学生张太雷、于方舟（通讯会员）等人参加了研究会的活动。特别是张太雷参加讲演团，去塘沽、长辛店等地考察工人阶级状况，宣传革命真理。

二、新思潮涌动辐射海河畔

李大钊师友、同学众多，与天津有着特殊的情感联系。1916 年夏，李大钊回国，在北京《晨钟报》任编辑部主任。在《新青年》上发表《青春》一文，提出"创造青春之中华"的主张。他常返母校访友，参加学校庆典以及校友会和宪法公言会活动。第二年，天津青年组织爱国讲演会，李大钊应邀到东马路青年会礼堂讲演《大亚细亚主义》。听会者众多，楼上楼下挤得水泄不通，讲演不时被掌声所打断。天津青年接受李大钊爱国主义启蒙最早，激发出澎湃的青春力量。

图 2　《新青年》上发表的李大钊《我的马克思主义观》

　　图 3　天津进步青年团体觉悟社于 1919 年 9 月 16 日创建，这是觉悟社部分社员合影（摄于 1920 年 8 月）。

　　1919 年，"五四运动"爆发，天津学界迅速响应，声势浩大。5 月 14 日，天津学生联合会宣告成立，他们高举"外争主权，内除国贼"的标语，组织示威、游行、请愿，激发民众的爱国热情。在运动中《学联报》《新生命》《平民》《觉悟》等爱国报刊纷纷创办；真学会、女界爱国同志会、天津各界联合会、觉悟社等进步学生团体如雨后春笋，并涌现出一大批学生运动骨干力量。5 月 25 日，女界爱国同志会在东马路江苏会馆成立，刘清扬被公推为会长，有会员 600 余人。她们组织讲演队，举办妇女补习学校，出版进步刊物，还组织进京请愿。南开学子周恩来 1919 年 9 月 16 日创办觉悟社，有成员马骏、刘清扬、郭隆真、邓颖超等二十余人，还出版《觉悟》。21 日，李大钊应学生联合会之邀来到天津发表讲演，鼓励大家要注意研究世界革命新思潮。会后，特别来到觉悟社与大家见面座谈，赞扬说"觉悟社男女平等，是社交公开的先行"。

在李大钊的启发下，觉悟社员们开始阅读李大钊撰写的《庶民的胜利》《我的马克思主义观》等文章，传阅《新青年》杂志和毛泽东创办《湘江评论》，热忱地投入到马克思主义理论研究中。1919 年 9 月，于方舟等人创办新生社，还出版《新生》杂志，宣传介绍新思潮。第二年 7 月，在李大钊的帮助下，于方舟成立"天津马克思主义研究会"，出版会刊，有成员十余人，马克思列宁主义在天津生根发芽。

三、天津革命形势出现新气象

北洋大学法学系学生张太雷应法学教授、美国人福克斯之邀，于 1918 年担任英文日报《华北明星报》兼职编辑、翻译。张太雷接触马克思列宁主义，是在办报期间实现的。他结识俄共（布）秘密党员鲍立维（柏烈伟）。鲍立维居住在俄租界，以教学为掩护，真实身份是第三共产国际联络员。在鲍立维的影响下，张太雷开始接触到马克思主义文献，并翻译一些介绍俄国十月革命和苏俄新貌的文章，受到马克思列宁主义思想熏陶。

1920 年初，共产国际远东书记处派遣以维经斯基为首的工作小组来华，经鲍立维推荐，张太雷充任维经斯基的翻译。张太雷陪同维经斯基在北京、上海相继会见李大钊、陈独秀等，就酝酿、成立中国共产党与中国同志交换意见，充分发挥沟通双方的桥梁作用，并见证了中国革命的伟大时刻。6 月，受李大钊委托，张太雷在上海与俞秀松等发起组建上海社会主义青年团；9 月，又在天津创立社会主义青年团，成员有：谌小岑、吴南如、胡维宪及京奉铁路局职员等七人，张太雷任书记。青年团宣传从上海带回《共产党》月刊，以及《共产党宣言》，翻印李大钊《我的马克思主义观》小册子，组织发行，影响极大。后来，于方舟将马克思主义研究会，改组为社会主义青年团，并任负责人，有团员安幸生、李培良、卢绍亭等人。

图 4　张太雷 1921 年 7 月参加在莫斯科召开的共产国际第三次代表大会，并发表讲演，中国共产党亮相国际共产主义运动舞台。（图中圆框所示为张太雷）

　　与此同时，在全国各地，以及旅日、旅法学界中建立了中国共产党小组。从天津走出的共产党小组成员有三位，他们分别是：张太雷、刘清扬和周恩来。张太雷是天津地区产生最早的共产党小组成员，他于 1920 年 10 月加入，于 1921 年初奉命赴苏俄伊尔库茨克共产国际东方局工作。1921 年 7 月，张太雷作为中国共产党代表在莫斯科召开的共产国际第三次代表大会上发表讲演，亮相于国际舞台，发出东方巨人声音。刘清扬、周恩来均投身于国内掀起的留法勤工俭学运动。当时，北大讲师张申府（北京共产党小组成员）赴法国里昂教书，行前接受李大钊委托，负有在海外发展党组织的任务。1921 年 2 月、3 月间，经张申府介绍刘清扬、周恩来相继加入共产党小组，此后，他们活跃在国际共产主义运动的舞台上。

　　中国共产党成立后，天津革命形势发展很快。天津工余补习学校、中国劳动组合书记部天津支部相继成立，工人运动方兴未艾，党的组织也迅速壮大。据统计，觉悟社有八人加入中国共产党。1923 年天津成立党支部，于方舟、江浩、李锡久、安幸生等共产党员积极领导工人、学生和各界群众开展斗争，当地党员人数超过十人。1924 年 7 月，根据革命形势的需要，中共天津地方执行委员会在法租界 24 号路成立。于方舟任书记、江浩负责组织、李锡久负责宣传，委员有卢绍亭、李希逸等。从此，天津人民革命斗争进入一个崭新阶段。

参考文献

1. 崔志勇主编：《李大钊与北洋法政专门学堂》，天津：政协天津市河北区委员会，2014 年，第 452 页。

2. 李大钊传编写组：《李大钊传》，北京：人民出版社，1973 年，第 227—232 页。

3. 朱文通主编：《李大钊传》，天津：天津古籍出版社，2005 年，第 70—85 页。

4. 刘清扬：《李大钊同志对天津青年的启发教育》，《回忆李大钊》，北京：人民出版社，1980 年，第 175 页。小岑：《李大钊同志与觉悟社》，《回忆李大钊》，第 91—97 页。

5. 金冲及主编：《周恩来传 1898—1949》，北京：人民日报社、中央文献出版社，1989 年，第 38 页。

6. 吕职人：《于方舟同志革命的一生》，《天津文史资料选辑》第二十三辑，天津：天津人民出版社，1983 年，第 13 页。

7. 董振修：《中国共产党在天津的早期革命活动》，《天津文史资料选辑》第十辑，天津：天津人民出版社，1980 年，第 1、29 页。

8. 蔡文杰主编：《张太雷画传》，北京：人民出版社，2018 年。

9. 〔苏〕B. N. 格鲁宁：《维经斯基（1893—1953 年）：赴上海的密使》，〔苏〕M. C. 贾比才等著：《中国革命与苏联顾问（1920—1935）》，张静译，北京：中国社会科学出版社，1981 年，第 61—83 页。

10. 天津市地方志办公室编著：《现代天津斗争诗篇》，北京：中国社会出版社，1991 年。

北洋大学第一批留日学生探佚

——兼及王修植总办北洋大学时的思想

张金声*

一

戊戌变法后，康有为、梁启超等避难日本，这引起日本汉学家对中国政坛一窥究竟的心态。其中，内藤湖南于 1899 年来到中国，并著有学术性的游记《燕山楚水》，对会晤北洋大学总办王修植有较为详细的记载。

是书有"与严王二子会谈"一节，时间为 1899 年 9 月 16 日，其写道：

> 王修植字菀生，北洋大学堂总办。年齿四十一，容貌温藉，虽不通欧文，犹在现职，盖为才物也。①

这是内藤湖南对王氏的直观概述。内藤湖南与王氏谈话如下：

> 王：昨天方君告诉我，先生游至本地，鄙人还未能尽地主之谊，就先承了您的雅意，鄙人员深感歉意。我已经转约了严先生，他一定会来的。
>
> 听说先生是万朝报馆的主笔，平日的著述一定很丰富，是否都已经出版，能否让我拜读一下？
>
> 内藤：我一直从事报业，写的东西很少出书。这次只带来一种，应当请您过目。不过这书是用日文写的，很遗憾没有办法得到您的指教。另外还写有《诸葛武侯》和《泪珠唾珠》，现在都没带来。冒昧问一下，贵国的时局应该从什么地

方著手，才能有起色？

王：政府的高官们，大都年老而倦于政务，肯定没有改革的希望。依我看来，必须从百姓的自我团结做起。但是，我国人民不学习的人多，见识短浅，恐怕一时还谈不上这些。

内藤：贵国的时局还有变法的可能吗？

王：目前还谈不到这些。大约十年以后，列强频频紧逼，即使上面不变，下边也会变的。

内藤：变法的事情也不能随便地谈论。我国三十年来，通过变法建立的国家富强的基础。但从现在来看，政策措施不妥的地方也不在少数。这一点，贵国人士应该有所借鉴。不过我国人勇于进取而不善于守成，贵国则相反。进者退之，退者进之，不过我觉得，贵国人士现在还无暇讨论守成吧。

王：您的见解确实高明。去年的各位君子的缺点，也正在知进不知退吧。

内藤：康梁二氏，我在日本见过他们。康氏意气太盛，所以事情没有成功。建百年太平的基础，重在培养人才。先生的职责已在这个方面，我希望贵国能等到百年之后的成效，不要在岁月间急于求成。但是不知道贵邦十几年后的状态是什么样子，让人忧虑啊。①

内藤湖南原名虎次郎，字炳卿，号湖南，别署甚多。日本秋田县鹿角市人。生于1866 年，殁于 1934 年。日本近代著名历史学家、汉学家，京都学派的代表人物。著有《中国史通论》《中国史学史》《日本文化史研究》等，是典型的中国通。其于清光绪二十五年，即 1899 年来津，并与北洋大学总办王修植就中国的变法及北洋大学的发展状况进行深入的对话。

王修植，字苑生，号俨庵，生于 1860 年，殁于 1902 年。浙江定海人。清光绪十六年进士，授翰林院庶吉士。任编修。不久，调任直隶省道员，创办水师学堂。一年后，任北洋大学总办兼定武军营务处帮办。1897 年与严复、夏曾佑等在天津创办《国闻报》，主张通上下中外之情，维新救亡。又请求拨海关款项，开设北洋西学官书局，普及科学知识。著有《行军工程测绘》。

内藤湖南与王氏谈话中所言的"方君"，即方若。

方若，原名方城，字楚卿，又字药雨，号劬园。生于 1869 年，殁于 1954 年。浙

---

① 〔日〕内藤湖南：《燕山楚水》，北京：中华书局，2007 年，第 31—32 页。

江定海人。1894 年来津，后任北洋大学堂文案，并教授国文。甲午战争之后，中国资产阶级与士大夫们倡导变法。方药雨任《国闻报》主笔时，因刊登《中俄密约》遭清廷通缉，遂避于日本领事馆，继而出走日本。归国后，方药雨担任《天津日日新闻》社长和主编。1915 年充任农商部实业顾问，1937 年抗日军兴，天津沦陷，出任天津治安维持会筹备委员兼伪高级地方法院院长等职。抗战胜利后，方若被捕，1948 年被迫保释出狱。方若喜收藏，著述颇丰，有《药雨古化杂咏》《古货菁华》《旧雨楼古货全稿》《古货今说》《古金银谱》等。

方氏与王氏有同乡之谊，政见相同，意气相投。

另，谈话中提及的"严先生"，即严复。严复原名宗光，字又陵，后改名复，字几道，福建侯官县人。生于 1854 年 1 月 8 日，殁于 1921 年 10 月 27 日。近代资产阶级启蒙思想家。毕业于福建船政学堂，后入英国皇家海军学院学习。曾任京师大学堂译局总办、上海复旦公学校长，清学部名辞馆总编辑。在任教北洋水师学堂期间，培养了中国近代第一批海军人才，并翻译《天演论》，创办《国闻报》，系统地介绍西方民主和科学，宣传维新变法思想。出版有《严复全集》。

由谈话内容可知，内藤湖南对中国的变法是从历史学者的视角去发问的。从二人之间的谈话，可知王氏对于变法失败和对康梁的评价是客观的，且持有不同意见，但依然坚持变法是必需的，以及有见微知著的政治嗅觉，"目前还谈不到这些。大约十年以后，列强频频紧逼，即使上面不变，下边也会变的"。果真不克数年，辛亥革命爆发，大清帝国被推翻，但王氏已经故去。内藤湖南与王氏的谈话，由人才的培养谈到北洋大学的办学情况：

内藤：北洋大学堂一定有很多优秀的人才。不知道现在有多少学生，都有哪些学习课程？

王：我们大学堂的学生分为八个班，每班三十人。从入学开始，共八年毕业。前四年学习一般性的基础课，后四年分专业学习。专业课程有法律、工程、矿物、机械四科。我不懂西方语言，却居于这个职位，实在是很惭愧。

用外语教工艺、制造等学问，事倍而功半。我国当今教育的方法，有这个弊病。这是全世界其他国家所没有的。我以为要办教育，必须从翻译做起。

内藤：译书局已经撤销了吗？

王：北京的去年已经撤销。现在上海的学堂里还有译成局。但是负责的人，是急于求成，追求名利的人。重点翻译军事方面的书籍，又是一个错误。近来严先生在天津筹划设立译局已经报给北洋大臣，还没有批准。

从王氏所述，不难看出其对北洋大学的学生数量及所开专业课程，叙述得十分清楚，最为难得的是王氏对于当时撤销译书局有着清晰的见解："我以为要办教育，必须从翻译做起"，反对不适合国情的生搬硬套，同时反对"上海的学堂里还有译成局。但是负责的人，是急于求成，追求名利的人"，纵观王氏所言，其主旨在于教学应当把西方的先进科学知识介绍到中国来，而重点不在于翻译军事方面。这对于一位长期受封建教育的知识分子，能有这样阔通识见且发自肺腑之言，真是难能可贵的。北洋大学能有这样的总办真是北洋大学之幸也。

光绪二十三年十二月十七日（1898 年 1 月 9 日）《国闻报》刊有《人才蔚起》一文有：

> 北洋头等学堂，中国国家学西学至大之学堂也，故此堂与国家之学术人才大相关系，是非极有学问而又极能办事之人，不克经营此堂。自从去年开办以来，初为总办者，为新会伍秩庸观察。伍观察奉使美洲后，继之者为定海王菀生观察。观察以金闺之彦，筮仕畿南，经史词章，擅名凤昔，而于天文、历算、声光、化电之学，亦俱研讨有年，心通其意。自入堂视事以来，于中西至要诸学，万千门户，宏纲毕举。总教习丁家立君暨中西诸教习，循循善诱，成效炳然。

文中所言伍秩庸即伍廷芳。

伍廷芳，本名叙，字文爵，号秩庸，后改名廷芳。生于 1842 年 7 月 30 日，殁于 1922 年 6 月 23 日。广东新会人。清末民初杰出的外交家、法学家。早年入香港圣保罗书院，1874 年入伦敦大学学院攻读法学，获博士学位及大律师资格，中国近代第一个法学博士。1882 年进入李鸿章幕府，出任法律顾问，筑铁路、办交涉，改法制、争国权。参与甲午中日议和、中法谈判、马关谈判等，北洋大学堂第一任总办，1896 年被清政府任命为驻美国公使。他先后主持起草《大清商律》、《商会简明章程二十六条》、《各级审判厅试办章程》以及《大清刑事民事诉讼法》等新法。南京临时政府成立后，出任司法总长。1917 年赴广州参加护法运动，任护法军政府外交总长、财政总长、广东省省长。

丁家立，美国公理会教士、教育家。生于 1857 年，殁于 1930 年。先后毕业于达特茅斯学院、欧柏林神学院。1882 年来华，在山西省太谷传教，1886 年辞去教会职务，赴天津就任李鸿章的家庭英文教师，并在天津设立中西书院，自任院长。1895 年受聘北洋大学堂总教习。1906 年辞去北洋大学总教习职。其在北洋大学任教时，该校课程仿照美国著名大学标准，教学方法重质不重量，凡毕业生皆可直接进入美国著名大学的研究院，这体现了丁家立的办学方针与思想。

此篇文章公正客观地介绍北洋大学两位总办暨总教习的功劳，尤其是对王修植做了重点介绍。

王氏与许多传统士大夫不同的是，他有较新的知识结构，有良好的西学素养，且文辞敏捷，对新政研究有素。

王氏对大清政局及戊戌变法的失败，情绪是低沉的。他与严复、夏曾佑创办的《国闻报》遭到守旧派的打压，从直隶总督裕禄的《为查明天津国闻报馆，现系日本人开设，道员王修植并无在馆主笔等情折》中可见端倪：

> 窃奴才于光绪二十六年正月二十六日，承准军机大臣字寄，光绪二十六年正月二十四日钦奉上谕：有人奏，天津国闻报馆，为候补道王修植所开设，上年封禁之后，贿求日本出名，仍系王修植主笔，造作谣言，变乱是非，乃至诽谤朝政，请饬查禁严惩等语，著裕禄查明，严行禁止。王修植如果实有主笔等情，并著切实查明，从严参办，毋稍徇隐。原片著钞给阅看，将此谕令知之。钦此。

> 当即密饬津海关道黄建笴切实详查，去后据该关道黄建笴禀复，遵饬详查天津国闻报馆，起初原系中国人于光绪二十三年十月间开设，因资本折阅，即于二十四年三月间售与日本国士人西村博接开，馆事皆由西村博经理。内有一华人名方若，本系浙江定海籍贯，因娶日本之女为妻，即入日本籍，现在该报馆司事，管理一切事件；又有日本人安藤为翻译，遍加察访，该馆主笔并非道员王修植。

> 现经一再访查，该报馆确系日本人西村博所开，买于福建人李志成之手，其在李志成开设报馆之初，王修植有无合股，时仅四月，事隔两年余，详查并无确据。而西村博售买该馆，实在二十四年三月间，并无华人资本在内。且查王修植二十四年冬间，先奉委查勘秦王岛地界，继于上年三月间，即请假回籍。八月假满后，又赴京引见，十一月始行回省，在津之日无多，均有月日可稽，据以考证其无开设报馆。上年封禁后，贿求日本出名，仍系在馆主笔情事，尚属有可征信等情禀。经奴才以国闻报馆，现既查明系日本人所开，其以造作谣言，变乱是非之报章，妄行刊列，甚至诽谤朝政，惑乱人心，有违各国报例，饬令该关道函致日本领事郑永昌，即将该报馆禁止。

> 据该领事两次来函辩论，大致以报馆不能禁歇为词，而于该报馆凡属议论不纯，肆意毁谤之言，尚可谆谆诚谕，若令为禁止，该领事实难从命；如必欲严

禁，则此国闻报馆系日本志士所设，应请转达总署与日本驻京大臣相商，该领事不愿与闻等情，函复海关道禀复前来。

奴才伏查，天津国闻报馆现经查明，光绪二十四年三月以前，初系华人开设，至是年三月初六以后，即归日本国人西村博接开，无华人资本在内。其光绪二十三年十月初开未售时，道员王修植有无合股，人言虽属不一，考究则无确据。详切确查王修植上年请假回籍，及赴京引见，在津之日无多，实无在馆主笔情事。

查王修植才具尚优，粗谙西学，遇事善于炫长，明敏有余，诚谨不足。然自奴才到任后，考察年余，尚无劣迹可指。该员现丁本生父忧，俟其起复到省后，随时留心察看，如果趣向不端，不能敛才就范，即行据实参惩，不敢稍事姑息。至日本领事以该报馆为该国人所开，不肯允饬禁歇，惟许禁列不纯之词，而又言如必欲严禁，须由总署与该国驻京大臣相商，该领事不愿与闻等语，亦难免非该领事无禁止之权，借以搪塞。但此等悖谬报章，凡有人心者，莫不深恶痛绝，近奉本年正月十五日谕旨，又复严加申诫，如有购阅各项悖谬报章之人，查出即行严办，但使销路尽无，外人即意欲护持，亦无所用。

惟该领事所称，如必欲禁止，须与该国驻京使臣相商之处，应否知照日本驻京使臣，饬知该领事转饬查禁，请旨饬下总理各国事务衙门，酌核办理，以期力除邪妄。所有查明复陈缘由，理合恭折具陈，伏乞皇太后、皇上圣鉴训示。谨奏。

光绪二十六年二月十四日。[①]

此奏章说明，戊戌政变之后，王氏忧惧并非多余。

另外，日本外务省档案馆保存有转让《国闻报》的文件，其中有：

卖约：立卖约人王修植，今将国闻报馆所有机器铅字，生财什物及一切费用等项，出卖与大日本国驻津郑永昌领事。言明价值洋钱一万一千元，其洋钱均已照数收清。自卖之后，所有国闻报馆财产及一切经理，均由郑领事作主，无论盈亏，不涉原主之事。立此卖约为凭。大清国光绪二十五年三月二十日。立卖约人王修植，受卖人郑永昌，见卖人西村博、方楚青。[②]

《国闻报》是以王氏的名义与日本人签订转让协议，这使王氏受到极大的刺激。但王氏长北洋大学总办之职，这使其理想及抱负尚能得到实现。

---

① 中国第一历史档案馆编：《光绪朝硃批奏折》第112辑，北京：中华书局，1996年，第402页。
② 日本外务省外交史料馆藏：《新闻杂志操纵关系杂纂——国闻报》，第57页。

早在1896年，王氏甫"自入堂视事以来，于中西至要诸学，万千门户，宏纲毕举"。① 其在给汪康年的信中言："民气之不通，人才之不振，是今日病源所在。何以通民气，则各省公议堂之开，不可复缓；何以振人才，则各项学校之设，又不可或缓。"② 从是信中可见王氏教育思想。

王氏重视引进懂西学之本国人才充任学堂教习。其致信盛宣怀："英文以温宗尧为第一，算学以陈锦涛为第一"。③ 温宗尧，广东新宁人，早年就读于香港皇仁书院，毕业后留学美国，因此英文功底扎实，1897年被王氏聘任北洋大学任英文教习。陈锦涛，广东南海人，香港皇仁书院毕业后留校任教，精通数学，王氏先是聘其为北洋大学堂二等学堂算学教习，后又被王氏提充为头等学堂教习。另外，其聘陆尔奎、吴稚晖担任汉文教习。

王氏主张"西学""中学"并重，认为北洋大学堂的学生在学习西方自然科学知识的同时，也要重视中文学习。北洋大学堂初期，在招生和教学中有重"西学"轻"中学"倾向。王氏任总办后，其在1897年3月致盛宣怀的信中言："晚自去冬接办头等学堂，已逾三月，历验各学生所习，通晓西学颇不乏人。惟于中国文字，求其斐然可观者，殊觉寥寥。因添购《东莱博议》及字典等书，令汉教习加功讲解。查此等学生，前系洋教习招取，故于中学茫无头绪，今虽极力挽回，恐非二三年不能睹其成效。④" 不久，他又致信盛宣怀："汉文功课，头等三四班，现在饬教习勤讲解，并为诸生购《字汇》《东莱博议》等浅近书，人各一部，又买《七史纪事本末》《文献通考详节》《国朝先正事略》《经世文编正续》《通商约章汇纂》，每班各一部，庋之诵堂，以为诸生公读之书，择其优者，随时奖之。诸生中亦尚有观感而兴起者。"并再次强调："汉文尤为诸生根本之所在，汉文不通，即使西学有成，亦不过一材一艺，等于冠沐之猴，若欲其蔚为通人，上备大用，实未敢信。"⑤ 王氏的做法得到盛宣怀的肯定。

王氏创办译书局。当时北洋大学堂开设的工艺、制造等课程直接使用英文教材，其认为这种做法并不好，他与内藤湖南的谈话时已直接说明其原由。1896年9月，王

---

① 《人才蔚起》，《国闻报》1898年1月9日。
② 《国闻报》1898年8月3日。
③ 王修植：《致盛宣怀函》（光绪二十三年二月十七日，1897年3月），上海图书馆藏"盛宣怀档案"，索取号：044215。
④ 同上。
⑤ 同上。

氏致汪康年信中有："弟译局事至今议而未定，主者总以筹款之难为词。世事日非，吾辈手无尺柄，欲假楮墨以自娱悦，即以所觉觉人，而并不可得，亦足哀矣"。[1] 由是信可知，此事并没有成功。1897 年，王氏通过海关道李岷琛奏请北洋大臣，建立了天津西学官书局。天津西学官书局由津海关拨款，王氏负责。[2]

1897 年 3 月，盛宣怀升任督办全国铁路事务大臣不久，王氏即向其建议将津榆铁路总局创办的我国第一所铁路学堂——山海关铁路学堂归并入北洋大学堂，以便管理，盛氏同意。1897 年 5 月，山海关铁路学堂归并北洋大学堂，由王氏兼管。后因两校学生发生摩擦，经津榆铁路总局督办胡燏棻要求，铁路学堂又迁回山海关。为培养芦汉铁路建设急需的工程技术人员，奉盛宣怀之命，北洋大学堂内拟重设一所铁路学堂——芦汉铁路学堂，王氏亲自拟定《铁路学堂章程》《铁路学堂历年经费清折》《铁路学堂帮工程司功课折》等，禀呈王文韶、张之洞后，准允立案开办。1897 年 10 月，新芦汉铁路学堂在北洋大学堂内开学，王氏兼任总办[3]。

王氏积极实施留学生计划。自北洋大学第一批留日学起，至 1901 年 6 月北洋大学又派赴美留学生，其间王氏莫不亲力亲为，功莫大焉。

纵观王氏所作所为，其办学思想可归纳为：维新救亡，实事求是，西学中用，科技兴邦。

二

在与内藤湖南见面之前，王氏已遵盛宣怀之命，将北洋大学头等学堂、二等学堂的六名学生派往日本留学。

日本赢得甲午战争，但是西方列强可从来没有认为日本也属于列强，如三国干涉还辽。这使得日本有一种危机感，因此日本有识之士迫切想要扶持其国家与白人抗衡，避免孤军奋战，这就是流行的亚细亚主义。主导日本打赢甲午战争的伊藤博文就是亚细亚主义者，他曾经反对日本兼并朝鲜，他主张日本应该带领大清国、朝鲜、越南等国家抱团与白人世界对抗。对清朝友好的一个标志就是欢迎清朝派遣留学生赴日留学。

---

[1]《国闻报》1898 年 9 月 3 日。

[2]《西学官书局告白》，《国闻报》1897 年 11 月 8 日。

[3]《芦汉铁路设立学堂》，《国闻报》1897 年 10 月 26 日。

1898 年，日本公使矢野文雄才与清廷正式商谈，以日本政府每年可资助 200 名清朝留学生为条件，来换取日方在福建修筑铁路的权益。

在此情形下，南洋公学、北洋大学率先向日本派出公费留学生。当时朝野有识之士对于派学生去日本留学，有着如下的考量：

一是日本作为中国近邻，自隋唐以降与中国有着频繁的文化交流。日本多次派遣唐使来大唐学习中华先进的政治、文化。通过交流，日本不但学习中华先进的文化，同时两国之间的风俗也逐渐趋同。

二是相比西方，日本在地理位置上与中国十分接近，这便带来经济上的优势。当时一个公费留欧学生，每年朝廷补助 1200 两白银，其中学费补助一年是 240 两银子；而一个公费留日的学生，朝廷每年学费只需要补贴 17 两银子。而对于广大自费留学生而言，日本各种物价都比欧美便宜，而且还不需要签证。

三是日本在政治、军事、经济等远不如西方列强。可是在国情方面，中日两国较为接近，两国同样是在近代遭受西方列强的侵略，也同样有过向西方列强学习的经历。而两国在学习效果方面却是截然不同，即日本通过学习战胜大清国。这对于大清帝国是很有借鉴意义的。

此外，张之洞所著的《劝学篇》中亦有上述相同的看法。张氏所言亦得到新旧两派的赞同。

《天津大学志·综合卷》"大事记" 1897 年（清光绪二十三年）中载："是年秋，头等学堂二班、三班、四班各挑选 1 名学生，共 3 名学生被派往日本留学。"[1] 这是北洋大学自成立后，派出的第一批公费留学生。然此记载人数有误，具体去何校学习不确。

在清廷准备派遣留学生之前，日本并无专门接待中国留学生的学校。日本外务省委派高楠顺次郎于 1898 年成立日华学堂。日华学堂是为中国留学生专门学习语言及普通各种学科，以便日后进入高等学堂而建的过渡性学校。

日华学堂每年分为两学期，第一学期自 10 月 19 日起至翌年 3 月 26 日止，第二学期自 3 月 31 日起至 8 月 25 日止，每天授课 6 小时。其中寒假 10 日，暑假自 8 月 26 日至 10 月 8 日，但自暑假开始的转天至 9 月 24 日开设夏季讲习会，每天 2—3 小时。[2]

1898 年 8 月 31 日，《国闻报》刊有《大学堂挑取学生出洋告示》：

总办北洋头等学堂王观察出示谕知堂中学生，云：光绪二十四年七月初四日

---

① 王杰主编：《天津大学志·综合卷》，天津：天津大学出版社，2015 年，第 61 页。

② 实藤惠秀：《中国留学生史》，东京：第一书房，1981 年，第 45 页。

奉北洋大臣荣，札开：七月一日，准。总理衙门，电开："前奉旨令派学生游学日本已分电在案，本署与日本住京使议商章程抄送其外部来电，该政府可将大学堂、中学堂酌行变通，除该学生等自备衣食笔墨等费，每年每人约需三百元外，所有持为该学生等定教习束修以及督资课业，日本政府无不极力承担以期造就"等因，查所派学生必须年小聪颖有志向上，谙习东文或英文庶易受教而资造就，由各省在学堂内挑选酌定人数派委员带往，按名筹备银元随时支用，先期电咨本署以便转达驻京日使及驻日华使照知该省，仍经托新派出使日本黄大臣代为照料，布置约束为要等，因到本阁大臣准此合行札饬札到该堂即便查照办理。

同日又蒙札开，七月二日，准。总理衙门，电开：奉旨"日本政府允将该国大学堂、中学堂章程酌行变通，俾中国学生易于附学，一切从优向待以期造就，着各省督抚就学堂中挑选聪颖学生，有志上进略谙东文、英文者，酌定人数克日电咨总署敷办，余由总署电知。钦此。"等因到本阁大臣准此合行，札饬札到该堂即便遵照迅速核办，克日具复。

同日又蒙札开：七月初四日，准。总理衙门，咨开，光绪二十四年六月十六日，准。淮军机器处交片，军机大臣面奉谕旨："现在讲求新学风气大开，惟百闻不如一见，自以派人出洋游学为要，至游学之国，西洋不如东洋，诚以路近费省、文字相近且于通晓，且一切西书均经日本择要刊定，本何患不事半功倍，或由日本再赴西洋游学，以期考证精确益臻美备。前经总理衙门奏称拟妥定章程，将同文馆东文学生酌派数人，并咨南北洋、两广、两湖、闽浙各督抚，就现设学堂遴选学生咨报总理衙门，陆续派往者，即拟定章程妥速具奏，一面咨催各该者迅选定学生开具衔名，陆续咨送并咨询各部院，如有讲求时务愿往游学人员，出具切实考语一并咨送，均毋延缓。钦此。"

除俟本衙门与日本使臣将前往游学章程再行知照外，相应恭录谕旨咨行，贵大臣钦遵选派年少颖悟略通日本语言文字人员，先行开单知照本衙门，以凭届时酌办可也，等因到本阁大臣准此，除分行外合行札饬到该堂，即便迅速核办具复各等因。奉此，查日本自维以来讲求泰西学问，灿然美备，若令中国生前往日本肄习，同洲同文、机势较顺，未有不事半功倍，本堂各学生中如有愿往日本游学者，可先至本总办处报名，由本总办会同总教习挑取后，详请北洋大臣转咨总理衙门遣送出洋，所有各学生衣食笔墨等费，每年每人给洋银三百元，由本堂禀请北洋大臣设法筹备，为此出示晓谕，仰本堂并各路堂各学生一体知悉，幸勿观望自误。特谕。

是由谕中可窥王修植实事求是的办学思想，以及推广留学日本的原因，是深中肯綮的。

北洋大学派出的六名留学生，头等学堂计有：黎科、张煜全、王建祖，二等学堂计有：张奎、金邦平、周祖培。

1898年9月1日，《国闻报》刊登《赴日学生续闻》：

> 大学堂派赴日本学生，本报已将该堂总办王菀生观察告示抄录登报，兹探悉中堂又札饬水师学堂、武备学堂、旗兵学营，均一同酌派数人前赴日本大学堂。查日本近年水陆武备精益求精，与欧洲各国不相上下。中国从前派赴出洋学生，每年每人消费银一千六七百两，今日本出洋经费每年每人仅三百银元，且与中国同洲同文，费省而收效速，是中国造就人才互换知识计无有便于此者。日本政府又允改定学章竭力相助，其与中国倍敦睦谊之心亦于此可想见矣。

在北洋大学派出留学生之前，南洋公学已于1899年1月派出留学生。

在此之前，日本没有专门接待中国留学生的专门学校。高楠顺次郎受日本外务省委托于1898年创办了日华学堂。

柴田干夫翻印的《日华学堂日志》（1898—1900年）中，详细记载北洋大学留学生到日本后的生活轨迹。[1] 1899年3月31日，北洋大学留学生到达日华学堂，下午至公使馆报到，傍晚办理入学手续。转天，堂长高楠顺次郎、教师梅原等召开会议并提出新生应注意的事项。晚间，舍临田代与新生们同桌吃饭，饭后并且宣布舍规。

4月2日，成城学堂留日学生来日华学堂探望新生。

4月3日晚8点，授课老师因不能如常进行明天的教课，马上发给黎科、张煜全等人标上罗马字音的五十音图，并开始授课。因留日学生的英语水平很好，所以日华学堂用英日课本，这样更有利于学生们尽快熟悉功课。课余时间则由老师带领留学生们踢足球，并观看运动会。

《日华学堂章程要览》第五章规定如下：

第1条：学生举止动静须存中国体制，并挹日本习俗优长之处，以期完美。

第2条：学生务重礼节，敦崇信义，以期言行一致。

第3条：凡学生自愿遵照本学堂所定章程以及随时所示条例，必须听从师长

---

[1]　栾殿武：《日华学堂在早期留日学生教育中所起的作用》，《东北亚外语研究》2020年第1期，第68—69页。

约束。

第 4 条：凡学生在教堂时，慎其言语，举止悉听教习指导。除辩难质疑外，不得擅自闲谈。

第 5 条：学生每进讲堂就讲，及课毕退堂之时，应即起行礼。在教室外，遇见教习，亦须行礼。

第 6 条：学生在学堂，随时务遵规约，考试及授课之时，非经教习准允，不得交谈。如有违者治罚。

第 7 条：学生房间务宜洁静，整理器件为要。

第 8 条：凡在房内，以静肃为要，不准喧哗。看书亦须默会，勿妨别人修业。

第 9 条：学生在房修习之时，非有紧要，不准至别人之房闲谈。

第 10 条：晨起夜寝时刻，冬夏稍有迟早。大率晨起在午前六点，夜寝在午后十点。

第 11 条：学生就床必须灭灯，不准闲谈。

第 12 条：一切茶果点心不得带入房内。

第 13 条：学生走街随时留意举措，以持体面。

第 14 条：学生例准除外，游走之后，不准出门，遇有不得已，须高明舍监，允准后方得出门。

第 15 条：学生遇有疾病，或有事故，不能至讲堂者，必须报明舍监。

第 16 条：学生遇有疾病，应即报明舍监请医诊治。

第 17 条：学生遇有来访者，除考察员由职员引导外，不准延入房内，只准在客厅会谈。

第 18 条：以上所闻学生，如有违背，应即加戒饬。再三戒饬仍有不遵，视其轻重处以谨饬停课黜退不等。

由该学堂制定的规定可见，其对留学生日常生活管理之严格。

日华学堂是以学习日语和普通学科为主的预备学校。其课程设置一是正科，一是另科。正科分别普通预备科和高等预备科。高等预备科学制为一年，是进入日本大学的各个专业的预备课程，分为法学、文学、工学、理学、农学等。普通预备科正科学制为两年，是进入高等学校和高等专门学校的预备课程，分为历史、地理、数学、物理、化学等。

北洋大学的六名留学生全部进入该学堂的高等预备科，经过一学期的学习，而不是规定的一年，顺利进入东京帝国大学。

同年 9 月 15 日，高楠顺次郎率黎科等人至东京帝国大学拜见校长及教授。9 月 16 日，黎科等人办理入学手续，这也反证了他们在北洋大学就读期间受到了良好教育。

有关他们就学的事宜，日本东京大学档案馆保存有日本文部省与该校商议安排中国留学生比较详尽的记录。

日本文部省文书课明治三十二年（1899）第 861 号文档记载：

东京帝国大学总长理学博士菊池大麓殿下：

别纸所附称，黎科及另外五名，系清国北洋大臣向我国所派遣的留学生，分别从事政治、法律、物理、化学、农工科等专业的学术研究。现在该学生等于本学期，在上述有关学科中，与贵校学生相关专业同学一道听讲学习。外务省迭次来文，并承贵校允准安排，故谨向外务省作此回覆。

文部省专门学务局长文学博士上田万年谨致

明治三十二年四月七日 ①

由此文可知，北洋大学派往日本留学的学生，进入东京帝国大学学习。

文档中提到的菊池大麓，生于 1866 年，殁于 1917 年，日本著名数学家。早年两度留学英国，在剑桥大学学习数学、物理学。回国后任东京帝国大学数学教授。1898—1901 年任东京帝国大学校长。1901—1903 年任文部大臣，1908—1912 年任京都帝国大学校长。1909 年被选为帝国学士院院长。1917 年任理化学研究所首任所长。其为日本近代数学教育的确立和发展做出贡献。

致菊池大麓信札者上田万年，生于 1867 年，殁于 1937 年。日本著名语言学家。1890 年去德国系统学习西方的语言学知识。回国后积极推行着文字改革计划，他的主张很大程度上决定日本文字改革的大方向。上田万年曾任日本文部省专门学务局局长兼东京帝国大学教授。1900 年，文部省任命上田万年等七位学者为"国语调查委员"，就日本文字改革问题，委托他们进行相关调研。1902 年，众议院正式批准"国语调查委员会"的提案，至此日语的文字改革计划成为由政府主导推动的文化事业。

北洋大学为何派遣留学生去东京帝国大学就读？我们从该校设置的课程可见端倪。

---

① 转引自孔祥吉：《甲午战争后的民族危机与北洋大学的创成》，《澳门理工学报》2016 年第 1 期，第 183—184 页。

自明治维新后，东京大学在努力推广西学的同时，仍然重视汉学的教育。东京大学开设的课程中仍然将汉学的传统学问置于相当重要的地位，甲午战争之后，这种状况仍未发生任何改变。

东京帝国大学汉学科目繁多，内容丰富。明治三十年（1897）十月十一日，东京大学对文科各系课程做了调整，但是汉学课程内容仍然十分广泛。其所开设的课程是呈报文部省严格审定的。本科第一学年共开设 14 门课程，而与汉学有关的课程达到 5 门之多。其中，《中国法制史》在整个第一学年中，每周有 3 个小时，而日本本国的法制史，则尚未开设。中国历史课，在第一学年内每周 3 小时，而日本的本国历史每周仅 1 小时。相比之下，对汉学的重视，是显而易见的。[1] 这应是促成北洋大学派出留学生首选东京帝国大学的原因吧。另，王建祖在日华学堂所报的升学志愿是东京专门学科（早稻田大学前身），不知何故将他一并送入东京帝国大学。

同一文档附件中还记载留学生的学历及所学科目。

头等学堂学生三名，分别为：

黎科，二十岁，广东新会人；

张煜全，十九岁，广东广州府南海县人；

王建祖，二十一岁，广东番禺人。

二等学堂学生三人，分别为：

张奎，十六岁，江苏松江府上海人；

金邦平，十八岁，安徽徽州府黟县人；

周祖培，十八岁，江苏苏州府吴县人。

同一文件附件二中，有此六位留学生在中国的所属学校、学历及其在东京帝国大学所学专业：

黎科，为天津大学一级生，八年英语修了，学习土木科；

张煜全，为天津大学二级生，八年英语修了，学习政治科；

王建祖，为天津大学二级生，八年英语修了，学习政治科。

张奎，为天津大学四级生，五年英语修了，学习应用化学；

金邦平，为天津大学预备校一级生，四年英语修了，学习农科；

① 孔祥吉：《东京大学与近代中国——以日本〈文部省往来文书〉为中心》，《澳门理工学报》2018 年第 1 期，第 175 页。

周祖培，为天津大学二级生，三年英语修了，学习政治科。

由此文档可知，北洋大学甫一创立，即采用欧美大学的学制，分为头等及二等学堂。头等学堂相当于大学本科，二等堂相当于预科。亦可得知，当年日本文部省由上田万年亲笔所写称黎科等留学生为天津大学学生，而非北洋大学。这也说明当时日本文部省的正式对外交涉文件中，已经使用天津大学的名称。

1896 年 2 月 29 日，申报有《督办天津大学堂正任津海关首家盛示》，随后的 4 月 17 日，申报载有《正任津海关道盛示》中有："天津大学堂现须挑取二等头班学生十名……"

由此可见，当时天津大学堂的称谓，从上田万年的信札中可与《申报》相互印证。

另，北洋大学的建立与校名之演变，颇有一段故事，1895 年，中国在甲午战争中惨败之后，盛宣怀加快大学的筹办进程，并委托丁家立负责具体的筹办事宜。其很快起草了规划书，并命名为天津大学，且参照美国的高等教育体制，将其办学层次划分为预备学校与技术学院两级，也就是预科与本科，其中译名后来分别定为二等学堂与头等学堂。此外，丁家立提出组织考察团赴欧美等国搜集大学章程，比较其体系之优劣。报告中还详细阐述应建立能够满足中国需要，并且适应中国国情的技术学院。1895 年 9 月 10 日，丁家立拟定的天津大学规划书，经盛宣怀与丁家立仔细斟酌，拟定了"天津头等、二等学堂章程、功课、经费"，较为翔实、完备地规定这两所学堂教职员的聘任与管理、学生的招录与分类教育、学科专业设置与历年课程、常年经费预算与分配、校舍与仪器设备的布置等内容，这是中国现代高等教育史上的第一个官办大学堂章程。这对于后来南洋公学、京师大学堂、山西大学堂等官办大学的创办，起到一定的示范作用。

大学堂系清末对大学的称呼，主要用来称呼国外的大学。[①] 首次用于本国的新式学堂即为北洋大学堂。该学堂在最初筹办之时，曾先后有过天津中西学堂、西学学堂等临时性代称，而在其正式成立之后，即冠以大学堂之名。

1895 年 12 月 7 日，英文报纸《京津泰晤士报》(*Peking and Tientsin Times*) 刊登了两篇与北洋大学堂有关的报道，一篇名为《天津大学访问记》(A visit to the Tientsin University)，该文在结尾处特地用汉字标示出北洋大学堂之名，另一篇名为《中国北方大学》(The University of North China)，在文中更是进一步标明该学堂中文名称的

---

① 吴骁：《北洋大学堂——中国人自己创办的第一所现代大学》，《中国青年报》2020 年 11 月 9 日。

英文译音——Pei-yang-ta-hsüeh-t'ang（北洋大学堂）。

北洋大学自动议、创立至今，其中校名数次更改，计有：天津中西学堂、西学学堂、北洋大学堂、北洋大学、北洋工学院、国立北平大学第二工学院、国立北洋工学院、西北工学院。新中国成立后改为天津大学。[①]

尽管学校校名，在不同时期有着不同的名称，但北洋大学作为中国第一所现代化大学的地位，是不容置疑的。

三

笔者对北洋大学第一批留日学生做一钩沉，囿于史料的短缺，聊备一格，以俟来者。

（一）黎科，广东省新会人。生于 1878 年，殁于 1900 年。黎科在日华学堂学习时，唐才常经常来该学堂，两人从此相识。同时结识沈翔云等革命志士，并结识在日本的孙中山。1900 年春，黎科并与沈翔云、戢翼翚、沈邦平、章宗祥、吴振麟、傅慈祥等发起励志会。该会是清末中国最早的留日学生团体。"每星期与虎城同人之维新派会合组织励志会，假日本茶室为会所，上野三宜亭、牛边清风亭时往聚集，清茶煎饼，议论自由。励志会之组织，会员全体平等，不设会长，会中干事由会员轮值。会时演说、或讲学、或论政，各随人意，绝无形式之限制"。[②] 由此也看出励志会的团体结构。随着国内义和团运动的兴起，黎科、傅慈祥等在日留学生于 1900 年 5 月 1 日回国。1900 年 8 月，唐才常谋举自立军于武汉，他与唐才常等详定自立军章程、募兵计划以及起义后发表的各种文书等。他还与傅慈祥等劝说湖广总督张之洞脱离清廷，但遭到张氏的否定。

八国联军进入北京后，国内政治风云突变。张氏随即逮捕唐才常、黎科等人，并于光绪二十六年（1900）七月二十七日，张氏下令将唐才常、黎科等杀害于武昌。[③]

（二）张煜全，字昶云，生于 1879 年，殁于 1953 年，广东南海人。早年就读于

---

①　王杰主编:《天津大学志·综合卷》，天津：天津大学出版社，2015 年，第 61—73 页。

②　冯自由:《革命逸史》，北京：新星出版社，2016 年，第 38 页。

③　孔祥吉、〔日〕村田雄二男:《从东瀛皇居到紫禁城：晚清中日关系史上的重要事件与人物》，广州：广东人民出版社，2011 年，第 416 页。

福州英华书院、香港皇仁书院、北洋大学堂，后赴日留学，在日本东京帝国大学学习政治学。1901 年，张煜全于日本东京帝国大学毕业，同年 8 月入美国加利福尼亚大学并获得法学学士学位。1904 年在耶鲁大学获得法学硕士学位。1906 年 10 月，清政府举行第二次留学欧美毕业生考试，赐法政科进士出身。

1906 年至 1907 年，任上海、河北、山东、河南四省教育督。

1908 年，任驻日使馆二等秘书。1910 年任交通学院校长。

1912 年，为总统府秘书兼外交部顾问。1912 年 4 月任交通传习所（北京交通大学的前身）兼办监督。

1913 年至 1915 年，任江苏、安徽二省交涉员与芜湖海关监督。曾任北京大学法本科讲师。1917 年 9 月，任清华学校董事会第一届董事。1918 年 4 月 15 日，北洋政府任命张煜全为清华学校校长。1920 年 1 月辞职。

1953 年去世。[①]

（三）王建祖，字长信，生于 1879 年，殁于 1935 年，广东番禺瑶头人。入北洋大学后派往日本东京帝国大学留学。后入美国加州大学，攻读经济法专业。

1906 年 10 月，清政府举行第二次留学欧美毕业生考试，王建祖被赐为法政科进士。经廷试授予翰林院检讨。后充当赴美专使唐绍仪的随团参赞。回国后任苏州财政监理官。1914 年至 1919 年 9 月任北京大学法科兼商科学长，燕京大学教授。孙中山的广东军政府成立后，王建祖担任财政部次长。后历任菲律宾实业银行总经理、上海特区临时法院推事等职。1927 年后，王建祖担任司法院秘书、最高法院推事、行政法院评事。

1935 年，王建祖病逝于南京。

王建祖著有《基特经济学》《经济学史》《银行学原理》等。[②]

（四）张奎，阙如。

（五）金邦平，字伯平，生于 1881 年，殁于 1946 年，安徽黟县人。早年就读北洋大学，后被派往日本留学。毕业后回国任翰林院检讨、直隶总督兼北洋大臣袁世凯文案、北洋常备军督练处参议。后历任宪政编查馆谘议官。

1906 年任天津自治局督理，后任资政院秘书长。1912 年任中国银行筹办处总办。1914 年充政事堂参议，次年 3 月改任农商部次长，8 月兼全国水利局副总裁。1916 年

---

① 金富军：《张煜全在清华学校的教育实践考察》，《教育史研究》2014 年第 3 期，第 32—36 页。

② 引自南京日报报业集团官网《刻在墓碑上的故事》，2013 年 1 月 30 日。

4 月任北洋政府农商部总长。1927 年辞职在天津英租界居住，其间主要致力于实业活动，曾任天津启新洋灰公司经理。1931 年任上海启新洋灰公司经理。1938 年任耀华学校校长。①

（六）周祖培，阙如。

---

① 引自天津市和平区文联与薇电台联合制作：《金邦平：在时代的大潮中》，2019 年 3 月 16 日。

古威廉、中英文化协会与国立北洋工学院

张世轶[*]

国立北洋工学院是北洋大学 1929 年年底启用的校名，从中可以窥见学校的科系重点，也涵纳着民国时期大学区制改革的残存印迹。此后在续力工科教育开启新系科的进程中，国立北洋工学院如老树奋力抽枝伸展，没有获得更多际遇，在民族和国家的命运中经历了更多雨雪风霜，甚至是血与火的考验。

"国家民族危机存亡之秋，大学之责任愈大。国家危亡之挽救，中华民族之复兴，罔不依大学师生之如何振奋而定其运命。"国立北洋工学院院长李书田以此来倡导师生于国难中振奋共勉恪守。自九一八事变后，日本帝国主义对中国的侵略日益加剧，国立北洋工学院在几代院长的苦心经营下，坚守"为国造士之价值"，注重教学，强化科学研究，聚焦前沿学科，突出"实地把中华改造"的信念与追求，尽力猛进，成就"大学师生的振奋"。[①]

国立北洋工学院打破了"恐怕不安全"与"维持现状"的思想难关，添建工程学馆、工程实验馆，使其建于覆为灰烬之龙牌大楼的南北两侧。1937 年春，全国同学捐助于火烧大楼遗址建筑三层可容纳 400 人之大型现代化图书馆，七七事变以前完成一层半的建设。4 月，《国立北洋大学筹备缘起及分期完成计划》面世[②]，恢复大学宏愿进入议程。6 月，学院致信全国同学坚定国土必保信念，捐助母校建设现代体育馆、学校设施。[③] 数年奋力发展，竟在国难中淬炼了"北洋工学院充实扩充时期"。

院长李书田在对北洋大学过去五十三年的回忆中，对这一时期学校的建设成果自

---

* 张世轶，1980 年生，天津人，女，历史学博士，天津大学大学文化与校史研究所副所长，副研究馆员。
① 李书田:《所愿与本院师生共勉者》,《北洋周刊》1933 年第 57 期。
② 李书田:《国立北洋大学筹备缘起及分期完成计划》,《北洋理工季刊》1937 年第 5 卷第 2 期。
③ 李书田:《李院长写给全国同学》,《北洋周刊》1937 年第 161 期。

豪于胸，感慨万千，其间也谈及执教于北洋的外籍讲座。"此数年来，美庚款、英庚款，复相继补助，且各增设讲座，此时教授大部虽为我国学者，然犹有英、美、德籍教授三人，教授研究，亦蔚然成风……"。①

本文中的古威廉教授即李书田在上文提到的英庚款增设的外籍讲座。古威廉教授在中英文化协会的协调下来到北洋工学院，聚焦中国实际问题的研究，贯彻北洋实践性教学的传统，推动了北洋教学与科研新理念的铺陈。作为文化交流团体的中英文化协会，在增进两国了解与交流的过程中，对包括北洋工学院、武汉大学、浙江大学等在内的多家高等教育机构的师资延聘和文化交流也起到了助力与推动作用。

一

中英文化协会（Sino-British Cultural Association）最初于 1933 年 10 月 11 日在南京成立，由中、英两国人士共同发起。中英文化协会的建立以中国文化逐步走向域外为基础，时值李石曾等人于日内瓦创建中国图书馆，有"以树国际文化合作之初基"的意义，国家间的智识技术文化的合作举措增多。前有中波文化协会、中德文化协会可循的例子，中英文化协会即诞生在如此背景下。

时任英国驻华公使蓝浦森（Miles Wedderburn Lampson）系协会成立的倡导者之一。蓝浦森在即将任期结束返英前，为"此等互惠互利事业作最后努力"，特约梅乐和、马锡尔、印格兰、休士等十余位英国人发起中英文化协会。10 月初，协会的组织构架已经初步成型。7 日，《时事新报》刊发消息《中英两国人士发起中英文化协会》，文中提到，协会的英文缘起已印就分发，中文缘起正在转译。并透露协会在"广征会员，充实内部，大约国庆日前后，即可在首都开成立大会"，其发起人大半为留学英伦回国之士。协会主要工作涉及交换教授，设立图书馆，互赠出版物，指导中国学生赴英留学，招待英人来华游历，研究或考察，"务期达到两国人民日益了解，互敦睦谊并有益于两国文化前途"。②

协会的运转及其在中英两国文化合作领域的工作开展，主要基于英国退还的庚子赔款。根据 1930 年 9 月赔款退还的换文要求，退还款的利息将用于教育文化事业领

---

① 李书田:《北洋大学之过去五十三年》，左森、胡如光编:《回忆北洋大学》，天津：天津大学出版社，1989 年，第 151 页。

② 《中英两国人士发起中英文化协会》，《时事新报》1933 年 10 月 7 日第 7 版。

域。转年 4 月，"管理中英庚款董事会"成立，由朱家骅任董事长。根据该董事会中国董事李书华的回忆，董事会是行政院 1931 年春根据 1930 年 9 月中英两国换文规定而设立的，隶属于行政院。其中设中国董事十人，英国董事五人。时任中央大学校长的朱家骅，被派为该会董事长。副董事长为英国董事马锡尔（Robert Calder-Marshall）。董事会的任务是以英国退还庚款作为基金，借充各部会办理生产建设事业，而以借款利息办理教育文化事业。当时全国铁路十分之九由该会投资，或添购设备，或兴筑路线。粤汉铁路株韶段（由湖南株洲至广东韶州）二百四十英里，完全由英庚款筑成。该会对水利、电讯和电力等领域也有投资。[①] 除将款项用于建设投资外，董事会已于 1933 年夏季着手考送公费留英学生，首举留英庚款公费生考试。中英文化交流协会最初便是假管理中英庚款董事会的场所办公，并向后者申请建设经费。

1933 年 10 月 11 日，中英文化协会正式成立。此前，媒体已经向社会透漏消息，中英两国人士发起的中英文化协会将在一周内开成立大会。协会组织缘起等内容也已见诸报端。[②] 10 日，时事新报刊发"中英文化协会定明日开成立会"消息，"定十一日午前十时，假教部开成立会。"按照报刊中的说法，协会先期成立了筹备组，"迭经开会讨论，推定程锡庚、杭立武、陈剑脩、李圣五、张道藩等五人为筹备员，草拟缘起及章程"，且成立大会的日期也正是借英国多数人士来南京庆贺双十节及参观运动会之便利。[③]

10 月 11 日晨，来自中英两国的三十余会员到场，在教育部召开协会成立大会。已退职的驻华英公使蓝浦森、时驻南京英使馆参赞应格兰（E. M. B. Ingram）、华文书记戴枢曼（Eric Teichman）、时任教育部部长王世杰和南京市市长石瑛均到会。英公使及老国民党政治家吴稚晖被选为名誉会长，王世杰及驻华新英公使开度干为会长，石瑛为秘书长，杭立武为代理秘书长。[④] 大会通过协会会章十四条。[⑤] 协会的主要工作为交换教授、设图书馆、互赠出版物、指导中国留学生赴英等，"俾有益于中英两国文化前途"。蓝浦森于当日下午举行茶话会，协会的成立受到了社会普遍关注，多

① 李书华：《李书华自述》，长沙：湖南教育出版社，2009 年，第 134—135 页。
② 《中英两国人士发起中英文化协会》，《申报》1933 年 10 月 7 日。
③ 《中英文化协会定明日开成立会》，《时事新报》1933 年 10 月 10 日第 10 版。
④ "Inaugural Meeting of the Chinese-British Cultural Society," *Weekly News*（1933）：1175.
⑤ 关于会章，也有十五条的说法。

家新闻媒体进行了跟踪报道。[①] 年末，协会公饯蓝浦森公使返英。[②]

1934 年是中英文化协会在会务上实现重要拓展的年份。在这一年，中英文化协会在会所建设和业务拓展上都迈出了步伐，也有了明显的效果和收益。

开启独立建立会所的步伐。协会成立时办公场所曾先后借驻在中英庚款董事会和教育部，"颇感有自建会所之必要"，于这一年成立建筑委员会负责建筑会所的各类事务。据协会干事会的初步计划，会所"应有可容一般五十人之会场一间，阅报室一间，办公室二间，交际室三间，及可供宾友起居之寝室四间"。从规模上看，"工程非小，需款浩繁"，庚款董事会拨助二万元，经干事会决议组织建立了建筑委员会，推选总干事石瑛及卜隆德、张道藩、程锡庚、李圣五等四位干事为委员，负责设计工程事宜，推进独立会所的建设。[③] 当年十一月召开的协会第六届干事会，具体讨论了购地建筑会所的计划。[④]

推动英国学者来华长期讲座及中英两国学者交换讲座。在聘请英国学者来华，中英文化协会的积极实践一改从前的弊端，探索新的来华讲学模式。往年聘请外国教授来华讲学，多采用轮流演讲的办法，"期短时促，收效甚微"。为此，协会"此次乃特改为长期固定办法，聘请英国教授来华担任各大学之讲座"。考虑到这种办法所需经费款项要超过从前，协会向中英庚款董事会请予经费，除用于前述的补助建筑费用外，还请董事会补助事业费，董事会回应了协会的提议，最终决定设置讲座六席，每席每年经费一万元，以三年为限，分赠予中央大学、中山大学、武汉大学、浙江大学、北洋工学院及中央卫生实验处，并托请协会代为主持接洽。接洽过程时间紧、波折多。协会会长王世杰及杭立武、陈剑儵两位干事与国内各大学及英国各大学中国委员会接洽。

协会在 1934 年召开第六次干事会议，听取了杭立武关于接洽聘请教授事宜经过，并决议请中国会员赴英国讲学的同时，陆续推进聘请英国教授，恳请"郭公使泰祺及

---

① 《申报》1933 年 10 月 12 日；《图书文化消息：学术团体消息：9、中英文化协会成立》，《浙江省立图书馆馆刊》1933 年第 2 卷第 5 期，第 207 页。此类新闻另见《图书馆界：国内：中英文化协会设立》，《中华图书馆协会会报》1934 年第 9 卷第 4 期，第 19 页。但对到会人员的数量在表述上有差异，后者表述为十人。详见：《发起中英文化协会》，《摄影画报》1933 年第 414 期，第 3 页。

② 《中英文化会昨公饯蓝使》，《时事新报》1933 年 12 月 7 日第 5 版。

③ 《本国教育文化史的新页 一般文化的建设 中英文化协会会务进行近况》，《教育杂志》1934 年第 24 卷第 4 期，第 115—116 页。

④ 《中英文化协会 昨开六次干事会 决继续物色科学人才 推郭朱等为名誉会员》，《华北日报》1934 年 11 月 3 日第 4 版。

英国各大学中国委员会继续物色科学人才"。① 由此，协会为能够确保在当年 9 月开学之前促成英国教授的聘定，一方面，电请驻英郭泰祺公使协助，另一方面，敦促英国各大学中国委员会接洽各讲座的人选。由郭泰祺任遴选委员会主席，多次召开遴选会，推荐数人，再经与各大学商洽，最终聘定人选。到 1934 年底，聘定采矿学教授一人，任北洋工学院讲座；英文文学教授一人，任武汉大学讲座。由郭泰祺代表签订草约，再于教授抵华后签订正式合同。② 此外，协会推动了中英两国学者双向交换讲座事业。

二

经由协会主持接洽促成聘定赴任北洋工学院的采矿学讲座，即古威廉（William E. Cooke）教授，执教谢菲尔德大学（The University of Sheffield）多年，于 1934 年 10 月初抵华。③ 北洋工学院发展史中是否确有此人？是否存留详细记载？从目前北洋大学历史文献中，确能寻到古威廉教授在北洋工学院的记录。关于聘定古威廉教授的过程，其实也是有很多波折起伏的。

20 世纪 30 年代初期，国立北洋工学院着手探索工科教育与研究重心的结合，探索工科新的学术门类，航空工程、汽车工程、卫生工程、应用地质等新兴门类陆续在构建之中。④ 1934 年 6 月，学院在旧有工程材料研究所及矿冶工程材料研究所的基础上，根据教育部大学研究院暂行组织规程，改并为国立北洋工学院理工研究所，下设化学部、地质学部、工程材料部、土木工程部、矿冶工程部、机械工程部、电机工程部、飞机工程部，计分八部，经呈请教育部备案，拟定的《国立北洋工学院理工研究所暂行组织规程》也随之见诸报端。⑤ 与学科的发展相辅佐的是，学校教职员构成的日益完善和组织的逐渐稳固。

飞机或航空工程是当时备受高校研究机构及社会关注的教学实践科系，需要能推

---

① 《中英文化协会 昨开六次干事会 决继续物色科学人才 推郭朱等为名誉会员》，《华北日报》1934 年 11 月 3 日，第 4 版。

② 《本国教育文化史的新页 一般文化的建设 中英文化协会会务进行近况》，《教育杂志》1934 年第 24 卷第 4 期，第 115 页。

③ 同上书，第 115—116 页。

④ 李书田：《北洋大学之过去五十三年》，左森、胡如光编：《回忆北洋大学》，天津：天津大学出版社，1989 年，第 150 页。

⑤ 《北洋工学院设理工研究所，组织规程现已拟定》，《益世报》1934 年 6 月 10 日。

动奠定这个新方向基础的专业师资，因此，最初北洋工学院与中英庚款董事会共同商定的聘请教师方向为飞机工程。后因迟迟选不到飞机工程教授合适之人选，也便改向采矿与冶金，其重要性亦不言而喻。当时有一种说法："谁不愿将一块轻金属的合金，制作成一架雄伟的飞机，送上东京的上空去呢！"

根据报刊记录，1934 年 6 月 25 日北洋工学院已经聘定张润田、汪煦、曹诚克、诸水本、谭锡畴、施勃理（美籍）、张玉昆、冯熙敏、方颐朴、高步昆、徐世大等三十余名专家学者为下学年各系教授，而冶金讲师正在英国聘请中。"该院承中英庚款董事会赠予飞机或冶金工程讲座一名，现正在英国聘请中，九月一日前，定可到院授课。"①

与前文所述聘请冶金工程讲座的内容相对应的是，北洋工学院于 1934 年 9 月 5 日在学院第 109 号布告中，公布了学校新聘及教职员调动的情况："中英庚款董事会赠给本院之讲座，本定为飞机工程教授，旋因人选困难，已改为矿学教授，业经聘定英籍左维廉②先生，已由中英庚款董事会电催，迅即来华。在其未到院以前，所有矿冶系课程暂由现任教授分担，俟到院后，再重行分配。"③ 文中的"赠给"是指外籍教师古威廉的薪金及交通费用的全部或大部分由中英庚款董事会出资。

是年 10 月，管理中英庚款董事会所增之矿学讲座英籍古威廉博士到院。④ 当时管理中英庚款董事会的杭立武致函告北洋工学院："顷接郭公使函云：'贵校之矿学教授古威廉已于八月三十一日由英起程，十月七日即可抵沪，过京时弟当促其北上也。'"据此估算，古威廉教授大约在 1934 年 10 月中旬抵达北洋工学院。当时北洋工学院的刊物《北洋周刊》也就此事进行了专门的刊载。⑤

根据《国立北洋工学院概况》第三种《国立北洋工学院矿冶工程学系概况》记载，这位外籍学者名为古威廉，在 1935 年担任国立北洋工学院采矿工程教授，原系英国雪菲尔大学采矿工程学士、硕士、博士，英国雪菲尔大学采矿学讲师。⑥ 按照当年北洋工学院的规划建制，矿冶工程系分为采矿和冶金两个大方向，曹诚克教授兼任系主任，执教北洋数十年的外籍教授施勃理致力于冶金方向，古威廉博士则执

---

① 《北洋工学院聘定各系教授》，《益世报》1934 年 6 月 25 日。
② 左维廉，即古威廉。
③ 《本院布告新聘教职员》，《北洋周刊》1934 年第 36 期。
④ 《本院沿革》，《北洋周刊》1934 年第 70 期。
⑤ 国立北洋工学院：《本院矿冶工程讲座英国学者古威廉不日来院》，《北洋周刊》1934 年第 83 期，第 1 页。
⑥ 国立北洋工学院教务处编：《国立北洋工学院矿冶工程学系概况》，1935 年，第 4 页。

教于采矿方向。

古威廉到院后，随即展开采矿的教学与研究。为矿冶工程系学生开设应修的全部采矿工程课程，包括矿山测量、采矿工程学、金属采矿法、非金属采矿法、矿山及运输机械学和矿山计画（划）等众多科目，均以外文教科书及自制讲义为教材。其所授课程概况如下：

一是矿山测量课程。于二年级上学期开设，每周 2 小时，计 2 学分，主要运用普通地面测量原理，针对矿山测量与普通地面测量的相异之处，加以研讨指导。"所异者，矿山测量，系于无亮光之地下，如矿井中与巷道为之，因之所用之测量仪器，亦稍不同。又地下可资移动处，面积狭小，角度或竟甚大，有时复不得碍及其他工作，故几点设站，皆有其特殊方法。布光亦为特殊方法之一。"[1]课程教授学生基于各种办法，在测量的精确程度和节省经费时间上求尽完善。

二是采矿工程学。作为研习采矿的必修基础，在三年级上下两学期讲授完毕，每星期 4 小时，每学期 4 学分，全年 8 学分。课程内容丰富完善，强调知识与实践相间；视野由整体到部分，巨细详加论述。课程的开设，以学院采矿工程陈列馆为辅助，馆中所存诸多模型图表可供随时参考。

"先将世界及中国矿业，作一鸟视之概述，以示矿业之重要地位。次则接述测勘采矿之各种方法，自肉眼起，以至用极新式之地学采矿仪器止，均作详细之论列，而于地学采矿法，其原理及各仪器之运用，尤不厌详加剖释。次为裂石，先叙各种炸药之特性及其使用，次及各种石钻如风钻电钻之构造与优劣终于各种岩石之特性及裂石原理。再次则为打井，开隧，与支架；打井方法多端，分论其进行步骤、形势优劣、砌筑等等；隧道之方式至伙，详述其形式大小用途、进行构造；支架则及于计算及各种材料之优劣选择，而于地面陷落之各种原理，更不厌详为发阐。复次则为通风、抽水、布光、运输、转扬等等分叙。关于通风者，井下气体之来源、成分、特性、测采、救济，与风道计算、布置、建筑，以及通风原理、机械设备，皆为主体。关于抽水者，地下水之来源、性质，与夫水沟、水库，泵房建筑，以及水泵之分类、构造、选择等，均巨细不遗。关于布光者，则电灯而外，更及于各安全用灯及轻便电灯。关于井下运输者，骡马，机械，车头、矿车、铁道，以及各种运输系统及其比较利弊。关于井口转扬者，绞车、井

① 国立北洋工学院教务处编：《国立北洋工学院矿冶工程学系概况》，1935 年，第 48 页。

架、罐笼、钢绳而外，下则各站之装置，上则仓库之卸泄，更作详细之检讨。此外如保安、组织、会计等等，亦列入此课程中。"[1]

三是金属采矿法。于四年级上学期开授，每星期3小时，计3学分。这是矿冶工程系专门设立的一门课程，集中讲授对各类金属矿床的不同采法。"金属矿床，形态互殊，采取方法，随地而异，虽经分类，名目繁多，虽同一法，此与彼异，欲证其适，当多举例。故只地下开采一法，已极其纷杂错综之至，矧更有地面采掘各法，如露天法、水力法、濬掘法等等。本系特将金属采矿法，于采矿工程课程中，提出单立一课目者，实以此故。"[2] 课程内容构建上，先大体讲述各种采矿法，随后讲授其进行方法，再讲授其经济应用及举例，最后分析各种方法的优劣利弊。并且针对性地详细讲授各法的要点，对"各法中之需填充支架者及需特别机械设备者，皆随时详加叙述"[3]，有助于学生在实践中得乎其法。

四是非金属采矿法，为四年级在下学期开设，每星期3小时，计3学分。该课程以采矿为主要内容，注重国内各大矿的实际，详细讲述采煤法，"此课程内极端注意者，为机械采煤法，厚层煤层采掘法，及各种沙土充填法等"[4]。配合学院采矿工程陈列馆所陈列普通采矿工作方法模型，以及要求学生假期前往各矿实习考察等辅助条件，补充该课程在实践领域上的不足。

五是矿山及运输机械。于四年级上学期开设，每星期3小时，计3学分。在课程构建中，这门课程与采矿工程及金属与非金属采矿法等前述课程关系密切，"唇齿相依，轮车而行"，"不习上述各课程，不知此课程内所述各机械在采矿工程内之重要地位；不习此课程，不知上述各课程内引用各机械之经济运用与效率。"该课程不仅对前述的各课程内提到的汽动、电动、压气动、油动等各种有关矿山采取及运输机械设备进行详述深论，而且对这些设备的构造种类、设计、运用、效率等，"尤不厌再四讨论，并附以种种制造厂商所出之各种详细图表说明"。对于高线等地面各种运输设备，装卸设备中的机械装车法、电绞车等转压气机等压气设备，古威廉在课程中都会特别讲授。通过讲授，务必使学生达到精通的标准，"俾各生凡习一事，即知一事之各方面的内容形态。庶各生于离校临事时，关于各设备之购买选择，安置，效率及运

---

[1]　国立北洋工学院教务处编：《国立北洋工学院矿冶工程学系概况》，1935年，第49页。

[2]　同上书，第50页。

[3]　同上。

[4]　同上书，第50—51页。

用等，皆有成竹在胸"[1]。

六是矿山计划。于四年级上学期开设，每星期 3 小时，计 1.5 学分。该课程基于学生前三年对与采矿工程相关的土木、机械，电机各系内课程的基础和积淀，考察练就学生独立解决实际问题的能力，"即为训练及考察诸生在此种工作之上是否可以独立设计而设"。学生被"各授以不同题目，告以已知，求其未知，或令求计画一五百吨煤矿地面设备，或令求计划一二千吨铁矿井下工程，或令求打一矿井，连同井架及绞车种种计算，或令求建一仓库，连同一切运输设备系统之图表"。学生的各方面知识和能力在完成过程中得以综合运用，"故学生一经接受此种题目后，必须本其数年来所得之工程知识，运用其判断能力，施展其技术知能，择书参考，就题设想，或取此长，或遗彼短，先成一大体之轮廓，尽其在我之谓然，然后就正于主管教授，或交修改，或令重拟；总期适当。然后提纲挈领，分别设计计算，列表，作图，立说；论工科价格，则旁及统计，购设备必询及厂家，诸如此类，巨细无遗，心领神会，则他日离校任工程事务，必能临机无惧，应付逢源也"[2]。

此外，按照教学计划，古威廉博士还为大学四年级的学生在寒假期间，开设矿山实习课程。矿山实习的目的在于"训练学生采矿实际工作技术经验"，为后续学生被派往津浦、平遂、平汉、北宁沿线供职任事，预先提供实地练习。学生完成实习课业回院时，要编具并呈交系统详细的报告，由主管教授评定成绩，除此以外，课程最终成绩还要与矿厂主管员司所评定的实习成绩，一同加以考核[3]。

繁多的教学任务及课程安排并没有妨碍古威廉教授潜心于研究领域，其规划进行的研究工作，如下所述六种：国内各大煤矿井下之气体分析；国内各大煤矿井下气体爆炸性之研究；风道湾角之研究；多数通风风扇横贯联络及直贯联络之研究；离心力式风扇之效率增进法，国内各矿通风法之改良。且在必要时，在假期亲赴各矿厂实地试验研究。[4] 研究题目聚焦"在实验室内用实验风道试验矿下巷道通风之阻力"，所著《自然通风》一文，刊载于民国二十三年（1934）十一月出版之《英国煤矿工程杂志》第二卷第一二九期。[5]

古威廉还发挥研究引领作用，传播英国技术教育的实践与思想，1935 年国立北

[1]　国立北洋工学院教务处编：《国立北洋工学院矿冶工程学系概况》，1935 年，第 51 页。
[2]　同上书，第 52 页。
[3]　同上书，第 53 页。
[4]　《国立北洋工学院研究事业之进行状况及其成绩》，《北洋周刊》1935 年第 52 期。
[5]　《国立北洋工学院最近概况》，《益世报》1935 年 9 月 24 日。

洋工学院的学术刊物《北洋理工季刊》中刊发了古威廉博士的英文学术文章"Natural Ventilation"（《自然通风》）和"Technical Education in England"（《英国之技术教育》）。[①]

古威廉作为研究生导师，指导我国早期的工科研究生。北洋工学院内容充实，师资优异，已成立的工科研究所中先设的矿冶工程部，基于数十年发展基础，成绩斐然，"实已形成全国研究矿冶学术之中心"。陆续招收研究生五名，除三名自费外，其第一名发给中山文化教育馆奖学金五百元，第二名发给剑公奖学金二百元。其中指导研究生既包括本国教授，英籍矿学讲座古威廉博士也在其列。[②] 北洋工学院首届研究生于 1937 年七七事变前授予硕士学位。[③]

三

1937 年 3 月，《北洋周刊》刊登出古威廉教授准备辞职的消息，透露出古威廉大致会在当年 4 月底返回英国。对此，中英文化协会和北洋工学院均表示"恳切慰留"。

按照北洋工学院与中英文化协会及古威廉博士本人的约定，古威廉为英籍采矿工程教授在北洋工学院任矿学讲座，到 1937 年 9 月底，将满三年任期。此前李书田院长已经先期取得中英文化协会的应允准备继续延聘二年。古威廉本人则在当年 2 月初即已提出辞职，原因是收到来自英国矿厂安全研究所的邀请，"敦聘其担任研究工作，每年薪俸六百六十磅，并有升晋之希望"。李书田院长"再四恳切挽留"，且亲自赴南京酌商获得中英文化协会的首肯，永久聘任，并由协会出面与古教授函商。古威廉教授"学问渊博，品德高尚，研究工作又复努力进行"，获得了北洋院长及师生的称许，以严苛闻名的李书田院长也曾表示"如古先生能打消辞意，殊本院同学之幸也"[④]。

由于对能否打消古威廉教授的辞意，并无把握，北洋工学院也做好了各种准备，

---

① Cook, W.E., "Natural Ventilation",《北洋理工季刊》1935 年第 3 卷第 2 期，第 15—26 页；W.E.Cooke, "Technical Education in England",《北洋理工季刊》1935 年第 3 卷第 4 期"矿冶工程专号"，第 27—34 页。

② 《国立北洋工学院最近概况》，《益世报》1935 年 9 月 24 日。

③ 李书田：《北洋大学之过去五十三年》，左森、胡如光编：《回忆北洋大学》，天津：天津大学出版社，1989 年，第 150 页。

④ 国立北洋工学院：《古威廉教授拟辞职四月底返英 中英协会及本院正恳切慰留》，《北洋周刊》1937 年第 146 期，第 6 页。

比如，与中英文化协会商定获得后者允诺"另行由英国聘请继任教授"；倘若古威廉教授如前所述在 5 月 1 日必须返英，则预约了采矿十三年班校友（1920 年入校生）许本纯博士代授 5 月 1 日至 6 月 15 日的采矿工程课程。[①] 徐本纯，别号粹士，安徽歙县人，1934 年时任建委会设计委员。[②] 其对采矿工程极有研究，曾多年任东北大学采矿工程教授，曾任建设委员会淮南煤矿总工程师。[③]

随后，北洋工学院接到中英文化协会的信函，告知协会已经同意古威廉教授辞职，工学院也"以古教授辞职意决，迭经敦留无效"，复函古威廉"准其辞职"。3 月 17 日，李书田院长致函古威廉，对其表示谢忱与惜别："两年半以来，对先生之讲授研究以及遇事协助本院，不胜钦感之至。此后虽离本院，尚望与本院保持永远联系；在贵国亦随时匡助本院。"再次询问其可否留任至 6 月中旬，"如能留至 6 月中旬，以完成本学期工作，本院同人及同学，当尤为感荷"。此后，李书田再次函告中英文化协会，请其迅速从英国聘请继任教授，收到函复，"已致函英国延聘"。[④]

遗憾的是，古威廉教授最终还是没能在北洋工学院执教至当年 6 月，他决意在归国前应开滦矿务局的聘请，自 5 月 1 日准备赴开滦各矿，以其丰富的探煤技术和经验，研究探煤技术问题，为开滦提供咨询和改进意见，为期三至四个月，完毕后返英就新职。[⑤] 1937 年 4 月 27 日，北洋工学院教职员专门举行茶会送别古威廉夫妇，李书田院长致辞，对古威廉教授此前两年半的成绩加以称颂，诚请其返英后继续促进中英两国的文化关系。[⑥]

古威廉任教北洋的两年多时间里，中英文化交流协会多获赞誉，谓其功在使两国文化益臻密切。[⑦] 协会在组织和建设上也取得了稳步发展，定期组织年会，会员人数不断增加，陆续在国内各重要城市建立分会。比如，在中英文化协会的努力下，1935 年被誉为中国文化年。再如，1936 年 2 月，中英文化协会筹备设立天津分会，李书

---

① 国立北洋工学院：《预约许本纯博士代授采矿工程课程》，《北洋周刊》1937 年第 146 期，第 6 页。

② 《工科采矿学门十三年班毕业同学》，《国立北洋工学院二十三年班毕业纪念册》，未刊资料，百城书局代印，1934 年 6 月，第 126 页。

③ 国立北洋工学院：《预约许本纯博士代授采矿工程课程》，《北洋周刊》1937 年第 146 期，第 6 页。

④ 国立北洋工学院：《古威廉教授辞职已照准李院长函中英文化协会迅向英国聘请继任教授》，《北洋周刊》1937 年第 148 期，第 11—12 页。

⑤ 国立北洋工学院：《古威廉教授将于五月一日后为开滦煤矿总局研究开滦各矿技术问题》，《北洋周刊》1937 年第 150 期，第 9 页。

⑥ 国立北洋工学院：《送别古威廉教授夫妇》，《北洋周刊》1937 年第 154 期，第 2—3 页。

⑦ "Annual Meeting of Sino-British Cultural Association," *Weekly News*, No. 172（1936）: 2353.

田、纪华及英国工部局等人士负责筹备。[1] 又如，1937 年协会举行第三次年会，并借此展览英国近代印刷品件，[2] 深入促进中英两国文化实际交流。

协会会所落成于南京。在金陵女子文理学院附近市政府第四区住宅区，领地三亩余，为会所建筑基地。由英国建筑师绘制建筑图样，随即招工投标。由杭立武为主委，担任建筑进行事宜。[3] 会所最终在 1937 年初建成。会长王世杰在 1937 年 2 月 11 日的日记中写道："是日下午中英文化协会会所落成，余往任主席并演说。"[4]

协会聘定长期讲座。继聘定古威廉教授为北洋工学院采矿工程讲座后，于此后相继聘请莫列德在浙江大学任水力工程学讲座，聘定裴尔为武汉大学英国文学讲座，聘定司徒德生任中央大学物理学讲座。中国学者张彭春赴英讲学也是通过该协会的推荐而成行。[5] 根据计划还准备为中山大学及中央卫生实验处聘请讲席，"长期在华，固定讲学"，比往年聘外籍教授轮流演讲期短促较多效益，其束修由管理中英庚款董事会，每席每年助一万元，以三年为限。[6]

短期讲座助力文化交流。在协会的协调下，先后多位英国著名学者来华讲座。1936 年 3 月，澳大利亚昆士兰大学首席教授、历史学家、澳国政府东方贸易顾问梅白温教授来津参观国立北洋工学院也是在协会的酌商下拟定的。[7] 同年 9 月，英国知名学者、现代著名评论家及编辑家艾温斯在短期内曾赴中大、金大、北平各大学、北洋、南开等多家大学讲演，讲演题目为《近代之英国》《今日世界所能希望于英国者是什么》等。[8] 在北洋工学院，艾温斯的讲演《今日世界所能希望于英国者是什么》在化学教室举行，略述现代英国的若干变化并评论其将来之影响，解释英国最近对于世界政治，每取消极态度并非无故，并表示近年以来英国正努力挣扎，以求一适合其本身之方策，将来若有成功，或亦能有利于世界。听讲者多属工学院师生，约达二百

---

① 《中英文化协会设立津分会》，《时事新报》1936 年 2 月 17 日第 1 版。

② 《中英文化协会十五日开年会李院长不赴京参加》，《北洋周刊》1937 年第 156 期。

③ 《中英文化协会进行建会所》，《东南日报》1935 年 4 月 23 日第 6 版；《中英文化协会筹建会所并聘员讲学》，《时事新报》1935 年 4 月 25 日第 7 版。

④ 王世杰：《王世杰日记》上册，台湾"中央研究院"近代史研究所，第 9 页。

⑤ 《世界学术消息：中英文化协会开第二届年会》，《学术世界》第 1 卷 10 期，第 158 页；《教育消息：中英文化协会年会王教长连任会长》，《青岛教育》1936 年第 3 卷第 9 期，第 12—13 页。

⑥ 《中英文化协会筹建会所并聘员讲学》，《时事新报》1935 年 4 月 25 日第 7 版；《世界学术消息：中英文化协会筹建会所》，《学术世界》1935 年第 1 卷第 2 期，第 135—136 页。

⑦ 《梅白温教授将来参观本院》，《北洋周刊》1936 年第 94 期。

⑧ 《艾温斯在京昨开始讲演》，《东南日报》1936 年 10 月 6 日第 7 版；《艾温斯昨抵津今日在南大讲演》，《益世报》1936 年 9 月 28 日。

余人，由院长李书田博士做主席主持。[①]

　　七七事变后，国立北洋工学院奉命迁陕，赓续大学文脉，传承北洋精神，成为国立西北联合大学的重要组成部分。中英文化协会内迁入渝，中英著名人士仍积极参与，会务坚持如前。[②] 其后，新会址亦得以落成。[③] 协会作为文化交流推手的作用继续得以发挥，于1939年推选陈寅恪前往牛津大学任中国文学史教授；选送大学毕业生赴英工厂实习，以造就专门人才；[④] 成立中英文化协会川分会；[⑤] 招待英国来华医疗队；[⑥] 募集款项捐助救济英国空袭灾民，获得英国政府申谢，《曼其斯脱日报》社论申告英人永远勿忘中国友感；[⑦] 设置文艺、科学及文化丛刊，比如《到灯塔去》《英国的科学——几个重要的研究机关》《英国的政治》等。

　　世界文化需要交流互鉴，在反法西斯战争特殊年代下的交流意义更深远，从这个意义上讲，中英文化交流协会的实践有助于国家民族间文化的交流与精神的互助。古威廉、中英文化交流协会、国立北洋工学院在特殊的时间点被短暂联结在一起，为探索中国大学的新转向，为实地把中华改造而努力，推动中国大学的科学研究与兴学强国的担当使命相融相生。

---

① 《艾温斯教授在本院讲演》，《北洋周刊》1936年第126期。
② 《文化消息：全国方面：中英文化协会开会》，《浙江战时教育文化月刊》1939年第1卷第2期，第24页。
③ 王世杰：《王世杰日记》上册，台湾"中央研究院"近代史研究所，第409页。
④ 《牛津大学选聘中国文史学教授陈寅恪被推选前往》，《时事新报》1939年1月21日第2版。
⑤ 《中英文化协会 川分会成立》，《东南日报》1940年11月2日，第2页。
⑥ 《中英文化协会招待英国来华医疗队茶会后留影》，《中国青年》1940年第3卷第6期，封三。
⑦ 王世杰：《王世杰日记》上册，台湾"中央研究院"近代史研究所，第315—316、318页；《中英文化协会救济英国灾民》，《中国红十字会会务通讯》1941年1月创刊号，第9页。

教育家李建勋

张金声[*]

李建勋，字湘宸，生于 1884 年，卒于 1976 年，河南省清丰县人，著名教育家、社会活动家。

一

李建勋 8 岁入私塾，14 岁考中秀才。随后以第一名的优异成绩考入大名中学，1905 年被选送至直隶高等学堂，1907 年北洋大学开办师范班以造就中等学校师资，李建勋遂以优异成绩考入北洋大学师范班。

1908 年，李建勋和齐璧亭等四人被派往日本留学。李建勋考入广岛高等师范专攻理化。留日期间，李建勋刻苦攻读，成绩优异，同时他主张尚气节是健全人格的第一要义，其次要有强健的体魄。在一次相扑活动中，李建勋一人连胜七个日本对手。"尚气节"是贯穿李建勋一生的教育主张。

辛亥革命爆发后，李建勋中断学业，毅然返回祖国，四处奔走，宣传革命，屡遭清政府通缉。民国成立后，李建勋重返日本，继续完成学业。

1915 年李建勋回国，任直隶省公署教育科视学。同年 4 月 24 日《大公报》刊有："直隶巡按使中卿以省立学校为县立之楷模，不可不倍加振作以策学务进行，虽已有省视学尚检查难，今特加派日本广岛高等师范毕业李建勋、刘廷俊、冯荣绂，东京高等师范毕业田建章等为专员分别派往各师范中学实业各学校查视，以裨学务，造就贫儿。"上任后，李建勋与同侪进行多方考察，与同侪一同上书提出确实可行的教学改

---

* 张金声，天津人，天津文化地理研究中心研究员，主要从事天津地方史的研究与整理。

革意见。

1916年2月11日,《大公报》之《意见书之颁布》有:

视学委员李建勋、刘廷俊、冯荣绂、田建章等以直隶中等教育亟待改良昨特公拟意见书一扣晋呈。巡按使公署其内容如下:

文公之伯卫也致意于敬教劝学,勾践之报吴也励精于生聚教训,虚列强环伺之中,当创钜痛之际,欲图生存而淘汰舍教育奚由,虽然教育岂易言哉,开通民智,发扬国威则需国民教育运筹帷幄,决胜则需军事教育,利用裕国便民则需实业教育,济世活人讲求卫生则需药学教育,改号立宪则须闻政则需政治教育,种类繁多,不遑枚举,概别之则不外普通专门二者而已。而普通教育之究结、专门教育之关键者则尤推中等教育,其关系顾不重哉。吾国中等教育倡办已十余年,似宜大有进步,而国外则论吾国教育者不谓之盲教育,即谓之死教育,岂好为苛论哉,亦有缺点存乎其中乎? 据此视学等所查结果,较数前数年固多成效可观,而较各国教育之程别相去远甚,除关于教育行政各项另折陈明外理合呈请鉴核等情,当经朱将军阅毕已饬教育乎刊布分发各教育机关转饬各学校采用其方法云。

同年3月11日,《大公报》刊有:

"直隶省视学分投调查各学校已志本报,兹探悉省视学侯序伦、刘书剑、冯荣绂三君调查天津各小学校,直隶教育科安尚敬、李建勋二君调查各专门大学校,教育科员并守文法政学校教员杨雪伦二君调整查甲种商业学校,昨已分别次第出发矣。"

8月12日,《大公报》刊发《演讲会第四日纪事》:

"昨十一日为劝学所夏期讲学会第四期演讲会。是日上午八点钟振铃,登坛主讲者为直隶视学李建勋,所讲乃以蒙铁梭利(意大利大教育家)之新育学为资料,略谓蒙氏教育之主张,取各别教育主义儿童之作业,皆系同时异教育异程度,并注意低能儿童暨劣等生以杜同级异度之弊,且利用自动教育,盖鉴别旧教育皆以教师为主体,而儿童纯属于被动的殊掩抑儿童天性之活泼,是以变儿童为自修的教师属于引导的此种教育法,与仲尼有若合符节者,例如颜渊、仲弓、司马牛之问仁,子游、子夏之问孝,发问同而答式异,即此理也。此外关于管理训练教授者有三项,(甲)自由主义计分三目:(一)自由之概况(二)自由活动之实况(三)许其自由之二目的。(乙)其于自由之教育法。(丙)关于教授之技能云云。九点钟闭会,会员到者三百人。"

蒙台梭利为意大利著名教育家，著有《新教育法》等，她的学说在19世纪初传入中国，颇受教育界的推崇。

1917年2月24日，《大公报》刊发《给发假期讲习录》中有：

> "天津县劝学所会于去年夏利用暑期，在其所开第一学区假期讲习会，五日束请省公署教育乎秘书井蔚卿主讲历史地理两科教授之研究为讲材，并直隶第一师范学监李建勋讲演蒙铁梭利教育法，当时经速记员笔述之讲习录，现已刊印成书。昨教发给各高等小学校暨国民学校、与会职教员，每人一册，以资珍藏而便参考。"

李建勋在任期间以事业为重，不徇私情，先后撤换一批不称职的校长和教员。

1917年5月1日，《大公报》刊有《义勇队组织报部》：

> "天津各学校仿办童子义勇队业经省视学李建勋详查各学校关于此项试办事宜，惟西方菴小学、私立第一小学及西宣所附设小学校正拟组织，著有成效，昨已呈请朱省长转咨教育部以便考核云。"

自1915年至1917年，短短两年时间，李建勋奔波于直隶省各地视学，此间他看到虽然步入民国，中国的教育有些许进步，但大多数还是停留在封建闭塞的情况下，兼之袁世凯的复辟，更加使他认识到启发民智的重要性，必须推动教育的革新与进步。

二

1917年，李建勋由严修荐举直隶省资助赴美国留学，就读于哥伦比亚大学师范学院，专攻教育行政、教育统计和学务调查。

严修，字范孙，生于1860年4月2日，殁于1929年3月14日。中国近代著名教育家、学者，也是革新封建教育、推进教育现代化的先驱。严修认为，国家要走向富强之路，必须博采东西文明，引进西方文化与教育制度。他先后去日本、美国和欧洲进行教育考察，探求建立新式学校的模式与途径，故经其保荐或推送的留学生颇多。

1918年，适逢美国第56次"美国全国教育会"召开，李建勋以普通会员身份参加，并著有《美国全国教育会参观记》。在此文中，李建勋在"对于该会之感触"一章的第二节"眼光远大"中写道："该会会章，无论何人苟于教育上有研究兴趣，均可入会，会员种类以纳费之多寡而定之，毫无种界芥蒂于其间，故外国人入此会者，不可胜数。犹忆日本开全国中学校长会议时，非日本人仅使列入旁听席而无发言权，其局量褊浅，眼光狭小，实令人齿冷。"①

李建勋以其在日本与美国留学的亲身经历，对比日美两国不同的教育理念，并发出由衷的感叹。

此时恰逢一战，他在第三节"战事觉悟"写道：

"美国人感觉最敏，反应力极大，自该国加入战团后，全国上下无不有战争一事往来于脑中，而教育界尤甚，故此会议之议案也，演说也，发刊也，无不带有战事色彩，若有不陈兵柏林手刃凯撒不休之势者，洵可钦也。反观吾国，一面对德宣战，一面自相残杀，以廿余年所蓄之精锐，四万万所积之膏血，不为杀敌之举，而供阋墙之用，不足则又假外力以济之，犹偬然号于众曰：为统一也，为护法也，将谁欺乎？吾教育界岂未知死期将至乎！何不闻一言及之也！"

李建勋在教育会议上体会到美国教育界的爱国热情，也哀叹自己灾难深重的国家，此时军阀们于国家利益而不顾，所顾者唯自身利益。由此，他大声疾呼，国内的教育界同仁要团结起来，发愤图强。

同时，他也指出美国教育的缺点，如集体倾向、秩序不整等流弊。

由于国内连年战乱，李建勋等人的留学费用时常面临断供，他们只好呈文催促。

1919 年 4 月 2 日，《大公报》刊发《请汇留美学生费》一文：

"省公署据教育厅呈留美官费学生李建勋、刘锡瑛、王翰臣、周学章、齐清心、张敬虞等学费，美金二千八百八十元，又邮汇医药等费美金四百元将届汇寄之，期拟请照数拨发交同银行电汇美京以资需用云。"

由于战时美国物价通胀，留学生收到的费用入不敷出，故而他们又致电直隶教育厅请求增加费用。

1919 年 5 月 23 日，大公报刊发《留美学生增学费》一文：

"教育部前据留美学生监督电呈，美国物价腾涨，学生所领官费不敷需用，当即咨请直隶省长，留美学生李建勋等六名拟自八年一月至六月每人每月增加学费美金十元，业经照准，填具凭单，饬发教育应领取转汇俾资应用云。"

1919 年 6 月 28 日，第 57 次"美国全国教育会"召开，李建勋第二次参加，并著有《美国全国教育会第二次参观记》。②

如果说李建勋第一次参加美国全国教育会时，其提出关于教育的见解是泛泛且不

---

① 李建勋：《美国全国教育会参观记》，《留美学生季报》1918 年第 5 卷第 4 号。
② 李建勋：《美国全国教育会第二次参观记》，北京高师《教育丛刊》1920 年第 4 期。

成熟的，那么此次参加则令他眼界大开，提出个性鲜明且具可操作性的观点。

他在《美国全国教育会第二次参观记》的结论中，归纳了美国的教育方针后，针对我国的现状提出"吾国宜急起直追者"六项，具体可分为：

（一）强迫教育。李建勋认为，中国既为民主国家，治理当取民主主义。民主主义之解释，因时代国性不同，虽不无差异，而政治实权，操于大多数民众，社会组织以自由平等为根基，实为共通不移之原则。当时的中国受教育者未能超过 5%，而美国未受教育者仅为 7%。美国政府拨臣款以消除文盲，而中国政府对此漠不关心。如果中国政府拨款且以法律形式保障儿童受教育，则于国于民前途不可估量。

（二）军事教育。李建勋认为，自德国战败，国际社会皆言人道主义将普及全球。但事实上并非如此，公理并未战胜强权。和平会议厅仅有英、美、法、意、日的代表，而中国山东之权利，从德国划给日本。他断言，一个国家若无强大的海陆军，在国际上绝不能享受平等待遇。无匹敌或战胜他国之能力国家，绝无维持世界和平之资格。故而在教育中应培养世人的爱国之热心、战斗之实力，若想取得上述两项，非强迫军事教育不可，愿国人急图之。

（三）女子教育。中国当时有四亿人口，女子居其半。以民国四年（1915）为例，国民学校男女比例是 233：1，高小学校 20：1，师范学校 23：1，专门学校竟无一女子。李建勋认为，西方列强都实行男女教育平等，中国如不甘危弱，要顺应世界潮流，男女教育应当平等，方能尽教育之责任。

（四）乡村教育。乡村受教育者多于城市。李建勋认为，中国的城乡悬殊固然比不上美国，正因如此，更应当发展中国的乡村教育。对于发展乡村教育，他提出三点主张。第一是培养师资。第二是城乡教师要同酬。第三是修订教材，除极少数外，城市宜重工商，乡村宜重农渔畜牧，循序渐进，各获所需。

（五）体育。李建勋根据中国的实际情况提出：第一，在大学或高师内，设体育部，聘请欧美体育专家或教师教授体育，毕业后的学生即为各处之教师，以备普及。第二，各校内设卫生部，委派专人负责其事。第三，招生时，凡有重大疾病者，皆不得入试，等等。

（六）教师之训练及待遇。李建勋针对中国的教师及待遇陈述其弊之后，并提出补救办法：其一，"于大学或高师内设教师院，以作育教育界领袖"。其二，"变学年制为学科制，准社会个性而适当之教育"等。

另外，对于教育会的会员范围、分门研究、进行手续，他分别作了详细的论述。

是文或有缺陷，但作为专攻教育行政、教育统计和学务调查的李建勋，无疑是耗费极大心血的，也为他日后成为一名教育家打下良好的基础。

李建勋在留学期间还著有《美国师范学校校长的职务调查》。

三

1920 年，李建勋在美获得硕士学位后回国，出任北平高等师范学校（北京师范大学前身）教育系教授、教育研究科主任。

1921 年 3 月 24 日，《大公报》发表《京校力争教育费之进行筹商三项拨款学生会之宣方》中有：

> 据某方面消息云，当局近鉴于教职员之举动，知教育费非从根本上定有办法，则将来之纠纷必更有甚于今日，闻已筹商三策，（一）酌提关于几成充为教育之基金；（二）按月由交部烟酒署酌拨若干以为经常费；（三）由财政部指定某项收入作为教育费不得挪作别用，正在磋议中，能否实行尚未敢决定。

> 二十二日下午一时半，北京国立专门以上各校教职员代表联席会议内设之教育基金委员会在美术学校开第一次会议，至会委员马叙伦（北大）、郑寿仁（北大）、徐瑾（美术）、经亨颐（高师）、李贻燕（女高师）、戴济（工专）六人，姚憾（法专）、许漩（履专）二人请假。先由主席马叙伦发言谓，联席会议已赋予本会以推举其余委员八人之权，兹应先行推举然后成立本会。于是公推李建勋（高师）、杨敏修（美术）、何炳松（高师）、谭熙鸿（北大）、何基鸿（北大）、陈器（工专）、高一涵（北大）、程时煃（高师）八人为委员，定于星期四（二十四日）下午一时半再开成立会，并即日由联合会议公函，以上八委员届时出席会议。

又学生会发出《争教育基金宣言》，兹将基原文照录如下：

> 教育事业国本攸系数载，以前欧战方殷，巴黎处于枪林弹雨之中，弦歌之声未辍厥响，柏林正值粮尽财竭之际，教育经费不虞匮乏。我国今日之政局虽极紊乱，而较诸战时德法相差远甚，且当局屡以文治相号召，则教育刷新指日可望。然证之事实适相谬数月之间，京师教员罢课两次外，窃笑友邦内则断伤国脉，而我侨学生大都远道来游冀，学业之日进乃析疑而无从所，受苦痛诚有不堪言者矣。溯自五四以来，我侨素怀救国不忘求学，求学不忘救国之旨。而教育事业又

为救国之积极要图，数次讨论不忍缄默。金谓罢教之原因，于经费之支绌，盖国家收入耗于政争，教育要款赖于借贷，因是教员薪金时有时无，生活尚虞枵腹，教授讵能专心？本会考虑再三，以为国本安危赖教育振兴，首尚基金，基金确定虽政潮起伏，军务佐偬而教育尚可继续进行。因此本会郑重宣言，要求政府确定教育基金，庶教育不致受经济影响而停顿，冀用种种方法务必达到目的，事关我国教育，尚祈各界协力赞助，成此美举，谨此次宣言。

由《大公报》此文可以看出，当时教育界欠薪情况之严重，李建勋作为北平高等师范学校教育研究科主任与同侪相互奔走，为争取教育经费与政府力争合理权益。

同年，美国教育家孟禄来华进行教育考察，曾在北京成立实际教育调查社。发起人为严修、张伯苓、李建勋等人，调查团历经十余省级市，对制定壬戌学制有着决定性影响。

孟禄，生于1869年，殁于1947年，美国著名教育史家、比较教育学家、哥伦比亚大学师范学院教授。曾于1913年至1937年十余次来中国调查教育、讲学和从事文化交流活动。

1920年5月20日，《平民教育》34号预告特刊《孟禄特号》："本号论文除由本社社员自行撰述外，特请刘廷芳博士、杨荫庆、李建勋、张耀祥诸先生担任著作，篇幅较前增多一倍有余。"1921年9月10日，《孟禄特号》于孟禄抵京当天得以刊行。特号刊载范源濂的《范静生先生介绍孟禄博士文》、汤茂如的《孟禄博士来华之任务与中国之教育前途》、杨荫庆的《孟罗（禄）氏的著作》、邓萃英的《孟禄之国家教育观》、张耀祥的《孟罗（禄）眼中之中国教育》、王卓然的《孟禄先生论现代教育之趋势》、李建勋的《孟罗（禄）先生与哥校教师院及中国留学生之关系》等文章。特号选择孟禄到京当日，向国人较为全面地介绍了他的生平、著作、教育思想及其实践活动，并表达了对他即将在中国进行的教育调查的殷切希望。

同时，由实际教育调查社聘请，孟禄来中国进行大规模教育调查与讲学。他曾担任中华教育文化基金董事会副董事长，参与领导该会工作。孟禄对中国改进中国科学教育和研究，推动壬戌学制颁行，促进文化教育事业的发展起到积极的作用。

张伯苓，原名寿春，字伯苓，后以字行。生于1876年4月5日，殁于1951年2月23日。中国现代职业教育家，近代著名爱国教育家，南开系列学校创办者。张伯苓早年毕业于天津北洋水师学堂，后获得上海圣约翰大学、美国哥伦比亚大学名誉博士。张伯苓是南开大学创办人之一，1919年至1948年出任南开大学校长。1948年

6月，曾出任中华民国的南京国民政府考试院院长，1949年11月底，重庆解放前夕，张伯苓婉拒蒋介石赴台要求而留守大陆。张伯苓先后创办南开中学、南开大学、南开女中、南开小学和重庆南开中学，接办四川自贡蜀光中学，形成了著名的南开教育体系，为国家培养了大批人才。

1921年4月2日，李建勋在天津教会劝学所作《美国教育纪闻》演讲，受到好评。1921年12月23日，中华教育改进社召开大会，推举蔡元培、张伯苓、李建勋、范希涛等为董事，梁启超、严修等为名誉理事，陶行知为总干事。

北平高等师范教育研究科毕业生康绍言、薛鸿志二人编译《设计教学法辑要》，李建勋为是书作序。由商务印书馆于中华民国十二年（1923）12月出版。李建勋在序言中极力推广设计法，以期于我国教育界有所增益。

1922年，李建勋任北平高等师范学校校长。同年6月3日，《大公报》刊登《八校经费仍无办法》，文中写道：

> "教育当局拖欠国立八校已志报端。闻各教职员以政府所发出之七万元支票，不能兑换。昨日十时在美术学校集会，讨论进行方法，说来说去，总是得不着要领。因政府方面以失信为正经。无论如何催索，如何诉苦，总不能邀彼坐汽车住华屋之大人先生这一盼。迄下午四时，各教职员尚是摸头搔耳，踱室内。遂决定今日下午再行集合全体，开会计商，冀收集思广效云。又闻国立八校校长蔡元培、吴炳枞、李建勋、周颂声、毛邦伟、吴宗栻、俞同奎、郑锦、张谨等，因经费问题，应周署阁之约，一日上午八时赴国务院谒见，叙谈一切。周允极力设法云。"

同年，他代表学校提出改校名为北平师范大学的议案，并在北洋军阀政府教育部行政会议上据理力争。9月，北洋政府通过他的《请改全国国立高等师范为师范大学案》[1]的提案。在提案中，他指出：

> 高师为全国师范学校、中学校师资所从出，关系既如此重大，程度当力求提高；现制所定之修业标准，较之英、美、德、法各国，均形低下，势不能不极力提高，以符各国中学师资养成之标准，此应改革者一也。
>
> 吾国高师制仿自日本，日本近时升格运动，颇见激进，现升格案现经政府提交众议院决议，实现之期，当属不远。吾国更无墨守，故步自封之理。此应改革

---

① 李建勋：《请改全国国立高等师范为师范大学案》，北京高师《教育丛刊》1922年第3卷第5期。

之二也。

　　高师为现存之中学及师范学校造就教师而设。今多数教育家，赞成施行六三三制，则高师毕业，较之高级中学毕业年限，仅多三年，高师程度，若不提高，则高师毕业生任中等教员，学力实不逮，此应改革之三也。

李建勋高屋建瓴，指出中国的高师制与欧美各国相比，还有很大差距，我们应当取法欧美进行相关改革。他又从目的、教材、教法、训练、成例分别提出具体且行之有效的办法。

这个提案通过后，1923 年，北平高等师范学校改名为北平师范大学。为改革该校学制，确立高师教育在社会上应有的地位做出了贡献。

在繁忙的校务教务之中，李建勋还要为教育经费而奔波。

就在学校进行改制时，因触动某人的利益，该校发起了倒李风波。10 月 8 日，《大公报》刊发《教育界之底里》中有：

　　"高师校长李建勋皆因风潮避赴天津，托辞治病者非也，此时高师可分三派，所谓维持派，如袁某邵某等为其首领，日在京中各报发表文字为李保持地位，此派以北方人为多。又有调和派。安分之学生为多与维持派反对者为革新派，此派最得势，南方人为多数教职员泰半与袁同感。行将李之后劣迹，一一发表之，大有关李不去，誓不上学之决心。至现时之教部尚无有若何之表示。然多数学生，会属意梁任公、沈步洲、何柏臣三氏。弟汤氏颇别有主张，恐未必能听学生之指派也。"

11 月 27 日，大公报发表《北京高师向国会请愿书》一文，副标题为："推为高师校长李建勋被迫辞职，恳祈主张公道，维持教育请愿事"。文中言：

　　"窃以本校一部分学生，受外人鼓动，无端攻击李校长，妄拘罪状十三条，一再呈控教部。教部激查不实，不予李校长以相当办法，以迫李校长期去职。生等以为校长去留，固本常事。然因李校长被迫去职，名义不正公理所在。势所必争，矧李校长学博德崇，素俱钦敬。是以生等前曾迭次向教部呈请挽留。均未蒙批示。生等义愤填胸，莫可伸诉。贵院代表民众主张公道，谨将教部处理李校长辞职之情形。向贵院缕晰陈之。议长议员诸公幸垂鉴焉。

　　一、查本年九月二十日，《教育日报》载国立校长之未来候补者一文，神州通信社云，法专高师农专三校校长均有易人消息，正在筹画之中。一俟八校开学，此事即当实现云云。证之今日，靡不确实。个中墨幕，固不敢拟以揣测。然马迹蛛丝。颇耐玩索。使非是预定步骤，讵能如是应验，故设陷阱以构之李校长之不当去职明矣。

二、自本校一部分学生攻击校长以来。李校长曾一再辞职。未尝请假。而教部批准病假四日。查汤教长前当次长时，曾向王亮畴总理辞职。王批给假，乃云学者服官。不当如是，今出尔反尔。生等甚愚，未知果何说也。

三、攻击李校长者，曾在教部呈控李校长十三条。李校长曾迭次呈请澈查，乃教部竟隐匿该项呈文，不予澈查。及伊等将呈文自行披露后。用作证明。教部始行承认，而又故意敷诿仍不澈查，诚不知其何说也。

四、教部既批李校长之辞呈，谓收流氓，破坏校务各节俱非事实。而对于校款暧昧一项，仍云无澈查之必要。迨本校评议会澈查毫无弊端。函报教部后，教部仍与含混了事，不予校长一切实办法。是时真相既明，是非已定。而诬告反坐，例有明文矧学生之无端攻击校长耶。然教部对于此次滋事学生，毫不加以惩处，且教部训令，谆谆以整肃校风为念。今不惩办学生，是否故纵学生，而长嚣风耶。训令仅为具文，又何说欤。

五、本校改建师大案，乃李校长所提出学生肄业，改为六年亦李校长所编制。学制会议氏据理力争，始得引起各方面之同情，而予以通过。是李氏诚为改建师大之主要人物，今师大之筹备委员会，李氏反在摈斥之列，不准加入。岂李校长无委员之资格耶，抑教部别有用意耶。

六、据本月十五日《中华新报》载汤总长与李校长谈话有云，办教育者，不当敷衍。但是现在不可以不敷衍。查我国各种事业不振，大半都缘于敷衍教育以改良社会为原则。本宜有实事求是之精神，今教部乃以衍指令李校长，是上无道揆下无法守。无怪我国教育之每况愈下，而学校迭起风潮也。

七、是日该报又载汤总长云，行使校长职权，实有碍难地方，是显然教部不准校长行使职权，而袒护学生之过犯矣。意又何居。

八、师大正在筹备尚未成立也，未成立而先聘校长，是暗示李校长以去职也。且范源廉远游美国能否同意，尚未可知。教部乃于李氏之呈批中，一再声称已聘范源廉为师大校长。夫师大事，高师又一事，本不当在李氏之呈批中声称也。今如此是名为挽留，实则故意揶揄之，而不令其回校也。且师大校长，必须经总统任命。今教部既未呈请总统，遽以预聘名义发表，于本校手颇为不合。知其不合，而故为之者，是迫李氏辞职也。

九、道路相传都谓教部受某大学派之利用，以包办教育。而造成学阀虽曰道途之说，不可陈诸大雅。然空谷生风，其来究有所自。果尔则教育将操于一人之手，洵非我国之福也。

十、李校长之行为态度光明磊落，以改良社会为心，以终身教育自许。道德高尚，学问渊博。设非别具心肝者，罔不钦敬。洵堪为本校之校长，故其最后之辞呈云。所争者是，所办者教育。今是非虽已辩明，而教育前途无望。当日本牺牲精神而来，此际以事迹光明而去。是李之辞职，决非出于自动可知。盖迫于不得已也。今以纯洁之教育家而迫其去职，新世尚有公理否也。

十一、一部分学生呈季校长十三条，教部澈查之后，俱属不实。是李氏无过，宜可以回校矣。乃是非虽明，而教部仍不令其回校，揆之事理，宁得谓平，是更不能不请求主张公道者也。

十二、国立八校，起风潮者，已有其四。北大法专之解决速，农专高师之解决迟。本校则已两月之久，学校糜烂不堪。而李氏最后辞呈，更声名与高师脱离关系，校内无人负责，教部竟熟视无睹听其糜烂摧残。而不稍顾惜。更足痛心。

十三、恶不可长，蔓滋难圆，之言不我欺也。于今之时，任李氏去。是本校已开攻校长之端，行将影响于全国教育界前途，尚堪设想乎。

维贵院为全国立法之最高机关，有代表国民监督政府行政之权，有代表民众主张公道之责。正义所在，谅必同情。公理所至，势必力争。若李校长之去职，仅关其个人行动，生等绝不出此，实以其一人之去职。而影响匪细。高师一校之关系犹小全国教育之影响实大。是以生等为高师计，为教育计，为公理正议计，均不得不誓死力争。挽留李校长回校，务必达到目的而后已。用特不揣冒昧，谨恳贵院主张公道，准予通过。咨请政府维持教育，俾得李校长早日回校，则高师幸甚，吾国教育幸甚。生等永戴诸公鸿德于无既矣。

由《大公报》两次刊发的文章可知，李建勋在推动学制改革中所遇到的阻力。

1923 年 4 月 27 日，《大公报》刊发《星期四之国务会议》中有："议定派邓萃英、秦汾、李建勋、谢冰为万国教育会代表。"

1923 年 4 月 29 日，大公报刊发《大总统令》中有："派邓萃英、秦汾、李建勋、谢冰为万国教育会代表。此令。"

同年，李建勋、郭秉文等，以中华民国代表的身份去美国旧金山参加世界教育会议。

会后，李建勋撰写《对于世界教育会之感想》①。该文分为五章十八节，对世界教育会议进行详细的阐述。尤其第三章对我国普及教育、乡村教育、健康教育进行深刻的反思。同时，他还提出教育对于国家军事及和平等方面的建议。可以说，从这篇文章看出，李建勋的教育思想已趋成熟。

开完此会后，李建勋再入美国哥伦比亚大学师范院进修，获教育博士学位。时值国内军阀混战，学费来源濒于断绝，李建勋勤工俭学，节衣缩食，从不受嗟来之食。

1926 年，李建勋回国。先后在国立东南大学、清华大学任教。其间，他撰写了《直隶省教育行政组织之改革案》②。该文计有四章六节，李建勋从直隶概况、教育行政机关、中美比较、改革等处进行详细论述。尤其是改革一章，可谓事无巨细，倘若能照此实行，教育界当为另一种气象。

1927 年夏，李建勋组织"夏令学校"，参加者多半是中小学教员，课程多半是国人少见的新教育科目，其结果取得非常好的效果，许多报刊进行详细的介绍。后任北平师范大学教育系教授、系主任、教育学院院长等职。

同年 8 月 20 日，《大公报》刊发《女师大将添补习班日期》：

"第二师范院于昨日上午十时在该院开院务会议，到会者为徐炳昶、田培林、黎锦熙、王仲绕、李建勋、艾华诸人，闻决定：

（一）续招文理预科一年新生、预科二年级插班生文本科各系年级新生。

（二）添设补习班以补足业经中等学校毕业，未能考入大学之学生，国文英文数学三项基本学科云。"

在繁忙的教学、行政工作之余，李建勋仍勤于思考、笔述，他又有《地方教育行政之理论及其实施》③，此文中，从教育行政机构的设置，学校的行政、教务、教员的编制及薪金的高低、从学区的设置到视学配置及人员的任免等，逐条都有详细说明且具有可操作性。可见他对于教育工作的满腔热情。

针对民国宪法中教育方面的缺失，李建勋撰有《中华民国宪法内之教育专章》④。文中他指出宪法内必须有教育专章，因为教育是立国之本。宪法是国家根本大法，若无教育专章，则不足以表明国家重视教育之旨。而教育制度、办理政策、教育经费等

---

① 李建勋：《对于世界教育会之感想》，北京：北京师范大学图书馆，1923 年。
② 此文为《美国民治下之省教育行政》之末章及附录，原为英文，由康绍言翻译，经作者校阅，北京文化学社出版，1926 年（民国十五年）11 月。
③ 李建勋：《地方教育行政之理论及其实施》，北平师大《教育丛刊》1930 年第 1 卷第 2 期。
④ 李建勋：《中华民国宪法内之教育专章》，北平师大《教育丛刊》1931 年第 1 卷第 4 期。

应于宪法内有明确规定，以备全国有章可循。

他又指出宪法与普通法律对于教育应用的不同，以及教育专章中应包括的何项事宜等。接着，文中历数中华民国历次修宪中教育专章的优劣，并提出建议案。

由此文亦可知，李建勋强调宪法对教育可持续性的作用，他希望宪法更加完善，更能促进教育的发展，可谓眼光独到。

李建勋任北平师范大学教育学院院长兼教育系主任时，撰写《北平师范大学教育系之历年状况及将来计划》[①]，文中以图表的形式，列出教育系学生应进修的科目及学分，学生能力的培养、目标及原则，教师队伍的建设，设置的增添，论文研究的添增，学生毕业后的去向等，详细之极。

与《北平师范大学教育系之历年状况及将来计划》同在一期刊发表的，还有其所著《北平师范大学研究院教育科学门一年之经过及今后之改进》，文中总结北师大教育科学门一年来办学的得失，并提出改进意见。

从上述可以看到，作为教育家的李建勋的良苦用心。在关心大学教育的同时，他亦十分重视中小学的教育，并为之奔走呼号。

1930 年，北平市教育局成立义务教育委员会，李建勋等被聘为委员。

九一八事变后，国人抗日热情日益高涨。1931 年 11 月，北师大举行义勇军军成典礼，李建勋出席并发表热情洋溢的演讲。

1931 年，北平师范大学研究院教育科学门招收研究生 20 人，学生来自 11 个省及 1 个特别市。为了培养学生研究之知识及技能，研究所教育科学门规定了学习时间为 1 至 3 年，学生须修满 16—18 学分，各种课程讲授时间均为半年。具体开设必修科目有教育研究法、教育测验、教育实验、高等教育统计，并在学务调查、高等教育心理、课程论、教育哲学门课程中选习两门。学生还须撰写论文，虽然论文不计学分，但必须有创造性才能及格。对学生提出要求的同时，对担任的导师也作了相应的规定。作为研究生导师，应具备很高的学位和资深的工作经历，且每位应该至少有两种著作以上。而李建勋是其中的优秀人选，同时，他还聘请燕大的周学章等几位教授指导研究生的工作，为研究生培养付出辛勤的汗水。

1931 年 12 月 17 日，《大公报》刊发《河北高等教育会议》中有：

"教育厅定本月二十八日举行，闻设计委员业经聘定计李建勋、吕复、李奉

---

① 李建勋：《北平师范大学教育系之历年状况及将来计划》，北平师大《师大月刊》1932 年第 1 期。

璋、严智怡、徐海帆、何海秋、张体人、陈宝泉等十一人、该厅现正准备议案、届时提出，在此会议中，即规划本省高等教育实施方案及审议高等教育机关之概算。该委员会主席由教育厅长担任，闻中学教育委员会及师范教育委员会，义务教育委员会及民众教育委员会，将在暑期召集云。"

1932年4月27日，《大公报》刊发《平津教联会昨议决经费保委会条例电呈财教两部提出行政院通过》中有：

平津院校教职员联合会，与院校当局昨日下午一时，与南下代表洗尘，并举行联席会议。到会李建勋孙廷莹等二十余人，由李湘农主席，开会后首由主席报告，旋即开始讨论。决议：

一、讨论平津国立院校，经费保管委员会条例案，财政部依据成案，每月由俄款项下，提拨国币三十六万，为平津院校经费（照原案通过，但增加一万元一节须加说明）。

二、前项经费由行政院设立平津国立院校经费保管委员会保管（照原案通过）。

三、本委员会委员人数定为十三人，一财政部一人，二教育部一人，三银行界四人，四平津院校七人（修正通过）。

四、本委员会设常务委员五人，由委员互选之（照原案通过）。

五、平津院校经费由财政部训令国库司，每月俟俄款拨到后，径由校款项下提拨国币三十六万元，交付本委员会，取具本委员会收据补入收支呈报财政部长（照原案通过）。

六、本条例由财教两部提出行政会议通过，颁布施行（照原案通过）。

七、本条例如有未尽事宜呈请教财两部，提出行政会议修正（修正通过）。

八、附则

（一）本委员会委员产生之方法：（甲）财教两部委员由各该部指派之。（乙）银行界委员由教联会聘请或银行界公推，呈请行政院聘任。（丙）院校委员七人，由各校教职员分别推定后，呈请行政院聘任之（北京大学一人、北平大学二人、北平师大一人、北平研究院一人、北洋工学院一人、中大及中法大学合一人），如院校委员有溺职时，得由院校教职员议决呈请行政院撤换之。

（二）前项院校委员之任期二年，采用重迭制，第一年将选三人，用抽签法定之。

（三）临时动议

1. 据返平代表等述关于制定经费保管委员会条例事，已得朱部长面允，由教联会自行拟定，现在该项条例业经拟定通过，应即迅将该条例原文电呈财教两部提出行政会议通过。

2. 由本会将该项条例原文函达李石曾，请其催促财教两部，早日提出行政会议通过，应请李氏转致银行界从速推定委员。

3. 院校委员之推出由各该院校代表负责办理之，限五月二日以前将推定之委员名单通知教联会。

就在李建勋积极推进上述工作之时，北平师范大学校长提出了辞职，国民政府任命李建勋接任。

1932 年 5 月 15 日，《大公报》刊发《国民政府电令》："国府公布命令，国立北平师范大学校长徐炳昶呈请辞职，徐炳昶准免本职此令。任命李建勋为国立北平师范大学校长此令。"

徐炳昶，字旭生，笔名虚生、遁庵。生于 1888 年，殁于 1976 年。毕业于巴黎大学，北大教授，主讲西洋哲学史，法文讲读。先后任北平女子师大和北京师范大学校长。1935 年，任北平研究院史学研究会的考古组主任。1948 年，任北平研究院史学研究所专任研究员兼所长。

同日，《大公报》刊发有《北平通信》：

"师大校长问题迄未解决，该校教职员方面主张不迎不拒，学生会方面主张积极欢迎易培基长校。昨并招待记者报告内幕，同时潘俊美等学生四百余人发表告同学书说明迎及从速解决校长问题之必要，该校学生会推定孔福、袁永清二人为代表南下坐索校长，定昨日下午五时首途，至于易培基氏以身抱病恙，须长期静养，数度表示不就师大校长职。"

易培基，生于 1880 年 2 月 28 日。湖南省善化人。曾任湖南省立第一师范学校校长、故宫博物院首任院长。易培基毕业于湖南方言学堂，曾留学日本。加入同盟会，参加武昌起义，曾任中华民国副总统黎元洪的秘书。1925 年 10 月，故宫博物院成立，任理事兼文物馆馆长。1937 年 9 月病故。

李建勋尚未到职，其校长之职可谓一波三折。

同年 5 月 16 日，《大公报》刊发《师范校长题》：

"国府公布命令以李建勋继任后，纠纷问题仍未完全解决，该校学生会方面，以前曾有请教育部发表易、张、经，三人中择一任命长校之决议，现仍坚持原议，并于日前推派袁永清、张凤麟二人代表全体学生南下请愿。昨日已行抵济南今日可望到京，该会昨并电部声明坚持原议，并发表告同学书，兹录该会致教部电如下：南京教育部朱部长钧鉴，张凤麟、袁永清代表全体同学，坚持大会决议，请教育部发表易培基、张乃燕、经亨颐三人中择一长校，三人之外，任何人均不欢迎，并绝对拒李长校，师范大学学生会叩删。"

同时，京津各报纸多有刊登北平师范大学校长之事。

6月4日，《大公报》有《平讯》："教育部长朱家骅昨电新任师大校长李建勋，促即就职。原文如下，北平师范大学校转李建勋先生鉴，奉校长简任状邮转计达，盼即日莅校视事，并希见电速复朱家骅。"

谁来长校一事纷争未息之际，李建勋并未关注，他关注的仍然是教育。

6月7日，大公报刊登《多方合组的津市教育调查会目的在表显教育实际状况十三日起分赴各小学测验》中有：

省教育厅与津市教育局，北平师范大学教育学院、北京大学教育系，共同组织"天津市教育调查委员会"于四日下午由师大教育学院院长李建勋、北大教育系教授杨亮功、燕大文学院院长周学章、师大体育系主任袁敦礼、义教委员会委员孙世庆、教育厅第二科科长许毅、市立第一小学校长戴蕴璋、市教育局局长邓庆澜、及科员督学等，在教育局开第一次会议。该会调查教育之目的，在表显教育实际状况、评量教育效率、指示教育改进之道、工作极关重要、在国内尚属创举。当日已将调查计划及该会简章，讨论通过，并议决各种调查事项及智力测验手续，闻刻正准备一切、定于本月十三日起，分赴省市立各小学校、实行测验调查工作云。

为了平息北平师范大学校长之争，刚刚到任的李建勋主动提出辞呈。

7月9日，《大公报》刊登《洛阳八日电》："国府八日命令如下，一国立北平师范大学校长李建勋呈请辞职、李建勋准免本职，此令。二任命李蒸为国立北平师范大学校长，此令。"

李蒸，字云亭，生于1895年，殁于1975年，是中国近代教育史上有影响的教育家之一，早年留美，主修乡村教育，获哥伦比亚大学哲学博士学位。自20世纪30年代起先后出任北平师范大学和西北师范学院院长十余年。1949年后为全国政协委员会兼文教组副组长、国民党革命委员会中央委员、团结委员等职。

李建勋主动提出辞呈，可见其淡泊名利，心在教育。

7 月 19 日，《大公报》刊发《北平通信》：

"平市私中联合会所创办之中等教育协进会，定于暑假内敦请教育界名人讲演，俾与各中学教职员共同研究，该会前晚七时，在中山公园水榭，宴请讲演者胡适等并议定讲题及日期。并规定讲演地点为中山公园水榭，至十时许散会。闻该会以研求实际教育为目的，故参加听讲者除私中联合会各校教职员外，并其他市私立中学教职员，由该会事前发给听讲券，以资限制，兹录讲题及讲演日期如次。杨盛廉改进中学教育之方法，七月二十四日。谢似颜中学体育教学法，七月二十八日。靳宗岳近世数学之分类，七月三十一日、八月四日。陆懋德社会科学方法研究、胡适之国文教学之研究，八月七日。李建勋中学教育之新趋势，八月十一日。丁文江自然科学教学法，八月十四日。张贻惠近世物理学之趋势，八月十六日。"

1931 年 5 月，国际联盟行政院开会时，中国政府曾以一种改革计划之准备实施，请求国联专门机关之协作。国联特别派遣一教育考察团来中国。该团于 1931 年 9 月到中国，先后在上海、南京、天津、北平、苏州、广州等地考察，至 12 月结束考察工作。考察结果形成《中国教育之改进》，即所谓"国联教育考察报告"。报告书贯穿着一个文化价值取向：批评中国教育的美国化倾向，力倡教育的中国化，在中美教育界引起很大争论。报告书倡导中国化并得到中外有识之士的正面回应，实质上是从教育的角度反思自新文化运动以来的中国社会出现的全盘性反传统主义思潮，重估与阐发中国优秀传统文化的价值。

李建勋也参与其中，并撰有《对国联教育考察团报告之批评》[①]，是文中李建勋对于该调查的报告既有肯定，亦有从实际出发的批评，囿于篇幅，不一一展开而论。此报告体现出作为教育家对中国教育的思考及主张，许多观点对今天仍有借鉴意义。

1932 年 11 月 10 日，《大公报》刊发《教部改变学制平师大教授表示反对》，文中有：

"师范大学教授邱椿、马民、李建勋等三十八人，为反对教部取消师大及变更学制，昨特联名具呈教部，陈述五大理由。（一）中学师资，非受师大之专业

---

① 李建勋：《对国联教育考察团报告之批评》，北平师大《师大月刊》1932 年第 4 期。

训练不能胜任。（二）教师之教师，尤非受师大之专业训练不能胜任。（三）师大之课程与普通大学之程度相当，而性质全异。（四）师大之环境又与普通大学之环境不同，不能以大学之教育学系替代之。（五）师大年限只应延长，不能缩短，大学毕业，大学毕业而仅受一年或二年之师范训练，定感不足云云。"

1933 年，李建勋发表《对立法院宪法草案委员会所拟宪法草案内教育专章之批评》①，文中从教育经费、制度、私立学校、各级教师、学校设置及奖学金制度等，结合实际情况，对所拟草案中的缺点提出批评，并提出自己的观点。

李建勋关心教育的同时，十分关注法制对教育的影响，许多观点颇具前瞻性。

"九一八事变"后，国联调查团报告一经出炉，即遭到有识之士的强烈反对，北平教育界 57 名教授发表抗议声明，李建勋亦名列其中。

1933 年 1 月 24 日，《大公报》刊登《河北省教育厅定下月举行留学生考试》中有：

"该厅以考试期近，特于昨日召开留学生考选委员会议，出席委员长陈筱庄，委员李湘宸（李建勋）、严慈约、魏明初、齐璧亭、李琴湘、殷伯西等十余人，除当场决定聘请各襄试委员外，关于第二试专科考试科目，亦经分别规定……"

因为李建勋有着极高的学术修养及留学背景，在此次考试中，他发挥了极大的作用。

1933 年 9 月，黄河多处决口，形势危急。教育界发表募捐活动，李建勋与其他二人被推举为筹捐及宣传负责人。凭着出色的组织能力，他们顺利完成此项任务。

1934 年 8 月 6 日，《大公报》刊发《平津教联会成立教职员保障委会推王季绪杨立奎起草保障法》中有：

"平津国立院校教职员联合会，为谋教职员自身之保障起见，曾经决定组织教职员保障委员会。该会昨日上午十时在师大文学院办公处成立，并未实行任何仪式，王季绪、李建勋、马裕藻、马叙伦、杨立奎、周建侯、余荣昌、周贻春均出席。由杨立奎主席，推定王季绪、杨立奎二人负责起草教职员保障法，经审查通过后，再呈请立法院颁布施行云。"

同时，李建勋发表《中国教育之出路》②，此文开宗明义以图表形式，将英、法、美等国的教育状况进行对比，并指出造成失败的原因：

---

① 李建勋：《对立法院宪法草案委员会所拟宪法草案内教育专章之批评》，北平师大《师大月刊》1933 年第 8 期。

② 李建勋：《中国教育之出路》，北平师大《师大月刊》1934 年第 16 期。

中国现在的教育，无论初级、中级、高级，均不如世界各强国。偏重中学教育，而忽略职业教育（或生产教育），忽视普及教育。

关于质的方面、可用两种方法研究，一为将世界各国与中国各级教育之经费、课程、设备、教员及行政效率等之比较，一为以造成的学生之比较，关于前者，以无相当标准，难资比较。关于后者，因各国国情不同，亦难直接作比，只可用个人直观的觉察，对于吾国各校造出的学生，作一大胆的批评。

一、知识不足应社会之需要

中国教育虽偏重知识的传授，然以该项知识非由社会需要中选定，学生所获得者，恒不足应社会之实际要求，兼以办学者只求学生众多，不顾将来出路，遂致一方有失业苦，一方叹求才之难，此实中国特有之矛盾现象也。

二、虚浮骄奢未能刻苦奋斗

校内生活与会生活悬殊。吾友周焕文先生云"苏俄教育是造工人的，中国教育是造绅士的。"善哉言乎，中国无论中学或大学的卒业生，大多数都有这种绅士的态度与思想，虽有一部分人喊着到乡间去，实际上不能久居乡下，盖以学校当初未能培出其刻苦奋斗的习惯，只养成一种虚浮骄奢的习气也。

三、权利思想重，义务观念轻

权利义务本相对峙，尽义务即应享相当之权利，享权利即当尽应有之义务，奈吾国之受新教育者多为权利思想所诱惑，作事只求权利，不讲义务，常见有大学卒业生谋事时，不问事之如何，只问薪金多少，愿少作事多领薪，甚或只领薪不做事，以致个人发展与事业成就，几成为反比例，可胜叹哉。

四、个人主义发达，国家观念薄弱

现在中国受新教育的人，作事几全以个人利益为标准，岂知国家社会与个人关系非常密切，国家社会如受损失，个人利益未有不直接或间接受其影响者，但平时对于爱国精神，未有相当的训练，临难绝不能为有效的发挥，如美国在欧战时，一般大学生皆肯牺牲个人而为国家，现在美国各大学皆有此等纪念碑。中国大学生当日飞机来临时，多不顾一切而逃生命，岂我国大学生均不爱国乎，而所受之训练异也。

五、重物质的享受，乏气节的砥砺

物质为养生所必需，气节为作人之要道，如享受物质的安慰而不害于作人，自属可行，倘二者不可得兼，则应舍物质而维持气节，孔子之杀身成仁，孟子之舍生取义，颜子之箪瓢陋巷乐在其中，曾子之仁义抵富贵（彼以其富，我以吾仁，彼以其爵，我以吾义，吾何慊乎哉）正此意耳。近时青年以为物质文明所炫惑，其举动往往与此相反。诚堪痛惜。

李建勋虽受欧风美雨的熏陶，但他不是一味地崇洋。他将中国的传统思想与现实结合起来，指出的现象是中肯的。

同时，他列举教育失败的八条原因，并指出中国教育的出路：

一、实施普及教育

二、注重职业教育

三、需要与供给均衡

四、注重品格的培养

五、培养国人之自尊心与自信力

六、增加教育经费

七、养成勤苦奋斗的精神

八、启发学生事业的思想

九、树立行政威权

十、采用人才主义

尽管是一家之言，且有不完善之处，但作为教育家，他对中国的教育是殚精竭虑的。

1935 年，北师大教育系成立小学教育通讯研究处，李建勋亲自主持，聘请全国小学办多位知名人士为导师，负责解答全国小学教育界提出的问题。

1935 年 3 月，李建勋随河北省教育厅厅长郑道儒等人赴保定、博野、正定、易县等地进行为期两周的考察，并著有《考察河北省教育之感想》[1]。对其所到之处的学校，他并非走马观花，对各个学校不同的校风，校长及教员的处事风格，学生的优缺点等，可谓烂熟于心。并结合各校的优点，对其所在的北平师范大学诸多事项提出改进意见。

1935 年 5 月 4 日，北平市中学师范教育研究会召开成立大会。李建勋出席会议，并担任行政、会考、经费、设备等研究员。

1935 年 7 月 13 日，北平市社会局义务教育委员会成立，李建勋出席会议并当选

---

① 李建勋：《考察河北省教育之感想》，《北平师范大学校务汇报》1935 年第 115 期。

副主席。

1935 年 8 月 23 日，河北省教育厅为推行义务教育，聘请李建勋、吴俊升等人为义务教育委员会委员。

1936 年，李建勋在"北平师范大学总理纪念周"上发表名为《中国知识界应有之觉悟》的演讲。在演讲中，他阐述知识界与国家的关系，以及知识界应起什么道路的问题，即：尚气节、崇节俭、重职责、集群力等。

此演讲体现出李建勋忧国忧民的意识。是文由李燕昌记录，并发表在《北平师范大学校务汇报》第 143 期上。

1936 年，李建勋著《论各级学校免费及公费学额之设置》[①]。是文有 16 大条，又分为若干小条，提出公立初级小学应一律免费、各级学校所设花费学额之经费不应在学校经常费用内开支、各级公立学校所设之免费及公费数额应再加扩充等主张。

1937 年 5 月 3 日，李建勋在"北平师大总理纪念周"上作《北平师范大学全校设教育公共必修课的问题》的演讲。在演讲中他就北师大的特质、社会地位、为什么要设立教育公共必修课、设立何种科目，以及学生对待教育公共必修课的态度等作了详细的说明，并提出学校应有的教育方针。此文由张仁骏记录整理后，刊发于 1937 年《北平师范大学校务汇报》第 190 期。

1937 年，民国政府决定参加第七届世界教育会议，李建勋代表师范教育组出席会议。

李建勋工作认真负责，对学生满腔热忱。凡认识他的人，莫不景仰其为人师表的高风亮节。抗日战争前，李建勋、周学章、陈宝泉有"河北省教育三杰"之称。

周学章，字焕文，生于 1894 年，殁于 1945 年，天津人，著名的教育家。早年就读于天津省立师范学院，保定高等师范学院，后公费留学美国，获硕士、博士学位，曾任哥伦比亚大学讲师。1923 年回国，先后出任厦门大学教授、省立河北大学教授，兼教务长，曾代理校长。1926 年任燕京大学任教育系教授，主讲教育学，后任教育系主任。1938 年在平津两市开展教育测验，建立诚孚、冉村乡村教育实验区。七七事变后，周学章被日军逮捕，在狱中备受苦难。其被释放后生活艰苦，但不为敌伪利诱。1945 年在北平逝世。著有《作文能力测验》、《天津市小学教育之研究》（与李建勋合作）、《疲劳与学校日程之关系》等。

---

① 李建勋：《论各级学校免费及公费学额之设置》，北平师大《师大月刊》1936 年第 28 期。

陈宝泉，字筱庄，生于 1874 年，殁于 1937 年。天津人。他青年时起即追随严范孙致力教育事业，历任学部郎中、北京高等师范学校校长、教育部普通司司长、天津市政府参事、河北省教育厅厅长等。他是北京师范大学、北师大第一附属中学和北京市第一实验小学的缔造者，撰有《中国近代学制变迁史》，并促成壬戌学制的确立与实施，为河北省大学的院系改革立下功绩。

四

七七事变后，李建勋加入抗日救亡行列。1937 年 10 月，国立西北联合大学在西安成立，李建勋任教育学院教授。后因战事吃紧，学院迁往固城，李建勋先乘车至宝鸡，而后与师生们步行随同前往。

1938 年 12 月，西北联合大学师范学院师范研究所成立，李建勋任主任，并招收研究生 10—15 名，期限两年，及格者授予硕士学位。其研究宗旨为"以研究高深学术，训练教育学术专才，及协助师范学院所划区域内教育行政机关研究教育问题，并辅导改进其教育设施为目的"[1]，他所带的研究生后来都在各自的岗位上发挥了作用。

1938 年 8 月 8 日，国立西北师范学院成立。李建勋任教授、研究所主任等职。

在艰苦的条件和繁重的教学中，李建勋仍然关注教育制度的建设。

1939 年，他根据实际情况撰写了《吾国督学制度之缺点及其改进》[2]。他开宗明义指出："督学之设，一为沟通教育界，以谋精神之统一；一为督导学校及教育机关，以增行政之效率；一为辅导员，以增教学之改制。"接着，他又指出当时督学的三条缺点，并提出改革意见。在当时家国动荡的情况下，此文有相当的警示作用。

有感于当时教师队伍师德的良莠不齐，李建勋又撰写了《师道论》[3]。是文中，他提出师之重要性后，并指出教师必须要有高尚的道德情操、健全的人格，要有儒家气节、要有国家思想民族意识、要有强健体格及职业道德。文章看似琐碎，然若细细读来，李建勋的拳拳之心、殷殷之意，至今于从教者应有借鉴。

---

[1] 姚远：《国立西北联合大学的分合及历史意义》，《西北大学学报（哲学社会科学版）》2012 年第 42 卷第 3 期，第 13 页。
[2] 李建勋：《吾国督学制度之缺点及其改进》，教育部《教育通讯》（周刊）1939 年第 2 卷第 7 期。
[3] 李建勋：《师道论》，教育部《教育通讯》（周刊）1940 年第 3 卷第 7 期。

1942 年，李建勋撰写《抗战后吾国教育之态势及改进》[①]。在该文中，他从量的方面，以列表的形式对战前战后，学校、学生的数量进行了对比，学校教学仪器等质的对比，以及学校经费、教员生活拮据等来阐明观点，并从学校、师资、学生等方面提出改进办法。

针对当时师资的问题，他撰写《吾国高级师资训练之待决问题》[②]。他列举我国高级师资的经历，有肯定处，亦有不足之处，甚至有退步处。他从高级师资训练的目的、机关的名称、存在形式、训练年限、副科或辅科的设置方面进行详细说明，并针对性地提出自己的主张与见解。

1944 年 8 月，国民政府教育部表扬优良教师，并依据部颁教员服务奖励规则第五条"教员服务奖状给与标准"的规定，在教师节颁发一、二、三等奖。李建勋获二等奖。

李建勋主张抗日，反对投降，为支持进步学生的救亡活动，曾多次同国民党特务做坚决斗争。

1945 年 4 月 9 日，《大公报》发表电讯："国立西北师范学院原师大教授李建勋、黎锦熙、袁敦礼、郭毓彬、蔡钟瀛、金树荣、程克敬、方永蒸等八人，致函教部朱部长，建议恢复北平师大，暂设兰州，战后迁回北平。此地基础则仍增设为西北师范学院，闻朱部长已函复加以研究。"八教授的建议后来得到实施。西北师范学院的成立为当地培养了大批的人才。

抗战胜利后，李建勋为北师大复校奔走呼吁。

1945 年 9 月 20 日，《大公报》专电："北师大校友会代表李建勋、易价等来渝，请求教育部恢复国立北平师范大学。闻教部对于该校复校问题已原则同意，唯名称与地点问题尚在考虑。"

为配合反饥饿运动，1946 年 3 月 22 日，《大公报》专电："国立兰州各院校馆联合会为要求改善待遇，十三日招待新闻界，理事长李建勋博士谓：每人每月所得不足糊口。"

在北师大即将复校，人们返乡心切之时，李建勋仍然为与韩遂愚合作出版《师范学校教育行政教材教法研究》，该书是西北师范学院研究专刊第五种，并在兰州出版。

---

① 李建勋：《抗战后吾国教育之态势及改进》，教育部《教育通讯》（旬刊）1942 年第 5 卷第 6 期。
② 李建勋：《吾国高级师资训练之待决问题》，教育部《教育通讯》（旬刊）1942 年第 5 卷第 29 期。

1946 年，在国父纪念周上，李建勋作了《中国高等教育应循之途径》的演讲。他谈到中国高等教育改进之道固然很多，但时下应遵循以下几点：一，改组课程；二，充实设备；三，提高学生素质；四，提倡研究；五，提高待遇；六，减少授课时间等。

演讲之宗旨与其以前的论述、观点，是一脉相承的，而又不乏比权量力的通变，表现了一位爱国的、有操守的教育家的情怀。该演讲由蔡溥记录，发表于 1946 年 4 月 12 日重庆版《世界日报》第 4 版。

在关心高等教育的同时，李建勋亦十分关心中学教师的建设，撰有《论中等教师需要进行专业训练》，此文篇幅之长，理论之深，研究分析之透彻，超出其以前之著述。文章在其生前未能发表。

抗战胜利后，李建勋由于屡遭国民党反动派的排挤、打击，不得不辞去北京师范大学教育系主任之职，奔波于北京、兰州、四川等地高校。

五

新中国成立后，李建勋出任平原省师范学院教授、平原省文化委员会委员、华北行政委员会文教委员会委员、天津师范学院副院长等职。1957 年，李建勋受到不公正的对待，但是仍然努力学习政治，潜心研究学问，为编写《中国教育发展史》尽心尽力。1960 年，李建勋出任中国人民政治协商会议全国委员会文史资料委员会专员职务。

1976 年李建勋去世。1979 年，李建勋恢复名誉，骨灰被安放在北京八宝山革命公墓。

纵观李建勋一生，其为人刚健正直，待人宽厚。每有议论多持正义，求事理之曲直，不计个人得失。他是道德高尚情操纯粹的人，是教育救国论的躬行实践者，是诲人不倦的教育家。

北洋良师沽上硕学

——冯叔捷先生的人生与贡献

章用秀[*]

冯叔捷，名熙敏，生于清光绪十二年（1886），天津人，北洋大学教授。对冯叔捷的人生和成就，我国杰出机械专家、北洋大学—天津大学校友总会会长史绍熙先生曾作了精辟的概括：

> 1910年毕业于北洋大学土木工程系，成绩优秀，名列第一。经清廷学部会试授予翰林学位。先生经历了外辱频繁、丧权辱国的晚清末世。深受列强压迫，深感国家富强、民族振兴，必须依靠科学技术。乃毅然从新学，矢志理工，以实现科学救国的理想。自民国初年即在北洋大学任教，直至"七七"事变。学校内迁，先生因病未能随校西行，退居林下，不再从事其他工作。于1964年病逝津门，享年79岁。先生一生刻苦治学，勤奋执教，热爱教育，热爱祖国。为教育事业贡献了毕生精力，为国家培育了大量的科技人才。其中腾名社会、致效国家者不可胜数，并多为我国科技领域的开拓者、四化建设的奠基人。

北洋大学老校长李书田是冯叔捷的学生，他在冯先生百年诞辰之时（1986年）特由国外寄来一副对联：

> 沽上硕学，开土木先河，刻苦一世；
>
> 津门大师，奠绘图教育，勤奋毕生。

---

* 章用秀，1947年生，字定轩，天津人。文化学者，天津地方文献学家，天津市十大藏书家之一。多年潜心于中华传统文化、天津地域文化、收藏文化和李叔同研究。

一、工科"状元"成了"洋翰林"

冯叔捷出生在天津河东（今河北区）粮店后街的一个高门大户，其宅第与李叔同家仅隔着一条街。冯氏久居津门，诗书继世，世代繁衍，人口众多，是亦商亦官亦文的大家族。冯叔捷在同辈兄弟十三人中排行第八。他是北洋大学校长冯熙运（字仲文）先生的胞弟。

冯叔捷自幼喜读书、性好学。六岁就读于家庭自设书塾，每以成绩优秀获塾师称赞。由于学馆系家庭自设，老师授课不严，授课内容也不外"子曰诗云"。虽冯叔捷不满于私馆的学习内容和授课方式，但大家庭多年一贯的习俗，一时也难以更改。1900 年八国联军侵占天津，"庚子风云起，江山半壁空，华夏蒙奇辱，万民不聊生"的悲惨情景，在冯叔捷年轻的心灵里留下了不可磨灭的阴影。之后，他脱离家庭私塾，改入学堂从习西学。

1901 年，他与胞兄仲文同时考入天津官立中学堂（铃铛阁中学）。由于战乱始告平息，书籍资料供应不足，有时兄弟二人同读一本书，一人正读，一人倒读。这样先生养成了倒看书的本领。叔捷天资聪颖，又加刻苦攻读，学冠诸生。中学毕业后，1904 年又考入北洋大学堂土木土系土木工程学门。在北洋大学读书期间，他对每门功课都认真钻研，穷原竟委，精益求精。学校虽离家不远，却往往一个学期也不回家几次。经常在学校图书馆和实验室，潜心研究学习。各门功课均成绩优秀。叔捷常说："读书之乐，乐无穷，只有刻苦钻研，学进去，才真知其乐也。"

老校友间曾流传着叔捷当年在北洋读书的情景："先生上学期间数年之内，各门功课均以满分名列榜首。学业期满，校方张榜以红笔书其名，可谓殊荣，传为佳话。"[1] "先生在校学习的成绩，特殊优异，门门功课一百分。被誉为北洋的骄傲，北洋的光荣！"[2] "先生在北洋大学读书时，成绩特优，各学期总平均分均在九十四分之上。一次高等数学考试，先生无一字之差，引起当时授课的外籍教授的怀疑。先生请求当面再试，仍为满分。洋教授表示歉意，认为叔捷先生乃罕见之天才。"[3]

1908 年，北洋大学保送冯叔捷官费出国留学，当时已确定赴美国麻省理工学院继

---

① 王立铭：《忆先师冯叔捷先生》，冯叔捷教授纪念文集编委会：《冯叔捷教授纪念文集》，1986年，第55页。

② 姚鸿儒：《冯老师我们永远怀念您》，冯叔捷教授纪念文集编委会：《冯叔捷教授纪念文集》，1986年，第43页。

③ 朱辉、张崇尧：《忆冯叔捷老师二、三事》，冯叔捷教授纪念文集编委会：《冯叔捷教授纪念文集》，1986年，第68页。

续学工。但叔捷的哥哥仲文此前一年已被北洋大学派送美国留学。叔捷虽志在求学，亟愿赴美深造，然年迈的父母不愿二子均远涉重洋，叔捷体贴父母之心，遂留在国内继续攻读。

清宣统二年（1910），冯叔捷以名列第一的优异成绩毕业于北洋大学土木工程系，获工学士学位。经清廷掌管教育的学部会试，又得中第一名，朝服觐见皇帝赐进士出身，授予科举时代最清贵的学位——翰林。《大清宣统政纪》载有："引见北洋大学堂毕业学生得首冯熙敏等，均赏给进士出身。冯熙敏授为翰林院编修。"这是清廷重西学后的"洋翰林"。是年冯叔捷年 25 岁。其后又被授予"国史馆协修"。翌年，在留学生学成回国通过朝廷会试时，又派冯叔捷参加主考，授予"钦命辛亥襄校官"之职。当时人称"冯太史"。

是时，封建习俗仍未剪除，登门拜见冯太史的络绎不绝。有些名人专为冯叔捷篆刻印章，"庚戌翰林""太史公冯"等印文配以优美的赞扬文字的边款。那时大户人家办理丧事，有"祭门"和"点主"两项，规定由武官祭门，文官点主（即在神主上已经用黑墨写好的"主"字的那个点上加点朱墨），一些人便请冯太史做点主官。冯叔捷的二妹霭姝与杨柳青尊美堂石府联姻，正值冯叔捷官授翰林院编修之时。石家认为这是十分荣耀的事，决定乘船前往冯家。船上悬灯结彩，鼓乐齐鸣，还悬挂着写有"翰林院冯"字样的旗帜，极尽一时之盛。

冯叔捷与严复、詹天佑有同样的身份，但他从不提个人经历，更不以清末功名为荣。就连人们最关心的参见小皇上的情况，也得再三询问才说。至亲乡祠下家续修家谱来询问他履历时，他只谈北洋大学教授，而不提翰林。

民国成立后，冯叔捷曾投身铁路建设，追随詹天佑修建粤汉铁路，负责汉口至广州长达两千余里的踏勘，继而进行地形测量。后来他曾讲述陆口河水测量的情景，深为学习土木工程者所乐闻。正当工程建设亟待开展之际，因时局不稳，工程停顿。

二、一心扑在北洋

民国二年（1913），冯叔捷应聘到北洋大学任教。当时正值王劭廉负责教务。劭廉先生作风严谨，办事认真。处处以身作则，事事讲究成效。冯叔捷在校读书的后期，劭廉先生已到北洋大学任职。冯叔捷深知劭廉先生的办学要求，劭廉先生也深知叔捷先生学识出众。冯叔捷到校后，积极贯彻治学严谨的北洋学风，勤奋执教，更以校友身份关心教务，关心学校，颇受学生们欢迎，深得劭廉先生嘉许。

当时，在校教师多系前任总教习美国人丁家立先生聘请的外籍教授，连体育教师都是外国人。据有的老校友回忆，学校早期的中国教授只有叔捷先生等二人，还有一位教国文的老先生。学校的教务工作，很受洋人牵制。冯叔捷到校后，劭廉先生要他担任当时外籍教授缺课的课程。叔捷先生出于为祖国教育事业服务的精神，不计较个人得失，不计较教什么课程，一切服从校方安排。他曾教过测量学、制图学、投影几何学和预科的平面几何、立体几何、解析几何等课程。后来，又因某外籍教授缺席，又承担了透视几何学的教育学任务。

凡他承担的课程，必充分备课，并用英文打字机打字成文。那时教科书是英文原版的，老师用英语讲授，用英文测验。先生准备的教材也要用英文打字交校方复制。对制图课，他喜欢出一些新课题作为课外练习，而且课前自己必先画一遍。对投影几何和透视几何学的课题更在一个题中采用不同位置、不同角度、不同视点、不同灭点，作出几张图。这样大大提高了学生们的学习兴趣。

吉金标先生说："回忆1933年秋，我考入北洋大学土木工程系本科。入学之初，见教授中有两位颇为引人注目，其中之一即是冯老师。冯师虽在新式大学授课，但从不见其西装革履，每次来校头戴瓜皮帽翅儿，身穿马褂长袍，足着便鞋。风度彬彬有礼，道貌岸然。初见之，以为必是前朝遗老，现任本校中国古文教师。然则非也。冯师讲课满口英文，从不讲华语，而且英语非常通畅流利，表达详尽细致，听之毫无生涩勉强之感。"[1]

冯叔捷先生授课必提前到校，准时上课。一般下午上课上午到校。上午有课前一天到校。从不缺席缺课，几十年如一日。他的学生裴向华在《和风细雨精专育人》一文中说："在这种政局动荡中，北洋大学当然受了政局影响，有时经费都成问题。教职员工的工薪也发不出去，学生也不安心求学。在这种情况下，有的教师就不安心教书，有的去兼教别校的功课，甚至有的去兼营别的职业了。但冯老师自奉颇为艰苦，仍坚持北洋教授本职岗位，一天也不缺课。"

当时政府对教育事业不够重视，学校经费经常不能按时划拨。校方只得拖欠教工薪水，迟发工资。每值此时，先生必先人后己。有时竟拖欠数月，他也毫无怨言。先生常说："我是为培育人才而教书，不是为薪水才教书。学校确有困难不发薪水我也

---

[1]　吉金标：《忆冯叔捷老师》，冯叔捷教授纪念文集编委会：《冯叔捷教授纪念文集》，1986年，第62—63页。

干。"民国年间，时局经常不稳，货币变化也很多。北洋大学教职员工薪水规定为银元现洋，可是随着地方政权的更迭，有时就改发直隶省银行钞票，后来又发过河北省银行钞票。这种地方银行货币的价值是很不稳定的，经常贬值，钞票不能如数兑现。因此教工就不愿意接受纸币，外籍教授意见更大。甚至出现有的洋教授上课前先按现大洋领取本课时薪水后才去上课的现象，而叔捷先生在这方面从不提意见，后来先生手里剩有不少作废的直隶省银行和河北省银行的钞票。

冯叔捷先生在北洋大学任教几十年，经历了王劭廉、赵天麟、冯熙运、刘仙洲、茅以升、蔡远泽、李书田等各任校长。他始终认真负责，一丝不苟，治学任教，无怨无悔。无论何时，他都积极贯彻"严谨治学"的北洋精神、"实事求是"的北洋校训，在北洋大学，他是一位深受学生爱戴和尊敬的老教授。

三、循循如导水，砺砺似淘金

"杏坛施化雨，润育适逢春。喻语多生动，推原羡邃深。循循如导水，砺砺似淘金。旧事欣回首，课堂记忆新。"

北洋大学土木系 1934 年毕业的揭曾佑，回忆自己的老师冯叔捷，撰五律一首，深情地说："冯叔捷老师是我们的好老师，他的教导给我留下了很深刻的印象，至今仍记忆犹新。"

循循善诱，启发引导，是冯叔捷多年的教学方法，也是他一贯的教育思想。他善于发现学生的优点和长处，借以发扬提高。他从不训斥学生，对学生的缺点和不足，循循诱导，促其改进。他性情温和，待人宽厚。他特别喜欢刻苦用功的学生。每以对这些好学生的表扬，启发苦读，勉励后进。甚至回到家里还向子侄讲述，要求他们以这些人为榜样。

他讲授制图课，能把刻板的死课程讲活，无论是机械制图学、投影几何学，都以知其然而入胜。先生曾为预科班讲授教学。他对平面几何、例题几何、解析几何，确有独到之处。每以一条辅助线，一个分析使学生豁然开朗，大大提高学习的兴趣。致使学生争寻难题，争相破解，传为佳话。学生们说："立体几何和投影几何是两门难于清晰想象的数理课程，可是冯老先生却能明晰譬解，委婉传授，使听者进入课中，心领神悟。在冯先生的课堂上，从没有打瞌睡的，或溜号外出的学生。学生们只觉得心胸舒畅，快慰之情溢于眉宇，学得既深又透，收效显著，成绩斐然。"老校友们普遍反映，大家喜欢上冯老师的课，乐于接近冯老师。有难题乐于向冯老师请教。

北洋大学矿冶系 1936 年毕业的党刚先生回忆："1931 年，我进北洋大学预科肄业时，熙敏师讲授几何学。对原理的阐述、分析、演算，如数家珍，深入浅出，运用启发式的教学方法（不是满堂灌），引导我们进一步从事理工科学习的兴趣。冯师精通数学，尤其对几何学有精湛的研究。那时京津教育界、学术界都知道'冯几何'，因为熙敏师的教授方法十分高超，令人钦慕。"[1] 北洋大学水利系主任常锡厚教授曾记起他的同学张寿昌先生在北洋预科毕业后，到比利时刚德大学留学，一位被称为当时世界上投影几何学术权威的教授，发现张寿昌在这门功课上造诣很深，就问是谁教的。当他知道由叔捷先生授课时，表示非常敬佩。

冯叔捷在教学管理上也颇具匠心。如当时北洋大学学生书籍文具均由学校供给。制图用的图纸、仪器铅笔、橡皮等全向学校领用。叔捷先生让管理员建一小册子，登记领用物品。后来来了一位美籍教授仓尔先生，他认为文具由学校供给，既不限数量，也不公布用量，更不收取费用，何必做此无效的登记工作，建议取消。采用仓尔先生的方法，一个学期后，便发现图纸文具不够用，有不少铺张浪费的现象。仓尔先生若有所悟地恢复了原办法。

先生除注重课业外，也在其他生活作风方面关心学生、爱护学生。同时处处以身作则，不失师表，既教书，又育人。每遇学生出现差错，他总是主张教育开导，促其改进，而不赞成轻易处罚。据老校友回忆，过去曾出现过某学生偷窃学校制图仪器的事，按校规应予开除。先生念及一个学生几年求学不易，因一次错误前功尽弃，实在可惜，经对该生再三教导使其认识错误之严重后，与另一位老教授共同向校领导说情作保，责令改过自新，免予开除。这一事件不但当事学生颇受感动，也教育了广大学生。

四、无实践即无根本

"学工的目的就是振兴工业建设祖国，无实践即无根本，也不能求得真知。"这是冯叔捷先生常说的一句话。

先生曾留有早年在北洋大学材料实验室的照片。他身着长衫，背后拖着清朝的大辫子，在操纵材料试验机，看了令人发笑。冯叔捷说："我上学时试验设备都是从外国

---

[1]　党刚：《缅怀熙敏恩师的教诲》，冯叔捷教授纪念文集编委会：《冯叔捷教授纪念文集》，1986 年，第 58—59 页。

买的，所试验的材料也是舶来品。当时我们国家连钢材、水泥也不生产。只有木材是我国具有的大量的天然资源。而洋书上提供的又都是外国木材的各种性能数据。"鉴于这种情况，他在学生时代曾利用课余时间，对我国不同树种的木材做出物理力学性能试验指标数据，深受他的老师洋教授的赞扬。

冯叔捷求学时正值我国自行兴建的第一条铁路京张铁路动工修筑。实习时，他看到京张线路之选择、山洞之开凿、桥梁之架设，处处需与山川地形相结合，事事需计算经费开支。因此进一步领悟到实践的重要意义。居庸关山洞为京张路之关键。关沟一带岗峦错杂，山势陡峭。开凿山洞首先要测量，而把测量学用于长达数千尺的开山工程，确属首次。冯叔捷回忆詹天佑先生设计的在山前山后用两端并凿之法开山洞时，虽精细测量，反复校核，但由于缺少实践经验，工程上下为之担心。当两端并进听到对方开凿之声时，人人欢欣鼓舞。山洞打通，测量无误，则同声称贺。由此更体会到理论与实践之不可分。

先生教学时，总是在讲授理论之后联系实际。数学、制图等课程也要用例题作业与应用结合。测量学更以实习为主课。北戴河、秦皇岛、八达岭，都是先生带领学生测量实习常去的地方。这些地方所有山峦，有曲折、有高下、有水面，地形不甚简单，适合学生测量实习的需要。当学生分组作业时，无论是导线测量、三角网测量，还是抄平测量，都把所学的用于实践，并力求提高本组的测量精度。在导线闭合及高程核算时，同学们都是聚精会神，期求得到好成绩。实习后学生们感到收获很大。

测量仪器的校核，测量仪器的修理，也是先生教学的重要内容。过去仪器设备远不如现在的先进，仪器中十字线是用蛛丝做的。当十字线断坏时，先生总是亲自动手，取蛛丝分成几分之一的细丝，自己粘制，并指导学生粘制。测量实习成为颇受欢迎的课程锻炼。

老校友齐树功（高级工程师）在回忆先生教授测量学时写道："当年冯老师教我们测量，不但在教室里把书本知识讲解清楚，而且在实习中教会如何操作，怎样会出偏差，怎样能得到精确结果，使我们既得到扎实的理论知识，又学到实践经验。本人大学刚刚毕业后，在山西整治汾河测量时，能使用有毛病的仪器，测出正确的结果，使水力委员会技术负责人杨技正为之叹服。"

北洋大学土木系1933年毕业的熊正必、杨玉珍回忆："冯先生教我们测量学，主要是领我们做野外作业。他不仅精于野外作业的理论知识，而且精于测量仪器的结构及其修理技术。例如测镜的十字线偶有损坏，老先生总是亲自动手，利用十分细微的蛛网加以粘补，这是一般教学的先生不屑也不敢于动手处理的。可见冯老先生平时不只是满足于书本知识，而且还注意实际知识，不仅动脑，而且动手。这就大别于学识渊博却不辨五谷的旧知识分子了。"[1]

五、淡泊自守乐育英才

冯叔捷在北洋任教几十年从不计较教授什么课程，教时多少。既不愿意参与校务行政，也不愿多出头露面，只是一心教学。他一度担任预科主任，自己说是不得已而暂为之，后来还是辞去了这项职务。上方屡请他出任校长，他坚辞不就。当直隶省府把学校经费维持费寄给他时，他原封不动予以退回，不承担学校的领导工作。先生常说：我无政治才干，无社交才能，无演讲口才，但有自知之明，我愿努力教书为国育才，发挥个人所长，而育人乃富国强国之本，并非舍本趋末，何乐而不为之。

他一心治学任教，从不搞其他工作。对家中开设的商业，从不过问，也不搞个人经商获利。在北洋大学办公室和宿舍里，自备桌椅、床榻、家具、用品，还自费雇用一名工友承担杂务。这位工友工作不多，闲时便帮助学校干些杂务。先生待人宽厚，几十年一直雇用这位工友在校干这项工作。

先生一生很遗憾的是自己因病未能随北洋大学内迁。他虽未随北洋大学内迁，但对北洋大学的一切非常惦记。听到北洋大学的好消息便欣喜欢畅，传来不好的消息便怅然若失。对北洋大学迁西安、下城固和书田先生筹建西昌新校之举，很受感动，对顺泰北洋工学院时合时分倍觉焦虑。真是"行止休戚共，风雨梦魂惊"。先生总说不久北洋大学就会回来的，自己病愈后还可继续执教。其人虽不在北洋大学而心向往之。

天津沦陷期间，日伪当局慕先生之名，多次请他出山，甚至要求挂个名就行，但均遭回绝。"断然绝轩冕，采菊做篱东"，先生热爱祖国，立志不与敌为伍。他曾多次资助学生川资去内地，当次子光墀由英国留学归来，先生立即支持他携眷去内地参加抗日工作，同时要求在津子女绝不从事伪政府的工作。

他在北洋大学任教多年，为国家培育了大量的科技人才。其中不乏专家学者、杰出之士，并多为国家建设工作的先驱、科技教育事业的带头人，诚可谓桃李满天下。而对弟幼子侄亦谆谆教导，教育子女读书上进。他性情温和，平易近人，在学识上是

① 熊正必、杨玉珍：《桃李遍天下　声誉满中外》，冯叔捷教授纪念文集编委会：《冯叔捷教授纪念文集》，1986年，第46—47页。

全家人的老师，在品德上是全家人的榜样。子女们没有辜负先生的教导，均学有所成，为祖国科教事业勤奋工作。其子女八人，均受到高等教育，个个成才。

先生的三子燮墀说："父亲常对我们说，我一生不求名利，将来不可能有遗产留给后代，把你们培养成有道德、有知识、有学问、有专长的人，成为国家有用之材，就是我留给你们的最大财富。"四子悟墀说："他自己克服了种种困难，一个个供应我们上学读书，受高等教育。父亲从来不和我们谈说家中经济情况。因而，在那时我心中只有一个单纯的概念，一个人的本分就该是读书，把书念好，小学、中学、大学，毕业后工作，为国家服务。脑子里从来没有钱的概念，也从不懂和别人比享受比物质，而父亲对我们的要求也仅是'把书念好'！"

冯叔捷先生一生克己奉公，事事先人后己。严于律己，宽以待人，谦逊淡泊，洁身自好。他布衣蔬食，自奉甚俭，却以助人为乐，深得同事、学生、邻里、家人的爱戴。

1986 年 7 月 30 日，在冯叔捷先生诞辰 100 周年之际，前北洋大学校长、全国政协副主席、九十高龄的茅以升先生亲笔写下"清芳继美"四个大字，以誉先生的君子之风、高洁之德。王华棠先生写下"土木宗匠，北洋良师"八个大字，李书田先生题写"循循善诱"四个大字。北洋大学学生、中国科学院院士周志宏等，或题词，或著文，盛赞这位为祖国教育事业奉献一生的教育家。

参考文献

1. 冯叔捷教授纪念文集编委会：《冯叔捷教授纪念文集》，1986 年。

2. 冯燮墀：《冯熙敏教授》，载左森、胡如光编：《北洋大学人物志》，天津：天津教育出版社，1990 年，第 183—193 页。

3. 冯燮墀：《首届毕业生——土木宗匠、北洋良师冯熙敏教授》，天津市第三中学校史资料编辑委员会编：《官立中学堂：天津市第三中学校友风采录（第一辑）》。

黄昌谷其人其事

葛培林[*]

1911年8月至1914年12月[①]，在北洋大学采矿冶金学门读书的黄昌谷，系统地学习了专业知识和英语，为他日后走向社会、服务社会，协助孙中山完成本职工作，奠定了坚实的基础。因此，黄昌谷深得孙中山的信赖。他曾被孙中山任命为广东政府大本营会计司司长、大本营秘书等要职。孙中山在广东高等师范学校演讲《三民主义》的记录者，便是黄昌谷。1924年孙中山抱着召开国民会议、废除不平等条约的政治主张，应冯玉祥、段祺瑞、张作霖邀请北上，由广州出发，一路经过香港、上海，日本的神户、长崎，天津，一路上的孙中山所有的演讲，都是黄昌谷记录的。直至1925年3月12日孙中山在北京逝世，黄昌谷作为孙中山的机要秘书，一直伴随在孙中山身边工作。黄昌谷是孙中山晚年工作和生活的主要见证人之一。我觉得，这样一个人物，出自北洋大学，是北洋大学的骄傲。

本文以大量的原始史料，记述黄昌谷在各个历史时期的活动，从而为北洋大学—天津大学的校史补充新的内容。

一、黄昌谷的生平

关于黄昌谷的生年，现有两种说法：

---

* 葛培林，曾任天津市和平区政协十一届至十三届委员、文史委员会副主任，民革中央孙中山研究学会理事，民革天津市孙中山研究会秘书长。现为天津大学大学文化与校史研究所"北洋大学与天津"专项特约研究员，政协天津市和平区委员会专家智库成员、文史委顾问。致力于孙中山、天津地方史和书法研究。
① 各种辞典载黄昌谷北洋大学的毕业时间都是1914年，没有月份记载。2021年11月1日，笔者询问天津大学档案馆馆长韩宝志，答曰：据天津大学档案馆史料记载，黄昌谷是1914年12月毕业于北洋大学。

图 1 黄昌谷（孙中山大元帅府纪念馆藏）

一种是 1889 年生。见于由张磊主编的、广东人民出版社 1994 年 9 月出版的《孙中山辞典》第 679 页：

> 黄昌谷（1889—1959）字贻荪，湖北蒲圻人。清末入天津北洋大学工科冶金班。毕业后被派往湖北担任电报通讯职务。在鄂期间曾暗助革命军起义。1912 年 3 月加入同盟会，任孙中山秘书。1914 年留学美国哥伦比亚大学，获矿冶硕士学位。后受聘于美国哈谷炼钢公司，从事研究工作。1920 年回国，经孙推荐任石井兵工厂工程师。次年随孙北伐，往返于广州、桂林、韶关、赣州。1922 年奉派任江西战地度支处长。1923—1924 年先后任大本营宣传委员、大元帅行营金库长、大本营会计司司长、财政委员会委员、大本营秘书。为孙在广州国立广东高等师范学校演讲《三民主义》笔记人。1924 年 11 月随孙北上，任中文秘书。许多演讲由其笔记。1926 年 3 月 18 日北京各团体召开国民大会，反对日、英等《八国最后通牒》，与李大钊、林森、于右任等 13 人被推举组成大会主席团，并代表国民大会宣读对列强最后通牒的驳复。10 月北伐军攻克武汉，任武昌市政厅厅长。1959 年 12 月 6 日在台北病故。编著有《孙中山先生演说集》《孙中山先生北上与逝世后详情》《国父遗教丛书》等。

孙中山大元帅府纪念馆"帅府名人"展览介绍黄昌谷云：

> 黄昌谷（1889—1959）字贻荪，湖北蒲圻人。1912 年毕业于天津北洋大学工科冶金班，后被派往湖北从事电报通讯工作。同年 3 月加入中国同盟会，任孙中山秘书。1914 年留学美国哥伦比亚大学，获矿冶硕士学位后，曾受聘于美国哈

谷炼钢公司。1920 年回国，经孙中山推荐任石井兵工厂工程师。次年随孙中山北伐，往返于广州、桂林、韶关、赣州等地。1922 年奉派任江西战地度支处长。1923—1924 年先后任陆海军大元帅大本营宣传委员、大本营行营金库长、大本营会计司司长、财政委员会委员、大本营秘书等职。1924 年 11 月随孙中山北上，任中文秘书。1926 年 10 月北伐军攻克武汉后，任武昌市政厅厅长。随后赴广州中山大学任三民主义教授兼中央警官学校教授。1959 年 12 月 6 日在台北病逝。

上述所言"黄昌谷 1912 年毕业于天津北洋大学工科冶金班"是错误的。因为黄昌谷是 1911 年 8 月考入北洋大学，1912 年正在北洋大学读书，何来毕业之说。

另一种是 1891 年生。见于由李盛平主编的、中国国际广播出版社 1989 年出版的《中国近现代人名大辞典》第 616 页："黄昌谷（1891—1959），字贻荪。"另外，也见于由徐友春主编的、河北人民出版社 2007 年出版的《民国人物大辞典》下册，第 1592 页：

> 黄昌谷，字贻荪，湖北蒲圻人，1891 年 6 月 26 日（清光绪十七年五月二十日）生。清末，入省立天津北洋大学工科冶金班。毕业后，被派返鄂担任电报通讯职务。1912 年 3 月，加入中国同盟会，并任孙中山秘书。1914 年，留学美国，入哥伦比亚大学，毕业后，获冶矿硕士学位。受聘美国哈谷炼钢公司，从事研究工作。1920 年返国，任石井兵工厂工程师。1921 年，随军北伐，往返广州、桂林、韶关、赣州。

> 1922 年，奉派任江西战地度支处长。1923 年 2 月，任广州大本营宣传委员；7 月，任大元帅行营金库长。1924 年 5 月，任大本营会计司司长，财政委员会委员；同年 11 月，任大本营秘书。后随孙中山北上，参加国民会议，担任演讲记录。1925 年 7 月，任广州国民政府秘书、秘书长；同月，任监察院监察委员。1926 年 10 月，任武昌市政厅厅长。1927 年 1 月，任武昌市市长。1928 年 11 月，任立法院第一届立法委员。1929 年 5 月，任湖北省政府委员兼教育厅厅长。1930 年 2 月，任湖北省建设厅厅长。未几赴广州，执教于国立中山大学。1937 年，抗日战争爆发后，赴重庆，服务于中国茶业公司。1941 年冬，再应国立中山大学之聘，赴粤坪石授课。1945 年，抗战胜利后回广州，仍继续在中山大学执教，兼任中央警官学校广州分校教职。1949 年赴澳门。1951 年 7 月，去台湾，任"政工干校"教授及"教育部"特约编纂，并创办"国父遗教出版社"，任社长。1959 年 12 月 6 日，病逝于台北。终年 68 岁。编著有《国父遗教丛书》《科学概论》《钢

铁金相论》（译）；《三民主义与五权宪法》《国父遗教图表》《民权平衡治国政理图》《县市自治行使直接民权图》《三民主义文化体系表》《国父逝世前五年之中国革命史料》等。

关于黄昌谷是 1889 年生人，还是 1891 年生人的问题，在没有见到原始史料之前，笔者先提出这个问题，以供后来者考证。但笔者倾向于 1891 年的说法。主要是因为徐友春主编的《民国人物大辞典》对黄昌谷出生的年月日的阴历、阳历写得清楚、具体，想必他们编此书时看到过有关史料。

笔者收藏的黄昌谷编辑的《孙中山先生演说集》（全一册）内的广告中刊登了黄昌谷的著作广告：

科学概论（黄昌谷演讲）

此书为民国十年本改订后之再版本。惟内容大加删改，并另加入"科学与政治思潮"一篇，全书对于科学在我国文化中之位置，对于近代思潮之影响，及其自身之分类等等，多所论列。

定价大洋五角

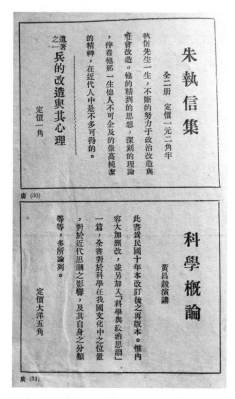

图 2　《孙中山先生演说集》（全一册）内的广告

黄昌谷另著有《黄昌谷讲述之孙中山先生之生活》《黄昌谷讲述之中山先生北上与逝世后之详情》。

二、考取北洋大学采矿冶金学门

清宣统三年七月（1911 年 8 月），黄昌谷考取北洋大学采矿冶金学门。对此，1911 年 8 月 25 日天津《大公报》"本埠"专栏载《榜示照登》云：

北洋大学堂，昨曾悬有榜示一则，略谓为榜示事，本堂此次举行升学考试，业将各科试卷评阅核定分数，计法律学门取录十三名；采矿冶金学门取录十九名。其余投考诸生，有分数尚优，才堪造就者十四名。惟核其程度，尚难选入正班。兹特通融收录作为补习班，专行补习主要科目。俟一年期满，再行归入正班，合将取录。各生姓名榜示于后，须至榜者。计开：

（法律学门十三名）富振、燕树棠、郭云衢、龚维城、徐鼎、何源、郑孝允、王家梁、张观瀑、魏世麟、张崇恩、李范、王金鳞。

（采矿冶金学门十九名）魏有万、罗万年、徐泽昆、张景澄、梁宗鼎、汪懋祖、王启光、赵振元、王世杰、薛凤元、熊说岩、黄昌谷、王永寿、王承曾、朱焕文、成绍鑫、戴明哲、刘连城、王其骏。

（补习班十四名）程敷模、顾元礼、金鹏、张煜基、沈恩荫、谭新明、曹绣、朱翔声、周干、王锡藩、孙士达、陆鸿耀、瞿曾亮、王锡铨。

上述内容，天津大学出版社 1990 年出版的《北洋大学—天津大学校史》缺载。因此，它补充了北洋大学校史，其史料价值之高，不言而喻。

黄昌谷在北洋大学系统地学习了冶金工程、传输原理、金属学、金属材料及热处理、冶金物理化学、钢铁冶金学、有色金属冶金学、材料分析方法耐火材料，以及矿山地质、工程爆破技术、井巷施工技术、地下矿开采技术、露天矿开采技术、矿井通风防尘、岩石力学与边坡工程、矿山设计等课程。加上全英文的美国教材，不仅使他掌握了冶金矿业的系统知识，而且打下了坚实的英语基础及英文交际能力。这为他日后赴哥伦比亚大学深造，顺利毕业，并获得冶矿硕士学位，以及走向社会，服务社会发展，做好孙中山的秘书工作，打下了牢固的知识和真才实学的能力基础。

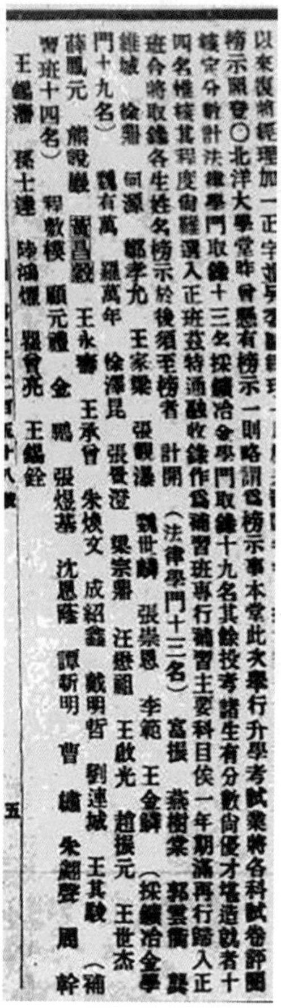

以來復將經理加一正字……

榜示照登〇北洋大學堂昨曾懸有榜示一則略謂爲榜示事本堂此次舉行升學考試業將各科試卷評閱核定分數計法律學門取錄十三名採鑛冶金學門取錄十九名其餘投考諸生有分數尚優才堪造就者十四名惟核其程度尚難選入正班茲特通融收錄作爲補習班專行補習主要科目俟一年期滿再行歸入正班合將取錄各生姓名榜示於後須至榜者 計開（法律學門十三名） 富振 蔡樹棠 郭雲衢 龔維城 徐鼎 何源 鄒孝允 王家樂 張觀瀑 魏世麟 張崇恩 李範 王金鏻 （採鑛冶金學門十九名） 魏有萬 羅萬年 徐澤昆 張登澄 梁宗鼎 汪繼祖 王啟光 趙振元 王世杰 薛鳳元 熊說巖 黃昌穀 王永壽 王承曾 朱煥文 成紹鑫 戴明哲 劉連城 王其駿 （補習班十四名） 程敷楷 顧元禮 金鵬 張煜基 沈恩隆 譚新明 曹鏞 朱鎔聲 周幹 王鑑潘 孫士達 陸鴻標 羅會亮 王錫銓

五

图 3　1911 年 8 月 25 日天津《大公报》

三、随同孙中山工作，致力革命事业

1. 被任命为大元帅行营金库长

1923 年 5 月 15 日，孙中山下达《发给黄昌谷公费令》云：

着会计司每月（由四日起）发给黄昌谷公费叁百元。此令。

孙文

中华民国十二年五月十五日

据《国父全集》第四册（转录史委会藏原件）[①]

① 中山大学历史系孙中山研究室、广东省社会科学院历史研究所、中国社会科学院近代史研究所中华民国史研究室编:《孙中山全集》第七卷，北京：中华书局，1985 年，第 454 页。

孙中山任命黄昌谷为大元帅行营金库长。据 1923 年 7 月 18 日，孙中山下达《任命黄昌谷职务令》云：

> 黄昌谷为大元帅行营金库长。此令。
>
> 孙文
> 中华民国十二年七月十八日 ①

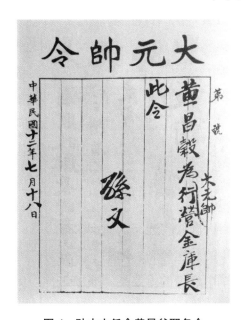

图 4　孙中山任命黄昌谷职务令

1923 年 10 月 10 日，喻毓西、黄昌谷致但焘电。据 1923 年 10 月 17 日天津《大公报》载《中山邀但焘筹办法制局，喻毓西等促但赴粤》中披露：

> 前移沪国会秘书长但焘，昨接广州行营高级参谋喻毓西等来电云：
>
> 上海但植之先生赐鉴：奉帅谕。现拟设立法制局，请兄负责，盼速来粤。喻毓西、黄昌谷。灰 ②。叩。云云。

但焘，字植之，湖北蒲圻人，1881 年 12 月 26 日（清光绪七年十一月初六）生。6 岁就傅。10 岁，随父到浙江，初从萧山傅蓉生习举子业。始作制艺。18 岁，赴武昌应童子试，补县学生员。次年，补廪膳生员；冬，赴鄂垣，入经心书院。22 岁，侍父余姚县任，襄试县阐，佐设学校。1903 年，赴开封应试，事毕赴武昌，结识宋教仁等。遂赴日本东京，入嘉纳治五郎所设之师范速成班。1904 年，考入神田同文书院。1905

---

① 《中山墨宝》第九卷，北京：北京出版社，1996 年，第 131 页。

② 灰：指 10 日。

年夏，考入正则英语夜校，日间在中央大学，由预科升入大学部英法科，习海商法，毕业获法学士学位；7 月，孙中山等在日本东京创立中国同盟会，初任司法部判事。翌年，调任执行部书记干事、总理秘书、湖北支部主盟，兼掌欧美党务联络事。《民报》创立后，受命为撰述。辛亥武昌起义；12 月回上海。1912 年 1 月，任南京临时大总统府秘书，兼公报局局长，旋任香山县县长。1917 年，广州军政府成立，任国会非常会议秘书长，代大元帅府秘书长。1919 年，任国会参议院秘书长兼宪法会议秘书长。1927 年，任中国国民党湖北省党部监察委员。1928 年 6 月，任湖北省政府委员，1937 年 5 月，任国民政府文官处秘书。1940 年 2 月，任国史馆筹备委员会副总干事；12 月任总干事。1947 年 1 月，兼国史馆副馆长。12 月 15 日，张继病逝，但暂代馆务。1949 年 7 月，辞国史馆副馆长职，受聘为国策顾问。后去台湾，任"总统府国策顾问"。1970 年 1 月 9 日，逝世于台北，终年 89 岁。著有《亲属称谓记》《中华民族语源》等。编有《吕留良四书讲章》《汉风杂志》《爱国庐丛书》（与人合编）等。译有《清朝全史》。[1]

2. 随同孙中山巡视虎门

孙中山一生中领导了十一次武装起义。前十次都失败了，最后的一次武昌起义胜利了，结束了中国两千多年的封建帝制，推翻了清王朝，建立了中华民国。革命斗争的实践，使孙中山认识到军事建设的重要性。如 1923 年 10 月，在黄昌谷等人的陪同下，孙中山视察虎门要塞，就说明了孙中山对海防军事建设的高度重视。对此，1923 年 11 月 1 日天津《大公报》载《孙中山巡视虎门，亲阅炮台演炮》云：

> 国闻通信社广州通信云：孙中山自返粤讨贼以来，督战东北两江，迄无暇晷。近者以东江战事迭获胜利，前路有且有参军长朱培德、总司令杨希闵、许崇智，分路督战，乃特乘此时机，出巡虎门一带炮台，以固国防。二十一日早，偕同夫人（引者按：即宋庆龄）及外宾三人随大本营高级长官喻毓西、黄惠龙、黄昌谷、马晓军、陈个民等，分乘江固炮舰，及大南洋号电船，驶赴虎门。虎门要塞司令廖湘芸，闻讯悬旗鸣炮率队恭迎如仪。中山即偕其夫人及各随员登陆，巡视各炮台毕，即返大南洋号电船，用膳安息，并分接虎门国民党党员。二十二日早，廖率同台官到轮，迓中山，亲阅各台。官到轮迓中山亲阅各炮操演炮术毕，时已入暮，中山回驶泊太平墟海面。二十三日，适海防司令陈策，率舰巡视海面，闻中山莅止，即率队到轮，呈报海防事宜。旋中山即下令驶轮至沙角炮台，各炮台悬旗鸣炮以迓，即

---

① 徐友春主编：《民国人物大辞典》上册，石家庄：河北人民出版社，2007 年，第 683 页。

由廖湘芸及各台长引带中山及其夫人、陈策、江固舰长杨虎暨各随员卫队百数人登陆，遍延沙角九大炮台，并亲阅各台操演炮术，及廖部队枪操毕，中山命金库长黄昌谷，给犒赏数千元。旋返大南洋电船，下令驶赴沙角对面之蕉门港。陈策、廖湘芸均派小舰及卫队跟随同行。驶入蕉门内港，过晚始转折出海，驶回沙角，与众分乘江固炮舰，及大南洋电船返广州。抵广州时，已夜深十一时半矣。

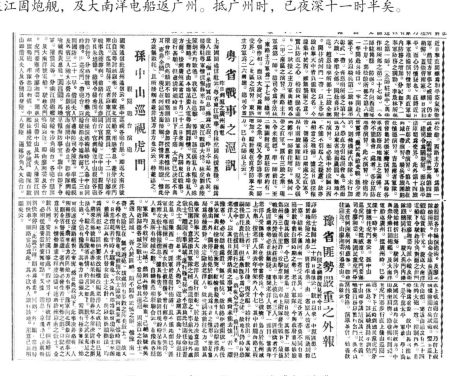

图5　1923年11月1日天津《大公报》

图6　1923年10月21日，孙中山与宋庆龄到虎门视察威远炮台（李平主编：《孙中山》，北京：九州出版社，2006年）

图 7　孙中山、宋庆龄同苏联代表在虎门威远炮台内会客厅前合影（李平主编：《孙中山》）

图 8　1923 年 10 月 23 日，孙中山与鲍罗廷在虎门沙角炮台视察（李平主编：《孙中山》）

图 9　孙中山在虎门沙角视察沿江炮台（李平主编：《孙中山》）

3. 孙中山命黄昌谷做三民主义讲演的记录

孙中山工作繁忙，日理万机，没有充足的时间，系统地将成书于胸的《三民主义》一书写出来。于是孙中山就想到用讲演的方式，完成这部书稿。1924年1月下旬，在广东政府大本营，就讲演三民主义之事，孙中山拟请黄昌谷做记录。下面就是孙中山与黄昌谷谈话：

> 国民党老人郑彦棻忆述谓，在《三民主义》讲演之前）中山先生召昌谷谕曰："我要把三民主义宣传到全国国民，但是没有时间写出来，想用讲演式说出，你可不可替我笔记呢？"
>
> 昌谷对曰："用这样方法，可以省却先生手书之劳，且收速成之效，自然是好极了！但是不知道我们笔记的文字，一方面是不是合于先生的原意，一方面是否能令全国国民一目了然呢？"
>
> 先生曰："我们试试吧。"①

原来孙中山的《三民主义》书稿大部完成，但因为1922年6月16日，陈炯明叛变，炮击观音山住所越秀楼，使孙中山损失了大批珍贵书籍和手稿。对此，孙中山在《民族主义·自序》中说：

> 自《建国方略》之《心理建设》《物质建设》《社会建设》三书出版之后，予乃从事于草作《国家建设》，以完成此帙。《国家建设》一书，较前三书为独大，内涵有《民族主义》《民权主义》《民生主义》《五权宪法》《地方政府》《中央政府》《外交政策》《国防计划》八册。而《民族主义》一册已经脱稿，《民权主义》《民生主义》二册亦草就大部。其他各册，于思想之线索、研究之门径亦大略规划就绪，俟有余暇，便可执笔直书，无待思索。方拟全书告竣，乃出而问世。不期十一年六月十六陈炯明叛变，炮击观音山，竟将数年心血所成之各种草稿，并备参考之西籍数百种，悉被毁去，殊可痛恨！
>
> 兹值国民党改组，同志决心从事攻心之奋斗，亟需三民主义之奥义、五权宪法之要旨为宣传之资，故于每星期演讲一次，由黄昌谷君笔记之，由邹鲁君读校之。今民族主义适已讲完，特先印单行本，以饷同志。惟此次演讲既无暇晷以预备，又无书籍为参考，只于登坛之后随意发言，较之前稿，遗忘实多。虽于付梓之先，复加删补，然于本题之精义与叙论之条理及印证之事实，都觉远不如前。

---

① 林家有、周兴樑编：《孙中山全集续编》第四卷，北京：中华书局，2017年，第167页。

尚望同志读者，本此基础，触类引申，匡补阙疑，更正条理，使成为一完善之书，以作宣传之课本，则造福于吾民族、吾国家诚无可限量也。

民国十三年三月三十日

孙文序于广州大本营

（大元帅章）（孙文之印）[1]

从 1924 年 1 月 27 日起，孙中山在广州国立高等师范学校礼堂演讲三民主义。至 8 月 24 日以后，因对付商团叛乱及准备北伐而中辍，《民生主义》部分没讲完。演讲的笔记稿经孙中山修改后，于 1924 年 4 月、8 月、12 月由中国国民党中央执行委员会分编印行，同年底出版合订本。

1924 年 11 月 3 日，北上之后，孙中山计划继续演讲《三民主义》和《五权宪法》的事情，仍命黄昌谷做记录。对此，孙中山与黄昌谷的谈话如下：

　　孙先生是日谕黄昌谷曰：我现在决定到北京去从事和平统一，借此机会，可以在北京继续讲《民生主义》。你的行止怎么样呢？可不可以同去写（记录）《民生主义》呢？

　　昌谷正预备答话。

　　孙又接着谓：《民生主义》还有四讲：两讲是居、行，一讲是《民生主义》的总论，一讲是《三民主义》的总论。讲完之后，如果再有功夫，还要讲《五权宪法》。你一定要放弃现在的任务，同我到北京去记述《三民主义》和《五权宪法》吧！

　　昌谷对曰：只要有事做，自然情愿随先生去。[2]

遗憾的是，由于孙中山北上之后，肝病复发，演讲的事情没能实现。

关于黄昌谷为孙中山演讲三民主义做记录的工作，当时负责对三民主义讲稿做校对工作的邹鲁回忆：

　　总理于第一次全国代表大会以后，因同志决心从事攻心之奋斗，亟须三民主义以为宣传，因在广东大学（开始时仍为广东高等师范）礼堂，按期演讲三民主义，分令党、政、军人员和各学校教职员学生等，前来听讲。时俄籍顾问鲍罗廷等也常来参加。演讲时由黄君昌谷笔记，笔记誊清后，总理命我读校；并嘱我除

①　中山大学历史系孙中山研究室、广东省社会科学院历史研究所、中国社会科学院近代史研究所中华民国史研究室编：《孙中山全集》第九卷，北京：中华书局，1986 年，第 183—184 页。

②　周兴樑编：《孙中山全集续编》第五卷，北京：中华书局，2017 年，第 241 页。

将笔记之文字校正外，如有意见，不妨尽量参加。

我读校讲稿的时候，先将总理交来黄先生所录每次演讲的笔记，大体阅读，核与总理所讲的原意，是否相符。如若有不符的地方，则用另纸录下，或改正，或补充，或删节，往复诵读，必至大致不差，方再逐字逐句读校，而为文句上的润饰。直到文理已无瑕疵，我更将全篇细读，作最后的改订，至自认完全惬意始止。然后将修改增删的部分誊清，签注贴上，送呈总理亲核。总理对于我的签注意见，若予采纳，即亲笔在稿上修正。修正后，再命我读校。我读校如前，再呈总理。总理复修正后，又命我读校。我复校读如前，必至总理完全认为妥适而后止。总理在修正笔记及核定签注意见的时候，对于演讲的原意原文，亦往往有增删。所以最后的定稿，不但在字句方面，就是在意义上亦有出入的地方。

总理是深于英文的，但是黄昌谷先生笔记时，关于外国名词，凡有附注英文的，后来总理完全删了。可见，总理对于中文的宣传品，不想加注外国文字，使一部分读者发生困难。①

4. 被任命为大本营会计司司长

会计工作是财务工作的重要内容之一。因此，这项工作需要一个廉洁奉公、忠实可靠、思路缜密的人来做。因此，孙中山想到了黄昌谷。为此，1924 年 5 月 27 日，孙中山下达《任命黄昌谷职务令》云：

大元帅令

任命黄昌谷为大本营会计司司长。此令。

（中华民国陆海军大元帅之印）

中华民国十三年五月廿七日

据《大本营公报》第十八号《训令》②

1924 年 6 月 21 日，孙中山下达《给黄昌谷的训令》云：

大元帅训令第三〇〇号

令大本营会计司长黄昌谷

为训令事：据大本营参军长张开儒呈称："职处录事猝遭父丧，恳给薪水以

---

① 邹鲁：《邹鲁自述（1885—1954）》，北京：人民日报出版社，2013 年，第 136—137、141 页。
② 中山大学历史系孙中山研究室、广东省社会科学院历史研究所、中国社会科学院近代史研究所中华民国史研究室编：《孙中山全集》第十卷，北京：中华书局，1986 年，第 222 页。

资营葬，恭呈仰祈睿鉴事：窃据职处录事熊阳钰呈称：'呈为迫切陈词恳请给假奔丧，以全子职事，窃职顷接家慈手谕云：家父于阴历五月初二月卯时身逝，促速归家料理一切等因。捧读之余，寸心惨断，呼天抢地，痛不欲生。只缘既无叔伯，终鲜兄弟，势不能不勉抑哀怀，以襄大事。拟遵慈命，即日束装旋里，为此迫切陈词恳请钧座察核，给予丧假三十天，俾得丧葬之后返处供职。惟思国步艰难，原可夺情任职，然究不足以敦厖国俗，复不足以慰我良知。区区之情，当蒙洞察。再有恳者：职家贫，亲老担石无储，频年万里驰驱，亦谋甘旨之奉。即今惨遭大故，当祭葬之资，且远道奔丧，川资不少，囊空如洗，五内如煎，拟恳我钧座大发慈悲，推情格外，将职所有欠薪函知会计司迅赐，如数发给。则蛇珠环雀图报将来，高厚鸿施没存均感。苫块余生，语无伦次，伏候示遵'等情，并附呈家属报丧信一件。据此，查该员系出寒儒，奉公勤慎，离乡数千里，猝遭父丧而囊空如洗，情实堪怜。综计该录事自十二年尾至十三年五月份止，共存薪金一百八十四元，拟恳逾格恩施，令行会计司将该录事积薪特予清发，俾得奔丧营葬，以济寒儒而全孝道。所有职处录事恳恩给薪缘由，连同原信粘呈，仰祈睿察，伏候指示祗遵"等情。据此，除指令照准外，合行令仰该司长即便查照发给。此令。

（中华民国陆海军大元帅之印）

中华民国十三年六月廿一日

据《大本营公报》第十八号《训令》[1]

1924 年 7 月 17 日，就大本营公务员减薪问题，孙中山特于《给黄昌谷等的训令》中指出：

令（大本营）会计司

着自八月一日起，所有参议、咨议、秘书、委员、会计司人员等，其月薪二百元以上者，九成给发，三百元以上者八成，五百元以上者七成。至胡总参议月薪原定一千元，自代行大元帅职权后，经帅令加给公费伍百元。惟胡总参议不欲多糜公帑，特着会计司仍照一千元作七成支给。

据《广州民国日报》1924 年 7 月 18 日《大本营实行减薪》[2]

① 中山大学历史系孙中山研究室、广东省社会科学院历史研究所、中国社会科学院近代史研究所中华民国史研究室编：《孙中山全集》第十卷，北京：中华书局，1986 年，第 320—321 页。

② 林家有、周兴樑编：《孙中山全集续编》第四卷，北京：中华书局，2017 年，第 504 页。

1924 年 7 月 28 日，孙中山下达《给黄昌谷等的训令》云：

大元帅训令第三八九号

令大本营会计司长黄昌谷

为令知事：前据该司长转呈行营庶务科长十二年九月份起至十二月底止支出计算书连同单据呈请核销前来。经发交审计处审查，据复收支各数尚属相符，惟杂支栏内凉茶三元，未便以公款开支。又十月份蔬菜一单，浮支五毫，应即核减。其余一万二千七百五十三元五毫零五厘，请准如数核销等情。据此，应予照准。除指令外，合行令仰该司长查照转饬知照可也。此令。

（中华民国陆海军大元帅之印）

中华民国十三年七月廿八日

据《大本营公报》第廿一号《训令》[①]

1924 年 7 月 31 日，孙中山下达《给黄昌谷的训令》云：

大元帅训令第三九四号

令大本营会计司司长黄昌谷

为令遵事：据广东电政监督兼广州电报局局长黄桓呈称："窃桓于十三年三月间奉帅令任为大本营技师，曾支过薪水一个月，至四月十九日复奉帅令收管广东电话局，其后技师薪水即不再向会计司支领分文。现奉简任为广东电政监督兼广州电报局长，向章监督只支局长薪水，大本营技师原职薪水请仍免支"等情。据此，除指令"呈悉。所请免支大本营技师薪水一节，候令行会计司知照可也。此令"印发外，合行令仰该司长即便遵照办理。此令。

（中华民国陆海军大元帅之印）

中华民国十三年七月卅一日

据《大本营公报》第廿一号《训令》[②]

1924 年 8 月 4 日，孙中山下达《给黄昌谷的训令》云：

大元帅训令第三九九号

令大本营会计司司长黄昌谷

为训令事：据大本营行营秘书长古应芬呈称："案奉钧令第三八二号令开：

---

① 中山大学历史系孙中山研究室、广东省社会科学院历史研究所、中国社会科学院近代史研究所中华民国史研究室编：《孙中山全集》第十卷，北京：中华书局，1986 年，第 468 页。

② 同上书，第 475 页。

'为令遵事：查以军饷浩繁，度支奇绌，虽经令行大本营会计司，将大本营参议、咨议、委员及秘书处、会计司人员所有俸薪，从八月一日起概行减成发给，除原文有案邀免冗叙外，后开：合行令仰该秘书长即便遵照办理，并转行所属一体遵照办理，仍将遵办情形具报查核。切切。此令'。复奉钧令第一二九号令开：'为令遵事：查大本营前为节省公帑起见，除原文有案邀免冗叙外，后开：合行令仰该秘书长即便遵照办理。此令' 各等因。奉此，自应遵照办理。查行营秘书长所辖者，仅秘书一员，余均由大本营秘书厅调用。自帅座由东江返省后，秘书长所辖秘书李蟠，经委香山县县长，其余各员均回大本营秘书厅供差。是秘书长久无直辖，员司不生兼差问题。自秘书长兼就经界局督办兼办广东沙田清理事宜，职当经面陈帅座不领秘书长薪俸，至兼沙田清理事宜，其处长原薪亦不兼领，以省公帑。奉令前因，所有遵办兼职减薪情形，理合备文呈报鉴核，实为公便"等情。据此，除指令外，合行令仰该司长即便知照。此令。

（中华民国陆海军大元帅之印）

中华民国十三年八月四日

据《大本营公报》第廿二号《训令》①

1924 年 8 月 15 日，孙中山特派黄秘书与胡沛云等谈话。此处之黄秘书，就是黄昌谷。谈话内容如下：

> 十五日下午三时，由桂洲商团团长胡沛云、北江商团代表潘适存及郑杏圃等三人代表各属团体，携带呈文往帅府谒孙大元帅。孙特命秘书黄某出与接洽。
>
> 胡代表等即将呈文交与黄秘书，请转呈大元帅，并要求：（一）早日发还军械；（二）请大元帅下令省长核准商团联防立案。
>
> 黄秘书谓：政府断无没收军械之理，现经着手办理此事，一俟彻底查明，当有切实办法。商民尽可安心，静候解决云。
>
> 代表等谓：此项购运军械，务望政府原谅。商等深知陈团长②并无政治意味，可将身家性命为之担保。随言随以恳切之词，要求黄秘书定一日期，切实答覆。
>
> 黄秘书谓：此次之军械，商人既向陈廉伯订购，则应向陈氏追求。政府以其

---

① 中山大学历史系孙中山研究室、广东省社会科学院历史研究所、中国社会科学院近代史研究所中华民国史研究室编：《孙中山全集》第十卷，北京：中华书局，1986 年，第 487—488 页。

② 陈团长，即广州商团头目陈廉伯。

手续不符，故必须查明确实方能答覆。至于日期一层，大元帅已定十九日云。①

1924 年 8 月 8 日，孙中山《给黄昌谷的指令》云：

大元帅指令第八八三号

令大本营会计司司长黄昌谷

呈为该司统计科主任赵士养呈请辞职，请任张子丹接充任由。

呈悉。已有明令分别任命、准辞矣。仰即知照。此令。

（中华民国陆海军大元帅之印）

中华民国十三年八月八日

据《大本营公报》第廿三号《训令》②

1924 年 8 月 11 日，孙中山《给黄昌谷的指令》云：

大元帅指令第九〇〇号

令大本营会计司司长黄昌谷

呈复该司职员并无兼差由。呈悉。此令。

（中华民国陆海军大元帅之印）

中华民国十三年八月十一日

据《大本营公报》第廿三号《指令》③

1924 年 8 月 25 日，孙中山下达《给黄昌谷的训令》云：

大元帅训令第四三八号

令大本营会计司司长黄昌谷

为令知事：据大本营审计处处长林翔呈称："呈为呈复事：案奉钧帅先后发下大本营会计司司长黄昌谷呈送该司庶务科十三年一月份暨二月份收支各项数目清册对照表及收据粘存簿到处、饬令审计等因。奉此，经查该司长所送庶务科册列各数尚无浮滥，计十三年一月份共支出毫洋一万六千九百二十八元八毫八分七厘，二月份共支出毫洋一万五千五百八十元零二毫四分七厘，以上各数核与单据，均属相符，拟请准予如数核销。除将表册及单据簿留处备案外，理合具文连同原呈二件，呈请钧帅察核示遵，实为公便"等情前来。除指令"呈悉。既据审

---

① 周兴樑编：《孙中山全集续编》第五卷，北京：中华书局，2017 年，第 28 页。

② 中山大学历史系孙中山研究室、广东省社会科学院历史研究所、中国社会科学院近代史研究所中华民国史研究室编：《孙中山全集》第十卷，北京：中华书局，1986 年，第 506 页。

③ 同上书，第 520 页。

查各数目均属相符，又无浮滥，应准予核销。候令行会计司知照可也。此令"印发外，合行令仰该司长即便知照。此令。

（中华民国陆海军大元帅之印）

中华民国十三年八月廿五日

据《大本营公报》第廿四号《训令》[①]

1924 年 9 月 5 日，孙中山《给黄昌谷的谕令》云：

令大本营会计司长黄昌谷：北伐在即，旧日行营长官各项薪俸，一律停支。[②]

1924 年 11 月 3 日，孙中山下达《免黄昌谷职务令》云：

大元帅令

大本营会计司司长黄昌谷另有任用，应免本职。此令。

（中华民国海陆军大元帅之印）

中华民国十三年十一月三日

据《大本营公报》第三十一号《命令》[③]

1924 年 11 月 3 日，孙中山颁发《任命黄昌谷职务令》云：

大元帅令

任命黄昌谷为大本营秘书。此令。

（中华民国海陆军大元帅之印）

中华民国十三年十一月三日

据《大本营公报》第三十一号《命令》[④]

5. 随同孙中山北上，在船上致电许世英、汪精卫、孙科

1924 年 10 月 23 日，冯玉祥在北京发动军事政变，一举推翻了曹锟的贿选政府。于是，冯玉祥、段祺瑞、张作霖等人先后电邀孙中山北上商谈建国大计。孙中山按照既定的对内主张召开国民会议，对外废除不平等条约，用以消除军阀割据，争取民族独立，达到国内安定和平的政治目的的方针，毅然决定北上，共筹建国方略。

1924 年 11 月 13 日，孙中山偕夫人宋庆龄，及随员黄昌谷、戴季陶等人由广州启

---

① 中山大学历史系孙中山研究室、广东省社会科学院历史研究所、中国社会科学院近代史研究所中华民国史研究室编：《孙中山全集》第十卷，北京：中华书局，1986 年，第 572 页。

② 周兴樑编：《孙中山全集续编》第五卷，北京：中华书局，2017 年，第 103 页。

③ 中山大学历史系孙中山研究室、广东省社会科学院历史研究所、中国社会科学院近代史研究所中华民国史研究室编：《孙中山全集》第十一卷，北京：中华书局，1986 年，第 274 页。

④ 同上。

行，经上海、香港，日本的长崎、神户北上，于 12 月 3 日抵塘沽，黄昌谷、戴季陶在船上致电许世英、汪精卫、孙科，告知 4 日可安抵天津。据 1924 年 12 月 4 日天津《大公报》载《孙中山先生抵津确讯》云：

> 孙中山先生莅津消息，宣传已久，截至昨日（三日）下午，始接戴季陶、黄昌谷两君，自北岭丸船上发致许俊人、汪精卫、孙哲生无线电，谓：

> 许代表世英、汪先生精卫、孙代表科鉴：中山先生今晚（三日）可安抵塘沽，明日到津，云云。

> 据此则望眼欲穿之民党领袖孙中山先生，与吾人把晤匪遥矣。又一确息：北岭丸今日（四日）早六点钟到塘沽。十二点抵法界美昌码头。闻中山已预定下轮，即直赴段执政所代预备之张园行辕。早餐后往曹花家园访张雨亭氏（引者按：指张作霖）。晚间赴国民饭店之欢迎大会云。

图 10　1924 年 12 月 4 日天津《大公报》

6. 随同孙中山抵津

1924 年 12 月 4 日，黄昌谷等人，随同孙中山和宋庆龄抵天津，受到各界人士的欢迎。据 1924 年 12 月 5 日天津《大公报》载《孙中山抵津盛况志详》云：

> 是日下午四时，中山因张雨亭曾派杨宇霆代表赴码头欢迎，乃偕汪精卫、李烈钧、孙科、陈友仁、黄昌谷、戴季陶等十余人，赴曹家花园（引者按：坐落在今黄纬路的 254 医院）访张（雨亭）畅谈时局问题，并在张处晚餐，七时始返。

与中山同寓张园者，除其夫人外，有汪兆铭、孙科、陈友仁、黄昌谷、戴天仇、马超俊、韦玉、陈剑如等十余人。闻汪精卫向欢迎筹备处代表言：中山先生为乘此次机会与北方民众晤面计，拟到处举行露天讲演。故欢迎筹备处已借定南开操场为讲演地点。惟张作霖方面，因恐保护不周，致出意外，曾派人向警察厅声明，以仍在室内讲演为宜。筹备处已派人赴张园传达此项意见云。

图 11　1924 年 12 月 5 日天津《大公报》

图 12　1924 年 12 月 4 日孙中山与宋庆龄抵达天津法租界美昌码头时在船上合影

7. 陪同宋庆龄访问黎元洪

1924 年 12 月 4 日中午，孙中山与宋庆龄及其随员到达天津时，黎元洪曾派代表到海河码头欢迎。孙中山本打算于 12 月 5 日亲赴黎宅访晤黎元洪，只因肝疾复发卧病张园而未果。因此，孙中山只好委派夫人宋庆龄，以及重要随员李烈钧、汪精卫、孙科、戴天仇、但懋辛、黄昌谷、邵元冲、马伯援、杨永泰及孙中山的秘书韦玉，偕同作陪者许世英、朱启钤、陈锦涛、杨震泰、杨以德、祝惺元等 20 余人拜访黎元洪。据 1924 年 12 月 6 日天津《大公报》载《张园日记——中山抵津之第二日》中披露：

> 前大总统黎元洪前日午后一钟，在英界本邸招待孙文诸士，孙文因病未到，由孙夫人代表列席。计到者为孙夫人、汪精卫夫妇、李烈钧、孙科、戴天仇、但懋辛、黄昌谷、邵元冲、马伯援、杨永泰、韦玉等二十余人。作陪者为许世英、叶恭绰、朱启钤、陈锦涛、杨震泰、杨以德、祝惺元等。招待者为黎大公子、黎二公子、饶汉祥、孙启濂、胡文俊、瞿瀛、熊少豪等。席间畅谈甚欢，至二钟始各尽欢而散云。

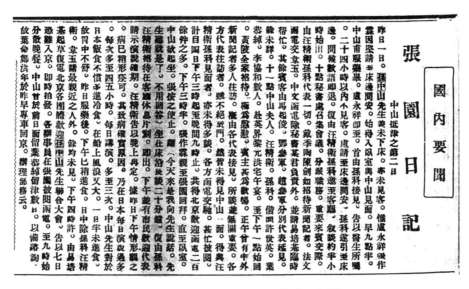

图 13　1924 年 12 月 6 日天津《大公报》

8. 孙中山在张园面谕黄昌谷对《三民主义》讲稿妥加保管

1924 年 12 月 27 日，孙中山在张园病榻思及存在广州的《三民主义》讲稿，谕黄昌谷、吴敬恒对此妥加保管。据台湾版《中华民国史事纪要》1924 年 12 月 27 日载：

> 孙大元帅北上，《民生主义》未及亲自校阅，其余均经校阅，且存有亲笔修改之原稿尚存广州大本营寝室内。孙大元帅本日思及此项原稿，并命原笔记人及随侍之黄昌谷注意保管此稿。黄氏曰：迨民国十三年十二月二十七日，谷省侍国父肝疾于天津张园客厅，面呈《国父由上海过日本北上之言论集》底稿，请其核

夺后，随奉国父面谕：

“我从前收存《三民主义》十六讲原稿，系分别三种主义，保存于广州大本营我寝室内之书桌上下。你他日回广州时，须即向该室看守人检齐，负责保管。

未几，孙大元帅并向来视之吴敬恒等，言及存在广州的此项原稿本，嘱妥为保管。①

黄昌谷是孙中山在广东高师礼堂演讲《三民主义》时的笔记人。

9. 随同孙中山由津入京

1924 年 12 月 31 日上午 10 时许，雪后气寒。孙中山偕夫人宋庆龄及汪精卫、黄昌谷、邵元冲、马超俊诸随员由张园起身至东车站（今天津站）乘专车入京。各界代表齐集车站欢送孙中山入京。

10. 孙中山派黄昌谷代答民治通讯社记者问

1925 年 1 月 6 日，黄昌谷就孙中山来京的有关问题，受孙中山委派，回答了记者的问话。据 1925 年 1 月 7 日天津《大公报》载《国民党对于善后会议之意见》记：

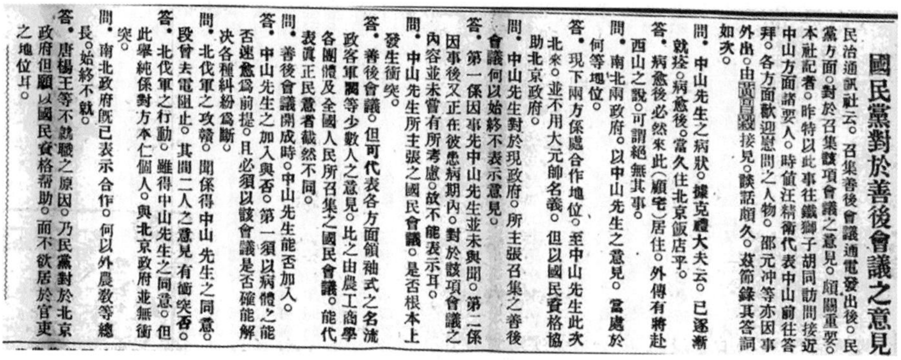

國民黨對於善後會議之意見

民治通訊社云。召集善後會議通電發出後。民黨方面。對於召集該項會議之意見。頗關重要。本社記者。昨特以此事往鐵獅子胡同訪問接近中山方面諸要人。時值汪精衛代表中山前往答拜。各方面歡迎慰問之人物。邵元冲等亦因事外出。由黃昌穀接見。談話頗久。玆節錄其答詞如次。

問・中山先生之病狀。據克禮大夫云。已逐漸就痊。病愈後。當久住北京飯店乎。

答・病愈後必然來此（順宅）居住。外傳有將赴西山之說。可謂絕無其事。

問・南北兩政府。以中山先生之意見。當處於何等地位。

答・現下兩方係處合作地位。至中山先生此次北來。並不用大元帥名義。但以國民資格協助北京政府。

問・中山先生對於現政府。所主張召集之善後會議何以始終不表示意見。

答・第一係因事先中山先生並未與聞。第二係因事後又正在彼患病期內。對於該項會議之內容並未嘗有所考慮。故不能表示耳。

問・中山先生所主張之國民會議。是否根本上發生衝突。

答・善後會議。但可代表各方面領袖式之名流政客軍閥等少數人之意見。比之由農工商學各團體及全國人民所召集之國民會議。能代表眞正民意者截然不同。

問・善後會議開成時。中山先生能否加入。

答・中山先生之加入與否。第一須以病體之能否速愈爲前提。且必須以該會議是否確能解決各種糾紛爲斷。

問・北伐軍之攻贛。聞係得中山先生之同意。段曾去電阻止。其間二人之意見有衝突否。

答・北伐軍之行動。雖得中山先生之同意。但此舉純係對方本仁個人。與北京政府並無衝突。

問・南北政府既已表示合作。何以外農教等總長。始終不就。

答・唐楊王等不就職之原因。乃民黨對於北京政府但願以國民資格帮助。而不欲居於官吏之地位耳。

图 14　1925 年 1 月 7 日天津《大公报》

民治通讯社云：召集善后会议通电发出后，民党方面，对于召集该项会议之意见，颇关重要。本社记者，昨特以此事往铁狮子胡同访问接近中山方面诸要人。时值汪精卫代表中山前往答拜各方面欢迎慰问之人物，邵元冲等亦因事外出，由黄昌谷接见，谈话颇久。兹节录其答词如次：

问：中山先生之病状，据克礼大夫云，已逐渐就痊。病愈后，当久住北京饭店乎？

---

① 葛培林：《和平　奋斗　救中国——孙中山先生晚年北上纪实》，中山：政协中山市委员会文史委员会，1994 年，第 185 页。

答：病愈后，必然来此（顾宅）居住。外传有赴西山之说，可谓绝无其事。

问：南北两政府，以中山先生之意见，当处于何等地位？

答：现下两方系处合作地位。至中山先生此次北来，并不用大元帅名义，但以国民资格协助北京政府。

问：中山先生对于现政府所主张召集之善后会议何以始终不表示意见？

答：第一系因事先中山先生并未与闻。第二系因事后又正在彼患病期内。对于该项会议之内容并未尝有所考虑，故不能表示耳。

问：中山先生所主张之国民会议，是否根本上发生冲突？

答：善后会议但可代表各方面领袖式之名流政客军阀等少数人之意见，比之由农工商学各团体及全国人民所召集之国民会议能代表真正民意者截然不同。

问：善后会议开成时，中山先生能否加入？

答：中山先生之加入与否，第一须以病体之能否速愈为前提，且必须以该会议是否确能解决各种纠纷为断。

问：北伐军之攻赣，闻系得中山先生之同意。段曾去电阻止。其间二人之意见有冲突否？

答：北伐军之行动，虽得中山先生之同意，但此举纯系对方本仁个人，与北京政府并无冲突。

问：南北政府既已表示合作，何以外、农、教等总长，始终不就？

答：唐、杨、王（按：唐绍仪、杨庶堪、王九龄）等不就职之原因，乃民党对于北京政府，但愿以国民资格帮助，而不欲居于官吏之地位耳。

上述谈话，清楚地表明了孙中山反对段祺瑞的善后会议，而主张召集国民会议解决国事的立场。

11. 参与孙中山移灵

1925 年 3 月 12 日上午九时半，孙中山在北京铁狮子胡同行辕逝世。当天正午，孙中山遗体迁入协和医院，"即由协和医院医生美人某与助手二人，施行手术。由心部微下方外皮开割，徐徐将心脏肠胃取出，由刘瑞恒检查病源，发现胆囊内有小楼六枚，在医学上名为胆沙，肝部亦有瘤，此为致命伤，当用药水洗涤，分别另储玻璃瓶内。刘瑞恒已将病因及症状，做成具体报告书，日内即可公布。复将先生腹内加以洗涤，排除毛细血管内空气，注入福米林（Focmalin）10% 药液，再用药线缝好创口，仪容如生。然后请宋夫人（按：指宋庆龄）与公子孙科、女婿戴恩赛、宋夫人亲弟宋子文三人入视。宋夫人与孙、戴等，扶尸大恸。自遗体入医院后，始终在旁看视者，孙、戴外，尚有广州政府侍从武官随孙（按：指孙中山）北来之李荣、李朗汝、邓彦华、赵超、梅光培、刘季生、马超俊、李仙根等八人。此八人自孙罹疾后，跬步不离，15日十时，医生手术告竣后，宋夫人特令李等入视，李等亦泣不成声，一时在地窖下之理科病室内，顿呈惨淡景象。"①

　　当时为孙中山检查病源的也是毕业于北洋大学的刘瑞恒。

　　图15　任北京协和医科大学校长时期的刘瑞恒（引自中国协和医科大学编：《中国协和医科大学校史》，北京：北京科学技术出版社，1987年）

　　3月19日，孙中山灵柩由北京协和医院，移送至中央公园（今中山公园）社稷坛大殿，黄昌谷是引领队伍的执头绋者。据1925年3月20日天津《大公报》载《昨日孙中山移灵之详情：送者观者三四万人，旧式仪仗完全摈除》云：

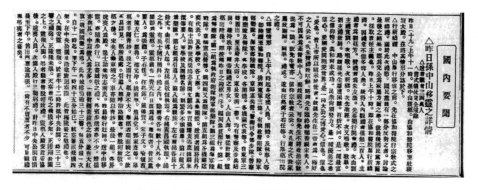

图16　1925年3月20日天津《大公报》

---

① 《孙中山丧礼详记》，《申报》1925年3月19日。

图 17　1925 年 3 月 19 日，孙中山灵柩由协和医院移送中央公园（今中山公园）途中

昨日（十九）上午十一时，孙中山灵柩，由协和医院移至社稷坛大殿。兹将其情形分志于下：

　　△**行祈祷礼**　中山举行移灵之前，先在协和医院行宗教式之祈祷礼。关于此次礼节，国民党员有一部分反对之者。讨论最后之结果，认为完全为家属方面之事。故最后国民党方面，采取放任主义也。昨日上午十时，即在协和医院举行祈祷礼。因礼堂不能多容人众，故得入内观礼者仅无二百人。主礼者为刘廷芳，赞礼者为朱友渔。先奏乐行开会礼，次由刘主礼宣训。次唱歌祈祷。次念圣经，次又唱歌，歌毕。刘主礼致词，略谓孙先生屡遭困难，百折不回，是一种最富之信仰性。共和尚未成功，民众尚须努力。是一种优美之希望心。爱国爱同胞爱世界，是一种大公之博爱心。信也，望也，爱也，皆上帝所以昭示于世者。故孙先生在上帝前为一极好之人云云。次朱赞礼致唁辞，略谓先生临终特嘱善视宋夫人，不可因其为基督教中人，而歧视之。可知先生不将政治宗教混为一谈。故先生实亦一信仰宗教者云云。次孔庸之代表家属致谢词。词毕，礼成。遂由汪兆铭、于右任等，行举枢出院之礼。

　　△**移灵情形**　自上午八时起各送丧人员、团体，及执事人等，即陆续至协和医院，排列东单三条，有执政府卫队、陆军部乐队、海军部陆战队、京师宪兵营、警卫司令部步队、警察厅乐队及警队、各学校、各团体、各机关代表等，自东单三条西出，至王府井大街、东长安街一带，均有警察及步兵站岗，维持秩序。两旁观礼之男女，人山人海，无从计数。灵柩出院后，即按照昨日之迎枢秩序，编列鱼贯而行。第一组为警察队，第二组为执政府卫队陆军部乐队，第三组

为海军陆战队，京师宪兵营等。第四组又为乐队，第五组为各机关送丧代表，及各学校、各工团，与其他团体。送丧者国务员外，有梁士诒、许世英、梁鸿志、黄开文、郑鸿年、贾德耀、黄郛、鹿钟麟、朱深等要人。至学校及团体名称，则繁多不能备举。第六组又为乐队，第七组为引导人，第八组为亲族。左右两绋各长十余丈。由引导人起，左绋吴敬恒执头，右绋黄昌谷执头。绋之外，有兵士随行照料。绋之内，余两旁各有数十人外，中间即为灵枢。灵枢前有一青天白日旗为导。举幡者，皆民党要人，为张继、于右任、汪兆铭、戴传贤、宋子文、喻毓西、陈友仁、邹鲁、邵元冲、姚雨平、焦易堂、邓家彦等。举枢者手缠青纱，挽之而行。枢身不大，举枢者环而绕之，故不易详见。枢所过处，引导人招呼沿路观者，皆脱帽致敬。枢之后，宋夫人乘车随之。车亦障以青纱。最后一组，各界送丧人为殿。梁士诒、梁鸿志两氏，昨晨特行赶回，送中山移灵，亦随众步行，以尽诚敬之礼。外宾步送者亦不少，妇孺亦与具。中以俄人为尤多，一律臂缠紫绛色之纱，并有大红旗（俄国国徽）为导。此外，城楼鸣炮三十三响，每五分钟一次，自十一时起，至下午一时四十五分始已。航空署派飞机四架，在中央公园及沿途旋回空际，此皆极隆盛之敬礼也。

△**入园安灵**　灵幡于正午十二时许，抵中央公园。时三十三响之礼炮，正隆隆未毕。天空致吊之飞机多架，正翱翔公园之上。灵幡入园，吊者观者皆脱帽致礼。灵枢入殿安置妥当后，送丧人员，次第入殿行三鞠躬礼。计昨日中央公园自清晨至下午售出门票逾万张，尚有不买票者不少，可见观礼与吊丧者之盛矣。

12. 报告苏联赠送孙中山水晶棺抵北京等情密电

1925 年 3 月 30 日，黄昌谷报告苏联赠送孙中山水晶棺抵北京等情密电云：

广州胡留守展堂①先生钧鉴：黄密。海滨②转尊电敬悉。俟送先生枢往西山后同海滨回粤。俄棺今午抵京。国民军冯、胡③急需俄助，近与本党益亲切。昌谷。陷④。叩。

〔广州国民政府档案〕⑤

①　胡留守展堂：指胡汉民，字展堂。
②　海滨：指邹鲁，字海滨。
③　冯、胡：指冯玉祥、胡景翼。
④　陷：指 30 日。
⑤　徐友春、吴志明主编：《孙中山奉安大典》，北京：华文出版社，1989 年，第 22 页。

13. 任广东政府监察委员

黄昌谷被任命为广州政府监察院监察委员。据 1926 年 10 月 22 日天津《大公报》载《广东改组监察院》云：

> 广东函：粤政府之监察院，去年八月成立，其时监察委员就职者，计有甘乃光、黄昌谷、林祖涵、陈秋霖等四人，谢持则因滞留沪上，未克南来就职。甘、黄各委员莅任后，从事于廓清政治上种种积弊，极有成绩。黄委员昌谷就职后赴沪。陈秋霖被刺，当时只得甘、林两委员在院任职。今春甘、林两委员先后奉准辞职，政府遂简任陈孚木、于若愚、周觉、李永声为委员，连黄昌谷仍足五人之数。数日来从事于澄清吏治，训导监察现任官吏等工作，但因格于组织法之规定，监察权之行使不能收何成效。日前中央政府会议，对于监察院审政院各机关之组织法，认为有修改之必要，故特指令徐委员季龙审查，并拟就具体办法。徐委员以审政院形同虚设，而监察职权太重，故拟将审政院归并监察院，于监察院内另设一审判部，其作用始能臻于完备。

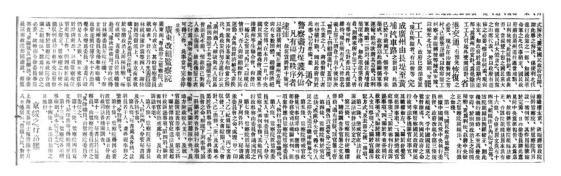

图 18　1926 年 10 月 22 日天津《大公报》

14. 随同宋庆龄到南昌

1926 年 12 月初，黄昌谷随同宋庆龄到南昌。据 1926 年 12 月 11 日天津《大公报》载《南州冠盖志》云：

> （十二月三日南昌通信）南昌自前清以来，向不为政治中心，故往来要人亦不多。民国后称盛一时者，第一为民二（引者按：民二，指民国二年，即 1913 年）春夏间孙中山来游，李协和欢迎于老营房操场。次则协和倡讨袁于湖口，一时南北伟人来者颇多。未几战败，段芝贵、李纯相继入南昌，为时虽短，亦颇盛也。自此而后，未尝有多数名流同时莅止者矣。此次蒋介石建牙于西江，一时遂为南方政治中心地。而各方要人来此者，几如山阴道上，求之千百以上之历史，

诚可谓空前之景况也。是恶可以不志。

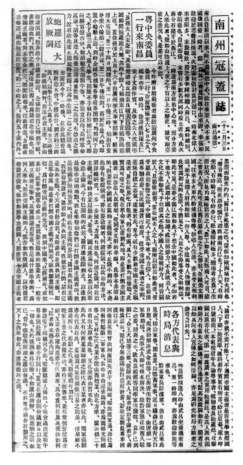

图 19　1926 年 12 月 11 日天津《大公报》

《粤中央委员一行来南昌》载：

今昨两日间，最盛者为欢迎广州中央粤中央委员委员一行。市面筹备至六七日之久，一行来南昌延至昨午一时余。徐谦、孙科、陈友仁、宋子文、蒋作宾，及徐之夫人沈仪彬，及孙夫人宋庆龄，及叶楚伧、褚民谊、袁良骥、黄昌谷等，偕俄国顾问鲍罗廷夫妇，共四十余人，始到章江门下首铁路码头上坡。盖徐、孙等于上月十六日由广州坐火车至韶关，经南雄大庾岭，至二十四日到赣州。至一日午后三时，始由吉安分坐小轮船二艘启碇，至二日午后始到。蒋于昨晨八时，即驾小轮船上迎。到时全城各机关各学校各团体，均到河干迎之，不下两三万人。党人学生，固无不手执白旗招摇以立，即向称官僚市侩，如胡敏堂、胡伯午等，亦鹄立以待，高呼革命万岁。胡等且逢人辄盛夸蒋为当世无二之英雄，有改造之能力。说者谓此辈企图取得党籍，以为平生第二幕之奋斗也。

15. 武昌市市长黄昌谷为筹备政府迁鄂事宜主任

1926 年 12 月，筹备政府迁鄂事宜，已由武昌市市长黄昌谷为主任。据 1926 年 12 月 24 日天津《大公报》载《武汉近事汇记》中披露：

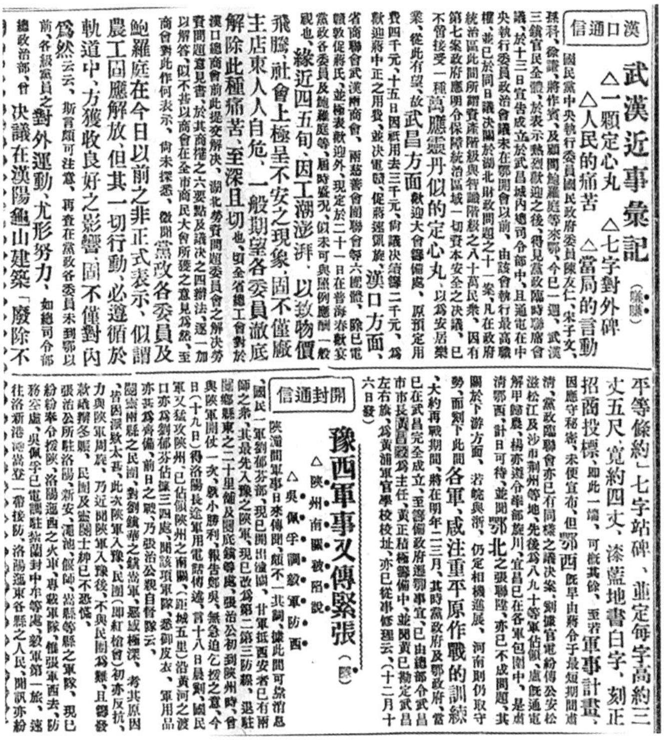

漢口通信

武漢近事彙記（續騰）

△一顆定心丸 △七字對外碑

△人民的痛苦 △當局的言動

國民黨中央執行委員國民政府委員陳友仁、宋子文、孫科、徐謙、蔣作賓、及顧問鮑羅庭等來鄂、今已一週、武漢三鎮官民全體、於表示熱烈歡迎之後、得見黨政臨時聯席會議、於十三日宣告成立於武昌城內總司令部中、且通電在中央執行委員政治會議未在鄂開會以前、由該會執行最高職權、並已於同日議決關於湖北財政問題之十一案、凡在政府統治區此間所謂資產階級與智識階級之八十萬民衆、因有第七案政府應明令保障統治區域一切資本安全之決議、已不啻接受一種萬應靈丹似的定心丸、以爲安居樂業、從此有望、故武昌方面歡迎大會籌備處、原預定用費四千元、十五日因祇用去三千元、尚議決繳還二千元、爲歡迎蔣中正之用費、並決電蔣、促蔣速凱旋、漢口方面、省商聯會武漢兩商會、兩慈善會聯會等六團體、除已電贖敦促蔣氏、並極表歡迎外、現定於二十一日在普海春歡宴黨政各委員及鮑羅庭等、屆時盛況、似未可與照例應酬一般視也、緣近四五旬、因工潮澎湃、以致物價飛騰、社會上極呈不安之現象、固不僅廠主店東人人自危、一般期望各委員澈底解除此種痛苦、至深且切也、頃全省總工會對於漢口總商會前此提交解決勞資問題意見書、於其商權之六要點及議決之四辦法、逐一加以解答、似不甚以商會在全市商民大會所獲之意見爲然、至商會對此作何表示、尚未探悉、微聞黨政各委員及鮑羅庭在今日以前之非正式表示、似謂農工固應解放、但其一切行動、必遵循於軌道中、方獲收良好之影響、固不僅對內爲然云云、斯言頗可注意、再查在黨政各委員未到鄂以前、各級黨員之對外運動、尤形努力、如總司令部總政治部、曾決議在漢陽龜山建築「廢除不平等條約」七字站碑、並定每字高約三丈五尺、寬約四丈、漆藍地書白字、刻正招商投標、即此一端、可概其餘、至若軍事計畫、因應守秘密、未便宣布、但鄂西既早由蔣令于最短期間肅清、黨政臨聯會亦已有同樣之議決案、刻據官電紛傳公安松滋松江及沙市荊州等地、先後爲八九十等軍佔領、盧氏通電解甲歸農、楊亦遵令率部旋川、宜昌已在各軍包圍中、是肅清鄂西、計日可待、並聞鄂北之張聯陞、亦已不成問題、其關於下游方面、若皖與浙、仍定相機進展、河南則仍取守勢、而刻下此間各軍、咸注重平原作戰的訓練、大約再戰期間、將在明年一二三月、其時黨政府及鄂政府、當已在武昌完全成立、至籌備政府遷鄂事宜、已由總部令武昌市市長黃昌穀爲主任、黃正積極籌備中、並聞黃已勘定武昌左右旗、爲黃埔軍官學校校址、亦已從事修理云、（十二月十六日發）

開封通信

豫西軍事又傳緊張（續）

△陝州南關被陷說

△吳佩孚調兵軍防西

陝潼間軍事日來傳聞、頗不一其詞、據此間可靠消息、「國民一軍劉郁芬部、現已開出潼關、廿軍抵西安者已有兩師之衆、其最先入豫之陝軍、現已改爲第二第三防線、退駐閿鄉縣東之二十里舖及閿底鎮等處、張治公初到陝州時、曾與陝軍開仗一次、獲小勝利、報告鄭吳、無急迫乞援之意、今日（十九日）得洛陽長途軍用電話傳述、言十八日晨刻、國民軍又猛攻陝州、已佔領陝州之南關、（距城五里）沿黃河之渡口亦爲劉郁芬佔據三四處、聞該項軍隊、禦寒皮衣、軍用品亦甚爲齊備、前日之戰、乃張治公親自督隊云、閿靈兩縣之民團、對劉鎮華之鎮嵩軍、惡感極深、考其原因、皆因派款太甚、此次陝軍入豫、民團（即紅槍會）初亦反抗、力與陝軍周旋、乃近聞陝軍入豫後、不與民團爲難、且曾發款賑濟多縣、民團及紳士已不恐慌、張治公所駐洛陽、新安、澠池、偃師、嵩縣等縣之軍隊、現已紛紛奉令援陝、洛陽迤西之火車、專載軍隊、恒張軍西去、防務空虛、吳佩孚已電調駐紮開封中牟等處、數軍第一旅、速往洛新港灣當登一帶接防、洛陽迤東各縣之人民、聞訊亦紛

图 20 1926 年 12 月 24 日天津《大公报》

16. 中国政府接管汉口英租界，改为第三特区，黄昌谷任该区管理局局长

1927 年 3 月 17 日，中国政府接管汉口英租界，改为第三特区，黄昌谷任该区管理局局长。内容如下：

1927 年 3 月 12 日天津《大公报》载《汉口要电》云：

国闻社电：第三特别区市政局、闻内定黄昌谷为局长。

1927 年 3 月 19 日天津《大公报》载《汉口英界工部局结束》云：

国闻十六日下午五时汉口电：英工部局结束事竣，黄昌谷铣（十六日）实行任第三特别区管理事宜。

1927 年 3 月 27 日天津《大公报》载《汉口短简》云：

汉口英租界，于十五日午后四时，召集纳税人年会，当日即正式交还中国接管，改为第三特区，黄昌谷是日就任该区管理局长，所有前英工部局财产，一律交付管理局接管，已于十七日交接完竣。

17. 黄昌谷就日军枪杀中国人提出严重抗议，要求立即撤退水兵

1927年4月，黄昌谷就日军枪杀中国人事件，提出严重抗议，要求立即撤退日军水兵。据1927年4月10日天津《大公报》载《汉口四三案详情补志》云：

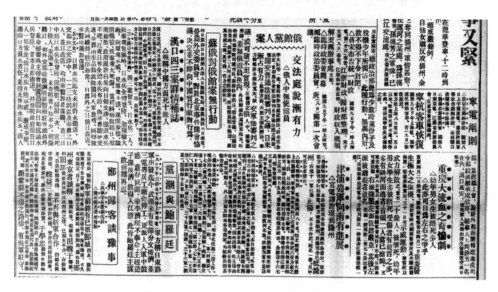

图21　1927年4月10日天津《大公报》

△报称中国方面死十余人

汉口电讯：（五日又电）日界水兵迄支未刻，仍未撤退，外交部向之交涉中，一二三特别区及华界之日人，并日商店，均由华警加意保护，查三日申刻日水兵全登陆，开机枪、扫射二次，当死十余人，重伤五十，未查明者不知多少，轻伤难计。初外交部除征调特区警察驻界维持外，并命秘书吴主桩会同黄昌谷向日领抗议水兵登陆，要求立即撤退，并声明政府担任日人一切安全，倘日水兵在陆示威，激成事变，应由日方负其责任。是役先后拘水兵五、商人四，当送总工会，旋经外部函请转送卫戍司令部驻汉办事处收容，肇事人大冈胜芳一各在内，汉口甚安。（按此数人其后由唐生智护送交与日领事）

18. 黄昌谷被任命立法院委员

1928年10月31日，黄昌谷被任命为立法院委员。据1928年11月1日天津《大公报》载《中政会议昨日重要决议：苏浙省府改组，川新省委发表，杨森撤销查办并任川委，立法院委员宋美龄在内》中披露：

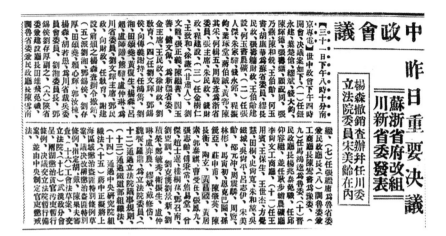

图 22　1928 年 11 月 1 日天津《大公报》

19. 黄昌谷出席立法院常会

1929 年 2 月 16 日，黄昌谷出席立法院常会。据 1929 年 2 月 17 日天津《大公报》载《立法院常会》云：

图 23　1929 年 2 月 17 日天津《大公报》

20. 黄昌谷被任命为湖北省政府委员

黄昌谷被任命为湖北省政府委员、教育厅厅长。据 1929 年 5 月 4 日天津《大公报》载《昨日国务会议》云：

图 24　1929 年 5 月 4 日天津《大公报》

（三日下午五时十分南京专电）江（三日）国务会议决，派陈调元接收济南，并代理鲁省府主席。派方振武代皖省主席，未到前，由民政厅长吴醒亚代行，改组鄂省府。任何成浚、方本仁、刘骥、方觉慧、李基鸿、黄昌谷、夏斗寅、孔庚、熊炳坤、贺国光、萧暄为委员，何兼主席，未到前，方本仁代。本仁兼民厅，骥兼建设，觉慧农矿，基鸿财政，昌谷教育，斗寅湖北警备司令。萧兼秘书长。

（下略）

另据 1929 年 5 月 15 日天津《大公报》载《鄂省府将成立》云：

北平电话：复旦社汉口电：鄂省府定号（二十日）成立。省委现在汉口者有方本仁、黄昌谷、方觉慧、李基鸿、萧萱、贺国光、孔庚七人，已过半数，夏斗寅即可到汉。熊炳坤今晚到。

21. 黄昌谷赴南京参加孙中山奉安大典

1929 年 5 月 25 日夜，黄昌谷赴南京参加奉安大典。据 1929 年 5 月 28 日天津《大公报》载《武汉纪念奉安》中披露：

图 25　1929 年 5 月 28 日天津《大公报》

　　△孔庚等赴京参加

　　（二十六日下午十二时发汉口电）省府委员黄昌谷、孔庚有（二十五）夜赴京（引者按：指南京），参加奉安典礼。武汉官民机关团体及商店，宥（二十六）起遵中央电令，举行志哀。东（一日）八时公祭，地点在武昌首义公园。汉口在民众俱乐部。

22. 湖北省政府委员黄昌谷免去本职

南京国务会议批准湖北省政府委员黄昌谷辞去兼职。详情如下：

1930 年 8 月 30 日天津《大公报》载《昨日南京国务会议之决议》云：

　　二十九日下午四时十五分发南京专电：宁府艳（二十九日）开九十一次国务会议，主席谭延闿，决议案有十三项，其中第十一项决议湖北省政府委员黄昌谷辞兼职，照准。遗缺以方达智继任。

1931 年 2 月 4 日天津《大公报》载《国务会议通过》中披露：

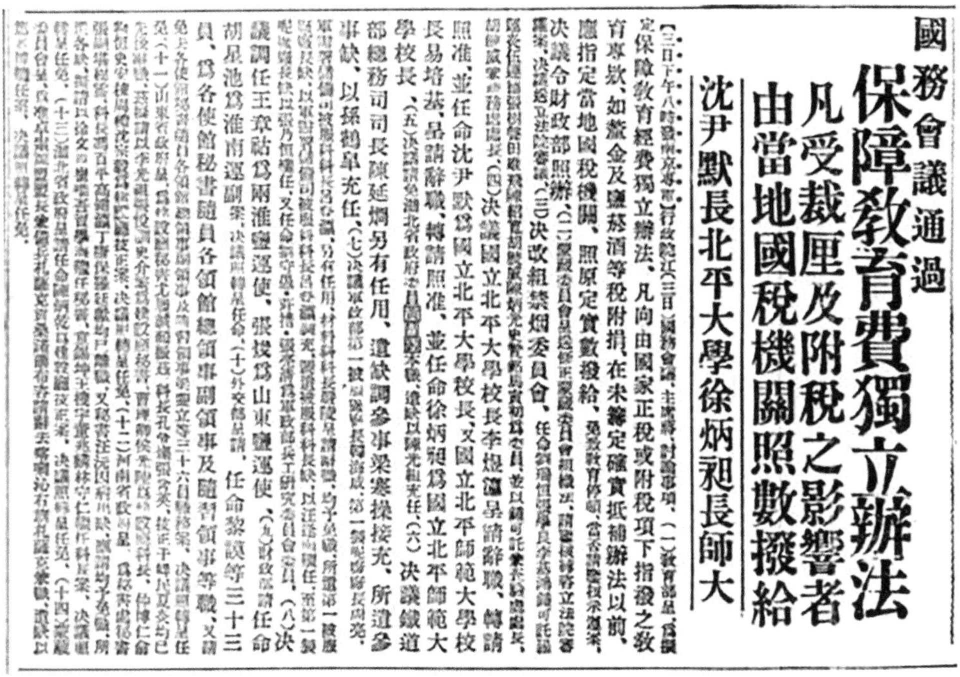

图 26　1931 年 2 月 4 日天津《大公报》

　　保障教育费独立办法

　　凡受裁厘及附税之影响者，由当地国税机关照数拨给

　　沈尹默长北平大学徐炳昶长师大

（三日下午八时发南京专电）行政院江（三日）国务会议，主席蒋，讨论事项：（引者按：以上问题略，只录与黄昌谷有关的内容）

（五）决议请免湖北省政府委员黄昌谷本职，遗缺以陈光组充任。

1931年2月7日天津《大公报》载《国府议决导淮会改组》中披露了有关北洋大学的事情：

蒋中正黄郛任正副委员长

派孙科为国议选举总所副主任

平大校长沈尹默师大徐炳昶通过任命

北洋工学院施勃理教授准发给养老金

（六日下午七昨发南京专电）国府鱼（六日）晨八至十时，举行第九次国民政府会议，主席蒋。

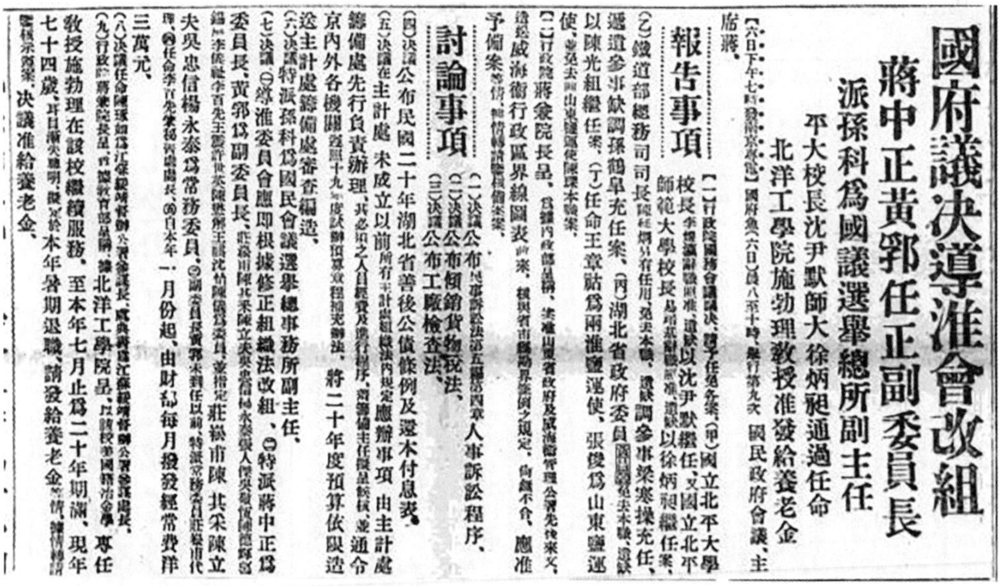

图27　1931年2月7日天津《大公报》

行政院国务会议议决，请予任免各案：湖北省政府委员黄昌谷免去本职，遗缺以陈光组继任案。

行政院蒋（引者按：指蒋介石）兼院长呈，为据教育部呈称：据北洋工学院呈，以该校美国籍冶金学专任教授施勃理在该校继续服务，至本年七月止为二十年期满，现年七十四岁，耳目渐失聪明，拟定于本年暑期退职，请发给养老金等情，据情转请鉴核示遵案，决议准给养老金国府议决导淮会改组。

（引者按：只录与黄昌谷有关的及北洋大学的内容）

上述内容，还有给与北洋工学院施勃理教授准发给养老金问题。这与北洋大学校史有直接关系。

23. 黄昌谷改任湘省府驻渝办事处主任

1939 年 2 月 28 日，黄昌谷改任湘省府驻渝办事处主任。据 1939 年 3 月 1 日香港《大公报》载《湘主席行署业已组织就绪》云：

（长沙二十八日中央社电）湘省府主席行署，现已组织就绪。除原有总办公厅及本地政务处外，又将组训处正式成立，由潘华国任处长。原任战地政务处长黄昌谷，改任湘省府驻渝办事处主任后，递遗之缺，现由刘孟纯继任。又湘省党政合组之民众抗战统一委员会结束以后，策动民众动员等问题，将由行署组训处主办。

图 28　1939 年 3 月 1 日香港《大公报》

24. 黄昌谷在香港演讲三民主义

1948 年 8 月 8 日，黄昌谷在香港演讲三民主义问题。据 1948 年 8 月 9 日香港《大公报》载《黄昌谷来港演讲》云：

本报讯：国立中山大学教授黄昌谷从穗来港澳演三民主义。昨天已自澳门与李秉硕抵港，拟于今天上午九时在国民党总支部讲《三民主义"以进大同"在何时》一题。

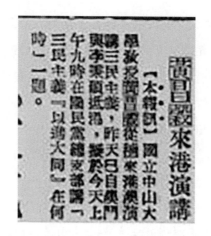

图 29　1948 年 8 月 9 日香港《大公报》

四、整理、编辑孙中山著作

1. 为《中山丛书》作序

图30　《中山丛书》第一册封面（葛培林收藏）

　　杨雁宾题写书名的乙种增补《中山丛书》全四册，32 开本，分别有铅字印刷本和石印本。本书披露的第一册是这个版本的铅字印刷本；第二、第三、第四册是这个版本的石印本。该丛书于中华民国十六年五月九日（1927 年 5 月 9 日）出版，中华民国十六年六月再版发行。此类丛书有三种，定价也不同：甲种用连史纸印十二册二函三元六角；乙种用新闻纸印四厚册打洋三元；丙种用有光纸印十二册二函二元六角。编辑者、印刷者和发行者，均为上海民权图书公司。代售者为各省各埠大书局。

本书的序文，是由孙中山的秘书黄昌谷撰写，它是了解孙中山经历和思想的重要内容。笔者重新做了点校。录之如下：

在毁之者，持最和平之论而言，不曰中山先生为一空谈之理想家。即曰为一破坏之革命家。而不能从事建设者也。因妄定中山先生专为一理想家。故言中山先生仅能随时随地演说，徒尚空谈，而不能见诸实事，且理想太高，而不合乎中国国情，如从前所主张不兑换纸币论之类。徒扰国民之视听，决不能现诸事实是也。因妄定中山先生仅为一破坏之革命家，而非建设家。故言中山先生在前清，仅能在西南革命，谋推翻满清。在民国，仅能于民国二年，号召南京留守与各省都督发生第二次革命。以后更于民国六年，带海军南下，组织元帅府于广州。再以后或改组成军政府，居七总裁之一，或被举为总统。行独裁革命，以至于最近，尚有广州用大元帅名义，号召天下，以破坏中央政府。为此言者。实知其一而不知其二。毫未计及年来时局之背景也。中国在近数十年中，时局之背景，为何如乎。简单言之，在前清实一异族专制之政体也。因中山先生有民族思想之觉悟，是以不能不首先反对满洲政府。因中山先生先有民权思想之觉悟，是以不能不首先反对专制政府。因中山先生有觉悟反对满清专制政府之必要，是以早主张将大清帝国，改建为中华民国。因欲改建中华民国，故不得不屡在西南革命，并宣传革命主义于全国。以图推翻满清。以致十起十败而不变更素志。及推翻满清创建民国之后，中山先生组织政府于南京，即"知民国之建设事业，不容一刻视为缓图者也"，且拟"从此继进，实行革命党所抱持之三民主义、五权宪法，与夫革命方略所规定之种种建设宏模"。乃一则阻于党人内部之言，谓中山先生"所主张者理想太高，不适中国之用"；二则阻于袁世凯之武力横行，欲改变中华民国为洪宪帝国。故中山先生之建设计划，遂不能实行，遂不能不暂舍建设，而从事破坏，特号召南京留守与各省都督，发生第二次革命以保障民国而阻止将来帝国之发生。迨至民国五六年，推倒洪宪之后，又一则督军造反，再则发生复辟，重欲根本推翻民国。以后毁坏约法，解散国会，均为共和之障碍。中山先生为保障共和，是以不得不带海军南下，组织护法政府于广州，以谋扫除共和之障碍。从民国六年以后，中国更不成为民国矣。各省军阀，割据南北，四分五裂。北则假托民意，私受国器于徐世昌。嗣后更政以贿成，多金者如曹锟得为总统。多枪者如吴佩孚，得横行于天下。南则有帝制余孽之龙济光，绿林匪首之陆荣廷，叛党叛国之陈炯明，均欲霸占一方，以谋破坏民国，反对共和。中山先生为求统一民国，除去此等共和障碍之军阀起见，是以不得不有民国九年与十二年之南下广州，组织总统府与大本营，以消灭南方之军阀，与民国十年出师桂林，以及十一年与十三年假道江西北伐，以图消灭北方之军阀。由是观之，中山先生在近十余年中，屡次革命。非专爱破坏也。实欲创造民国，或维持手创之民国，扫除共和之障碍，出于不得不然也。使中山先生果专为一破坏家爱穷兵黩武也。则当先计较敌我军对之多寡，器械之优劣，饷弹之足否，以决定军事之行动。何至于民国十年，以枪不满万枝，人不足二万，既缺训练，又乏饷械之军队，遂假道而敌久经训练，饷械之丰富无数北洋海陆军乎。又因中山先生往桂林时，所带军队过少，饷械不足，国人莫不为中山先生危，使中山先生果专武力以自恃也。何为答国人曰"若以物质分胜负，则余一人从前何能反对满清。推翻满清之后，余建都南京，又有何海陆军以号召天下"乎。且使中山先生专为一破坏之革命家也，则民国十一年假道江西北伐，已攻克赣州，得胜之师，取得吉安，南昌指日可下。正军事胜利之时，武力有用之日也。更何至于六月六日，遂有"和平统一，化兵为工"之宣言乎。更于是年秋，在上海与北方军阀讨论统一中国之方，中山先生又何至主张"先裁兵后统一"乎。又于民国十三年秋，督师韶关，讨伐曹锟、吴佩孚，虽由受敌人之牵制，未能及时出兵。迨曹、吴推倒之后，前方毫无大小抵抗。使中山先生果专为一破坏家，目欲为军阀，则督师前进，扩充实力，广收地盘，以武力雄视全国。此亦为一时机也。又何至一闻曹、吴失败之消息，遂放弃兵权与地盘，北来上海、北京，求"开国民会议"，以改良人民生计，与"废除不平等条约"乎。由是观之，则中山先生非为一单纯之理想家，亦非为一单纯之破坏家，不待详言而自明矣。

盖中山先生一生之生活，始终努力革命者也。惟真实行革命，先不得不有破坏。破坏之后，又不得不有建设。中山先生为扫除反革命之障碍，是以特有历年之破坏者也。只格于国人之知识程度太低，不明建设之大道，与失中国反革命之势力太大。时生种种障碍。以致建设之大志，一筹莫展耳。此中山先生在自著之《建国方略》序文中，不得不大声疾呼，痛言在中国所以不能建设之原因，与革命党何以有建设国家之必要也。此中山先生近十余年之生活，除一方面致力于破坏工作以外，同时仍努力于建设工作。先发表平生所怀抱之建设思想与建设计划，以求国人之了解。冀得共助进行，以谋国家长治久安之事业也。因之中山先生在民国六年。遂有"社会建设"之《民权初步》问世。在民国七年遂有"心理建设"

之《孙文学说》问世。在民国十年更有"物质建设"之《实业计划》问世。

近三年来因在南受陈炯明叛变，在北受吴佩孚武力压迫之影响，每日忙于国事，未能尽将"国家建设"之《五权宪法》《地方政府》《中央政府》《外交政策》《国防计划》等方略，完全贡献于国人。但在百忙中，而去年尚有《建国大纲》《民族主义》《民权主义》与《民生主义》（现完成一半）三书问世。则中山先生之如何醉心于建设工作与一生之精力系如何致力于建设工作？不待详言而自明矣。

抑更有进者，中山先生之哲学思想，系主知主义者也。因为主知主义。故在《民族主义》中，言齐家治国平天下之大道，必归本于修身，而推及于正心诚意与格物致知。因为主知主义，故在所著之《建国方略》中，遂首之以《孙文学说》冀先求得国人之《心理建设》。盖中国前此之不能建设者，实由于国民不知建设国家之大道也。能知当能行也。现国民已得中山先生建国方略之大半矣。当知此中之大道矣。尚望速行中山先生之建国方略，以求建设事业之实现也。

刻中山先生在患病之中，亦当望速起重疴，引导吾国民，实行此方略，俾国民得早享建设之幸福也。

中华民国十四年三月八日，黄昌谷书于北京旅次。

2. 编辑《孙中山先生演说集》

笔者收藏黄昌谷编辑的《孙中山先生演说集》（全一册）。该书的两篇序言，分别是胡汉民、黄昌谷所作：

序　一

同志黄贻荪集

中山先生近数年演说，汇刊之，凡二十余万言，贻荪于此数年间，随侍先生，未尝离。

先生演讲，贻荪执笔记录。先生辄喜其所记，为不失真。泊由粤北行，贻荪汇稿，以呈。先生自署其端，仍批"待修改"三字。顾由粤而沪，而日本、而津，都无暇。至津以后，而先生病矣。按其中诸稿，大率经先生阅定，而曾发表于各地报纸者，可信为大体不误。先生既殁，游夏不能赞一词。海内外慕仰先生者，于先生所自著《建国方略》《建国大纲》《三民主义》之外，将由此集以窥见先生近数年之怀抱。故同志亟谋出版，不复点窜。

呜呼！先生从事国民革命四十年，于近数载，尤为军书旁午，席不暇暖之日。而每有演说，皆恻恻沈详。诲人不倦如此。

呜呼！此其所以为先生也欤！

先生死后一月又三日。汉民泣志。

序　二

中山先生演说词极多。以前演说，多随记随佚。本集所录，不过就最近数年中，昌谷个人所笔记者，略加选择，并采取各同志所记先生革命主义及方法最有关系之言词，如《三民主义》《五权宪法》《军人精神教育》等篇，以成是书，聊表现先生前演说之精神于万一耳。

去年秋，昌谷搜得本集各演说稿，用厚纸色裹，呈于先生。原拟请先生编定次序付梓。先生谕云："恐有错误，须修改"。因于包纸上亲书"演说""待修改"五字，自行保存。后在粤忙于军事，无暇及此。怎由粤北上，并携此册同行，以为抵北京后，可以从容修正，岂料甫抵津门即病。一病而遂不起耶。先生既没，游夏不能赞一词。此稿遂终于不及修改也耶。呜呼！痛哉！

先生逝世后第三十七日。黄昌谷泣序于广州。

《孙中山先生演说集》（全一册），32 开本，共计 434 页。印刷者为上海宝山路天吉里卅三号民智印刷所。发行者为上海河南路九十、九十一号民智书局。分售处为民智书局分店。总发行所为上海民智书局。中华民国十五年二月（1926 年 2 月）初版。此书缺少封面，扉页有孙中山所书"演说，待修改"字样，写得非常洒脱自然。下边有隶书"关于此集之中山先生墨迹"字样。

目录有五编，不具体罗列了。第一编，对国民党员，共 12 篇文章；第二编，对军政界，共 10 篇文章；第三编，对学工界，共 7 篇文章；第四编，对农商界，共 3 篇文章；第五编，对最近时局之主张，共 8 篇文章。

图 31 《孙中山先生演说集》(全一册) 内页

该书版权页之处载有黄昌谷编辑的《孙中山先生遗教》的出版预告。内容如下：

> 本书为黄昌谷先生集孙先生遗教所编辑。全书含包四大部分：一、建国分略 (笔者按：应为建国方略)，二、建国大纲，三、三民主义，四、中国国民党第一次全国代表大会宣言。附有中国实业计划全图一大幅。照孙中山先生演说集版本格式。现在印刷中。

3. 撰文讲述孙中山革命事业

黄昌谷有两篇讲述孙中山革命事业的文章。因其文史料价值极高而又鲜为人知，是研究孙中山的重要资料。谨将全文抄录如下。

（1）《黄昌谷讲述之孙中山先生之生活》

图 32 《中山丛书》(第四册)，民德书局 1927 年版 (葛培林收藏)

图 33 《中山丛书》（第四册）附录

（一）

主席和同乡诸君（上略）：

诸君听到这地，都知道兄弟是学科学的。为甚么能够帮助孙先生去革命呢？又为甚么要帮助孙先生去革命呢？详细讲起来，就是由于我初由美国回到上海的时候，孙先生便知道我有制钢的一艺之长，所以邀我到广东兵工厂，想拨一部分关余，办一个炼钢厂。后来，因为关余拨不出，钢厂办不成，在广东无所事事，我就想离开广东。适逢到民国十年，孙先生假道桂林去北伐，想多请几位有学问的同志去帮忙，兄弟在当时又痛恨科学在中国没有用处，还是由于政治不良，要科学在中国真是能致用，根本上还是要改良政治。所以便决心暂时放弃所学，一心一意，帮助孙先生革命，到桂林去北伐。当时在行营中所做的事，一件是记孙先生的演说词，一件是发给各军的军饷。可以简单的说，一部分是书记的事务，一部分是会计的事务。又因为我向来在天津读书，看到北京政府，处理国事，中国前途是很没有希望的。所以从美国回来之后，便决心不来北方，要随孙先生到南方去做事。及后做过了一年多事，心理上崇拜孙先生的学问道德，真是改良中国政治独一无二的人物。所以便从此以后，竭全副的精神，帮孙先生做书记和会计的事务。大概因为所做的事务，没有大错处，所以孙先生在这几年之中，总是要我继续做这两种事务，直做到现在。因为巧妇难为无米之炊，便辞去会计的任务，还是继续书记的任务。兄弟刚才说，兄弟是很崇拜孙先生的学问道德的。究竟孙先生的学问道德，是怎么样令人崇拜呢？诸君要详细知道，便不能不知道孙先生一生的生活。大家都知道孙先生最初是学医的，他所住的学校，是香港大学。他在香港大学没有毕业的时候，看到满清政府没有作为，总是被外国人欺负，便发生了革命的思想。主张要救中国，便要推倒满清的专制政府。当时发生这种思想，距今天大概有四十年了。他从学校毕业以后，看到外国人欺负中国，更是很厉害。中国的国家和民族，更是很危险。他想到要免去这种国亡种灭的危险，只有革命，推倒满清政府之一法。所以一方面应用所学，在香港、广州、澳门，几个地方行医，又一方面做革命的运动，组织兴中会和许多革命机关。大概这种运动做了十多年，便起广州的头一次革命。这次革命，虽然是有很大的牺牲，没有甚么结果。但是孙先生革命的志气，不徒没有变更，并且变本加厉。所以以后接二连三，便发生惠州的革命、黄冈的革命、钦廉的革命、镇南关的革命，一共有十次之多。这些详细的革命史，姑且放下不讲。我们只研究孙先生革命每次失败的生活，是怎么样的情形，便可以知道孙先生的学问道德是怎么样令人崇拜。孙先生每次革命的生活，在将起事之先，总筹得有许多钱财和手枪炸弹，一失败之后，总是两手空空，带一个空皮包，不是亡命到日本，就是亡命到南洋群岛。在满清禁令极严的时候，东亚这样的大领土，几乎没有孙先生一个人的立足之地。孙先生因为在东亚不能立足，就不能不亡命到欧洲和美洲。因为他每次亡命，要特别秘密，而且两手空空，分文莫名。所以居住的地方，多是污秽不堪，饮食的养料，甚至于不能饱充饥渴。照普通人讲，遇到了穷困的境况，总变更宗旨。而孙先生的革命志气，始终没有变更。像这个样子讲，可以说孙先生的革命志气，是贫贱不能移的。孙先生革命，在前清所反对的，是满清政府。这个政府的土地，于二十二行省，人民有四万万，陆军练得有几十万新兵，还有许多绿营巡防，海军也有几十只兵船。他一个人赤手空拳，出来倡言反对，自然是不容易对敌的。所以在前清失败的时候，受满清的压迫，东亚便没有立足之地了。孙先生在那种无地立足的时候，也还是继续来革命。到民国以来，所反对的是无道的军阀官僚，最初遇到袁世凯，最近遇到吴佩孚。在袁世凯武力极盛要做皇帝的时候，孙先生亡命到日本，各省的革命党人，都是同时的亡命到日本。那些亡命的人，在新败之后，没有一个不是垂头丧气的，没有一个不说是没有办法，袁世凯是一定要做皇帝的。所以住不许久，床头金尽，壮士无颜，还是回到北京来，向袁世凯自首悔过。当时孙先生在日本，不但不丧气，并且精神焕发，扬眉吐气，改组中国国民党为中华革命党，继续来革命。在吴佩孚盘踞洛阳，新胜皖军、奉军之后，孙先生指挥北伐军，已经攻克了赣州、吉安，不久可以得江西全省。吴佩孚忽然勾通陈炯明，在广州拆孙先生的后台，炮攻观音山，把孙先生逼到一只破兵船上，水陆夹攻，围了五十六日，要孙先生屈服，甘心下野。孙先生始终不理会，一心等北伐军回师，来消灭叛军。及后听到说北伐军完全失败，才回到上海。诸君想想，假若无论甚么人，坐在船内，被敌人水陆复攻五十多天，饮食不好，要计划军事，思虑又多，一出虎口他的精神应该是很颓丧的，应该要多休息几日，才可以做事。但是孙先生一到上海之后，精神还比平常发扬得多，见客办事，有条不紊，和平常在安居的时候，没有一点分别。在上海住了几个月，又把陈炯明赶出广州。孙先生在十二年二月，再回广州。他当初回广州的时候，本是主张化兵为工，和平统一，想在全国纠纷之中，求一个解决的方法。因为和吴佩孚之武力统一的主张相冲突，吴佩孚便用尽种种武力方法，来反抗孙先生的革命政府。所以在东江就利用陈炯明的军队来和孙先生打仗，在北江就利用沈鸿英、方本仁的军队来攻广州，在西江更利用沈鸿英的残部向广州进攻，在南路也接济邓本殷的队伍来骚扰地方，弄到孙先生四面受敌，每日每月，都有战事，打了一年多的仗，像应付这样的战争，无论是甚么革命家，都应该要筋疲力倦。但是孙先生每日处理军事政事以外，还要预备讲演。每星期不是到军队之内去讲演一二次，就要到各学校之内去讲演一二次。像这样讲，孙先生革命，在前清不怕满洲政府的专制淫威，在民国不怕袁世凯、吴佩孚的武力。他总是用一支孤军，一直奋斗到现在。这种革命志气，真算是威武不能屈了。因为孙先生有这样好的奋斗精神，所以他每次革命，对于他的主义，有时便有一部分成功。所以一般民众也都是很崇拜的。譬如在中华民国开国之始，十七行省的代表，便一致选举孙先生为大总统。这个大总统，不但是中国历史上的头一个大总统，也是东亚历史上的头一个大总统。及后南北统一，孙先生便把总统让到袁世

凯，交卸大总统之后，游历北京，袁世凯办招待，好像办皇差一样，只专就招待
经费而论，便用到了四十万。以后游历武汉各省，以及日本各地，每到一地，其
政府和人民的欢迎，没有一处不是像发狂一样的。像这样的政治社交地位，可以
说是享尽人间的荣华富贵了。若是以通常的人，处了这种地位，一定是再没有进
步的，一定是很满足的。但是孙先生处这种地位，他的进步毫没有一点止境，每
日工作，不是著书立说，就是计划怎么样兴办全国的实业；不是监督腐败的军阀
官僚，就是筹划军事。怎么样去打破那些军阀官僚，为国家求一个长治久安之
计。再像这次孙先生到北方来，政府招待的礼节，也是很优渥的。孙先生一到天
津，政府便派有专人招待，饮食起居，无不周到。到北京的时候，专就欢迎的人
数而论，军警学商和政府各界，总有四五万多人。这种狂热的欢迎，是北京向来
所没有的。孙先生所住的地方，是北京的头等旅馆。我们随员所住的地方，是北
京的头等第宅。在普通人看起来，以为孙先生一定要来执政权，我们都是要来做
官。我们享过了这种安乐尊荣，一定是无论甚么事都是不理会的，所谓是此间乐
不思蜀了。现在孙先生还在病中，将来究竟是怎么样，大家此刻不能预先知道，
在兄弟是孙先生的一个信徒，兄弟相信孙先生病好了之后，对于改革全国现在的
政治，一定有一个通盘计划。那个通盘计划，一定是要实行他的三民主义。他的
三民主义一天没有实行，无论是甚么眼前的荣华富贵，他都是看做过眼黄花的。
眼前的荣华富贵，决计不能变更他的三民主义的。诸君现在不信，再过两三个
月，便可以知道了。所以兄弟常说从前孟子所讲的贫贱不能移，威武不能屈，富
贵不能淫的这三句话，按之孙先生一生的生活讲起来，真是一句不错。孙先生
对于这三句话，真是句句都实行到了的。大家有研究历史的人，不妨详细数数古
今的大政治家和各种大事业家，试问有几个人能实行这三句话之中的一句话呢。
为甚么孙先生连这三句话都能够实行到了呢？有许多不明白孙先生日常生活的人，
知道孙先生的这种奇功伟业，也都是对于孙先生有这样相似的怀疑，譬如有一次
孙先生为革命的事，走到日本，有一个很有名的日本人便问孙先生说："我们每次
看见先生，谈不到三句话，先生就要讲革命。究竟先生于革命之外，还有没有别
的甚么嗜好呢？"孙先生答应他说："我一生的嗜好，除了革命之外，只有好读书。
我一天不读书，便不能够生活。"所以孙先生一生的生活，无论是在做事，或者
是休息，每天除了饮食做事以外，总是手不释卷。不徒是从前在旅行之中，没有
带甚么物件，总带得有几本关于革命一方面的最新出版物，时常仔细研究。就是

最近在火在线督战，也是携带许多书籍杂志，军事上的工作一经停止，便要把书本拿到手内来。从容不迫，一行一字的读下去。像孙先生的这样爱读书的嗜好，就是最不爱读书像兄弟这个人，常常同孙先生到外面打仗，有时也不能不被孙先生所感化了。因为孙先生有这种爱读书的奇特嗜好。所以他所读的书，便是非常之多。有一次兄弟同孙先生到广东博罗去打仗，到一天晚间是中秋的夜里，月光很明亮。我们都坐在船上赏月，闲谈消遣。兄弟便问孙先生说："像先生这样爱读书，又爱读新书，从前读过了的书，自然是很多。究竟那些读过了的书，是不是都保存到现在呢。究竟一共读过了多少种和多少本书呢。"大家一听到兄弟的这种问话，一定以为是很笨的。不过兄弟在当时发这种问话的用意，实在是由于爱孙先生读书的性质太过。所以想要把他最宝贵的书籍，都是完全保存，作千古的一种纪念品。孙先生在当时也不问所以然，便照我的笨话答应说："我几十年以来，因为革命，居无定所。每年所买的书籍，读完了之后，便送给朋友去了。至于读过了的书籍之种类和数目，记不清楚。大概在我革命失败的时候，每年所花的书籍费，至少有四五千元。若是在革命很忙的时候，所花的书籍费便不大多，大概只有二三千元。"诸君想想，孙先生所读的书，不管他一共是有多少，专就买书费而论，每年就有这样的多。便可推想到孙先生一生，无论是在那一年那一月，或者是那一日，该是怎么样勤勉的读书。一生读过了的书，一共该是有多少。因为孙先生把世界上的书读得很多，所以他的各种学问，便是异常的丰富。因为孙先生的学问，是异常的觉富，所以他才能够立定坚忍不拔的革命志气。因为孙先生有坚定的革命志气，所以他才有非常的道德人格。因为孙先生有非常的道德人格，所以他一生革命，便专研究革命的政治哲理，和创造政治哲理上的惊天动地的大事业。因为孙先生尽毕生之力，做这种研究和制造的工作，所以他在学理上，便能够发明五权宪法和三民主义，在事业上便创造一个中华民国。孙先生在政治哲理上之所以能够有这种惊天动地的大贡献的原因，就是由于他在读书明理之中，得到了为人做事的秘诀。这种秘诀是甚么呢？孙先生向来是不自私自利的，他得到了甚么发明，总是公诸同好的。就是对于为人做事的秘诀，更是常常告诉人，常常要人去实行。所以他常常对青年学者演说，总是劝人立志，劝人立志要做大事，不可做大官。这种立志做大事不做大官，就是孙先生一生成就的秘诀。诸君都是学者，都是青年有为的学者。今天开这个盛会来欢迎兄弟，兄弟没有别的方法感谢诸君。只有把个人近来求学和做事的情形，报告到诸君，供诸君的参考，并把孙先生为人的秘诀，要做大事，不要做大官，和一生好学不倦的生活告诉诸君，做诸君的模范。

（二）

吾到北京后，曾于本年一月八日对一同乡会，将中山先生之生活，概括讲演一次矣。兹当举国正希望和平，欢迎孙先生主义之际，尚嫌该讲演之过于概括也。特重草是篇，以饷我全国国民。

在毁之者，持最和平之论而言，不曰中山先生为一空谈之理想家，即曰为一破坏之革命家。而不能从事建设者也。因妄定中山先生专为一理想家。故言中山先生仅能随时随地演说，徒尚空谈，而不能见诸实事。且理想太高，而不合乎中国国情。如从前所主张不兑换纸币论之类，徒扰国民之视听，决不能现诸事实是也。因妄定中山先生仅为一破坏之革命家，而非建设家。故言中山先生在前清，仅能在西南革命，谋推翻满清。在民国仅能于民国二年，号召南京留守与各省都督发生第二次革命。以后更于民国六年，谓海军南下，组织元帅府在广州。再以后或改组成军政府，居七总裁之一，或被举为总统，行独裁革命。以至于最近，尚在广州用大元帅名义，号召天下，以破坏中央政府。为此言者，实知其一而不知其二，毫未计及年来时局之背景也。中国在近数十年中，时局之背景为何如乎。简单言之，在前清实一异族专制之政体也。因中山先生先有民族思想之觉悟，是以不能不首先反对满洲政府。因中山先生先有民权思想之觉悟，是以不能不首先反对专制政府。因中山先生有觉悟反对满清专制政府之必要，是以早主张将大清帝国，改建为中华民国。因欲改建中华民国，故不得不屡在西南革命，并宣传革命主义于全国，以图推翻满清。以致十起十败而不变更素志。及推翻满清创建民国之后，中山先生组织政府于南京，即"知民国之建设事业，不容一刻视为缓图者也"，且拟"从此继进，实行革命党所抱持之三民主义、五权宪法，与夫革命方略所规定之种种建设宏模"。乃一则阻于党人内部之言，谓中山先生"所主张者理想太高，不适中国之用"。二则阻于袁世凯之武力横行，欲改变中华民国为洪宪帝国。故中山先生之建设计划，遂不能实行，遂不能不暂舍建设，而从事破坏，特号召南京留守与各省都督发生第二次革命以保障民国，而阻止将来帝国之发生。迨至民国五六年，推倒洪宪之后，又一则督军团造反，再则发生复辟。重欲根本推翻民国，以后毁坏约法，解散国会，均为共和之障碍。中山先生为保障共和，是以不得不带海军南下，组织护法政府于广州，以谋扫除共和之障碍。从民国六年以后，中国更不成为民国矣。各省军阀割据，南北四分五裂。北则假托民意，私授国器于徐世昌。嗣后更政以贿成。多金者如曹锟得为总统，多枪者如吴佩孚得横行于天下。南则有帝制余孽之龙济光，绿林匪首之陆荣廷，叛党叛国之陈炯明，均欲霸占一方，以谋破坏民国反对共和。中山先生为求统一民国除去此等共和障碍之军阀起见，是以不得不有民国九年与十二年之南下广州，组织总统府与大本营，以消灭南方之军阀。与民国十年出师桂林以及十一年与十三年假道江西北伐，以图消灭北方之军阀。由是观之，中山先生在近十余年中，屡次革命，非专爱破坏也。实欲创造民国，或维持手创之民国，扫除共和之障碍，出于不得不然也。使中山先生果专为一破坏家，爱穷兵黩武也，则当先计较敌我军队之多寡，器械之优劣，饷弹之足否，以决定军事之行动。何至于民国十年，以枪不满万枝，人不足二万，既缺训练，又乏饷械之军队，遂假道而敌久经训练，饷械丰富之无数北洋海陆军乎？又因中山先生往桂林时，所带军队过少，饷械不足，国人莫不为中山先生危，使中山先生果专假武力以自恃也。何为答复国人曰："若以物质分胜负，则余一人从前何能反对满清。推翻满清之后，余建都南京，又有何海陆军以号召天下"乎？且使中山先生专为一破坏之革命家也。则民国十一年假道江西北伐，已攻克赣州得胜之师，取得吉安，南昌指日可下。正军事胜利之时，武力有用之日也。更何至于六月六日，遂有"和平统一化兵为工"之宣言乎？再于是年秋，在上海与北方军阀讨论统一中国之方，中山先生又何至主张"先裁兵后统一"乎？又于民国十三年秋，督师韶关，讨伐曹锟、吴佩孚。虽由受敌人之牵制，未能及时出兵。迨曹、吴，推倒之后，前方毫无大敌抵抗，使中山先生果专为一破坏家，自欲为军阀，则督师前进，扩充实力，广收地盘，以武力雄视全国，此亦为一时机也。又何至一闻曹、吴失败之消息，遂放弃兵权与地盘，北来上海、北京，求"开国民会议"以"改良人民生计"与"废除不平等条约"乎。由是观之，则中山先生非为一单纯之理想家，亦非为一单纯之破坏家。不待详言而自明矣。盖中山先生一生之生活，始终努力革命者也。惟真实行革命，先不得不有破坏。破坏之后，又不得不有建设。中山先生为扫除反革命之障碍，是以特有历年之破坏者也。只因格于国人之知识程度太低，不明建设之大道，与夫中国反革命之势力太大，时生种种障碍，以致建设之大志，一筹莫展耳。此中山先生在自著之《建国方略》序文中，不得不大声疾呼，痛言在中国所以不能建设之原因，与革命党何以有建设国家之必要也。此中山先生近十余年之生活，除一方面致力于破坏工作以外，同时仍努力于建设工作。先发表平生所怀抱之建设思想与建设计划，以求国人之了解，冀得共助进行，以谋国家长治久安之事业也。因之中山先生在民国六年，遂有《社会建设》之《民权初步》问世。在民国七年遂有《心理建设》之《孙文学说》问世。在民国十年，更有《物质建设》之《实业计划》问世。近三年来，因在南受陈炯明叛乱，在北受吴佩孚武力压迫之影响，每日忙于国事，未能尽将《国家建设》之《五权宪法》《地方政府》《中央政府》《外交政策》《国防计画》等方略，完全贡献于国人。但在百忙中，而去年尚有《建国大纲》《民族主义》《民权主义》与《民生主义》（现完成一半）三书问世。则中山先生之如何醉心于建设工作与一生之精力系如何致力于建设工作，不待详言而自明矣。

抑更有进者，中山先生之哲学思想，系主知主义者也。因为主知主义，故在《民族主义》中言齐家、治国、平天下之大道，必归本于修身。而推及于正心、诚意，与格物、致知。因为主知主义，故在所著之《建国方略》中，遂首之以《孙文学说》，冀先求得国人之《心理建设》。盖中国前此之不能建设者，实由于国民不知建设国家之大道也。能知当能行也。现国民已得中山先生建国方略之大半矣。当知此中之大道矣。尚望速行中山先生之建国方略，以求建设事业之实现也。刻中山先生正在患病之中，亦当望速起重病，引导吾国民，实行此方略，俾国民得早享建设之幸福也。

（三）

中山先生一生努力的成绩，表现于学术方面的，是发明三民主义和五权宪法。表现于事业方面的，是推翻满清专制政府，和造成中华民国。我们推究到他的这种事业，是用甚么方法表现出来的呢。自然说是"革命"。推究到他的这种发明，何以为我们一切民众所信仰呢。自然说是他的那些发明，都是富于"革命性"。故中山先生一生的精力，是努力于"革命"。因此全世界的民众，都称道他是"革命家"。他自己也常说"我一生是一个革命党"。

中山先生是生于革命，死于革命。他的生活，是始终为革命而努力。他一生努力所经过的艰难辛苦，所遇的环境危险，真不是一言所能尽。譬如当他最初发起革命的时候，是在乙酉年中法战争之后。满清政府在军事上虽然是屡次被外国打败了，在近来稍为有政治知识的民众看起来，自然以为是到了革命的时机，应该要全体起来推倒他。而且以满族的外国人，来做中国汉族的皇帝，来压迫我们汉人并设尽八股科举，和武力等专制方法。令我们汉人在言论集会、结社、思想上，都不得自由。更是我们应该要推倒的。这是很显而易明的道理。不过在那个时候，全国的民众，不但没有政治知识，而且大多数都是不识字。就是识字的人，像一般绅士官僚和少数武人，没有那一个不是奴隶性成，只知道大清皇帝是"神圣不可侵犯"的，是应该要绝对服从的，以图他们升官发财的私利。其他像一知半解的学者，也多半是被举人、进士、翰林那些科甲功名所迷惑，或被"我朝深仁厚泽"和"皇恩浩荡"的愚民宣传所欺骗。在全国之中，没有那一种民众，不是在自己职业上，"日出而作，日入而息"，安自己的本分，做大清帝国的顺民。那里还有多少民众，觉悟到要推倒满清政府的道理呢。当时中山先生远处在极南方的香港、澳门，偏要单独的主张反对满清政府来革命，做那种惊天动地的大事业。他想要达到这种目的，岂不是做梦吗？而他本身又是一个手无寸铁，毫无社交地位的穷学生，想要发起这种大事业，又那里可以引起民众的注意呢？又那里能够博得民众的同情呢。更是那里能够博得民众的援助呢。所以他在最初发表这种主张的时候，除了几位知己的同学在言论上赞成以外，其余没有一个人不说他是发狂。就是他在后来，也自己常常对人说："汤武革命人人都说他们是顺天应人。我从前革命，一般人就说是造反。"就可想到中山先生在最初主张革命的时候，是遇到些甚么困难的环境了。更就有形的物质一方面说，当时满清政府对外虽然是屡次打败仗，但是还有二十二行省的领土，新旧炮船的海陆军，三十多万人的各省满洲驻防军和水陆巡防营。那些旧式的海陆军，对外虽然是不足，对内还是有余。尤其是对一个孤立无助的穷学生，更是绰绰有余。而中山先生在物质上不怕满清政府的威力，在舆论上不顾全国人的反对，偏要主张革命去反对。到民国以来，受军阀与帝国主义的两种压迫，他也是始终和他们奋斗，也先后打倒了许多敌人。我们在他逝世后第一周年的纪念日，来谈他的这些革命情况，更是应该要详细研究他的革命工作。

中山先生一生的革命工作，大概分析，可以说是有三种：第一种是研究革命。第二种是宣传革命。第三种是实行革命。中山先生对于这三种工作的程序，自然是研究革命在先，宣传革命在次，实行革命在后。但是自有了实行革命的工作以后，他同时还是努力研究革命和宣传革命。中山先生一生对于这三种工作，都是同时努力，而且是不断的同时努力。譬如就第一种革命工作说，他以为在辛亥年以前，全国人心之所以醉生梦死，还是归顺满清政府，还是反对共和革命。在辛亥年以后，总不是一致起来打倒军阀和帝国主义，让满清政府军阀和帝国主义者，总是在中国作恶的原故，都是因为全国人心，没有觉悟到满清政府军阀和帝国主义者的专制压迫之害。没有明白到革命后解放自由之利。假若全国人心都是觉悟到了这些利害，一定是要起来参加革命，推翻满清政府，打倒军阀和帝国主义。中山先生更以为假若革命党真是有了充分的革命道理，很好的革命成绩，一定是能够唤醒那般人心，感化那般民众，共同来革命。所以他一发起了革命之后，便不断的演明主义，宣传革命。同时组织兴中会、同盟会，以后改组为国民党，中华革命党，和中国国民党。不断的实行革命，根本上还是同时研究革命。中山先生一生无论是在革命阵地，或者是在亡命旅行，除了和中外革命同志，做宣传革命和实行革命的工作以外，他总是读书，研究革命。他的手中总没有离过书本，总是手不释卷。他一生有爱读书的天性，而且不爱读无益的小说书。所读的书，没有那一卷不是直接间接和革命有关系的。他常对同志说："我一生无论是怎么样艰难困苦，没有钱过日常的生活，没有大宗款项革命，但是总要花钱买书。就是在亡命的时候，至少也要读三四千块钱的书。"由于这几句话，就可想见中山先生日常的生活，是怎么样了。再有一次，中山先生到了日本，有一位日本人问他说："先生一生劳碌奔波，总是革命。究竟还有没有别的嗜好呢？"中山先生答复说："革命就是我的嗜好。我除了爱革命之外，只爱读书。"再由这几句话，更可想见中山先生的天性了。因为中山先生不爱读无益的小说书，爱读和革命有关系的书籍。又因为满清政府愚民专制，不是常兴文字狱以压迫学者谈革命政治，就是把历代所有关于革命的书籍，都是设为禁例，不许市面发行。中国在满清中年以后，凡是关于政治革命的书籍，在各省书店，可以说是绝迹了。所以中山先生一生只为研究革命而找买书籍，也不知费了多少辛苦。他到后来，因为专在中国买不到很完全的革命书，做研究的材料，就兼读外国书，而且是读各国的革命书。所以他所发明的革命道理，不是部落的民族主义，不是偏于中产阶级的民权主义，也不是专为劳资争斗的社会主义。而是包罗古今中外革命真理的三民主义。他所主张统治国家的大权，既不专是分开立法、行法、司法的三权，又不是大权独揽的个人独裁，或者是多数专政。而是集合古今中外之长处的五权宪法，分作立法、行政、司法、监察、考试五个大权，去统治国家。再因为中山先生研究革命，一生总是不断的努力。所以他提出来的革命口号，也是应革命的时势，一样的有进步。譬如在辛亥年前，他所提出来的口号，是"排满"，在民国以后，前几年就提出了"讨袁""护法"许多口号。最近又提出了"打倒军阀""打倒帝国主义"，就是推到中山先生的文字著作，在十几年前，不过是短篇散文，或者是演说谈话。在最近就发表了极有系统的大部书籍，像《建国方略》《三民主义》和《建国大纲》。世界上那一国没有革命家，那一国的革命家用一个人的努力，发明了这样完全的革命主义，提出了这样多的革命口号，贡献了这样多的革命书籍。假若中山先生不是一生不断的努力去研究革命，又怎么能够完成这样好的革命主义，提出这样多的革命口号，发表这样多的革命著作，以指导我们民众来革命。而中山先生在研究革命一方面，一生偏有这样超前的工作，偏有这样不断的努力，偏有这样爱读书去研究革命之不断的努力。用我们中国古话来说，就是"学不厌"。这种"学不厌"的努力，就是中山先生一生研究革命的生活。

至于就中山先生宣传革命的工作说，他以为要达到革命的目的，固然是要实行革命，用军事的奋斗，去打倒反革命的敌人。但是第一步工作，还是要民众先明白革命的道理，心悦诚服革命的意义。民众先明白了革命的道理，心悦诚服了革命的意义之后，他们才情愿来赞成革命、参加革命，革命党才能够把他们组织起来，成一种革命力是去打破反革命的敌人。这种要民众明白革命的道理，和心悦诚服革命的意义，所必需要的革命工作。就是要在言论上演明革命的主义，以唤醒一般民众。所以中山先生自中法战争之后，立定了革命的志愿，就是在满清那样专制，民气那样锢塞的社会，他专从言论上宣传。在广州读书，就博得了郑士良一个人的同情。在香港读书，就得了陈、尤、杨三个人的同情。我们都知道他一生所应用的革命团体，最初是兴中会、同盟会，后来国民党、中华革命党和中国国民党。那些会党，都是他一手组织而成的。在那些会党中的革命工作，都是一年一年的扩充。那些会党中革命人数，也都是一年一年的加多。我们再考究中山先生个人的景况，他在最初主张革命的时代，是一个穷学生，以后是一个漂荡不定的医生。他一定没有官爵去引诱民众，也一定没有金钱去收买民众。而他能够组织那些会党，加多那些会党中的党员，扩充那些会党的革命工作。他究竟是有一种甚么本领呢，用了一种甚么方法呢。而且就革命的斗争说，不是要牺牲生命，就是要牺牲财产，是很费本钱是很危险的事业。在中山先生个人所主张斗争的方法，虽然是反对暗杀，主张明斗。如果党员要暗杀，在事前请示了他，像从前要杀满洲的亲贵，近来要杀陈炯明、吴佩孚，他都是反对。至于中山先生教党员去明斗，固然没有供给很多的长枪大炮，但是常常接济很多的手枪炸弹。而许多党员常常总是不听他的话，总要马上暗杀，以实行革命。像在满清炸铁良、炸戴恺、杀孚琦，那些重大牺牲的暗杀案，都是很常见的事。那是党员自动的工作。在没有暗杀之先，那些革命党员，岂有不知道要牺牲生命之理。而暗杀之后，又没有那一个能够安全。为甚么那些革命党员偏偏情愿去牺牲呢？就是明斗的革命，也不止一两次，也没有那一次不是有很多的生命牺牲。像最早的就牺牲了陆皓东、史坚如，最轰轰烈烈的就牺牲了黄花岗的七十二烈士。至于每次所费财产的牺牲，更是不用说了。中山先生是有甚么方法，能使一般革命党总是屡次去牺牲呢？而且往事前总是有钱的出钱，没有钱的出生命，情愿去牺牲呢？从革命党员一方面研究，他们之所以舍生取义，情愿去牺牲的原故，固然是由于觉悟了革命的主义，发扬了革命的精神，为伸明正气就不能忍耐。所以情愿牺牲生命财产去革命。但是在中山先生没有发起革命，组织革命党以前，中外反清复明的革命会党，也是不少。他们那些会党何以没有很大的牺牲呢？一般民众何以不参加那些会党去革命而牺牲呢？独要来跟中山先生革命而牺牲呢？我们研究到这个地步，就不能不说是中山先生的革命主义能够唤醒民众，尤其是中山先生的革命宣传，能够特别感化民众，我们俗话说："与君一席话，胜读十年书。"这不过是说和有学问的人谈了话，在知识上就得很大的长进。至于无论甚么人，听过了中山先生的普通谈话，或者是讲演以后，不但是在知识方面有很大的长进，尤其是在精神方面，就马上受一种特别感化。不是勇气百倍，就是心旷神怡一样。若是受遇了中山先生革命主义的宣传，真是热血的爱国志士。没有那一个不是就发生了革命的精神，鼓起了莫大的勇气，情愿杀身成仁，要为他的革命主义而奋斗，为他的革命主义而牺牲的。像温生才只在南洋听过了中山先生一次的革命讲演，便自动的回广东，设尽种种方法去杀孚琦，排满救国，成革命中的千古美名。像中山先生的这种讲演工作，不是只一次的努力。他一生总是不断的有这种努力，所以中外民众，总是不断的受他的感化，要赞助他来革命。所以他一生实行革命屡次牺牲，而革命的信徒，总是年年的加多。我们想到中山先生一生革命，自己不名一钱，总是不断的能够号召极多的民众，来努力革命。就不能不说是由于中山先生一生善于宣传，而且是不断的在宣传。对民众宣传是甚么呢？就是教人这种在革命方面，不断的教人，用我们中国古话来说。就是"教不倦"。这种"教不倦"的努力，就是中山先生一生宣传革命的生活。

更就先生实行革命的工作说，他所实行的革命，既不是自私自利的英雄革命，又不是狭隘的民族革命，也不是专为中产阶级争政权的民权革命，更不是一部分劳资争斗的社会革命。乃是士、农、工、商，一切被压迫民众联合起来求解放的"国民革命"。他的革命目的，是"求中国之自由平等"。他所用的革命方法，是"唤醒民众，及联合世界上以平等待我之民族共同奋斗。"所用的革命主义，是他自己发明的三民主义。所经过的时间，有四十年之久。所有的工作，在宣传上唤醒了满清末年醉生梦死的民众，知道要一致"排满""光复汉族"。在民国元、二年，打破了全国"非袁莫属"的心理，要一致推倒洪宪皇帝。以后更唤醒了一切被压迫的民众，不但是知道对于张勋复辟要打倒，就是对于段祺瑞的毁法卖国，冯国璋、张作霖、曹锟、吴佩孚，那些军阀的武力捣乱，英、法、日、美，诸帝国主义者之政治经济的压迫，也都是应该要一齐的打倒。他为要打倒那些反革命的力量，自己也组织了有力量的革命团体。这种团体，从前是叫做兴中会、同盟会，以后因为应时势变迁的需要，先后改组成了国民党、中华革命党和中国国民党。他的党员，最初不过是几位知己的同学，以后就逐渐大大的增加。到他逝世的时候，有了中外信徒五十几万人。在军事上，当满清时代屡败屡起，自乙未年广州之役，以至于辛亥年黄花岗之役，先后在西南各省革命，共起义过了十次。和清兵对敌过了十次，虽然没有达到推翻满清的目的，但是造成全国革命的时势，以促成武昌起义，实在是莫大的原动力。至于辛亥年亲身组织革命政府于南京，用大总统的名义，去指挥十五省的政治军事，以推翻满清专制政府，以成立中华民国，在东亚实行共和政治，这是破天荒的第一次。这更是千古不可磨灭的光荣历史。就是在民国以来，更是直接间接的打倒了袁世凯和张勋的帝制自为。在广州组织了三次革命政府，三次出兵北伐，以打倒段祺瑞、陆荣廷、曹锟、吴佩孚那些军阀，以消灭沈鸿英、陈炯明，那些叛徒，以反抗英日等国的帝国主义。最近离开广东，到北京来革命，更主张开国民会议，及废除不平等条约，以肃清全中国的军阀，以打倒全世界的帝国主义。他在那些宣传和军事的奋斗之中，所遇到的环境，无论是怎么样得志成功，有了政府的时候，他个人持己，固然是毫无骄淫，还是努力革命。就是失败亡命的时候，无论是怎么样贫贱，遭人非笑怒骂，他也是抱定三民主义而革命，也总没有一点转移。至于正在奋斗的时候，无论敌人的压迫，是怎么样威武，像从前镇南关之役，在一个小炮台之中，被龙济光、陆荣廷，那些清兵所包围，一共围了七昼夜，消息不通，粮食断绝。他还是指挥党员，努力杀贼。终究还是杀出了一条生路，像最近白鹅潭之役，在一只又小又破坏的兵船之中，被陈炯明的叛兵，在水陆与天空三面夹攻，一共被攻了五十六天。他到后来知道外边的希望完全断绝，才退出广州。但是他总不屈服，而且他一生和敌人奋斗向来是不屈服，始终是抱定三民主义而努力。中山先生的这种富贵不能淫，贫贱不能移，威武不能屈，始终不断的抱定三民主义，而实行革命的努力，用我们中国的古话来说，才真是"行不惑"。这种"行不惑"的努力，就是中山先生一生实行革命的生活。

总而言之，中山先生一生的生活，是为革命而努力。他一生努力的情况，可以说是"学不厌""教不倦""行不惑"。这学不厌、教不倦，行不惑的三句话，才是中山先生一生革命的生活。就德性上讲，这种"学不厌"，就是智；"教不倦"和"行不惑"，就是仁。中山先生一生能够有"学不厌、教不倦和行不惑"的努力，就是兼备了仁和智的两种德性。他在革命中有仁且智的两种德性，这就是我们革命界的大圣人。我们今日在这个周年中，来纪念革命界的大圣人，固然是要祖述他一生的事业。尤其是要仿效他一生的努力，以继承他一生未竟的志愿，而达到国民革命的大目的。我们能够达到这个大目的，那才算是不枉做了这个周年纪念。

以上据《中山丛书》（第四册）附录，民德书局1927年版，第9—22页。

按：这是1925年1月8日黄昌谷在北京琉璃厂蒲圻会馆对蒲圻旅京同学会同人的讲演内容。也见于1925年1月29日上海《民国日报》载黄昌谷讲演的《孙先生之生活》。

（2）《黄昌谷讲述中山先生北上与逝世后之详情》

大元帅因为谋全国和平统一，在去年十一月十三日离开广州北上。十七日上午到上海。因为所坐的春阳丸走得不大平稳，又遇风浪，所以同行的人多是晕船，就是大元帅恐怕也是不大舒服。大元帅在春阳丸中，除了十三日初由香港上船的那一夜，曾经上过大餐厅，进晚餐一次以后，都没有出卧室一步，都是在卧室中休息。十七日清晨到吴淞口，我看见大元帅的面容，就觉得不太好，颇现黑暗苍老之象。一到吴淞口，上船来欢迎的人数，固然是不太多，大元帅接待也不大烦杂。但是另外有一位日本新闻记者，就上前报告说："昨天上海《字林西报》有一篇短论文，大意是讨论孙先生到沪居住问题的。因为孙先生是现在广州大本营的大元帅，一举一动，当然是负得有政治上的任务。在上海租界之内，完全是

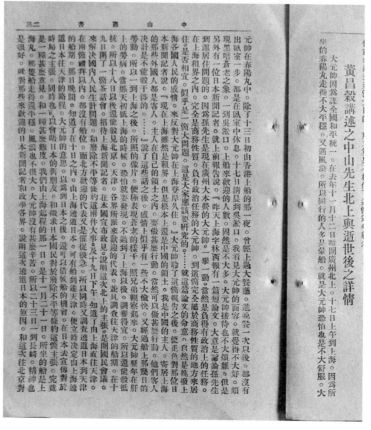

图 34 《中山丛书》（第四册）附录

商务性质。负有政治任务的大元帅，到这个完全属于商务性质的地方来居住，是否相宜，似乎是一个大问题，这是大家应该要研究的……"就这篇论文的命意，自然是挑拨上海各国人民的感情，来反对大元帅在上海登岸久住。大元帅聆了这个报告之后，便正色对那位日本新闻记者说："现在上海虽然是租界，但是根本上还是中国的领土。我是中国的主人，寄居上海的那些外国人都是客人。主人在自己的领土之内要做甚么行动，当然可以做甚么行动。他们客人决计是不能够干涉的……"说了这些话之后，感情上似乎有一些不太愉快。又经过船上那几日的劳累，所以一到上海之后，所照的像片便极表现苍老的样子。照兄弟观察起来，大元帅历年在肝上的劳病，当那天初抵上海的时候，恐怕就要发现。不过到了上海以后，调养得宜，所以还能够抵抗。所以十八日以后还能够见北京、天津各界派来欢迎的代表，并且调查往天津的船期。在十九日开了一个茶话会，招待上海新闻记者，在本国宣布政见，说明这次北上的主张，是开国民会议，来解决国内人民生计问题，和废除不平等条约这两件大事。及十九日下午，知道了由上海直往天津，在两个礼拜以内，都没有船位，而北方欢迎的代表又是催促很急，所以同时又调查绕道日本到天津的船期。那日晚间，知道了在十日之内，由上海绕道日本，可有船到达天津，便立时决定由上海绕道日本往天津的路程。大元帅的意思，以为到日本之后，还可以借候船的机会，在日本去宣传对于时局之主张，同时也可以会晤日本的旧朋友，和征求日本国民对于废除不平等条约这个主张，究竟是一种甚么意见，和一种甚么态度。

我们由上海起程的那一日，是十一月二十一日，所坐的船是上海丸。那只船走得还平稳，风浪也不很大，大元帅没有什么辛苦。所以二十三日一到长崎，精神也是很好，就对那些来欢迎的日本新闻记者和政学各界，说明这次绕道日本的原因，和这次往北京对于中国政治的主张。又对中国在长崎的留学生演说，中国留学生应该要提倡国民会议，来解决中国的内乱，和废除不平等条约。两次讲话，大约有一点多钟。我们这次到长崎，因为船没有泊码头，大元帅没有上岸。上船来欢迎的中国和日本人士，不见得很多，大概只有三四百人。不过那些人都是日本极有智识的阶级，他们一上船来，便可见他们的态度都是很热心又很诚心诚意的样子。

当晚由长崎开船，二十四日下午就到了神户，离码头还有很远的时候，我们便遥见站在码头上来欢迎的中、日人士像堆积成山一样。及近码头，听见学生的鼓乐之声喧天，更是热闹得很，估计当时欢迎的人数总有四、五千人以上。大元帅就在上海丸中，接见那些来欢迎的欧美、日本和中国诸重要人员。一接见之后，神户附近各市区像东京、大阪的新闻记者便组织了一个临时团体，那个临时组织的团体，总有一二百人，要在船上请大元帅宣布对于中国时局的政见。大元帅答复的意思，大概和在长崎所讲的话，没有分别。不过有许多新闻记者，像东京《朝日新闻》的中国部长那种人们，更用极诚恳的态度发言，来请教大元帅对于要能够废除中外不平等的条约，是用一种甚么具体的方法。他们的理由，以为那些条约都是有历史上权利关系的根据，如果要外国马上就抛弃在中国的权利，废除那些条约，在事实上恐怕不容易办到。因为这个理由，所以就和大元帅详细讨论。大元帅的答话，是说那些不平等的条约，固然是有历史上权利关系的根据，但是那些条约的根本原理，就太不公平。而且现在不废除那些条约，将来中国国民觉悟了，知道太不公平，一定是很恨外国人的。到了中国人发生恨外国人的心理，在消极一方面，便可以抗制外国人，不买外国的进口货，不用外国的纸币。外国人因此失了中国国民的感情，在商务一方面，损失是很大的。至于利用那些不平等条约，在中国虽然是可以收关税、得赔款，和强借外债，但是所得到的利益还是很小的。两利相权取其重，两害相权取其轻。现在那些条约之所以不能废除的道理，就是由于在外国的主张公道的那般国民，不知道这种利害轻重的关系和条约中之所以不公平的道理。假若他们真是知道了这种道理，我们中国用极公平的理由，和他们政府同国民交涉，一定是可以废除的。大元帅对那一团日本新闻记者讲完话之后，还有许多英、美新闻记者也来要求宣布政见。大元帅因为他所反对的根本道理，就是在帝国主义，所以便不情愿和他们讲话了，就离开上海丸，搬到东方旅馆了。到了旅馆之后，大元帅又接见了几位来宾，大概都是很熟的老朋友。当日所讲的话不太多，也不情愿多见客，只是注意日本全国的舆论对于他在长崎所发的政见，是一些甚么批评。所以就索阅本日的各种新闻纸，知道了各报的记载，都是欢迎的态度、善意的批评，便极表示愉快，毫不现旅行疲倦的样子。

　　二十五日起，在神户候船，一共有五个日期，除二十八日下午，在神户高等女子学校公开讲演《大亚洲主义》及二十八日晚，在东方旅店之各团体欢迎宴会上演说《日本国民应该帮助中国废除不平等的条约》以外，其余从朝至暮，都是用极诚恳的态度和言语，向日本各界人士，单独的说明处于现在各种民族竞争之际，中国同日本非亲善不可。想要中国同日本能够亲善，日本国民就应该首先提倡帮助中国，废除不平等条约的那些道理。经过了在神户五日的公开演讲，和个人谈话之后，日本全国的舆论，对于大元帅的主张，可以说是一致的欢迎和一致的赞成。大元帅得到了这种结果，精神上自然更觉得愉快，就容貌上观察，不但是没有病象，并见得更现精神。所以十一月三十日由神户起程，坐北岭丸向天津出发的那一天，早晨送行的人数，也总有四、五千。大元帅还在船头上和他们各个人讲话。十二月一日，在船上修改昌谷所记的在日本各地之演说词。及船抵门司以后，除接见各普通新闻记者以外，还同一个日本旧朋友讲许多闲话。因为那个朋友是一个带兵的武官，并且驻扎过西伯利亚的，稍为知道一点俄国情形。大元帅便过细向他探聆俄国的近况，及研究新经济政策的利害。离开了门司以后，当日船行还是很平稳，只有十二月二日、三日，船渡黑水洋的时候，就遇到很大的风浪。船身本来很小，不过两千多吨，所以我们同行的人们，除了戴季陶君以外，多是晕船得了不得的，都不能够进饮食。当时大元帅虽然是不大晕船，但是也就像有一点疲倦的样子，并且由上海绕道日本往天津，沿途都没有带厨子，那十几日之间，总是吃日本饭，味道既不适口，滋养成分又不多。所以渡过黑水洋之后，三日早晨，我一到餐厅，偶见大元帅，便注意到他的面上颜色不大好。我当时请问大元帅说："先生今天觉得舒服吗？不晕船吗？"大元帅谕曰："我觉得很舒服呀。"我在当时还以为是暂时受风波劳累的结果，还以为不大要紧，及四日晨，就到了天津的大沽口，气候更觉得寒冷了，就有几位同志乘小船来报告各方的情况。大元帅还在餐厅中接见那些同志，有极长时间的谈话。他面上的气色，还是和头日一样，毫没有变好。是日正午，就到了天津码头。在码头附近欢迎的民众，总有一两万人。大元帅站在船头上和那些同志揭帽相见，站立的时间是很久。当时气候更是非常的寒冷。及下船抵天津张园以后，我在张园内便留神到大元帅见客摄影，面上表现的颜色，更是不好了。到进午餐以后，大元帅还鼓起勇气，到河北曹家花园拜访张作霖。在大元帅的始意，不过是答谢张作霖的欢迎，稍微说几句客气话，就可以回来。那知道张作霖一见面，便打开话箱了，侃侃而谈，连接的不断。一谈就谈了两点多钟。大元帅是下午三点多钟去的，回到张园，已经是五点多钟了。由张园返往河北曹家花园，沿途经过的时间，总要点半。大家知道大元帅在这近几年以来，都是很怕冷的，就是在广东过冬天，房内也要烧火，也要房内的温度在华氏七十几度以上。在近几年中，总没有受过大寒冷的。这次初到天津，已经是受过了大风波的劳动，毫没有休息。又由张园往返河北，经过这样久的寒冷气候，自然是难受。所以由河北回到张园之先沿途便觉得不大舒服。一到张园之后，身体就是发冷发热，生出感冒来了，肝上也觉得有痛苦了。病症的来势，似乎是很猛烈的。所以大元帅一定要休息。一方面辞却晚间的欢迎宴会，一方面更请一位德国医生，叫做石密德的来诊视。其实大元帅的病症，除了临时感冒以外，肝上的本病，也是同时大爆发了。不过那位石密德医生，不知道大元帅的病源，故没有大注意到肝病，以为只是临时感冒，服药休息，经过二十四小时，就可以痊愈的，那知道从十二月四日那晚起，经过了二十四小时的休息之后，再经过了几个二十四小时的休息，总是不愈。大概有了十多日的调养，感冒病的确是好了，肝病已缓和下来。

到十二月十八日，北京政府派两个代表来欢迎大元帅从速晋京。他们到大元帅床前，报告北京的近况，忽然谈到外交问题。大元帅知道段祺瑞送了一封公文到各国公使，说是现在临时执政府，一定是尊重历年条约的，请各国不要耽心罢。所以大元帅就动了感情，便声色俱厉的对那两个代表说："我在外面要废除那些不平等条约，你们在北京偏偏的要尊重那些不平等条约，这是甚么道理呢？你们要升官发财，怕那些外国人，要尊重他们，为甚么还要欢迎我呢？……"因为大元帅动了这次感情，所以从这一天以后，肝病便更行爆发，全肝越肿越硬，而且越发增加痛苦。体温虽然是像好人差不多，但是脉搏总是很多，有的时候每分钟到一百二十以上。石密德医生既没有治法，而且在张园的起居设备，又不太完全。所以到十二月二十八日，便决定三十一日晋京疗病。

初到京是住北京饭店。请过了六七个外国医生来考察商议过。那些医生都知道是肝病，至于究竟是那一种肝病，都不敢断定。便由大元帅指定一位德国医生，叫做克利的来负责诊治。克利每日都要到北京饭店去诊视一两次。有的时候也请俄国医生去供参考。凡是治肝病的药方，都试验过了，都是没有效验。在一月二十日以前，病况虽然没有进步，但是体温升降还不大，差不多都是一律的。所以他的神思还是极清楚，精神还是极好。每日虽然是遵照医生的嘱咐，不见客、不讲话。但是有时还是用脑力，思想应付时局的办法。譬如当时最大的时局问题，就是本党是否加入善后会议。因为善后会议不久就要开会，所以本党是否加入的态度，应该要赶早决定。为这个问题，有许多人和大元帅研究过，总是主张加入的多。后来大元帅看见执政府的措置，一天不如一天，全国稍为自爱的分子，都是表示不加入。所表示加入的不是军阀土匪，就是官僚和主张帝制的复辟党。大家知道，后来做善后会议的议长不是赵尔巽吗。他是甚么人呢？大家稍为想想他个人的历史，他在满清政府，不是东三省的总督、前清的大臣吗？他在民国初年，不是帮袁世凯的忙，后来变成洪宪的功臣吗？这还不足为奇，最奇的是在最近几个月中管理清室善后委员会，检查清室中的机要文件，查得赵尔巽在这十几年中，每月对于宣统皇帝，都上得有奏，一直到去年九月止。宣统皇帝出了宫，才看不见他的奏折了。他在每次的奏折中，上款自然是写甚么"皇帝陛下""亲折仰祈圣鉴事"那些话，是不待说了。至于下款总是恭恭敬敬的写着"臣赵尔巽"或"奴才赵尔巽"几个字。至于其中说的是甚么话，不必研究，自然可以知道了。像去年九月还向清室称臣或奴才的人，这是不是主张帝制的复辟党呢？这是不是清朝的遗民呢？以清皇的遗民，怎么样可以做民国议会的议长呢？段祺瑞这次上台破题儿的第一个会议，偏偏就要借重那一种人，偏偏还要把他供到高高在上。我们不问段祺瑞的居心是怎么样，只研究他这个善后会议，究竟是一种甚么性质的会议。像用赵尔巽做议长的会议，是不是要把民国改成帝国主义的会议呢？像含得有这种主义的会议，本党怎么样可以去加入呢？所以大元帅便决定表示不加入。

大元帅一面表示不加入善后会议，一面还是计划开国民会议，求和平统一的办法。他见到中国之所以不能开成国民会议，来和平统一，就是由于军阀太多，军阀作梗。所以要和平统一，根本上还是要裁兵。要裁兵就要有钱。所以大元帅便在那个时候，想出了一个筹钱的办法。他在没有想到这个办法之先，见到了中国现在之所以没有钱，就是由于每年所还的外债太多。如果要是十年不还外债，把十年所还的外债，展期到十年以后，中国和平统一了才还。那么在这十年之中，便可以筹得一大批钱。这批钱的总数要在十二万万以上。用这十二万万钱来化兵为工，不愁军士没有饷，不愁将官没有俸。到了将官、军士都能够得钱，一定是不反对这种计划的，一定是很赞成这种计划的。至于他这种缓还外债的主张，毫不损失国家权利。对于国家权利，只有益无损，全国国民更当然是一致赞成的。到了全国军队和民众都赞成了他的主张，他就有权同外国人交涉，不愁外国人不赞成。而且用这种钱来化兵为工，和平统一，在中国的人民得以安居乐业，商业得以兴盛。到了那个时候，外国在中国的商业，决不致受像现在这一样的影响，他们的商业，就可以大发达，就可以得大利益。他们都是外国很聪明的人，一想到这里，自然也是乐得赞成的。到了中外都赞成他的主张，他就可以实行化兵为工、和平统一，来开国民会议解决其余的各问题。

大元帅在北京饭店，已经是想好了这种种计划，只要等到身体一好，就可以次第推行。那里知道从一月二十日以后，体温的升降更是很大，有的时候升到摄氏四十一度多，有的时候降到二十七度。时升时降，前后日的差数，都是很大。到二十四五那两日，大元帅简直不能进饮食，一食就要作呕，似乎是很辛苦的。体温既是很高，脉搏也是很多。各国医生都主张搬到医院，去施用手术疗治，以救此危急之症。二十六日上午，经过了医生、家属和各同志的协商，复请求得大元帅的允许，便于是日下午三时搬到协和医院。

一到医院之后，或者是由于沿途震动的关系，体温脉搏更是加高，面貌与眼珠，时时刻刻改变，越变越黄。各医生断定病症到了很紧急的时候，非即刻施行手术不可。所以当时请得大元帅和家属的同意，于是日下午六时半施行解剖手术。各医生于解剖之后，用肉眼观察，就知道全肝已经是坚硬如木，完全是肝癌，成了无法可治之症。便一面取肝上之三极微部分作试验品，一面洗净肝脏，用绷带缝上。当晚德、美医生在协和医院用显微镜试验所取出之品，究属何症。另外有一位俄国医生，向几位重要同志报告大元帅之病况。那位俄国医生没有负诊病的责任，只是本党特别聘请来考察大元帅的病症的。他当解剖的时候，也是临场。出解剖场以后，对几位重要同志秘密报告说："孙先生病症的起源，远因在十年以上，近因也有两三年之久。这种病的发生，是一种寄生的微生物，初长于肠中，可再播于肺，以及肝脏。到了肝上，一变成癌症，那么再外国新科学上疗治之术，就算是山穷水尽了。至于此微生物之来源有二种，一种是由于花柳病而生，一种是由于居住热带地方饮食呼吸而生。但是试验孙先生的血液，毫不表现有花柳毒之痕迹。可见是由于居住热带地方饮食呼吸而来，没有疑义。孙先生经过日解剖之后，各医生用肉眼观察，大概都说是肝癌。究竟是否的确，现在正用显微镜考察中。如果真是肝癌，便极少挽救的方法了。"那位俄国医生报告完了之后，聆听的各位同志，没有一个不是很悲伤的了。

到二十七日上午，由于显微镜所考察的证明，都断定大元帅的病症是肝癌了。西医已经宣布是九百九十分的绝望了。又在最近科学中用电疗治之试验，这种试验也没有甚么把握，只算是千分之一的希望罢了。但是用电疗治，必须等到解剖伤口痊愈，病人身体稍为复原以后，才可以试验。所以从一月二十七日以后，我们一线的希望，就是想解剖伤口速愈，再用电疗治。到了二月初日，伤口痊愈，完全是满足了我们的希望。大元帅以后，就分日用电疗治。据医学上的试验，如用电疗治此病，过了五十点钟，还没有效果，那就是完全绝望了。及二月十五六日，用电疗治，已经有了四十四五点钟了，对于病症，除稍为减少痛苦而外，根本上没有一点功效。大元帅至此，也知道外国医学，对于他的病症没有办法了。于是家属和许多同志，为尽人事计，就建议于大元帅，极力劝用中医疗治。大元帅为安慰家属和各同志起见，也不十分拒绝。便于二月十八日，由协和医院搬到铁狮子胡同行辕，改用中医疗治。初次还是想治本，服黄芪党参等类补气之药。以后只是想治标，服排水消肿之药。无论是治标治本，也都是没有功效。二月二十四日下午三点钟的时候，有一位看护妇表现极急忙的样子，出病房来对家属和各同志说："今天早晨孙先生的态度，忽然由极勇敢的而变为极慈善的。这两天以来，喉中含痰极多，今天下午尤甚，而且神思又不十分清楚。依我的经验看，恐怕孙先生已经是到了极危险的时候了。你们诸位有甚么话要向孙先生请示的，现在恐怕已经是到了时候了。"因为以前我们大家都知道大元帅的病症是绝望了。所以许多同志极力主张预备一个遗嘱，以便到万一危急的时候，请示大元帅签一个字，作本党永远遵守的信条。要办这件事，就付托到汪精卫先生。所以汪先生聆了这位看护妇的话，便约同三位家属，先请宋夫人出大元帅的病室。他们那四个人就进病室内去，关上房门，站在大元帅病床之旁。当时大元帅正在昏迷，似睡未睡之中，聆到有人声进来，便惊醒了。睁开眼来一望，向同志们说："你们有甚么事呢。"说后又把眼闭了。汪先生说："我们四个人，今天是以同志的资格来看总理的病况的，总理的病大概不久就可以好了。不过好了之后，必须长时间的调养。在调养的时期之中，本党的事情很多，又是很忙，不能够停滞的，一定要有同志代总理去执行党务才好。要有同志能够代为执行党务，合乎总理的意思，没有错误，一定要总理先说几句话，让各位同志有所遵守才好呢。"大元帅对于汪先生的说话，很像是聚精会神的聆。聆完了之后，似乎是有一种深思远虑的态度，有许多话都要说的样子。但是沉静了许久，方打开眼来庄严的谕曰："我没有甚么要说啊，我的病如果是好了，有许多话说不完，我就搬到汤山去休养，费几日的功夫，详细的分别对你们说。我的病如果是不能好，还有甚么话可说呢。"大元帅说完之后，又闭起眼来。汪先生再请求说："看我们总理的病，一定是可以好的。不过在没有完全好之先，恐怕调养的时间太久，不能够理事务。而本党的事务，现在又是很忙，又不能够停滞。所以还是希望总理早说几句话，让我们能够遵守，照那些话去进行党务才好呢。"大元帅沉静了许久，再打开眼来谕曰："我看你们是很危险的啊，我如果是死了，敌是一定要来软化你们的。你们如果不被敌人软化，敌人一定是要加害于你们的。你们如果要避去敌人的危险，就是一定要被敌人软化。那么我又还有甚么话可说呢。"说完这一段话之后，又再闭起眼来。汪先生便更用极诚恳的态度请求说："我们跟总理奋斗了几十年，向来都没有怕过危险，以后还怕甚么危险呢。向来没有被敌人软化过，以后还有甚么敌人能够软化我们呢。不过总是要总理先告诉我们几句话，令我们有所遵守，方知道怎么样向前去奋斗呢。"大元帅看见他们的请求是这样的恳切，便再打开眼来谕曰："你们要我说甚么话呢？"汪先生答曰："我们现在预备好了几句话，读到总理聆，总理如果是赞成的，便请总理签个字，当作总理所说的话。总理如果是不赞成的，便请总理另外说几句话，我可以代为笔记下来，也是一样。"总理聆到这地，便立时谕曰："好呀，你们预备了甚话呢？念到我聆罢。"汪先生便马上拿出头一张字来，低声慢读曰：

余致力国民革命，凡四十年，其目的在求中国之自由平等。积四十年之经验，深知欲达到此目的，必须唤起民众，及联合世界上以平等待我之民族，共同奋斗。现在革命尚未成功，凡我同志，务须依照余所著《建国方略》《建国大纲》《三民主义》及《第一次全国代表大会宣言》，继续努力，以求贯彻。最近主张开国民会议及废除不平等条约，尤须于最短期间，促其实现。是所至嘱。"

大元帅在这一张字读完之后，便表示极满意的态度，点头谕曰："好呀，我很赞成的呀。"立时又有一位家属继续请求说："先生对于党务，既是赞成说几句话。对于家属可不可以照这个样子也说几句话呢。"大元帅谕曰："可以呀，你们要说甚么话呢？"汪先生又照头次的样子，拿出第二张字来读曰：

"余因尽瘁国事，不治家产。其所遗之书籍衣物住宅等，一切均付吾妻宋庆龄，以为纪念。余之儿女已长成，能自立，望各自爱，以继余志。此嘱。"

大元帅聆完了这张字后，又点头谕曰："好呀，我也很赞成呀。"汪先生更请求说："总理既是很赞成这两张字，今日可不可以就签一个名，当作总理自己说的话一样呢？"大元帅点头谕曰："可以呀。"于是汪先生便打开门，出去拿笔来。宋夫人坐在门外的大客堂中，看见病室的房门一开，便立时走进去了。大元帅看见夫人进来了，似乎是要免去动夫人对于病人绝望的感情，所以立刻谕汪先生曰："今天不要签字，过几日再看罢。"他们那四个人，只得遵照大元帅的命令，不敢再请求签名了。依次从病室中出来，等大元帅去休息了。因为这个情形，所以我们所得的那两张遗嘱，二月二十四日还只做过一半工夫，还没有得到最后的签名。

从二月二十四日以后，因为大元帅的体魄健勇气大，又延长了十多日。不过每日的肝肿越发加大，身体更是一日比一日的衰弱，饮食进身体去的食物水分，都不能够排泄出来。以后也不多思饮食，全身的浮肿，更是一日比一日的增加。家属和各位同志，把治标的责任，始终还是请克利医生担任。至于治本的希望，也还是没有放弃。所以又请得了一个留学日本的山东王纶医生，用日本新发明治肺痛的药水，每隔一日注射一次。据说要注射五次以后，这种药水对于病症有没有功效才可以知道。及注射到第四次和第五次，大元帅也觉颇有功效。以后又再注射了两次，病人的腹水，还是有加无已。王医生便说药方虽然是对症，但是不能抵抗病势，便请求停止注射。至此已经是三月九日和十日了。

　　至此正是所谓百药罔效，群医束手的时候了。大元帅除不能多进饮食而外，体温虽然是如常，搏脉更增加得很多，有时候到一百五六十次。呼吸极形减少，有时候只有十八次。然而大元帅的勇气始终还是很大，态度还是很庄严，神思还是很清楚。当时万念俱消，只有念念不忘于东江的军事。常问各同志以东江战事的情形，粤军进到甚么地方，滇军进到甚么地方。各位同志便报告说，粤军得了潮汕，许总司令、蒋校长已经到了汕头；滇军得了博罗、河源；杨总司令自石龙进驻到博罗去了；胡留守在广州维持治安，筹饷筹弹接济各军，也是很得力的。大元帅聆了这些报告，极表现安慰的样子，并谕云："要电告汉民，不可扰乱百姓。"

　　一直到三月十一日正午以后，大元帅对于各同志和家属，便吩咐说："现在要分别你们了。"更要汪精卫先生到床前谕云："拿前几日所预备的那两张字来呀，今日到了签名的时候了。"汪先生只得将那两张字呈上，由宋夫人含泪抬起大元帅的手腕执钢笔签名。大元帅签名毕，便用极安静的态度，召家属环立左右，一一嘱咐后事，并谕各位同志云："我这次放弃两广来北京，是谋和平统一的。我所主张统一的方法是开国民会议，实行三民主义和五权宪法，建设一个新国家。现在为病所累，不能痊愈。死生本不足惜，但是数十年为国民革命所抱定的主义，不能完全实现，这是不能无遗憾的。我很希望各位同志，努力奋斗，使国民会议早日开成，达到实行三民主义和五权宪法的目的。那么我虽然是死了，也是很瞑目的。"从此以后呼吸更极艰难，精神疲倦，不能连续的说四、五字以上的话。只有不连不断的反复说："和平""奋斗""救中国"那几句话了。医生以为病人太辛苦，便请勿言，好自安眠。

　　从十一日下午安眠了以后，在十一日晚六时半，虽然是醒过了一次，手足就变冷了，不能作多言语。到十二日晨约三时许，再醒了一次，更是不能言语了，只是喘气不堪，延迟至八点多钟，克利医生还来看过一次。及到了九点三十分，大元帅便和世界的人类长辞了，便和一手创造的中华民国永远脱离了，便把实行三民主义和五权宪法的责任，完全卸却了。从此以后，那实行三民主义和五权宪法的责任，就要我们党员自己担负起来了。

　　诸君想想，我们既是大元帅的党员和大元帅的主义之信徒，现在大元帅死了，好比是我们死了父亲一样。一个人死了父亲，要真是一个明大义的孝子，就要像古语所说的："所谓孝者是善继人之志，善述人之事者也。"我们现在都是大元帅的孝子，要尽孝道，就是要述大元帅遗留之事，要善继大元帅未竟之志，那才是好孝子，那才是真孝子。

我们现在要做这种孝子，究竟要用甚么方法呢？究竟是从那里做起呢？我们要研究这种方法，要知道自那里做起，就先要知道本党的力量和本党的地位。诸君常在广州，大概还不十分明白本党在外面是甚么地位和甚么力量。兄弟从前那几年住在广州，也是一样。所谓当局者迷。自这次跟大元帅北上，绕道日本到北京，把沿途所经过的情形一想。初到上海租界之内，那天欢迎的人数总有一两万。经过日本的长崎、神户、门司，各埠的外国欢迎人数，每次都是有几千的。后来一抵天津，军政界和人民的欢迎，空街空巷，就像发狂一样。当日全市的人数总有四五万。晋北京的那一日，在前门车站一带来欢迎的军政界，以及普通民众，原来据说有二十万。后来因为被段祺瑞限制了，也还有十多万人。诸君想想，各地民众这样热烈的来欢迎本党的总理，是为甚么呢？有甚么力量能够到处令这样多的群众来欢迎呢？简单的说，就是为本党的三民主义。因为本党有三民主义的力量，所以就能够令他们都来欢迎。他们来欢迎本党的总理，就是来欢迎本党的三民主义。欢迎本党的三民主义，那是不是欢迎本党呢？所以兄弟每到一城市，遇着了新朋友，他们总是发相同的疑问说："先生是自广州来的吗？外间抱帝国主义的人，从前虽然是常常造许多谣言，反对你们广州，反对你们的政府。但是你们在这几年中，打破一切艰难困苦；你们的军队，真是勇敢善战呵。你们的国民党，真是为民众的利益而奋斗呵。现在贵党所主张的国民会议，完全用人民为主体，和那段祺瑞所召集的甚么善后会议，完全代表一般官僚、军阀和土匪，真真是有天壤之别呢……"单就他们这样公开的热烈欢迎，和个人诚恳的亲善，就可以知道本党在外间的地位和力量了。

我们再就大元帅这次死后追悼的现象想一想。诸君每日看报纸，大概都是很留心外国新闻的，我们先想想俄国的追悼情形。试问俄国的通国政府和民众，是不是用极诚恳的文字和仪式来追悼大元帅呢？是不是以诚恳的态度，来表同情于本党的主义呢？又是不是以极诚恳的意志，来希望本党遵照大元帅的遗嘱，努力向前去奋斗呢？推想到德国政府同人民，追悼大元帅和表同情于本党的情形，又是否同俄国一样呢？他们两国都是一样的。再推想到持帝国主义的国家，最近像日本，远一点像美国，更远一点像英国、法国，他们政府所持的主义，虽然是和本党相反，不表同情于本党，不是热烈的追悼大元帅。但是他们那些国家的人民，真是主张公道的仁人志士，又是不是像德国的民众，那一样的诚恳在追悼大元帅和表同情于本党呢？更想到那些被压迫的弱小国家和弱小民族，像比利时、埃及、印度、亚美利亚以及南洋群岛都是不是像俄国、德国的民众那一样的诚恳在追悼大元帅和表同情于本党呢？简而言之，都是一样的。由此便可见本党在国际上的地位和国际上的力量。

我们再想想国内的情况，又是怎么样呢？追悼大元帅最哀痛的地方，除了广州以外，莫过于北京。北方民众这次费很大的牺牲和热心，才能够把大元帅欢迎进京去。预想进了北京之后，便帮助大元帅，计划一个中央革命，以实行三民主义、五权宪法，从头再来建设个新民国。孰料到大元帅到天津就病了，晋京之后，总是病而不起，并且日加重一日，始终没有公开的和他们见一面。所以大元帅在北京逝世了之后，那些民众哀痛的情形，恐怕还要过于我们广东。譬如一听到说大元帅逝世的信息，他们不待政府的通知，就自由举哀。除了日日结队往铁狮子胡同行辕和中央公园吊唁以外，并且用种种文字和宣传，来表示他们哀痛的心理。最奇怪的是大元帅的灵柩由协和医院移到中央公园的那一天，十几万民众，恭迎于协和医院之前，有数万人们，只求一个执绋的机会而不可得。再由中央公园出殡到西山的那一天，三十多万民众，由中央公园步送到西直门，还有一两万人更由西直门步送到西山，丝毫不现有勉强和疲倦的样子。试问诸君，此中有甚么力量，能够令这样多的民众举行这样狂烈的运动呢？是不是由于大元帅生前奋斗的精神，以及本党的三民主义和五权宪法的原动力呢？我想出了这个原因以外，再没有第二个道理。

除了北京以外，就是推到各省会、各城市以及各特别区域。在这一个多月之中，没有一处不是民众自由举哀的，没有一个地方不是民众自由开会追悼的，没有那一个追悼会的人数不是几千和几万的。好像最近在长沙教育会举行的湖南全省追悼会，和在济南华北运动会中举行的山东全省追悼会，每日到会的民众，总是在十万以上，或者是整队出街游行，或者是在大会场中设台讲演，总是行很剧烈的示威运动，宣传三民主义、五权宪法，宣誓遵守大元帅遗嘱，努力国民革命，以竟大元帅未竟之志。

再就是推到各省的军政界，像洛阳的建国豫军三万多人，大元帅逝世的电报一到，便举哀三个星期，国民军全体二十几万人，举哀一个星期。其他奉军和各省军政界，有的是举哀七日，有的是举哀五日，最短也是三日。最令人奇怪的，是向来反对本党的直系军阀，像萧耀南、孙传芳那般人，和历年反叛本党的联治派，像赵恒惕、唐继尧那些人，也要开会设坛致祭，也说些甚么遵照孙先生的遗嘱，去行三民主义和五权宪法。由此就可知本党在国内所处的地位和所有的潜势力了。

总而言之，本党的总理孙大元帅虽然是不幸逝世了，但是本党的主义，是到处有人崇拜的，到处有人欢迎的。人人都崇拜本党的主义，欢迎本党的主义，就是人心都归化了本党，就是本党在政治上有很高的地位，有很大的潜势力。本党在政治上有这样高的地位和这样大的势力，就是本党在政治上一方面的财产很丰富，好像一个极有钱的美国摩尔根银行一样。简而言之，这就是本党很有钱。因为本党在无形之中是很有钱，所以中国国民党五个字，现在就是一块金字招牌，青天白日满地红这种新国旗的价值，就是像你们滇军的红边军帽一样。

大元帅生前在广东，虽然是很穷，没有多钱发给你们的军饷。但是他死了之后，留下来的政治遗产，分散在各省各国是很丰富的。这种丰富的政治遗产，是不可以数量来计算的。因为本党的财产有这样的丰富，本党的招牌有这样的值钱，所以一般向来反对本党的北洋军阀，日夜都是不安，要想方法勾结本党的败类，来破坏本党，来抢本党的钱。一般反叛本党的联治派，现在也说甚么联治主义是和三民主义相通的，也是日夜在想方法要联络本党的败类，假冒本党的招牌，圆他们升官发财的私利。像贵省的唐继尧，就是这一种人。他一面在云南通电，说要遵照大元帅的遗嘱，来追悼大元帅；一面派人到各处勾结反对本党的势力，来破坏本党的政府；又一面派兵到广西来打仗，要消灭本党的建国军。

诸君正是今天毕业的军人，都是学识很丰富的分子，像这种种是非，应该是要知道很清楚的。诸君自今天毕业之后，实行杨总司令的训词，遵照大元帅的遗嘱，去努力国民革命，要所做的革命事业不错，根本上一定要彻底明白这种是非。明白了这种是非之后，究竟是用甚么方法去实行大元帅的遗嘱呢？简单的说，用诸位军人的能力，就是要先用军事的力量，去打倒从前反对大元帅的恶势力。从前反对大元帅的恶势力，在西南就是联治派，在北方就是卖国的官僚军阀，在全世界就是帝国主义。诸君要达到最后的目的，去打倒帝国主义，首先就要打倒贵省的唐继尧和他所勾结的联治派。再打倒北洋派的卖国军阀。打倒了他们这几个势力，国内便再不致有人敢受帝国主义的利用。在中国横行的帝国主义，便可以根本推翻。我们便可以废除不平等条约，收回海关、租界和领事裁判权。然后我们才可以开国民会议，中国才可和平统一。要达到这种种大目的，担负这个责任的人，就是你们新毕业的和有智识的革命军人。诸君在这个干部学校毕业，都是受过了很好的精神教育，从前也是听过了大元帅的演说，跟随了大元帅努力革命过的。要已往所做的革命事业不致半途而废，要把大元帅的遗嘱完全实行。奋斗的简单方法，就在遵守杨总司令的训词去消灭从前反对大元帅的那些恶势力。大元帅的主义，现在虽然是到处有人欢迎，但是中途还有不少的障碍。因为有了不少的障碍，所以大元帅留下来的主义，在事实上还不能够实行。我们要能够实行大元帅的主义，首先就要除去那些恶势力的障碍。诸君担负了实行这种主义的责任，如果那些恶势力的障碍一天没有除去，这就是诸君的革命努力一天不能够停止。兄弟今天有这个机会，能够代表胡留守来参加贵校的第二次毕业盛典，没有别的好话可以贡献到诸君，只有引大元帅的二句训词来希望诸君，就是革命尚未成功，同志仍须努力。

此演说词发表后，颇闻有二、三同志议论，谓据此所述，则总理遗嘱为秘书拟稿，而非总理亲撰，未必为总理真意所在云云。此等议论，殊无辩驳之价值。盖无论何人拟稿，苟经主其事者亲笔签名之后，则非复拟稿者之意思，而为签名者之意思。此古今中外之通例也。更就总理生平办事言之，总理在大总统大元帅任内，在总理任内，一切重要命令，有由总理亲自创稿者，有由秘书拟稿者。总理对于拟稿，有时一字不改，有时斟酌再三，有时另拟，不厌求详。而既经一度签名字之后，即为总理之意思。从未有对于总理命令，而分别其为总理创稿，抑命人拟稿者，以其性质与效力完全相同，无须分别，亦无容分别也。遗嘱固由汪先生拟稿，而于二月二十四日，既经逐字逐句朗读于总理之前，总理听毕之后，完全满意。再经十余日之详细考察，始于三月十一日，取出原稿，总理亲笔签名。此实与总理平日之政府及党部所发重要命令，同一形式，同一手续，毫无可以发生疑问之余地。此等常识，本无须讨论，特以其有关同志对于总理遗嘱之信仰，故辨其惑如此。

黄昌谷谨跋五月二十三日

以上据《中山丛书》（第四册）附录，民德书局1927年版，第22—36页。

附　录
黄昌谷年表

清光绪十七年五月二十日（1891 年 6 月 26 日）
出生于湖北蒲圻。

清宣统三年七月（1911 年 8 月）
考取北洋大学采矿冶金学门。

1912 年
3 月加入中国同盟会，并任孙中山秘书。

1914 年
12 月毕业于北洋大学采矿冶金学门。
——留学美国，入哥伦比亚大学。
毕业后，获冶矿硕士学位。受聘美国哈谷炼钢公司，从事研究工作。

1920 年
返国任石井兵工厂工程师。

1921 年
随军北伐，往返广州、桂林、韶关、赣州。

1922 年
奉派任江西战地度支处长。

1923 年
2 月
任广州大本营宣传委员。

5 月

15 日，孙中山下达《发给黄昌谷公费令》。

7 月

18 日，孙中山下达《任命黄昌谷职务令》，任命黄昌谷为大元帅行营金库长。

10 月

10 日，黄昌谷等致电但焘，请其筹办法制局工作。

21 日至 23 日，在黄昌谷等人的陪同下，孙中山视察虎门要塞。

1924 年

1 月

下旬，在广东政府大本营，就讲演三民主义之事，孙中山拟请黄昌谷做记录。

27 日至 8 月 24 日，孙中山在广州国立高等师范学校礼堂演讲三民主义。黄昌谷做演讲记录。

5 月

27 日，孙中山下达《任命黄昌谷职务令》，任命黄昌谷为大本营会计司司长。

5 月，任大本营会计司司长，财政委员会委员。

6 月

21 日，孙中山下达《给黄昌谷的训令》。

7 月

17 日，就大本营公务员减薪问题，特《给黄昌谷等的训令》。

28 日，孙中山下达《给黄昌谷等的训令》。

31 日，孙中山下达《给黄昌谷的训令》。

8 月

4 日，孙中山下达《给黄昌谷的训令》。

8 日，孙中山《给黄昌谷的指令》。

11 日，孙中山《给黄昌谷的指令》。

15 日，孙中山特派黄昌谷与胡沛云等谈话。

25 日，孙中山下达《给黄昌谷的训令》。

9 月

5 日，孙中山《给黄昌谷的谕令》：北伐在即，旧日行营长官各项薪俸，一律停支。

11 月

3 日，北上之后，孙中山计划继续演讲《三民主义》和《五权宪法》的事情，仍命黄昌谷做记录。

孙中山下达《免黄昌谷职务令》：大本营会计司司长黄昌谷另有任用，应免本职。

孙中山颁发《任命黄昌谷职务令》：任命黄昌谷为大本营秘书。

13 日，作为孙中山的秘书，随孙中山北上。

12 月

3 日，下午戴季陶、黄昌谷致电许世英、汪精卫、孙科，告知孙中山 4 日到津。

4 日，黄昌谷等人，随同孙中山和宋庆龄抵天津。

5 日，孙中山委派夫人宋庆龄，以及重要随员李烈钧、汪精卫、孙科、戴天仇、但懋辛、黄昌谷、邵元冲、马伯援、杨永泰及孙中山的秘书韦玉，偕同作陪者许世英、朱启钤、陈锦涛、杨震泰、杨以德、祝惺元等 20 余人拜访黎元洪。

6 日，宋庆龄等人代表孙中山，应邀又在黎元洪家里与各方人士晤谈。

27 日，孙中山在张园病榻思及存在广州的三民主义讲稿，谕黄昌谷、吴敬恒对此妥加保管。

31 日上午 10 时许，雪后气寒。孙中山偕夫人宋庆龄及黄昌谷、邵元冲、马超俊诸随员由张园起身至东车站（今天津站）乘专车入京。各界代表齐集车站欢送孙中山入京。火车至北站时，在此欢送孙中山入京的天津各界代表等候已久。

1925 年

1 月

6 日，黄昌谷就孙中山来京的有关问题，受孙中山委派，回答了民治通讯社记者的问话。

3 月

8 日，黄昌谷为乙种增补《中山丛书》作序。

19 日，孙中山灵柩由北京协和医院，至中央公园（今中山公园）社稷坛大殿，黄昌谷史引领队伍的执头绋者。

30 日，黄昌谷报告苏联赠送孙中山水晶棺抵北京等情密电。

5 月

黄昌谷为《孙中山先生演说集》（全一册）作序。

7 月

任广州国民政府秘书、秘书长。

8 月

被任命为广州政府监察院监察委员。

1926 年

2 月

上海民智书局出版了黄昌谷编辑的《孙中山先生演说集》（全一册）。

10 月

任武昌市政厅厅长。

12 月

14 日，筹备政府迁鄂事宜，由武昌市市长黄昌谷为主任。

同月，随同宋庆龄到南昌。

1927 年

3 月

17 日，中国政府接管汉口英租界，改为第三特区，黄昌谷任该区管理局局长。

4 月

7 日，黄昌谷就日军在汉口枪杀中国人，提出严重抗议，要求立即撤退水兵。

5 月

民德书局出版的《中山丛书》（第四册）附录收录了《黄昌谷讲述之孙中山先生之生活》《黄昌谷讲述中山先生北上与逝世后之详情》两篇长文。

1928 年

10 月

31 日，黄昌谷被任命为国民政府立法院委员。

11 月

任立法院第一届立法委员。

1929 年

2 月

16 日，黄昌谷出席立法院常会。

3 月

4 日，黄昌谷出席特别党部会议。

5 月

3 日，黄昌谷被任命为湖北省政府委员。

25 日，黄昌谷赴南京参加奉安大典。

同月，任湖北省政府委员兼教育厅厅长。

6 月

14 日，黄昌谷参加汉口总商会会议。

7 月

湖北省教育厅因撤换省立实验小学、第三小学、第七小学校长的事件，引发汉口学潮，要求收回撤换三校校长成命，并致电中央撤掉教育厅厅长黄昌谷职务。

11 月

25 日，湖北省秋季运动会，在公共体育场举行，黄昌谷任主席，为期三天。

1930 年

2 月

17 日，出席湖北省财政会议。

同月，任湖北省建设厅厅长。未几赴广州，执教于国立中山大学。

3 月

3 日，出席湖北省民政厅厅长就职仪式。

7 日，暂代湖北省教育厅厅长。

5 月

19 日，陪同何应钦赴横店视察。

8 月

30 日，国务会议批准湖北省政府委员黄昌谷辞去兼职。

1937 年

抗日战争全面爆发后，黄昌谷赴重庆，服务于中国茶业公司。

1938 年

9 月

3 日，黄昌谷参加西北游击队组织之经过报告会。

1939 年

2 月

28 日，黄昌谷改任湘省府驻渝办事处主任。

1941 年

再应国立中山大学之聘，赴粤坪石授课。

1945 年

抗战胜利后回广州，仍继续在中山大学执教，兼任中央警官学校广州分校教职。

1948 年

8 月

9 日，黄昌谷在香港演讲三民主义问题。

1949 年

赴澳门。

1951 年

7 月，去台湾，任政工干校教授及教育部特约编纂，并创办国父遗教出版社，任社长。

1959 年

12 月 6 日，病逝于台北。

征引文献

一、报纸

1911 年 8 月天津《大公报》

1923 年 10 月天津《大公报》

1923 年 11 月天津《大公报》

1924 年 12 月天津《大公报》

1925 年 1 月天津《大公报》

1925 年 3 月天津《大公报》

1926 年 10 月、12 月天津《大公报》

1927 年 3 月、4 月天津《大公报》

1928 年 11 月天津《大公报》

1929 年 2 月、3 月、5 月至 8 月、11 月天津《大公报》

1930 年 2 月、3 月、5 月、8 月天津《大公报》

1931 年 2 月天津《大公报》

1938 年 9 月香港《大公报》

1939 年 3 月香港《大公报》

1948 年 8 月香港《大公报》

1925 年 1 月天津《益世报》

二、孙中山著作

乙种增补《中山丛书》全四册，上海：上海民权图书公司，1927 年。

《中山丛书》（第四册），上海：民德书局，1927 年。

黄昌谷编：《孙中山先生演说集》（全一册），上海：民智书局，1926 年。

中山大学历史系孙中山研究室、广东省社会科学院历史研究所、中国社会科学院近代史研究所中华民国史研究室编：《孙中山全集》第七卷，北京：中华书局，1985 年;《孙中山全集》第十卷，北京：中华书局，1986 年;《孙中山全集》第九卷，北京：中华书局，1986 年;《孙中山全集》第十一卷，北京：中华书局，1986 年。

林家有、周兴樑编：《孙中山全集续编》第四卷，北京：中华书局，2017 年。

周兴樑编：《孙中山全集续编》第五卷，北京：中华书局，2017 年。

《中山墨宝》编委会：《中山墨宝》第九卷，北京：北京出版社，1996 年。

三、相关著作和工具书

李平主编:《孙中山》,北京：九州出版社,2006 年。

邹鲁著:《邹鲁自述》,北京：人民日报出版社,2013 年。

尚明轩、王学庄、陈崧编:《孙中山生平事业追忆录》,北京：人民出版社,1986 年。

葛培林撰:《和平　奋斗　救中国——孙中山先生晚年北上纪实》,中山：政协中山市委员会文史委员会,1994 年。

张磊主编:《孙中山辞典》,广州：广东人民出版社,1994 年。

李盛平主编:《中国近现代人名大辞典》,北京：中国国际广播出版社,1989 年。

徐友春主编:《民国人物大辞典》,石家庄：河北人民出版社,2007 年。

北洋大学的两位老校友

章用秀[*]

北洋大学创办于 1895 年，北京大学的前身京师大学堂创办于 1898 年，先设师范科、文科、法科，再添理科。当时北洋大学则分设采矿、冶金、土木及法律系四个系，1917 年，北大与北洋两校科系调整，北洋法科停止招生，法律科学生转入北大法科，1920 年法科最后一班毕业后，北洋大学实际上就变成一个矿、冶、土木三个系的工科大学了。

如此一来，就造成了这样一种情况，即后来在北大读法律的学生，实际上是从北洋法科转去的，他们的许多时光是在北洋度过的。这些人其实也是北洋的校友。郭风惠和徐志摩便是属于这种情况。

一、"北方健者"郭风惠

郭风惠（1898—1973），又名贵瑄，字麾霆，号蝶庐、不息翁。河北河间人。中国近现代著名学者、诗人、教育家、书画艺术家、爱国民主人士。郭风惠先生是 20 世纪百年文化、教育史上最具传奇色彩的人物之一，早年有"北方健者"之誉。也有人说，他是"北学"的领袖人物，于文学、历史、法学、哲学、美学及医学、军事、文字学、书画艺术等诸方面都有精深造诣，被称为"中国第一书法家""书法入画最为成功者""前后五百年，亦恐无敢与之争席者"。

郭风惠生于戊戌变法之年。其先君郭连域为清朝拔贡，思想求新，与末科状元刘春霖、宣统皇帝老师陈宝琛、民国教育总长傅增湘为学问至交，藏书极富。秉承家

---

* 章用秀，1947 年生，字定轩，天津人。天津地方文献学家，天津市十大藏书家之一。多年潜心于中华传统文化、天津地域文化、收藏文化和李叔同研究。

学，郭风惠 10 岁可诵诗经、楚辞，能为诗、写联、画四屏大幅，13 岁读医书，能为人医病，是当时"神童"。他十几岁来到天津，1915 年他在西沽北洋大学读法学，始在天津的《大公报》《益世报》等多种报刊发表诗文，引起严修、李金藻两位先生注意。李、严二先生常与他谈诗。严修先生特别称赞他为"北方健者"，由此"北方才子"之名响亮其时。这是严先生在亲点周恩来作文为"南开学校第一"之后，对另一位学子的高度褒扬。刘春霖则说："郭风惠的书法，中国第一，跟他比，我的书法只是小摆设。"在这期间，郭风惠结识了张伯苓、周恩来等。郭风惠与周恩来同庚，作为严修最为青睐的两位青年学子，他们相熟相稔，有人说"这或许是四十年后周恩来请郭风惠为'来今雨轩'题匾的缘由"。

1919 年，郭风惠由天津北洋大学法科转入北京大学。课余，他担任了刚刚成立的国立北京艺术专科学校及北京汇文中学、畿辅中学、四存中学等数校教席，教授文学、英语、美术等课程。此间，他与章士钊、王道元、郑锦、高阆仙及齐白石、秦仲文等交好。1922 年，教"北京艺专"新生王雪涛、李苦禅。后郭风惠以北京大学法学、英语博士毕业，于 1926 年暂搁教鞭，协助宋哲元"参戎幕，掌绥远教育"，先后任绥远、察哈尔教育厅厅长，成为教育界最年轻的高层领导者。

针对当时不关心民族前途，不问国事，埋头故纸堆的教育现状，郭风惠教育学生不要盲目崇拜古人和洋人。他说："人人全集不全精，选本零篇易擅名。擎向绮筵选佳馔，易牙厨下有尘羹"。他喊出的"道学从来不能诗"的警世之言，对教育界和诗界震动很大。1929 年 3 月，严修在天津病逝，郭风惠专程赶到天津，痛悼恩师。这一年他以北方教育考察团团长的身份，率团赴日本考察教育。1931 年 8 月，他辞去一切官职，回到家乡河北河间府，亲任"河北省立三中"校长，致力于基础教育，实施教育救国的夙愿。在三中校长任上，郭风惠聘任了他的好友、中共华北地下抗日统一战线领导人杨秀峰为历史教员，并在学问、生活方面给予了极大帮助。

1935 年，驻北平日军挑衅频繁，华北局势紧张。郭风惠应宋哲元邀请，再度出山，协助宋处理军政要务。他与好友张自忠、赵登禹、佟麟阁等力主对日寇进行坚决抗击。1937 年 7 月 28 日，郭风惠与赵登禹、佟麟阁并肩在卢沟桥与日寇血战。赵、佟二将军壮烈牺牲后，郭风惠代李宗仁写了在全国公祭大会上致赵登禹将军的悼词。郭风惠是我国第一位直接与日寇进行战斗的教育家，其表现出的高尚民族节操和战斗精神，卓越继承了爱国主义优秀民族传统，堪为万世师表。

北平失陷后，郭风惠遭到日军严厉通缉。他不顾家人安危，坚持抗日。从黄河到长江，从函谷关到岭南，直到上海、香江，他一路歌诗，一路丹青，大半个中国大地留下了他的足迹。1938 年后，张自忠"三顾郭风惠"，请其协助。1940 年 5 月 16 日，张自忠在鄂北南瓜店壮烈殉国。郭风惠以泪调墨，向张将军献上了两幅挽联："元戎陷阵，古今曾有几人，却为殉城怀阁部；处士虚声，辗转空劳三顾，勉将直笔叙睢阳"；"不成功，必成仁，临阵几封书，公私事业均遗我；国未亡，家未破，凭报一雪涕，生死交情敢负君"。在上海集结诗集时，王雪涛以《夏禽哺雏图》呈阅，他高兴地为之题诗："微禽尚有劬劳母，感动天涯游子心。草草丹青教慈孝，此图应值万黄金。"此诗极大提升了此画的主题思想，充分表达了郭风惠的爱国之心。之后，他不避艰险，毅然北上，返回北平。在北平生活虽极为困难，但他仍以教书育人、写诗鬻画为乐，并整理、撰写了《诗话》《诗文集》《书法论》《宋哲元将军史略》《张、赵、佟将军史略》《河北渔业志》等多部专著。"是何意态峻威棱，来自阴山两翅冰。敢拟史迁传飞将，书生手笔写雄鹰。""胡马阴山迹已荒，腥膻荡尽水流黄，桥栏石刻群狮子，应记芦沟起战场。"郭风惠是卢沟桥保卫战的亲历者，也是最早用这一历史进行爱国教育的教育家。

中华人民共和国成立后，郭风惠更是积极投身于文化建设活动。多与陈叔通、吴北江、夏仁虎、章士钊、许宝蘅、高树勋、黄君坦、张伯驹、郑诵先等诗书唱和，是著名文学社团"禾弟园诗社""庚寅词社"的重要诗人。夏仁虎曾有"晚见始知尊北学，残年自愧不中书"之句赞郭风惠。我国政府于 1953 年向世界和平理事会赠送《屈原画像》，以纪念世界四大文化名人，而这一幅画是由徐燕孙画像、郭风惠题诗合作完成的，为新中国在国际树立文化形象做出了贡献。郭风惠是 1956 年成立的新中国第一个书法组织——北京中国书法研究社的主要发起人之一，是 20 世纪 50 年代至 60 年代中日书法交流展之中方的核心人物之一，也是 1964 年中央电视台首开电视书法讲座之先河者之一，同时还是为秦仲文、李苦禅、王雪涛、吴镜汀等画坛大家题诗配词、锦上添花的"点睛"者。20 世纪 50 年代中后期，郭风惠与王铸九、刘继瑛、李方白等在北京美术公司国画创作室工作，同事们都称郭风惠为"活字典"（刘继瑛语），此语道出了郭风惠在圈内有着"博学强记"和"多才多艺"的口碑。

1972 年尼克松访华前，郭风惠"临危受命"，抱病题写"来今雨轩"尤其令人感慨。现今北京中山公园内的"来今雨轩"建于 1915 年。当年，由徐世昌题写第一块匾。关于"来今雨"一词，有学者认为其意是取自杜甫的一首小诗序："秋，杜子卧病，长安旅次，多雨生鱼，青苔及榻，常时车马之客，旧，雨来，今，雨不来。"也有学者认为该典出自屈原《山鬼》"东风飘兮神灵雨"之句。旧时来今雨轩乃是高层次文化场所。1920 年李大钊、王光祈等在这里发起、组织了"少年中国学会"，同年夏，周恩来、邓中夏、张申府等在这里举行茶话会；1924 年在这里成立了"反帝大同盟"。大约也是在这一时期，毛泽东的老师符定一与王道元、陈云诰等先生经常在这里进行"世界文友会"活动。1929 年，张恨水也是在这里构思，写出了千古名篇《啼笑因缘》。蔡元培、章士钊、蔡和森、汪精卫、戴季陶、于右任、陈师曾、鲁迅以及老舍、齐白石等中国近现代政界、文界的知名人物，都曾在这里饮茶消闲或活动集会。新中国成立后，朱德、周恩来等党和国家领导人接待外国元首和世界知名人士也多选择这里。"文革"中，徐世昌的匾，做了餐厅厨房切菜的案板。1971 年，美国黑格将军访华。在参观中山公园时提出，来今雨轩这么有名的景点为何无匾。周恩来总理听到这个汇报，指示有关部门，请郭风惠先生补上这块匾。

郭风惠曾用钟鼎文写过一幅"德唯取友，善在尊师"的书法作品，这是他的为人信条，也是他教育思想的重要组成部分。他一生以其高尚的人格和深厚的学养，因材施教，不囿于一家一体，为国家培养了无数优秀人才。现当代的刘贯一、杨秀峰、牛满江、邓拓、肖华、王昆仑、王雪涛、李苦禅、王遐举等都在一定方面得其沾溉。

郭风惠一生成就的取得离不开当年他在北洋就读时奠定的文化根基、他在天津时所受到的文化滋养，也离不开天津乡贤对他的帮助和鼓励。

二、"浪漫才子"徐志摩

　　轻轻的我走了，正如我轻轻的来；我轻轻的招手，作别西天的云彩。

　　……

　　悄悄的我走了，自如我悄悄的来；我挥一挥衣袖，不带走一片云彩。

这一首《再别康桥》读起来真的很美，读这首诗，沉浸在这种美妙的氛围里，不得不承认徐志摩的文学造诣和诗人的浪漫。

徐志摩出生于 1897 年，浙江海宁人，现代诗人、散文家。其父徐申如是清末民初的实业家，他曾合股创办硖石第一家钱庄——裕通钱庄，后又开设人和绸布号，成为远近闻名的硖石首富。徐志摩是徐家的长孙独子，自小过着舒适优裕的公子哥生活。沈钧儒是他的表叔，金庸是他的姑表弟，琼瑶是他的表外甥女。

1908 年徐志摩在家塾读书，进入硖石开智学堂，从师张树森，打下了古文根底。

1910 年，14 岁的徐志摩来到杭州，经表叔沈钧儒介绍，考入杭州府中学堂，与郁达夫同班。他爱好文学，并在校刊《友声》第一期上发表论文《论小说与社会之关系》，认为小说裨益于社会，"宜竭力提倡之"。他对科学也有兴味，发表《镭锭与地球之历史》等文。1915 年夏，他考入上海浸信会学院暨神学院。

但徐志摩并没有安心念完浸信会学院的课程，1916 年他离沪北上，来到天津北洋大学攻读法科。当时北洋大学位于天津北郊的西沽，出天津闹区，向北郊行，经过乡间一个叫小王庄的地方后，逐渐步入一条名叫"大学道"的宽阔公路，凡是到这里的人，都会自然地想着，前面不远就会到达一所大学堂。走上这段大学道不久，首先通过一座"明德桥"，再前行，当绕过一个弯后，遥遥地看到在茂密丛林中点缀着巍峨的各种房舍，就意味着这将是大学道终点上的高等学府了。在将近学校门口时，要跨过北运河上的一座木造排架的"新民桥"。过了桥转弯就到了庄严的"至善门"，这里就是当年的北洋大学。北洋校舍有大堤以防水患，堤岸上垂柳和桃李成行，在春光明媚的日子里，红花绿叶好风光，幽雅恬静旷胸怀。生性好动的徐志摩每到课余时间，常常游走于花堤柳岸，不时激发他的诗情和浪漫的情怀。徐志摩在他的最后一本诗集《猛虎集》上写道："我的第一集诗——志摩的诗——是我十一年（1922）回国后两年内写的。"而这些诗的酝酿和诗的感悟却不是短期就能"发生"的，他的诗歌创作必然与他在北洋大学的这段生活有着千丝万缕的联系。

徐志摩在北洋大学学的是法科，然而英语则是必修课。这个学校对英语的要求相当严格，英语不过关就甭想在这里混。从建校至民国初年，该校教学工作主要聘请外国人担任。学校的教师很多都是美英人士，且采用外国教科书原本。所有课程都是用英语讲授，中国的教授讲课也都用英语，用英语问答考试。北洋大学对英语的苛刻要求，徐志摩就读于此无疑被潜移默化，这为他外语水平的提高奠定了坚实的基础，为其以后的游欧并接受 19 世纪英国浪漫主义诗歌的影响创造了先决条件。

1917 年，北洋大学法科并入北京大学，徐志摩也随着转入北大。在校期间，他不仅钻研法学，而且攻读日文、法文及政治学，并涉猎中外文学。他广交朋友，结识名流，由张君劢、张公权介绍，拜梁启超为老师，还举行了隆重的拜师大礼。梁启超对徐志摩的一生影响很大，他在徐的心目中的地位是举足轻重的。徐志摩亲身感受了军阀混战的场景，目睹屠杀无辜的惨相，决计到国外留学，寻求改变现实中国的药方，实行他心中的"理想中的革命"。

1918 年，徐志摩离开北大，从上海启程赴美国学习银行学。后又进历史系，选读社会学、经济学、历史学等课程，入学十个月即告毕业，获学士学位，得一等荣誉奖。当年即转入纽约的哥伦比亚大学的研究院，进经济系。徐志摩也因此获得了广泛的哲学思想和政治学的种种知识。

1919 年五四运动的浪潮波及在美国的中国留学生，徐志摩也参加了当地留学生所组织的爱国活动，经常阅读《新青年》《新潮》等杂志。他的学习兴趣又由政治逐渐转向文学，因而得了文学硕士学位。转年，徐志摩去了英国，后经狄更生的介绍和推荐，以特别生的资格进了康桥大学（现剑桥大学）皇家学院，研究政治经济学。在剑桥两年受西方教育的熏陶及欧美浪漫主义和唯美派诗人的影响后，开始创作新诗。

在英国，他广泛涉猎了世界上各种名家名作，也接触了各种思潮流派，孕育了他的政治观念和社会理想，培养了他的自我意识——理想主义。康桥的环境，不仅促成并形成了他的社会观和人生观，同时也触发了他创作的意念。他开始翻译文学著作，他翻译了英国作家曼殊斐儿的几个短篇，德国福沟的小说《涡堤孩》，法国中古时的一篇故事《吴嘉让与倪阿兰》，意大利作家丹农雪乌的《死城》和伏尔泰的《赣第德》。他写了许多诗，尤以《康桥再会吧》最为经典。

徐志摩 1922 年返国后在报刊上发表大量诗文。他在北京办起了俱乐部，编戏演戏，逢年过节举行年会、灯会，也有吟诗作画，徐志摩出于对印度诗人泰戈尔一本诗集《新月》的兴趣，提名借用"新月"二字为社名，新月社便因此而得名。1924 年，他与胡适、陈西滢等创办《现代诗评》周刊，任北京大学教授。印度大诗人泰戈尔访华时任翻译。

1926 年 4 月 1 日，在北京主编《晨报》副刊《诗镌》，这时，闻一多已由美国回国并参加了《诗镌》的编撰工作。除第三、第四两期由闻一多和第五期由饶孟侃负责编辑外，其余各期均由徐志摩主编。发表的《诗刊弁言》和《诗刊放假》也是徐志摩执笔。《诗镌》的撰稿人努力于中国新格律诗的创作和关于诗艺的探讨，《晨报诗刊》的创办，标志着诗歌流派——新月诗派的形成。而从新月社的成立及至新月派的形成和它的主要活动，徐志摩在其中都起着主角的作用。

徐志摩是著名诗人，是新月派的代表人物，但他同时也是一位美术评论家，只不过美术评论家之名被诗人之名所掩罢了。徐志摩和徐悲鸿曾就"现代主义艺术"问题展开过一场论战，这不是孤立的论争，而是体现了当时两种美术思潮之间尖锐的冲突。"二徐"在《美展汇刊》上唇枪舌战，不可开交。

1930 年 4 月，徐悲鸿画展在上海举行，徐志摩因故未能参加。不久徐志摩发表散文《猫》，写到"我的猫，她是美丽与健壮的化身"。徐悲鸿遂画《猫》赠予徐志摩。画中题跋首句"志摩多所恋爱，今乃及猫"，字面上指的是物事，言外揶揄之意。徐悲鸿画的是一只"无爪猫"，这也和"两徐"文艺论战有关。徐悲鸿倡导写实主义，此处他以猫比喻西方绘画，"去其爪"就是指需要改良，他通过这幅画再次强调了自己的绘画观。

我曾在 2009 年北京一个艺术品拍卖中见到徐悲鸿送给徐志摩的这幅《猫》。这幅《猫》起拍价 120 万，最后被台湾收藏家以 336 万人民币的竞拍价拍走。从某种意义上，这幅《猫》也是当时"二徐论争"的一个见证。

1931 年 11 月 19 日早晨，徐志摩搭乘中国航空公司"济南号"邮政飞机由南京北上，当飞机抵达济南南部党家庄一带时，忽然大雾弥漫，机师为寻觅准确航线，降低飞行高度，不料飞机撞上开山，当即坠入山谷，机身起火，机上人员全部遇难。

徐志摩死后，陆小曼不再出去交际。她默默忍受着外界对她的批评和指责。她怀念志摩，致力于整理出版徐志摩的遗作，用了几十年的时间，其中的苦辣酸甜一言难尽。

父亲王传钰与抗战时期的北洋工学院

王天洁[*]

父亲王传钰生前曾任国营天津纺织机械厂副厂长兼总工程师，从大学毕业后从事纺织机械工作 40 多年的时间，将自己一生的心血都献给了中国的纺织机械工业，鞠躬尽瘁，死而后已。父亲对纺织机械事业奋不顾身的追求，和数十年建功立业的足迹，彰显了这一代老知识分子奋发图强的崇高精神和热血情怀。

我们所了解的父亲，及父亲这代人走过的路，是值得追溯的。

父亲王传钰，1917 年出生在山西省临猗县陶唐村的一个耕读之家，家族里几代都是读书人，他的祖父和伯祖父是清代的举人，他的父亲和堂伯父均毕业于山西大学。

父亲幼时在村里读私塾，10 岁时和家人来到在太原工作兼教书的他的父亲那里，开始了 10 年的小学和中学生活。1937 年到北京已经报考大学，七七事变突然爆发，日寇全面侵华开始，父亲遂离北京，辗转来到陕西，报考了西安临时大学中的国立北洋工学院的机械工程系，临时大学后更名为国立西北联合大学、国立西北工学院。他的学籍隶属国立北洋工学院，即现在的天津大学。

去世很早的父亲生前很少和我们提起他民国时期的大学生活，他经历了什么？如何在艰苦的抗战时期完成了自己的学业？这些问题吸引着我们在他过世多年后走上探寻之旅，多方收集资料，亲身寻访当地。

为此我们从三个方面获取了许多有关的资料：首先，在网络上找到一些这段时间关于西安临时大学、西北联合大学、西北工学院的演变过程，及学校学生生活的历史描述；其次，参考陕西理工学院西北联大研究所编辑的《西北联大汉中办学纪念馆图

---

    * 王天洁，女，1947 年出生于天津，计算机工程师，系北洋大学校友王传钰之女。曾于天津纺织机针厂从事数控机床编程及操作，后调入丝绸技术研究所、天津证券有限责任公司，从事计算机专业工作。退休后多年执教于天津市老年人大学。

册》、天津《今晚报》登载的《苦中作乐的古路坝生活》，特别是天津大学出版社出版的《北洋大学—天津大学校史》中有关书籍、报刊的内容；还有父亲"文革"中的交代材料中提及的星星点点的事情。结合以上资料，本文主要谈谈父亲王传钰与抗战时期的北洋工学院的一些往事。

一、就读于西安临时大学

作为国立北洋工学院在临大时期招收的学生，父亲是战火中校园生活的亲历者，亲历了从西安临时大学、西北联合大学、西北工学院的演变过程，见证了中国大学的不屈与坚守。

"教育为民族复兴之本"。中国的大学在1937年卢沟桥事变后遭到了空前的浩劫，全国百余家高校中绝大多数遭到了破坏，更有二十余所惨然停办。教育界人士联合声明，揭露日军罪行，诉诸政府果断决断将高校迁至内地。

在接到教育部将北平大学，北平师范大学、北平研究院和天津的北洋工学院等院校西迁西安的命令后，许多师生从平津出发，辗转前往西安报到，陆路交通被封锁，就先南下，或北上绕道赴陕。另有师生前往天津租界内，搭乘客轮取道山东龙口或青岛，再设法求学西安。当时设立的国立西安临时大学借用多次迁校刚落脚西安的东北大学部分校舍开设。父亲就是这样来到西安上大学。

校园生活远比想象的现实和艰难。千余名学生与有限校舍的矛盾也是在多方努力和协调下，分散多处才安顿下来的。根据记载，当时，西安临时大学学生达1472人，校园分散设为三处，一处为位于城隍庙后街4号的校本部，一处为处于小南门外的东北大学，内设工学院及数学、物理、化学、体育等多系，最后一处，设在北大街通济坊，容纳法商、农学、医学三个学院以及教育、生物等多系。

学生住在大通间，条件简陋。"沦陷区来的流亡学生，有的孤身来校，衣服被褥都成问题。为解决困难，当局发给流亡学生每人棉大衣一件、制服一套，伙食每个月贷金法币六元。"[①]

抗战期间，学校无法获得必要的物资和经费，对设备建设和补给，也无力解决所有教师的住宿和交通困难。但是，在这样的艰难困苦中，学校保持了正常的授课秩

---

① 北洋大学—天津大学校史编辑室编：《北洋大学—天津大学校史（第一卷）》，天津：天津大学出版社，1990年，第235—236页。

序，课程中还增加了与战争相关的军事、救护等训练，邀请知名人士来校宣传抗日。

考虑到师生赴陕可能面临各种困难，西安临时大学决定，开学时间定于 1937 年 11 月 1 日，正式上课定于 11 月 15 日。尽管如此，仍有学生无法按时到来，临大决定继续推迟到校时限到 1938 年 1 月 10 日。报到的这个学期，延期至 1938 年 2 月底结束，保证学期教学计划的正常实施，"除元旦停课一天外，春节寒假亦不放假、不补假。最早报道的同学在临大上课不足一学期，晚报到者仅一月有余。可见临大时期是一个过渡性的收容时期。"[1]

父亲是西安临时大学中较早报到的一年级学生，其名字亦在《北洋大学—天津大学校史（第一卷）》中有所记载。[2] 父亲为 1937 年入学的四年制学生，其所在的班级在当年被称为"三十年班"，即 1941 年，也就是父亲毕业的年份。

从 1937 年夏天到 1938 年 3 月临大南迁汉中之前，父亲一直在校读书，生活在西安，未曾离开。我在 2014 年夏天到西安，和表姐拜访大姑妈家的安成表哥。安成表哥在小的时候见过几次舅舅（即我的父亲），他印象比较深的是舅舅在西安上大学，到他家来过几次，还检查、辅导过他的功课。那时他的母亲，也就是父亲的大姐还在世。表哥的儿子鹏鹿带我们逛回民街时，路过一个干休所（现在是庙后街西段，叫早慈巷），他讲，他父亲（即表哥）当时年幼，似乎记得这里曾经挂过一个西北工学院的校牌。当时学校大门是西安临大校牌，进校后是三个大学的校牌：北洋大学、北平大学、东北大学。

二、南迁汉中

1937 年 11 月 9 日太原失守后，日寇沿同蒲铁路南下。1938 年 3 月，山西临汾失陷，侵抵山陕交界的黄河风陵渡一带。西安也屡遭日机侵扰轰炸，西安东大门告急。根据天津大学校史记载：1938 年 3 月，由"蒋委员长西安行营主任（蒋鼎文）出面，命令西安临时大学向南迁往陕西汉中。学校为做好千余名师生的南迁工作，在迁校前，成立了"准备迁移事务委员会"，下设"沿途布置委员会""运输委员会""膳食委员会"等机构负责具体的迁移事务。在迁校行军前，全校进行编队，按军训队原有大队编

---

[1] 北洋大学—天津大学校史编辑室编：《北洋大学—天津大学校史（第一卷）》，天津：天津大学出版社，1990 年，第 236 页。

[2] 1895 年至 1948 年学生名录，见《北洋大学—天津大学校史（第一卷）》，第 485 页。

制，将全校千余师生编成 3 个中队，下设若干区队，区队再分为若干分队。每个中队
500 人至 600 人。大队设有大队部，大队长由全校军训队长兼任，总理大队一切事宜，
中队设中队部，为行军单位。[①]

师生在迁离西安途中经历了种种的困难和艰辛。1938 年 3 月 16 日，西安临大正
式迁离西安。按迁校行军办法，父亲所在的工学院，为第二中队，由土木系教授刘德
润任中队长。下分五个区队，区队下每班设为一个分队，作为最基本的活动单位。

出发前，学校按人配发干粮，乃陕西特产"大锅盔"（似饼的面食）和咸菜。
每人必需随身携带的衣物行李由学校雇用大车装运随行，其余文具书籍等则交给
学校派专人直接运到目的地。师生先乘汽车到西安站上火车。车厢系"闷罐"货
车，每车中有点灯一盏，灯光昏暗，相对看不清面孔。

工学院师生是吃过晚饭上车，天明时即到达宝鸡。然后，学生和年轻的教职
员按照原预定的行军编制，沿川陕公路，开始徒步千里大行军。下车后当日继续
行军到宝鸡南面十五里的益门镇。当时的益门镇仅有数十家农户。为了与第一中
队保持距离，工学院学生在此停留一周，然后沿着川陕公路去汉中。

从宝鸡到汉中 500 余里，沿途，他们渡过渭河，经过大散关，进入秦岭山
区。沿着崎岖险峻的秦岭山道，依靠双腿，凭借信念，翻越秦岭、凤岭、酒奠
梁、柴关岭，经过黄牛铺、油房沟、草凉驿、古凤州、双石铺、南星镇、庙台
子、留坝、马道，到达褒城。宝鸡到褒城，陕人称为"穷八站"，这一带，人烟
稀少，土地贫瘠。一路上晓行夜宿、风餐露宿。学生和年轻的教职员工大多数徒
步出发，秦岭更是峭壁陡立，高耸入云。柴关岭居高临下，地势险恶。师生徒步
而行，每天少则三四十里，多则七八十里。每日三餐，早晨出发前为稀粥和馒
头，中午是自带的干粮，到达宿营地后可以吃一顿干饭和菜汤。偶遇运输及粮米
困难，也向居民零星凑集或向民家借用锅灶自行炊做。

每晚歇息时，师生们都凑在一起讨论前方战场的消息。当时交通通讯极端落
后，看不到报纸，每到一地，各队就把从几台陈旧收音机里听到的前方战况及时
用大纸书写出来，供大家阅读。师生们历尽艰难困苦，行军 250 多公里，经过半
个月的时间，终于到达目的地陕南汉中。由于在汉中找房设校遇到困难，工学院
师生在褒城待命近一个月。比起战火纷飞的抗日前线，当时的汉中确实是一片平

---

① 北洋大学—天津大学校史编辑室编：《北洋大学—天津大学校史（第一卷）》，天津：天津大学出版社，
1990 年，第 238—239 页。

静的世外桃源，比西安安全，是一个比较富庶的地方，这也是这些大学能够在汉中扎下根来的原因。①

这些南迁汉中的描述，虽然不是出自父亲之口，但确是父亲身在其中，亲身经历过的。

三、就读西北联大、西北工学院期间

大学师生安顿下来不久，教育部电令按照国民政府行政院第350次会议的决定，国立西安临时大学改名为国立西北联合大学。

1938年4月10日，临大召开校常务委员会第24次会议，决定全校分置于城固县、南郑县、勉县三县。校本部及文理学院设在城固县城的考院和文庙，工学院（及西北联大附中及教育学院体育系）设于城南40里的古路坝；医学院设在南郑县；农学院在勉县武侯祠。经过一番努力，国立西北联合大学于当年5月2日正式开学，举行开学典礼。

开学典礼俭朴而庄重，除全校师生外，汉中专署专员和城固县县长也出席了典礼。校常委主席、北洋大学校长李书田在开学典礼上回顾了学校在平津沦陷后艰难曲折的迁建过程，他激动地说："回忆这次迁移所费的一个月有余的长久时间，全校师生徒步近千里的路程……在我们学界，确是破天荒的大举动。"校常委陈剑翛在讲话中指出更改校名的意义，他说："本校现改名为国立西北联合大学，其意义一方面是要负起开发西北教育的使命，一方面是表示原由三校合组而成。"② 当时，黎锦熙、许寿裳、李达、许德珩、马师儒、罗根泽、曹靖华、侯外庐、傅仲孙、罗章龙、陆德、徐诵明、张伯声、李季谷、谢似颜、杨若愚等著名学者从各地来到这里，担负起战时教书育人的重任。③

西北联大仍按西安临大旧制。联大本部设在城固县的考院，在考院的大影壁上白底黑字大书"国立西北联合大学"八个字。在考院入门的门楼里高悬着国立北洋工学院、国立北平大学、国立北平师范大学三校校牌。此时西北联大仍是一所临时联

① 北洋大学—天津大学校史编辑室编：《北洋大学—天津大学校史（第一卷）》，天津：天津大学出版社，1990年，第239页。

② 同上书，第240页。

③ 《城固西北联大：抗战烽火中的教育圣地》，《三秦都市报》2015年8月18日，http://sn.ifeng.com/wenhua/detail_2015_08/18/4243545_0.shtml。

合性质的大学，西迁各校无论在名义上还是实质上都是独立存在的。联大仍不设校长，校内一切重大事项由校常务委员会决议，下设秘书、教务、总务三处等。西北联大仍设六个学院，二十三个系。工学院仍由北洋工学院和平大工学院组成，学制仍为四年。

国立西北联合大学自 1938 年 4 月在汉中成立之后，经历了两次分立。第一次是在 1938 年 7 月 27 日教育部长陈立夫发出"汉教字第 6074 号训令"，令北洋工学院、北平大学工学院、国立东北大学工学院（1938 年 4 月由西安迁往四川三台）、私立焦作工学院（1938 年 3 月由西安迁往甘肃天水）合并组建为国立西北工学院，令西北联合大学农学院与在武功的国立西北农林专科学校合并组建为国立西北农学院。经过这次分立，西北联合大学的工学院、农学院分立出去了，组成了两所专门的大学，以适应培育国家急需人才的需要。第二次分立发生在 1939 年 8 月，教育部又令西北联大里的各院系分别独立为国立西北师范学院、国立西北医学院，剩余的文理学院、法商学院组建为国立西北大学。至此经历了短短的不到一年半的时间，西北联大不复存在。

至于西北联合大学为何从 1938 年 4 月组建到 1939 年 8 月，完全分立为西北大学、西北工学院、西北农学院、西北医学院、西北师范学院五所学校，仅仅存在了不到一年半的时间？目前并未见到专门探讨这一问题的研究成果，论断中也不乏推测的成分，比如这样的观点："将西北联大解体分立最主要、最深层次的原因是国民政府开发大西北、完善西北地区高等学校战略布局的长远考虑。而西北联大的内部矛盾和防共控制的政治动机，也多少介入了政府的决策过程中，强化了政府将西北联大快速解散分立的决心，也是各校、院领导一级配合政府决策的内在动力。"[①]

1938 年 7 月 27 日根据教育部的命令，北洋工学院、北平大学工学院、国立东北大学工学院、私立焦作工学院从西北联大独立出来，成立了国立西北工学院。

1. 校园所在

校园位于城固县古路坝一所天主教堂内。城固县建城于秦末汉初，早在楚汉相争时就闻名于世，萧何、樊哙都是本地人，汉王城、霸王寨、张骞墓都在这里，汉水流经此地，位居秦岭巴山之间，是群山环抱、风物宜人的世外桃源。

1938 年 7 月西北工学院初建时成立了筹备委员会，由李书田、胡庶华、张北海等为委员，经过一系列会议、筹备、组织，8 月 18 日，筹委会取得汉中地方支持，由于

---

① 陈海儒：《西北联大为什么被解体分立？》，《天下》2012 年第 3 期，第 11—14 页。

此处天主教堂愿无偿提供房屋坡地，而且远离城市，可以避免敌机侵扰，以便师生安心读书学习，筹委会决定将学院设在城固县古路坝意大利天主教堂内。将东北部的修女院和老人院作为校舍，教堂墙外空地为体育场。

天主教堂建于古路坝北山坡上，有二十个可以供上课的大教室，内有课桌和条凳。砖瓦楼房可供办公和学生住宿。平房数十间可供职工住宿、实验室和教职工食堂使用。老人院供教授住宿。另有小教堂一所供开会和图书阅览室使用。

8月23日学院成立建筑委员会，又在教堂院内山坡空地上新建了以松木为屋架、以竹笆为墙顶的学生宿舍和食堂。日夜加紧施工新建成教职员住宅25所，每所4间，学生宿舍70间，食堂一处，添凿水井一眼。10月3日各系完成组建和聘任工作，在重庆、成都、西安招收新生。

2015年秋天，国内掀起了大规模纪念抗日战争胜利70周年的活动，各大报纸、网络等媒体纷纷发表纪念、回忆文章，把我们带回了那个烽火连天的战斗岁月。怀着对父母的深厚感情，我们姐弟又踏上了陕西的土地，寻访我们心中的圣地、父亲大学时期生活的城固县—古路坝。大巴车舒适干净，载着我们一路穿行于八百里秦川之中，两侧山峦，跌宕起伏，树木密植丛生，满眼葱葱郁郁。公路蜿蜒曲折，洁净平坦，而隧道连连，长长短短的听说有68个，还不时有河流溪水横桥掠过，景色美不胜收。想想七十多年前，父辈抗战求学，曾随学校西迁跋涉于山间泥石之中，我们不禁感慨万分。在陕西理工学院西北联大研究所所长陈海儒老师的帮助下，追寻着父辈的足迹，来到了曾经的西北工学院古路坝旧址。校园早已不复存在，望着这片土地，谁曾想到父亲和他的同学们后三年的1200多个学习、生活的日日夜夜就是在这里度过的，现今的这些残垣断壁，曾经在烽火连天的抗战年月中孕育出了一大批国家的栋梁之才。

2. 战时校园生活情况

战时的校园生活艰苦闭塞。汉中之北边是千里秦岭，南系连绵几百里大巴山，千峰万岭，交通闭塞，各方面条件都非常艰苦。教授们多是住在简陋的校舍或租住在当地的农民家中；学生则住在竹片泥巴墙的草屋里，睡双层大铺，夜间透过瓦片间隙可见星月，遇到下雨时，师生们上课、吃饭、甚至睡觉都得撑着雨伞。[①]

国民政府教育部颁布了《公立专科以上学校战区学生贷金暂行办法》，规定：专

---

① 沙建国：《西北联大在汉中》，《汉中日报》2015年12月17日。

科以上学生家在战区，费用来源断绝，经确切证明必须接济者，可向政府申请贷金。正是由于贷金办法的实施，许多家庭清寒及来自沦陷区的青年得以顺利完成学业。贷金也并不是没有限度，在《办法》中提到，"贷金依据当地生活费用及实际需要决定，每月八元或十元。学生毕业后，再将服务所得交还国家。"并设置了偿还期。

父亲和母亲说起他们在抗战求学的过程时，经常提到"贷金"这个词语，他们都是靠政府给学生提供的这种贷金维持着学业，度过了艰苦的抗日战争时期。

当时，各学校的同学都是自己组织管理伙食，轮流值勤帮厨采买。抗战头两年，由于物价尚未上涨，温饱大多不成问题，学校的伙食还算可以。到了 1940 年初，物价比战前上涨了二倍多，师生的生活更加艰苦。学校食堂的伙食供应通常只有渗水发霉的黑米和见不到油盐的白水煮青菜。每天只吃两顿饭，吃饭时经常是八个人围着一小盆白菜汤，菜里很少见到油星儿、尝到肉渣儿。食堂是草房，内设长条饭桌。没有座位，只能站着吃。靠贷金生活的学生早期还能吃饱饭，后因物价飞涨，就只能勉强度日了。①

"男生们住在十几个人一间的宿舍里。学校置备两层木床，节省空间。有家眷的教授赁住民房，散居学校四周。单身教职工住校内宿舍。女生人少，另辟一个院落给她们居住。除非有要事，师生们忙于教书学习，很少外出；若不得已须进城，往往也是安步当车。"②

虽然生活环境非常艰苦，刻苦读书是学生生活的主旋律。但是课余生活也是丰富多彩的。闲适时，散步、爬山是最常见的娱乐锻炼方式，也有打篮球、排球的，或引吭高歌的。清早，有许多同学在爬山、做四肢体操。逢星期日，若想做球类运动，必须早一点约齐同学去占场。学生团体活动有演讲会、座谈会、国剧社、音乐会、合唱团、口琴队、文诗社、话剧团等，还组织各种球类比赛，爬山比赛，等等，苦中作乐，乐在其中了。"③

工学院的女生很少，自然不会有多少缠绵悱恻、荡气回肠的爱情故事。女学生在古路坝大体维持在一二十名左右，主要分布在化工、纺织二系。总体而言，女生成绩不如男生，能上二年级的很少，但也有学习成绩优异能拿到奖学金的。据时人记载：

① 沙建国：《西北联大在汉中》，《汉中日报》2015 年 12 月 17 日。

② 《苦中作乐的古路坝生活》，《今晚报》2015 年 6 月 19 日第 17 版，http://60.29.182.151/jwb/html/2015-06/12/content_1262984.htm。

③ 同上。

"这里无油头粉面、西装革履之浊世公子，亦无高跟烫发、抹脂涂膏之阔家小姐。有的是衣衫褴褛、补丁重重、赤足草履、身体强壮之青年。"多数学生来自战区，靠着每月十二元的贷金过日子，其中十元用于吃饭，两元用于杂支，生活相当清苦。学生穿着不讲究，衣履自制，缝补也都自力完成。套着败絮的破棉大衣，拖着丑得惊人的大棉鞋，这是冬季标配。夏季则是光脚草鞋。学生上课缺少笔、纸和课本、就用变色铅笔芯泡成"紫墨水"记笔记；常常是几个人或十几个人共用一本教材或课本；晚上靠点油灯或土蜡烛照明读书。然而，最感缺乏的就是像样的图书馆和实验室。由于宿舍没有桌椅，读书写字都要到图书馆去，每天早上，图书馆的门口都等着许多学生，门一开大家就拼命挤，人小力小的学生就这么被挤出挤进后才被人推了进去。一进门又得眼快腿快地抢座位，再挤到台前去抢书；听大课人多座少，也得去抢……而学理科的学生则更缺少教学仪器和实验设备。[①]

教师的生活比学生稍好一些，但也非常困难，跟战前无法相比。教授到助教的薪俸由 440 元到 60 元不等，所有员工的工资还要按教育部"抗战期间薪俸七折"的规定七折发放。[②] 少数从东北华北一带流亡过来的教师，由于多数拖家带口，生活担子就更重了一些。许多人要兼做会计、中小学和家庭教师维持生活。但就是这个俭朴的西北工学院，造就了一批批支撑中国工程技术发展的栋梁。

3. 学员的学习和教学管理

西北工学院有着严格的教学管理制度。北洋工学院成为西工的成员，把自己学校的精华和优势带入了西工，对西工的发展起了重要作用。同时，北洋"实事求是"、"以严治学"的优良校训校风，对西工办学风格的形成产生了重大影响。例如，《本院学生操行奖惩办法》共 18 条 40 款，对学生课内、课外的操行成绩评定，以学生礼貌、勤惰、诚实、资质、性情、课堂纪律为评定标准，主要以学生守纪律、重公德为计分标准，分为五等。90 分以上者为优等，80 分以上者为甲等，70 分以上者为乙等，60 分以上者为丙等，不及格 60 分以下者为丁等。操行列为丁等者，学期终了时，学校令其退学。[③]

李书田在西北工学院初建时期就制定了极其严格的教学管理制度：

---

① 《苦中作乐的古路坝生活》，《今晚报》2015 年 6 月 19 日第 17 版，http://60.29.182.151/jwb/html/2015-06/12/content_1262984.htm。

② 沙建国：《西北联大在汉中》，《汉中日报》2015 年 12 月 17 日。

③ 北洋大学—天津大学校史编辑室编：《北洋大学—天津大学校史（第一卷）》，天津：天津大学出版社，1990 年，第 254—255 页。

　　一门不及格者准予补考，补考不及格者留级，补考后不及30分者退学；两门不及格者准予补考，补考不及格者留级，补考后不及40分者退学；三门不及格者留级；四门不及格者退学；三门不及50分者退学；两门不及40分者退学。后又公布了考试制度，规定学年末两门功课不及格补考，补考不及格留级，三门不及格退学。

　　抗战八年，学生所用的教材十分紧缺，各课程基本选用英文教材，有些为原文影印本，大多数学生无力购买。一些课程既无原文本教材，又无译文本教材，教授用自编讲义或笔记讲课。在西工开的470门课中，采用英文教材的占165门，采用教授自编讲义或笔记的占164门。有些系几乎全部采用讲义或笔记讲课，如机械工程系二至四年级开课41门，其中采用讲义或笔记讲授的占32门，采用外文课本的仅9门，做好笔记成为学生学习的主要方法。所使用的教材一部分为订购，大部分依靠图书馆藏书。合并进来的东北大学工学院和焦作工学院，两院师生及图书仪器陆续搬迁到古路坝。两院的图书、仪器构成了西北工学院的教学基础。平津两地学校仓促西迁，设备资料很少带出。焦作工学院在卢沟桥事变后即将大部分图书（约13101册）、仪器运到西安，东北大学工学院也早到西安，设备损失较少。西北工学院凭借两校设备，进行实习、实验。虽然不甚完善，但在当时情况下已非易事。……机械系有实习工厂、汽车实习厂、热工实验室，仅有靠人工摇动为动力的几台破旧车床、一台破汽车的零部件、一台内燃机和两台离心泵。……学生实验课在校内进行，实习课主要到厂矿企业中去完成。

　　教学方式以理论讲授为主，占全部学时的80%。实验和实习占学时较少，这是由于抗战时期偏居西北，学生实习受到条件的限制，加之学院实验室设备简陋，致使实验课程内容较少。为了增加学生的实际知识，学校积极与工矿、公司等部门联系每年安排学生实习。如机械系学生去申新纱厂、汽车修理厂、陇海机厂等厂实习；土木系学生去黔桂铁路工程局；等等。实习期为每学期一个月。对于学生实习，学校要求比较严格。由学生所在的实习单位代表学院考核学生实习情况，包括报到时间、离去时间、是否遵守一切规章、有无失礼行为、实习概况、实习是否努力、考语等栏目，学院据此给予学生实习学分。

　　各系学生在修业期间所学课程多少按学分计算，修满规定之学分，考试成绩及格者方准予升级或毕业。每学期每周上课一小时的课程或实验、实习、设计、绘图等三小时者，计为一学分，各类课程之学时、学分在课程表中均有规定。其中各系一年级课程总计为 46 学分。学校生活虽然艰苦，但在雪耻强国，学成报国的意念激励下，老师严格施教，学生刻苦学习。学习气氛浓重，课程繁多紧张。教室的烛光常常亮到天明。尤其是一年级、二年级降级率大，一年级有近半数不能升级，使学习气氛空前紧张。

在城固办学的七年多中，沦陷于日寇铁蹄下的成千上万计的青年学生和教师，源源不断地涌入到这大山深处的西北联大。为了求学报国，他们翻山越岭，往往几天吃不到食物，备极艰辛，冒着被捕甚至杀头的危险，许多人因此就长眠在漫漫的征途上。

4. 父亲的学习生活点滴

《回忆抗战时期的北洋西北工学院片断》中提到：

> "北洋大学是一所历史悠久、名闻中外、成绩优异的中国大学。它能够办得这样好，我认为有以下几个原因：……（四）重视外语，用英文课本，用英语讲课，用英文答题答考卷，用英文写实验报告，因此阅读外文杂志、学术论文等非常顺利，对国外的科技进展情况也很了解。"

父亲的英文非常好。1979 年父亲访问巴基斯坦后，回来讲"我可以当半个英语翻译"，我很吃惊。那时，从来没见过他讲和使用过英语。后来在他遗留下来的工作笔记上，看到有大量的、娴熟的英文笔记，才感觉到他的英文很棒，这一定是得益于北洋大学的教学方法。

大学期间，由于战争，与老家完全断了联系，父亲依靠政府发给的微薄贷金维持生活，特别困难时不得不向同乡借钱，直到工作后才还上。他曾跟妹妹谈起过那个时期：在街上看到卖烧饼的，馋极了，但是没有钱买，心里想，将来工作了，挣来钱第一件事就是买个大烧饼吃。可想而知生活的艰苦。父亲的大学同学、后来的同事张立贤伯伯在这个时期也是和敌占区的河南老家断了联系，经常要靠别人的帮助坚持学业，自己有病了一直维持到大学毕业参加工作后才到医院去治疗。父亲的另外一个同事李守中伯伯，是天津人，比父亲晚几届，他起初考上了沦陷后的北平大学，因为痛恨日本侵略中国，学习中途离开北京冒着很大的危险跑向敌后，来到西北工学院完成学业。他和家里人讲，去陕西途中，穿过日寇的封锁线，随时都有被杀头的危险。他坐的车经过崎岖的山路时，前边一辆车翻到山下去了，后边一辆车也翻到山下去了，路途就是这么惊险。李伯伯是 1945 年抗战胜利前夕毕业。李伯伯和他的孩子曾讲过几件趣事，他们在古路坝同宿舍的四个人关系特别好，不管哪家寄来钱或好吃的，大家一起分享；有时，好长时间没有这种享受，其中一位同学，脑子非常好，有着超强的记牌本领，就去和别人打牌，赢来的钱，大家美餐一顿；还有一次，一只鸡突然飞到他们的宿舍里，他们赶紧把门关上，宰鸡、拔毛、开膛、炖鸡，三下五除二，就美美地享受了一顿"大餐"。这几件事似乎都与"吃"有关，可见当年忍饥挨饿，生活艰苦是学生们的常态，但是学生们苦中作乐，仍在坚持着学习，以图将来报效国家。

在大学里，父亲受教授们的作风及学校校风的影响，政治方面很清高，很看不起国民党在学校里的活动，尤其把国民党分子拉拉扯扯搞关系，看作是卑鄙的行为，非常厌恶请客、送礼、拉关系。父亲形成的这种思想伴随了他的一生。学生中的国民党党员不多，但多是学习不好的学生。有一次一位这样的学员因功课不及格降班，通过院长的通融要升级，引起了全校师生对国民党的不满，大家称参加国民党的学生叫党混混。当时学校的校风是努力学习，学习优秀的人受到尊敬，参加国民党的政治活动被轻视。父亲当时与多数青年学生的想法一样，日寇入侵我们的国家，我们应该爱国家、爱民族，自己更要努力学习，把书念好，技术学好，才会有益于国家，报效国家，立足于社会。

在学校，父亲很能吃苦，他非常努力地学习，曾获得优等生的奖状。大学毕业时，父亲是本系 39 名学员中的第七名，成绩优异。

在上大学期间，学校新建航空系，于是刮起一阵学航空热的风，学生们纷纷想转往航空系。因为是热门，所以要通过考试才行。父亲也为之心动，随后以优异的考试成绩转往了航空系。到了航空系才发现，自己更热爱机械专业，对航空专业不感兴趣，于是又转回了机械系。

2015 年，我们赴陕，在陕西档案馆非常惊喜地发现了当年父亲毕业时写的一篇有感论文，证实了父亲一心报国的拳拳之心。如下：

"初中及高中均为太原中学，民国二十五年高中毕（业），赴北平弘达学院补习一年。二十六年事变发生，由北平至西安，投考入北洋工学院，后即合并为西北工学院。钰，自幼即好玩弄机器，故对机械即发生极大幸（兴）趣，如脚踏车、钟表等简单机械均极喜拆装。所幸目前能自幸（兴）趣极大之机械系毕业，心中实有无限之愉快也。至于毕业以后即将步入社会，而我中国社会中，一切均以手工业为基础，即如日常用具，多为粗笨不堪者。钰，颇愿尽一份力量改进我中国社会中之一切工具，以增进全国人民生活上之幸福，并抵制外来品以增进我国之财富。关于钰做事誓以勤为本，至于成败利纯（钝）在所不计，尤其适此抗战期间，一切均当以抗战建国为前提，有利于抗战建国者必尽力而为之。古谚云：

"勤能补拙"，克服困难，尽国民一份应尽的责任。完成这些任务，只有"勤"，否则前途是相当的暗淡！

　　学校中之功课，距实际之应用相差太远，而我校对实习之设备，因抗战关系未能设置，故 Machine Shop 至今未能做过，实觉万分遗憾。而我机械系毕业同学所触目皆是之工作，在校中反丝毫未能实际实习，尚希学校当局注意及之！虽然在抗战期间一切设备颇非易举，但学校当局亦当在课程方面补充之。至于本年度之机械系毕业同学，既未做此项实际上之实习，而又未能在课程上略知工厂中大概情形，恐将来做事时不无影响也！"[①]

这篇文章可以看出父亲从小对机械工程专业的喜爱，更表明了父亲从青年时期热爱祖国、志向远大，决心为改变祖国工业的落后面貌贡献自己的力量。父亲做到了，他用自己的一生实践了青年时期的诺言。

在战火纷飞的抗战时期，四年艰苦的大学生活培养了无数的中华学子，为以后祖国的建设储备了人才。我们永远铭记曾经的西安临时大学—西北联大—西北工学院—北洋大学。

四、全心投入纺织机械工业

1941 年大学毕业后，父亲被分配到西北机器厂工作。抗战胜利后跟随厂长吴本蕃来到天津纺织机械厂。在 2011 年 1 月 17 日《中国纺织报》，《来自国家领导的关怀》一文中，曾经担任过纺织工业部部长的郝建秀指出：

　　"……（指新中国成立初期）纺织工业部领导作出的另一条重要决策，就是要建立一支纺织机械的科技人才、管理干部和职工队伍，并且重用这批人才，……他们于抗日战争时期在大后方和胜利后长期从事机械或纺织机械企业或部门工作，有专业知识和工作经验，是难得的人才。如早年留学归国后在西北雍兴公司机械厂（即陕西西北机器厂）和天津纺织机械厂担任厂长的吴本蕃、姜家祥，……更多人才则留在了纺织机械厂担任技术领导职务，这批技术骨干力量在创立我国纺织机械工业体系、建立健全各项规章制度、引领攻克技术难关、培养带动青年技术人员等方面，都发挥了重要作用（父亲就是其中之一）……"

---

① 王传钰有感论文，现藏于陕西省档案馆。

纺织业内专家也曾多次提出，要振兴纺织工业，首先要振兴纺织机械工业。我国纺织工业要想得到发展，必须得有自己的纺织机械工业作为基础。纺织工业的辉煌成就，纺织机械工业的快速发展起到了决定的作用。

国营天津纺织机械厂是隶属纺织部的大型国企之一，父亲的职务由新中国成立初期的技术科科长升任至副厂长兼总工程师，是厂里第一任总工程师。那时的父亲才四十二三岁，年富力强，已经有了近20年的生产工作经验，担任总工程师20年之久。其间，父亲怀着强烈的事业心投入到新中国纺织工业的建设中，呕心沥血，认真负责，不断进行技术革新和技术改造，攻克了一个又一个技术难关，解决了无数生产技术遇到的问题和困难，赢得了领导和群众的信任，多次获得赞誉，先后被评为1953年全国纺织工业系统劳动模范，天津市劳动模范，1956年全国纺织工业先进生产者。20世纪60年代初加入中国共产党，并连续被选为天津市第二、第三、第四届政协委员。

建设为国：北洋学子邓锡明

邓俊昇 讲述，井振武 整理[*]

邓锡明，20 世纪 30 年代初毕业于天津北洋大学。1937 年 7 月全面抗日战争爆发后，一直工作在陕、甘、青、宁等西北各省。为了保证抗战大后方运输补给线的畅通，保障内地学校及民众的西迁，战时物资的支援前方，他殚精竭虑架桥、修路，常年奔波于交通施工的第一线，尽职尽责，为抗战胜利做出了贡献。

全国解放后，他历任西北军政委员会交通部主任工程师、副总工程师。他主持施工的交通设施及工程项目主要有：宝（鸡）成（都）铁路的略阳—阳平关段桥梁工程；西（安）兰（州）公路的天水段桥梁隧道工程；兰（州）新（疆）铁路的乌鞘岭工程；建国十周年首都十大建设之一北京机场的主跑道工程。他是交通界有名的专家，1983 年病逝于西安。

一、故乡与家世

我的原籍是华北平原腹地的河北省博野县，隶属于保定管辖。博野古称"博陵"，是冀中一个狭长县份，南北宽长，东西窄短，境内有滹沱河、潴龙河、唐河流过。由于河水多年的淤积，县城北部的土质是上埌下粘的黄土，很适宜农作物生长。当地人称，这是"早发"小苗，"晚发"老苗的"蒙金土"。这一带农村信奉"要发家，种棉花"，故棉花年产量很大。由于原料充足，邻近的高阳、蠡县纺织工业也很发达。这一带农民自古即有"文而习武"的传统，可谓民风强悍。历史上孕育出许多诸如：崔

---

　　* 邓俊昇，天津市司法局退休干部，北洋大学校友邓锡明之侄。井振武，天津人，哈尔滨师范大学历史系毕业，现为中国现代史学会会员，天津口述史学会理事，天津大学大学文化与校史研究所特聘研究员，天津师范大学地理学院兼职研究员。

元翰、李齐、史弼、颜元、刘政等保卫国家、擅长教育的著名人物。

博野城北的杨村，即明末清初著名学者颜元（习斋）的故乡，他目睹了东林党人的空谈和明朝覆灭孙承宗抗清的壮烈殉国，同弟子李恕谷创立了"颜李学派"，主张学生要"实学，习行，习动，文而习武"，反对程朱理学、反对死读书。受颜李学说的影响，清朝后期高阳县出了同治、光绪两位皇帝的老师大学士李鸿藻，他的儿子则是故宫博物院的创建人和留法勤工俭学的资助发起人李石曾，曾在 1924 年同鹿钟麟一起把末代皇帝溥仪赶出皇宫。高阳县城南庄村还出了抗清名臣孙承宗，他曾担任过明朝兵部尚书，在家乡组织民军抵抗清军入侵失败后，率全家自尽殉国。1924 年 9 月 24 日，同冯玉祥联合发动"北京政变"的国民三军军长孙岳是其后人。同时，蠡县人很会搞教育，解放前北平市内以四中为代表的中学大部分由蠡县人开办管理。

博野县共产党开展活动很早，有 1924 年入党的王志远（常明），他即梁斌小说《红旗谱》中贾湘农的人物原型，组织发动了"高博蠡暴动"。还有 1926 年入党的边伯明，中国人民解放军原海军副司令员傅继泽，解放军 66 军军长刘政也是博野县人。1933 年入党，曾任王震三五九旅七一九团团长，解放军一兵团政治部主任的张仲瀚将军，也是在博野拉起抗日武装后，率部编入贺龙一二〇师的。

听老辈人说，到曾祖父一代，我家还是城北十里邓村中一个殷实的耕读之家。曾祖父过世后，四个儿子分家，我祖父分得 60 多亩棉花地和一驾马车。县城还有一间加工棉籽油的作坊。祖母是邻村的，娘家姓吴，在当地有点名望。20 世纪 50 年代初，我在西安见过祖母，她身材较高，裹着小脚，是一个说话干脆、较有主见的人。祖母过门后，先后生下伯父和两个姑姑，我的父亲最小。

二、卖地也要报考北洋大学

伯父邓锡明生于 1906 年（农历正月十三），是在本县读完小学的。他考上保定私立育德中学后，读高中时祖母即为伯父定了亲。伯母叫王天敏，娘家距我村八里，家境一般，地亩不多，土改时划定"富裕中农"成分，但却是一个读书世家。伯母是家中长女，下边有一弟一妹。伯母的弟弟王天尊和伯父是育德中学的先后同学。

伯父育德中学高中毕业那年，祖父去世。祖母主持料理完后事，即为伯父完了婚。祖母本打算让伯父中断学业，回乡主持家业。当新婚的伯母把"婆婆不让丈夫升学"的消息带回娘家后，伯父的岳父在儿子王天尊陪同下，来到我家，对祖母说："亲家，让孩子中断学业不好，地亩、房子都是身外之物，生不带来，死不带去。当下国家处于多事之秋，常言道：'家有千顷，不如薄技在身'，读书如成材不是几十亩地可比的，我已决定日后也让儿子报考天津的北洋大学，你若不供，我把地都卖了，也要供他们两个上大学。"

当祖母正在犹豫不定的时候，她的三嫂（邻近大西章村人，娘家姓边）也说："还是让孩子到大地方去读书长见识吧！听我娘家侄子（边伯明，名帅之，字冠三，1926年在北京读高等师范时参加共产党，是中共早期"文化报"驻京记者）说过，共产党也主张孙文的那一套，让种地的穷人家都有自己的地种，将来谁家地越多，就要拿出来分给他们。"听了这些话，祖母才决定让伯父报考北洋大学。由于学费昂贵，她不顾别人"卖地败家"之说，卖掉村南的十几亩地（那时一亩马拉水斗车吸井水浇的棉花地，才能卖上50元光洋），作为伯父上学的盘缠、学费等费用。当1933年伯父担任山西同蒲铁路见习工务段长，每月开60大洋薪水时，祖母高兴地说："今天看来，念书还是有用，念到大学毕业一个月就能挣一亩地。可当年卖地时，别人说咱母子俩都是败家呀。"

三、回忆在天津上学

1929年秋，伯父邓锡明胸怀建设救国的抱负，考入天津西沽的北洋大学土木工程系。入学后，伯父仰慕时任校长茅以升之名，又选修了桥梁工程。据他回忆：北洋大学对学生的外语水平要求很严，外籍教师一律用英文授课，当时刚三十来岁的茅以升讲课英语非常流利，有的课（除国文外）还要用英文答卷，北洋毕业的学生，可以免试报考美国、德国名牌大学的研究生。伯父是教会小学毕业的，已经打下了一定的英语基础。后上保定育德中学，外语课水准很高，所以才有幸被北洋大学录取。说当年他们这一届考入北洋大学的共120人，由于校方对学生要求严格，到毕业时，仅剩70个人。在我记忆中，20世纪50年代，伯父家中订有英文报纸和刊物。他曾自豪地对我说："当年的北洋大学毕业生，参加工作后受到国内一致称颂：'我邦大学，肇建北洋，法路工矿，规制备详，专门名家，遍于各方'，是国家第一所公立大学堂，在国际上被誉为'东方康奈尔'。"后来伯父又曾遗憾地说："由于日本入侵东北，国家成立资源委员会作战时准备，1932年停止毕业生出国深造，我们也永远失去了出国深造的机会。"

伯父回忆，他"到北洋大学报到后，校方规定学生每人要做一身西服，于是就到估衣街、针市街找店家定做。当时加工费是 20 元大洋，伙计量完身材后，先用硬质布料作一身'试装'，让本人试穿。然后，看哪里不合适，再反复修改，一直到合体，本人签字后，再凭加工单制'成衣'"。伯父说："当年天津商家服务非常周到，态度很好，试衣时反复抻拉衣角，按照顾客的胖瘦、身高、背直或弯量尺寸，反复修改也不厌烦，做工技术也很精细。"他笑着说："初次身着西装，再穿上皮鞋，走在校园，或参加集会，显得身材更加挺拔了。"

作为一名胸怀建设救国抱负的学子，伯父生前多次讲述过，他"在北洋大学求学期间，正值九一八事变，面对东三省的沦陷，1931 年秋北洋大学学生会成立了'抗日救国联合会'"。伯父踊跃参加，并和同学们组成"南下请愿团"。11 月初，他们"从天津北站上火车到南京下关下车后，住南京中央大学体育馆内，并到街上游行，还到国府门前请愿，要求南京国民政府停止江西战事，全国一致抗日。蒋介石在中央礼堂接见了包括伯父在内的学生代表。返回天津后，同学们又纷纷走上街头宣传抗日救国、抵制日货的主张，发动商家为抗战前线的将士们募捐"。

他说："随着日军铁蹄的不断入侵，为保障抗战物资和兵员的调运，国家急需路桥工程技术人才，南京教育部决定北洋大学工程、铁路、桥梁等科毕业生，停止出国进修，优先录用。在临毕业前夕，即 1933 年春我就接到聘书，最初担任山西同蒲铁路见习公务段长，一年后调往陕西工作。1937 年全国抗战爆发后，一直奔波于陕、甘、青、宁等西部各省，把家安在西安和兰州，再也没有回过河北老家。"

20 世纪 50 年代初，我家从北京西城的西什库街搬到西安。我在西安南关师范一附小读书，伯父和祖母住在小南门外的张家村西北公路局大院。

西安地处关中平原，气温同河北差别不大，每年春节过后，灞河桥边的柳枝上长出嫩嫩幼芽时，伯父会触景生情地说："每年这时，天津北运河堤上的柳树也全绿了，柳岸桃林，相夹成荫，犹如杭州苏堤那样'桃红柳绿'了。我上北洋大学时，站立桥头向东望去，一排排下垂的柳枝就像绿色的瀑布，每到假日同学们纷至沓来，走在林间小路欣赏着岸上盛开的桃花，旁边是波光粼粼东去的运河水。"他娓娓说着，俨然又回到天津的西沽，他拿出一本厚厚的十六开本《北洋大学同学录》，指着上面的照片一一介绍校长、教师和同学们。校长一人一页、教师两人一页、学生页是六人一页，每人照片下面都有：籍贯、专业、毕业年份、工作岗位等内容的介绍。我还深深地记得《北洋大学同学录》的首页，北洋大学校门口站有两个帽子有白箍的黑衣警察。

四、抗战时北洋大学西迁

1937 年 7 月，"卢沟桥事变"爆发，京、津两地的大学纷纷西撤。28 日，日军攻占天津北、西、东三个火车站。9 月，南京国民政府教育部决定：北平大学、北平师范大学和北洋大学（当时称北洋工学院）合并为西安临时大学。已毕业五年工作生活在西安的伯父，同北洋大学校友会陕西分会的同仁，闻讯赶往西安城隍庙后街看望带领师生从天津来陕的老师们。当时的校长是李书田，伯父曾动情地对我说："李校长是唐山人，是咱们河北老乡。虽然在美国留学多年，但却是一个爱国教育家。从天津到西安师生们是唱着校歌一路走来的。这首北洋校歌是李校长主持下才创作出来的。多年以后，每当我看到或听到'花堤蔼蔼，北运滔滔，巍巍学府北洋高。悠长称历史，建设为同胞。不从纸上逞空谈，要实地把中华改造……'的校歌，才真正理解到北洋师生的爱国情怀。"

当年西安临时大学的校舍分三个院，工学院在西安城小南门外东北大学内张家村（现西北工业大学校址），伯父又就近多次前往学校，他曾对我说："自己的学识是学校和老师授予的。国家有难，老师、同学们离乡背井，流落而来，咱已经在这里安家工作，不能躲着不见，能为学校做点什么、就帮点什么。"

当听到李书田校长的介绍：一些师生因学校迁移时间紧迫，途中因战乱爆发受阻，又正值暑假，有的回家探亲未归，有的中途生病，没有赶上学校的大队伍，来不了西安时，伯父就找到内弟王天尊（1934 年考入北洋大学土木工程系，此时随校西迁到山西，建国前后曾任郑州铁路桥梁厂厂长），一同和李校长商议，最后决定通过河北同乡及军界关系寻找解决办法。伯父与王天尊找到保定军校一期毕业生、第二战区第一七七师师长李兴中将军。李师长是河北芦台人，其所部刚好负责黄河各渡口及入陕关口的防守查验（防日本间谍混入）。李将军是西北军将领，曾任冯玉祥的参谋处长、杨虎城十七路军参谋长，中将军衔，西安事变时，他发表的"李兴中广播救亡意见"，中国共产党《解放日报》全文刊登。李将军立即指示属下、秘书王格非（中共地下党员，建国后任河北省交通厅副厅长），下令驻防部阳、禹门、韩城、朝邑以及潼关等地的部下，协助收容京、津及东北入陕的流亡学生，送至西安复课。此举曾受到第二战区副司令长官卫立煌的赞誉。

1938 年 3 月，抗日形势趋紧，山西临汾失陷，日本飞机轰炸风陵渡，从潼关前线传来，西安行营告急下达南撤命令。在西南联合大学南迁云南的同时，教育部部长陈立夫又决定：西安临时大学改称"西北联合大学"，原北平师范大学西迁甘肃兰州；原北洋大学和北平大学 6 院 23 系共 1800 余人，南迁陕西汉中。

当时从陕入川还没有宝（鸡）成（都）铁路，这些师生先乘火车到宝鸡站下车，渡过渭河再沿着刚刚修通的西（安）汉（中）公路徒步南行。从宝鸡到汉中整整 500 余里，当年这是从陕入蜀的唯一通道。伯父他们逢山开道、遇水架桥，整整用了两年，以最快的速度修通。最险要的地段是秦岭的凤城—留坝一带，由伯父的北洋大学同学张佐周工程师主持测绘施工，张工程师日夜坚持在施工一线。每每谈及至此，伯父总是激动地说："张工亲眼目睹了李书田校长率领 300 多名北洋大学的老师和 1500 多名学生徒步跋涉在去汉中的实况。如果当时不抓紧时间修通这条路，师生们就要爬山越岭，攀石扯树走山间小路，是无法到达汉中的。那时雇用当地的马车拉着病员和行李、教学用具、书籍；李校长带领师生们整整徒步行进了一个多月，才到达汉中的城固，勉县。行进途中夜间都是在旧庙中安歇。"李书田校长后来曾动情地说："从宝鸡下火车，一路走来，过渭河；越秦岭；渡柴关；涉凤城，这次走的是入川的蜀道，但难不倒北洋师生。我们是发扬'实事求是'校训精神，才完成这次南迁的，这是国内学界的一次破天荒的壮举。"

伯父每谈及此次北洋大学的西迁就无限伤感，他表示："外敌入侵，国家蒙难，家乡沦丧，战乱不止，亲人离别，民不聊生，流亡师生受的苦难是无法形容的，李校长留学美国多年，在国外会有很优越的境遇，但国难当头，他无限热爱自己的国家和教育事业，这就是中国知识分子的爱国本色，国之脊梁。"

北洋大学自 1938 年 4 月从西安迁陕南城固县直到抗战胜利，1946 年返回天津复校，前后整整在汉中办学八年，在那战火纷飞十分艰难的岁月里，为国家培养出许多有用人才，有力地支援了抗日战争和国家建设。

五、北洋学子在新中国建设中

乌鞘岭地处兰（州）新（疆）铁路的咽喉，能不能修通兰新铁路，乌鞘岭工程是关键。北洋大学学子挑大梁，尽管在修筑乌鞘岭工程中历尽艰辛，仍交出了一份满意的答卷。

新中国成立前，陇海铁路西端只能通至天水。要去兰州下火车还要换乘汽车。全国解放后为了开发建设西部省区，党和政府把建设西部铁路列为重点，组建由王震任司令员的铁道兵部队。1952 年成（都）渝（重庆）铁路建成通车。随后天（水）兰（州）铁路修通，火车开到兰州。为保卫西部边陲，保障内地人员和物资西运，从兰州到新疆的铁路建设迫在眉睫。

兰（州）新（疆）铁路最艰巨的工程是河西走廊段。从乌鞘岭至玉门，即人们常说的河西走廊。过了张掖（甘州）和酒泉（肃州）就到了乌鞘岭。乌鞘岭是我国从东向西地形上的第一阶梯与第二阶梯的交汇处。这里的旧时明代长城遗址，即当年华夏民族抵御异族骑兵入侵中原的屏障。因这里地处三大高原（黄土高原、蒙古高原和青藏高原）的交界处，地理学上又属季风区和非季风区的分界线，乌鞘岭年平均气温只有零度。因空气稀薄，高空缺氧，水的沸点仅 80 度。天气骤变，盛夏飞雪是经常发生的。气候恶劣异常，山岭绵延险峻，地质水文复杂。在低温缺氧的环境中，当年筑路大军施工面对的困难和艰险可想而知。

王震司令员是 1949 年秋率领解放军第一兵团一路西行打到新疆的。他虽调到铁道兵任职，但仍一直关心、惦记着那些留在新疆屯垦戍边的部下们。他军令如山，雷厉风行，对筑路工期抓得很紧。

当时负责乌鞘岭工程的是 1934 年考入北洋大学土木工程系的戴统三总工程师（河北博野人）。由于地形、地貌，地质复杂，塌方经常发生，均需应急处理，自然条件差，工作压力大，导致戴总工急火攻心，突发双目失明，紧急中上级领导用飞机把他送往北京同仁医院治疗。由于这并不属于单纯的眼科疾病（属脑血管病范畴），短时间内不能恢复工作。但千军万马奋战的修路工程，一刻也不能缺少技术方面总负责人，苏联专家急得手足无措，临时选派的人又不理想。最后，征求在北京治病的戴统三意见时，由他推荐同乡、北洋大学学长邓锡明接替他。当时，伯父邓锡明在西北公路局工作。他先从西安乘飞机到北京和同学戴统三反复切磋后，才赶到乌鞘岭接职，经地形测绘、绘图计算坡度，制订出两次爬坡方案，并参照京张铁路青龙桥工程的设计，采用一部机车在列车前牵引；另一部机车在列车后推动，用前拉后推的方法解决了火车爬坡的难题，从而攻克了乌鞘岭卡脖子工程。兰新铁路通车后，有一位西行的诗人写道："过了甘州和宿州，河西走廊在眼前，火车爬过乌鞘岭，向西婉若走平川"。

当年伯父从河西走廊回到西安时，给我们带回了吐鲁番压制成片的盒装哈密瓜和小筐包装的百合。我聆听过伯父对我父亲谈起乌鞘岭工程复杂困难时说："最理想的方案是修通乌鞘岭隧道，如果能实现的话，内地去新疆会又安全又节省时间。"但建国初期，经济困难，技术落后，没有大型施工设备，没有先进的地质探测仪器，更没有超级水平钻机等设备，只靠人工爆破挖掘是做不到的。

改革开放之后，一条长二十公里、全国最长的隧道，使穿过乌鞘岭的设想成为现实，大大缩短了新疆和内地的距离，"西出阳关无故人"已成为历史，伯父邓锡明和戴统三及他们北洋大学同学那一代人，也可含笑九泉了。

1983 年春，我因公入川，到西安去看望伯父，他仍住张家村公路局大院，特意让我途经汉中时去寻访昔日北洋大学在那一带的旧址。我在当地公安机关协助下，终于在城固县的古路坝找到了当年西北联大、北洋工学院的旧校址，并拍成照片，送给了伯父。

常言道："人过七十往往靠回忆活着。"人到老年总爱忆起年轻时那些已逝去的往事。每到春暖之际，我会把天津北运河畔桃花堤上的柳树和盛开的桃花及北洋大学旧址（今河北工业大学东院）的照片寄往西安，为晚年的伯父提供一些对母校的可凭思忆的影像。

北洋大学堂文案官、会计官、杂务官考

王勇则[*]

光绪二十九年十一月二十六日（1904 年 1 月 13 日），清政府颁行《奏定大学堂章程》。其中，《教员管理员章（第五）》明确规定：庶务提调"以明学堂规矩之职官充之，受总监督节制，为分科大学监督之副，诸事与本科监督商办，管理该科文案、收支、厨务及一切庶务。文案官、会计官、杂务官属之"。[①] 此为北洋大学堂分设庶务提调及受庶务提调管辖的庶务官（文案官、会计官、杂务官）的政策依据。[②] 对于以上庶务官的基本情况，校史资料涉及不多，具备研究空间。

以下分别对北洋大学堂时期（1895—1912）文案官、会计官、杂务官的职责、沿革等脉络予以梳理，并对部分庶务官的生平事迹予以初步查考。

一、北洋大学堂文案官考

（一）文案官的职责

1904 年《奏定大学堂章程·教员管理员章（第五）》载：文案官职掌"本科中文牍，除奏稿应由总监督酌派人员拟办外，凡堂中本科咨移、批札、函件，皆司之。禀承于庶务提调"。[③]

---

* 王勇则，天津人，天津市河北区档案馆（天津市河北区地方志编修委员会办公室）二级调研员，主要从事天津地方史研究。

① 《奏定大学堂章程（附〈通儒院章程〉）》，王杰、祝士明著：《学府典章·中国近代高等教育初创之研究》，天津：天津大学出版社，2010 年，第 245—246 页。

② 关于北洋大学堂庶务提调的设置、沿革、任职等情况，参见王勇则撰：《北洋大学堂"庶务官"之庶务提调考》，《北洋大学与天津（第五辑）》，天津：天津大学出版社，2017 年，第 165—180 页。

③ 《奏定大学堂章程（附〈通儒院章程〉）》，王杰、祝士明著：《学府典章·中国近代高等教育初创之研究》，天津：天津大学出版社，2010 年，第 245—246 页。

1904 年制定的《天津大学堂新订各规则》（北洋大学堂时称"天津大学堂"）中，并未包括《文案官规则》。不过，当时各大学堂（高等学堂）制定的相关管理规定，存在较高的相似度，足资参考。如 1907 年 4 月 10 日颁行的《山海关内外路矿学堂章程》中，即包括《文案规则》。现以这个章程为据，可对当时文案官的具体职责有一个参照性的了解。

山海关内外路矿学堂章程·文案规则

第一条

1. 本堂函牍、禀稿及各种文件，均由文案委员拟稿，送请监督核定，饬司事缮具。

2. 公牍无论例行、特别两种，均应随到随办。文案委员应随时认真督饬司事，勤慎从公。

3. 往来公牍信件，均宜郑重存案，不得遗失。

第二条

1. 本堂学生籍贯、花名清册一年一换，存文案处，以便调查。有新入或除名者，应随时注入册内。

2. 学生入堂时，所具愿书证书及毕业文凭、总册等件，概存文案处。

3. 发给毕业凭照，届时由文案委员陈明监督，禀请总办批示遵办。

4. 本堂现行规则印刷后，俱存文案处，以便随时致送外宾。[①]

据此可知，山海关内外路矿学堂设"文案处"，文案处设"文案委员"，其手下称"司事"。该学堂的文案处兼具档案、文印等管理职能。

清末，北洋大学堂的情形也大致如此，文案官下设司事，又配备书记生、誉印生等具体办事人员。

（二）校史资料中记载的文案官

1. 1925 年版《国立北洋大学卅周年纪念册》所载

1925 年版《国立北洋大学卅周年纪念册·前任职员录》开列北洋大学堂时期的文案和文案官。共计 10 位，即：

1. 头等学堂文案方城，籍贯、就职年月、离校年月均未载明，但注明根据

---

① 许守祜编：《中国铁路教育志稿（1868—2010）》，成都：西南交通大学出版社，2013 年，第 648 页。

《北洋大学堂光绪二十三年题名录》列入。

2. 二等学堂文案项绳祖，籍贯、就职年月、离校年月均未载明，但注明根据《北洋大学堂光绪二十三年题名录》列入，并注明"兼任收支"。

3. 正文案官甘联超，籍贯为福建侯官，就职年月为"光绪二十九年三月"，离校年月未载明。

4. 副文案官潘寿恒，籍贯为安徽桐城，就职年月为"光绪三十年三月"，离校年月未载明。

5. 文案官汪福熙，曾任北洋大学堂副会计官（参见下文《北洋大学堂会计官考》所载）。

6. 汉文文案陆继周，籍贯、就职年月均未载明，离校年月为"民国二年四月"。陆继周还兼充北洋大学堂国文教员，就职年月未载明。

7. 总教习文案官张文涛，籍贯为直隶天津，就职年月未载明，但注明根据《北洋大学堂光绪二十三年题名录》列入。张文涛同时兼任"二等学堂汉文副教习"，据《北洋大学堂光绪二十三年题名录》列入。张文涛后任北洋大学堂正会计官，就职年月为"光绪二十九年三月"，离校年月未载明。

8. 总教习文案官汪涤源，籍贯为直隶滦县，就职年月为"光绪二十九年三月"，离校年月未载明。

9. 英文文案官金泰，就职年月为"宣统元年十二月"（1910年初），籍贯和离校年月均未载明。

10. 英文文案官宫守鸿，籍贯为山东，就职年月为"宣统三年九月"，离校年月未载明。

2. 1936年版《国立北洋工学院校友及毕业同学录（民国二十四年度）》所载

在《国立北洋工学院校友及毕业同学录（民国二十四年度）·历任文案官及文牍人员》中，仅开列北洋大学堂时期担任文案者7人，即："方城、项绳祖、甘联起、潘寿恒、汪福熙、金泰、宫守鸿"。

将其与1925年版《国立北洋大学卅周年纪念册·前任职员录》所载相较，可知区别之处有三：一是《历任文案官及文牍人员》未提及汉文文案陆继周、总教习文案官张文涛、总教习文案官汪涤源，但在《历任收支、会计人员》中开列张文涛、汪福熙，又在《历任国文教员》中开列张文涛、陆继周（注明"已故"）。二是将甘联超记载为"甘联起"。三是将潘寿恒的就职年月载为"光绪三十年十月"。

3. 1990 年版《北洋大学—天津大学校史》所载

1990 年版《北洋大学—天津大学校史（第一卷）》中《1895 年至 1948 年北洋大学教职员名录》因袭了 1936 年版《国立北洋工学院校友及毕业同学录（民国二十四年度）》所载，即：在《历任文案官及文牍人员》中开列"方城、项绳祖、甘联起、潘寿恒、汪福熙、金泰、宫守鸿"；在《历任收支、会计人员》中开列张文涛、汪福熙；在《历任国文教员》中开列张文涛、陆继周。

可见，1925 年后，陆继周的汉文文案身份以及张文涛、汪涤源的总教习文案官身份，均已失载。因此，有厘清之必要。

（三）方城是谁？

有记载称，方城即汉奸方若。

张同礼在《我所知道的方若》（撰于 1979 年）中记载："方若，字药雨，原名方城，字楚卿。生于一八六九年，祖籍浙江镇海，后迁居定海，即改籍定海。"方若"幼时入私塾攻读，精通八股文章、古文诗词，喜爱绘画。十九岁时，县试考中秀才"。1893 年，方若"乘船来津谋生。后来经同乡介绍，在北洋学堂当文案"。"方若与长沙人沈荩（字禹希）参加了康梁维新政治活动……在《国闻报》任编辑。"1900 年后，"日本领事馆在日租界出资开办华文《天津日日新闻》，日本当局看中方若是秀才出身，又办过《国闻报》……即以《天津日日新闻》社长一席，委由方若担任。方若就任后，聘请同乡张颐（字亦湘）为该报编辑，尽力为日本的侵华政策宣传"。方若"承办《天津日日新闻》后，即将原名方城改为方若，原字楚卿改为药雨。方若曾对我说过：'若'字是'苦'出头了，由于身体多病，不断吃药，故改字'药雨'。"①

此后的著述涉及方若履历时，多以此为基础编撰而成。如 1987 年版《天津近代人物录》载：

"方若（1869—1955），字药雨，原名方城，浙江定海人。前清秀才。曾充永定河工委员、北洋大学文案兼教习、《国闻报》主笔。1898 年曾参与'保皇党'活动，1900 年八国联军侵入天津时，引导日军从东门北葫芦观胡同攻入天津县城，深得日本赞许。1902 年在天津日本领事馆创办的《天津日日新闻》当社长兼总编辑。1915 至 1937 年先后创办天津利津房产公司、同文俱乐部赌窟、新津

---

① 中国人民政治协商会议天津市委员会文史资料研究委员会编：《天津文史资料选辑》第十八辑，天津：天津人民出版社，1982 年，第 189—190、192 页。

公司等。七七事变后，任［伪］天津治安维持会筹备委员兼伪高级、地方法院院长。1939 年任天津伪市公署首席参事、代理［伪］市长。1941 年日军接收英租界，改为特别行政公署，任代理署长，后到伪华北政务委员会供职。喜诗词尤擅绘画，收藏古董石经甚富。日本投降后被捕，不久释放。"①

2001 年版《宁波帮大辞典》所载与之无异。②值得注意的是，此处记载方若曾任"北洋大学文案兼教习"。

2001 年版《中华民国史大辞典》所载，则是另外一个版本，即：

"方若（1869—1954），字药雨，原名方成，浙江镇海（一说定海）人。早年离乡去天津谋生，历任天津学堂文案、《国闻报》编辑、《天津日日新闻》社社长、利津公司经理、天津日租界华人绅商公会会长、浙江中学校董等职。为金石收藏家和画家。其作品为巴黎博物院收藏。七七事变后投敌。先后任［伪］'天津治安维持会委员'、兼任［伪］'天津法院院长'、［伪］'天津公署首席参事'、代理［伪］天津市市长、汪伪国民政府华北政务委员会委员等职。抗战胜利后被捕入狱，天津解放前夕出狱。"③

值得注意的是，此处记载方若"原名方成"，曾任"天津学堂文案"。

张同礼所撰文章，具有回忆性质。对于此文涉及的史实，理应与文献结合起来，方可确认。问题的关键是，"在北洋学堂当文案"是否意味着在北洋大学堂当文案？而方若兼任北洋大学堂教习，是否有文献支撑？以下从几个角度予以查证。

一是方楚卿、方楚青均指方若。北洋大学堂国文教习吴稚晖（即吴敬恒）撰《北洋执教日记》载，光绪二十三年（1897）三月十三日"方楚青来谈，言王公（直督王文韶）有谕单，记诸生大过一次，因疑诸生涂抹《海关道告示》也。"④《国闻报》创办人之一的夏曾佑，曾于 1898 年中秋节赋诗《戊戌中秋，与西村、白水、陈锦涛、洪复斋、蒋信斋、张养农、方楚青、蒋澍堂、常伯旗同饮天津酒楼，时余将南归，率成一律》。⑤《国闻报》于光绪二十三年十月初一日（1897 年 10 月 26 日）创刊。陈锦涛时在北洋大学堂头等学堂任算学教习。

① 中国人民政治协商会议天津市委员会文史资料研究委员会编：《天津近代人物录》，天津：天津市地方史志编修委员会总编辑室，1987 年，第 49 页。

② 金普森、孙善根主编：《宁波帮大辞典》，宁波：宁波出版社，2001 年，第 39 页。

③ 张宪文等主编：《中华民国史大辞典》，南京：江苏古籍出版社，2001 年，第 476 页。

④ 吴稚晖著：《吴稚晖全集》卷 9《日记·书信·笔记（1）》，北京：九州出版社，2013 年，第 646 页。

⑤ 杨琥编：《夏曾佑集》上卷，国家清史编纂委员会·文献丛刊，上海：上海古籍出版社，2011 年，第 428 页。

二是国闻报馆被售与日本当局之后，方城成为新改组的编辑部重要成员。光绪二十五年（1899）三月二十日，由《国闻报》创办者之一的王修植出面，把国闻报馆的全部财产作价"洋钱一万一千元"，卖与日本驻天津领事郑永昌，双方签订了买卖合同。其中，中方见证人为方楚青，日方见证人为西村博。日方接手国闻报馆后，进行了人员改组。《国闻报馆现在职员表》载：馆主为日本人西村博，薪水五十元；下设编辑部、会计部、探访部、活字部、印刷部、杂役部。其中，编辑部有两名重要成员：一是方城，负责"重要记事及本地新闻"，薪水三十五元；二是张颐（字亦湘、一香，宁波鄞县人），负责"北京及地方新闻"，薪水三十元。[①] 可见，方城、方楚青均指方若（字楚卿、楚青）。

三是日本东亚同文会干事井上雅二的记载。井上雅二在明治三十一年七月二十三日（1898 年 7 月 23 日）的日记中提及："《国闻报》主笔方城，六月二十日在天津突围，身无一物地携妻逃来，就保护之事作了商议。"[②] 主笔既可以是编辑，也可以是记者（当时也称访事人、采访员、访员等）。

四是日本学者内藤湖南的记载。1899 年 8 月至 11 月，内藤湖南来华游历，1900 年 4 月著《禹域鸿爪记》。此书载有其在津与严复、王修植、方若等晤谈的情况。如："去国闻报馆，见到记者方若（号药雨），顺便问及此地有哪些名流。方氏告以数人名氏"。其中包括："王修植，字菀生，浙江定海人，现为北洋候补道，大学堂总办。""陈锦涛，字澜生，广东南海人，现为大学堂西文教习，此人为清国算学名家。""温宗尧，字钦夫，广东香山人，现为海关译员。"内藤湖南又载："王氏年岁四十有一，容貌温藉，为人得体，虽不解西方文字，犹任现职，是个有才干的人物。""方看似犹三十上下，号药雨，兼擅作画。"[③] 北洋大学堂总办王修植与方若都是定海人。方若与北洋大学堂的教职员陈锦涛、温宗尧也都熟识（1897 年前后，温宗尧任北洋大学堂二等学堂洋文教习）。

五是 1900 年八国联军侵华期间，夏曾佑多次提及方楚卿。光绪二十六年（1900）

① 原载日本外务省外交史料馆藏档案《新闻杂志操纵关系杂纂——国闻报》。转引自《从中日两国档案看〈国闻报〉之内幕——兼论严复、夏曾佑、王修植在天津的新闻实践》，孔祥吉、〔日〕村田雄二男著：《从东瀛皇居到紫禁城——晚清中日关系史上的重要事件与人物》，广州：广东人民出版社，2011 年，第 171—173 页。

② 孔祥吉、〔日〕村田雄二男著：《从东瀛皇居到紫禁城——晚清中日关系史上的重要事件与人物》，广州：广东人民出版社，2011 年，第 173 页。

③ 内藤湖南著：《禹域鸿爪》，李振声译，杭州：浙江文艺出版社，2018 年，第 3—4、40—41 页。此译本两次将"菀生"误为"薨生"。

七月二十七日，夏曾佑致函汪康年："苑生（即王修植）知其确已到沪，不知情状若何？蒋信斋、方楚卿（此人闻为匪所拘，信否？）、伯唐诸人行止若存若亡，最为可虑，望详告我。见方、蒋，则请其来祁一游。"八月初四日，又函汪康年："方楚卿存亡究竟若何？"二十九日，再函汪康年："方楚卿被执于京，不知确否？"[①]

图1　方若照片两种。图左原载1937年版《民国名人图鉴》。图右约摄于光绪二十二年（1896），时名方城，正在北洋大学堂任职。

六是民国年间出版的三种人物辞典，均未提及方若有在北洋大学任职任教的经历。如1918年版《清末民初中国官绅人名录》第12页载，方若于"光绪二十三年任《国闻报》记者，鼓吹亲日主义，'北清事变'后，任天津日日新闻社长兼主笔"。又如1920年版《最近官绅履历汇录》第5页载，方若为"前清贡生、《国闻报》主笔"。再如1937年版《民国名人图鉴》第1册第39页载："方若，字药雨，原名城。天津利津公司总经理，定海人……《定海县志》《续金石学录》《清代画史》各有传。"

七是两种《定海县志》均未提及方若任职于北洋大学堂这段重要经历。1924年由旅沪同乡会出版的《定海县志》，以介绍方若著述和收藏鉴赏为主，但也载其原名方城，即："方若字药雨，原名城，字楚卿，诸生，侨居天津。"1994年版《定海县志》稍有补充，即：方若"早年迁居天津，得同乡提携，充永定河工委员，《国闻报》主笔"[②]，通篇并未提及其与北洋大学堂有何关联。

八是抗战胜利后，方若接受正义审判。方若汉奸案判决书载明，方若曾在北洋

① 上海图书馆编：《汪康年师友书札》第2册，上海：上海书店出版社，2017年，第1235、1237、1268页。

② 定海县志编纂委员会编：《定海县志》，杭州：浙江人民出版社，1994年，第809页。

大学堂执教。《军事委员会调查统计局特种刑事案件移送书（三十五年四月二十二日津移字第二号）》载："被告方若以清季诸生曾执教于天津北洋大学，秉笔国闻报社，创办《日日新闻》报，与日领事及日本有力人士过从甚密。"此后，在《河北高等法院第一分院刑事判决（民国三十五年度特字第一五四号）》《最高法院特种刑事判决（三十六年度平特覆字第二一三号）》《河北高等法院天津分院刑事判决（三十六年度特字第二〇六号）》《最高法院特种刑事判决（三十七年度平特覆字第一九二号）》中，均有相关记载。[①]

总之，方城即方若，史载有据。方若曾任北洋大学堂文案，应无异议。方城更名方若、改字药雨，也可确认是在其担任《国闻报》记者之后（约 1899 年）更改的，其在北洋大学堂任职期间使用的名字是方城（字楚青或楚卿）。

不过，关于方若在北洋大学堂任教问题，仍需查考。尚不知其是被聘为教习，还是临时代课。1925 年版《国立北洋大学卅周年纪念册·前任教员录》对于历任教职员的记载并非没有遗漏。如 1900 年，夏曾佑致函汪康年称："北洋大学堂教习，宁波洪沨生，闻在上海，不知住何处，乞示之。"[②]关于这位名叫洪沨生的教习，笔者虽经四处搜罗文献史料，但仍未理出头绪。

另外，关于方若"原名方成"，还见载于《中国抗日战争大辞典》[③]。已知今人相关著述还有以下情形，即：方若"原名方诚"[④]。以上两种记载均应为误植所致，当不足为信。

（四）项绳祖生平小考

《申报》1902 年 5 月 20 日《津郡官场纪事》载："天津《直报》云：……某省大学堂总办蔡直刺绍基及文案项君绳祖，由沪上附某轮船抵大沽，随于本月初四日清晨，乘火车至天津，就北洋医学堂暂驻。"文中所称的"直刺"，即对直隶州知州（职级稍低于知府）之别称，也称直牧。蔡绍基（字绍基）当时意气风发，炙手可热。项绳祖则是蔡绍基的得力助手。

①　天津市地方志编修委员会编著：《天津通志·审判志》，天津：天津社会科学院出版社，1999 年，第 129—136 页。

②　上海图书馆编：《汪康年师友书札》第 2 册，上海：上海书店出版社，2017 年，第 1234 页。

③　中国第二历史档案馆等编：《中国抗日战争大辞典》，武汉：湖北教育出版社，1995 年，第 158 页。

④　孔祥吉、〔日〕村田雄二男著：《从东瀛皇居到紫禁城——晚清中日关系史上的重要事件与人物》，广州：广东人民出版社，2011 年，第 173 页。孔祥吉：《甲午战争后的民族危机与北洋大学的创成》，王杰主编：《学府史集——国立北洋大学初创时期之研究》，天津：天津大学出版社，2017 年，第 16 页。

蔡绍基、项绳祖都曾是北洋大学堂二等学堂事务的主要管理者。1895 年，直督王文韶《奏开设天津中西学堂疏》载："同知衔候补知县蔡绍基，堪以委派总办二等学堂。"项绳祖时任北洋大学堂二等学堂文案，兼任收支，起任时间在 1895 年至 1897 年之间。

《申报》1898 年 3 月 22 日《津门春眺》载："北洋大臣王夔帅（即王文韶）于二月十六日，在北洋医学堂邀请西国官商筵宴。是日，学堂内外铺设富丽，悬挂明灯，入夜燃以红烛，如万点繁星，光耀夺目。各国正副领事、工部局董事、兵船主将、学堂教习等均络绎而来。篷坐者为阖城司道及直隶提督聂军门，计中外官员共八十余人。傍晚六点半钟入座席，夔帅命大学堂蔡述堂直牧，朗诵祝词。西员举觞称谢。"文中提及的"大学堂"即指北洋大学堂。

蔡绍基担任北洋大学堂二等学堂总办后，外事工作任务较重，抛头露面的机会也不少。平日的演说稿等公牍，大概少不了项绳祖起草之功。而且，蔡绍基当时就已有直隶州知州职衔了。而 1898 年之前的官方文书及报章等则称之为"二等学堂总办蔡大令"。

《申报》1898 年 9 月 18 日《日相过津》又载："翻译西语者，为医院林丽堂别驾、大学堂蔡述堂直刺，又伍昭宸（即伍光建）刺史。"蔡绍基出身于留美幼童，擅长英文是其一大优势。而项绳祖的国学素养应该较高，可为蔡绍基弥补中文短板。

蔡绍基、项绳祖等都应该是因 1900 年八国联军占领天津而离职南去的。那么，蔡绍基偕项绳祖于 1902 年北上抵津，有何公干呢？是不是专为恢复百废待兴的北洋大学堂而来呢？

《新民丛报》1902 年 6 月 6 日《直督新猷》载："直督袁宫保（即袁世凯）自任北洋以来……以北洋大开商埠，各国杂居情形与从前大不相同。此后，交涉事繁，不得不慎选能员，办理洋务。故拟俟天津交还后，特设洋务局一所，专管华洋交涉事件。其总办即委蔡太守绍基。"可见，袁世凯有重用蔡绍基掌管北洋洋务局（也称天津洋务局）之意。此时，蔡绍基的职衔已晋为候补知府，故别称太守。

不过，此后形势变化很快，蔡绍基屡获新委。

一是总办天津钞关总局，传闻不断。《大公报》1902 年 7 月 24 日《太守得差》载："乱前，总办钞关税务兼北洋大学堂总办蔡述堂太守绍基，现闻有委办天津新钞关税务之说。"

二是屈尊北洋洋务局会办，暂且忍耐。《大公报》1902 年 8 月 24 日《委办洋务》

载："本埠洋务局，已委关道唐少川（即唐绍仪）观察为总办。昨奉宫保札委，候补道徐观察杰为会办。"《大公报》1902 年 9 月 14 日《纪洋务局》载："洋务局已委候补道徐孟翔观察为总办，钱观察鑅、蔡太守绍基为会办。闻在新浮桥迤北设局，已于昨日开局办公。"据此可知，北洋洋务局设在新浮桥（金钢桥前身）北侧的督署附近。《大公报》1902 年 9 月 30 日《青年大会》载："袁宫保译员、洋务局会办蔡绍基君演说。"蔡绍基属于直督袁世凯的重要佐官。

三是出任北洋大学堂总办，时间不长。《大公报》1903 年 1 月 9 日《纪大学堂》载："北洋大学堂已就西沽武库房屋改建，将次竣工，定于明年三月初一日（即 1903 年 3 月 29 日）开办。袁宫保札委蔡绍基氏为总理。"文中提及的"总理"并非官称职务。《大公报》1903 年 1 月 13 日《督示照录》又载："为出示晓谕事。照得北洋大学堂现设天津西沽地方，订于明年三月开办，业经委派蔡道绍基总办该大学堂事务。"

四是集中精力办理洋务，辞去兼职。《顺天时报》1903 年 8 月 25 日《天津新闻·学堂添员》载："西沽大学堂本由督宪派委前二等学堂总办蔡绍基氏为总办，以资熟手。现因蔡观察办理洋务局事，日形忙碌。深以不能兼顾为忧。日昨，更由宫保札委候补道钱绍云观察（即钱鑅）总办该学堂，以专责成。闻观察极通新学，将来必另有一番作为。"《大公报》1903 年 11 月 3 日《车站纪事》载："洋务局总办蔡观察绍基、山西候补道刘观察敬修，同于昨早八点三刻钟，由津乘火车晋京。"两天后，"督辕幕府阮观察忠枢、娄观察春藩、袁观察，洋务局总办蔡观察绍基，铁路总办梁观察如浩，铁路巡警总办杨副戎春荣，同于昨早，由京同袁宫保乘火车来津"。可见，蔡绍基辞去北洋大学堂总办这个兼职之际，已被改任为北洋洋务局总办。

从以上所载分析，北洋大学堂创办之初，项绳祖即追随蔡绍基，可视为蔡绍基的重要幕僚。项绳祖于 1902 年陪同蔡绍基返津，来头不小，显系应直督袁世凯之召唤，专程北来。项绳祖与蔡绍基形影相随，理应仍在蔡绍基麾下辅佐洋务、学务。尤其是北洋大学堂复校，是一项复杂的系统工程，项绳祖很可能一度参与其中，惜在此后的历史文献中难觅其踪。

此外，《申报》多次记载一位名叫项绳祖的浙江人。其于 1892 年按新海防例捐纳入仕，"指分江苏试用"。1895 年，以分缺先用典史身份，请补江苏丹阳县典史，1896 年准补。1904 年后，江苏巡抚陆元鼎上奏举劾"丹阳县典史项绳祖贪黩厥怨"，1906 年 1 月 6 日奉上谕，项绳祖着即行革职。此项绳祖与彼项绳祖是否为同一人，难以判定，不排除有重名的可能，姑且存疑。

（五）“甘联起”应为甘联超

首先需要说明的是，“甘联起”为误植，甘联超之名不误。1936年版《国立北洋工学院校友及毕业同学录（民国二十四年度）·历任文案官及文牍人员》所载“甘联起”，应为始作俑者。

1903年，北洋大学堂在西沽重建复校，实行新的组织管理架构，不再区分头等、二等学堂，文案官也不再分别设置。甘联超即为北洋大学堂复校后的首任文案官。

1920年版《最近官绅履历汇录》载：“甘联超，字再芗，福建闽侯县人，署理京兆宝坻县知事，山西屯留、长治等县知事。”①

前引1925年版《国立北洋大学卅周年纪念册》、1936年版《国立北洋工学院校友及毕业同学录（民国二十四年度）》均载甘联超籍贯为福建侯官。原来，清代闽县、侯官县均隶属福州府，两县后于1913年合并为闽侯县。省城福州为闽侯县县治。

关于甘联超历官脉络，史载较为明确，但对一些重要环节也有必要查证。

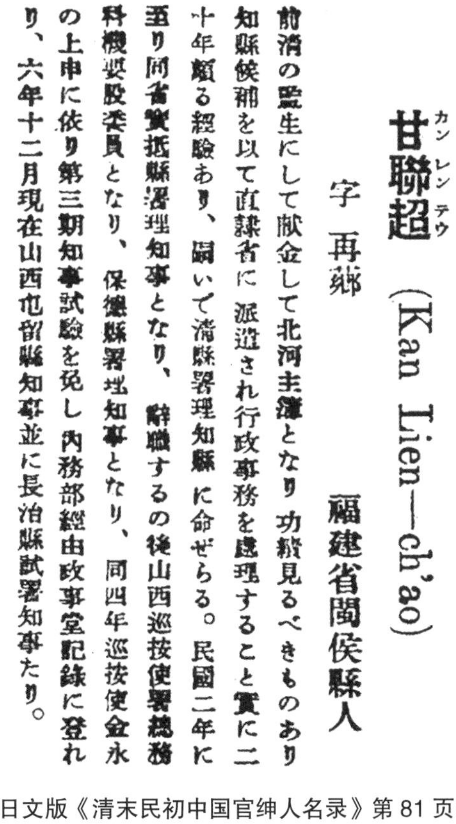
甘聯超（カンレンテウ）(Kan Lien—ch'ao)
字再薌　福建省閩侯縣人
前清の監生にして献金して北河主簿となり功績見るべきものあり知縣候補を以て直隷省に派遣され行政事務を處理すること實に二十年頗る經驗あり、嗣いで滄縣署理知縣に命ぜらる。民國二年に至り同省寶坻縣署理知事となり、辭職するの後山西巡按使署總務科機要股委員となり、保德縣署理知事となり、同四年巡按使僉永の上申に依り第三期知事試驗を免し內務部經由政事堂記錄に登れり、六年十二月現在山西屯留縣知事並に長治縣試署知事たり。

图2　1918年日文版《清末民初中国官绅人名录》第81页载有甘联超履历

① 北京敷文社编：《最近官绅履历汇录》（第1集），北京：北京敷文社，1920年，第20页。

1. 任职津门　战场救援

1890 年，甘联超考取会典馆誊录，因以入仕。《申报》1890 年 6 月 11 日《都门琐语》载："吏部示传：……所有签掣会典馆汉誊录王梦桃、甘联超等，限五日内，取具六品以上同乡官印结，填写履历、亲供，亲身赴部验到，有执照者携带呈验。勿违。"

六年之后，甘联超因捐纳再授新职，分发北河主簿。《申报》1896 年 5 月 21 日《分发人员验看名单》载："新海防例掣签分发：……县主簿甘联超，福建，北河。"此为甘联超结缘直隶省之始。

所谓"北河"，即北河河道总督衙门。清代，河道总督掌黄河、海河水系等南北各河疏浚、堤防事务，包括河道的挑浚淤浅、导引泉流以及沿河堤坝堰插之岁修、抢修等工程。按照河道的地理位置，分为北河河道总督、南河河道总督、东河河道总督，故称"三总河"。其中，北河河道总督由直隶总督兼理，掌漳河、卫河入运归海及永定河之疏浚堤防诸事。[①] 当时，直隶总督署设在保定，并在天津东北角大胡同设直督行馆，因有"双省会"之称。

1900 年八国联军侵华期间，甘联超在津任职，所任职务未详，大概属于直督幕僚的性质。

1900 年 10 月，户部郎中陆树藩组织救济善会，在京津一带开展兵燹救援行动，包括平粜、掩埋、施医等，至 12 月返沪。陆树藩《救济日记》多次提及甘联超。如：九月初六日，"出城至张宅，托甘再芗写都统衙门信……美人丁嘉烈（丁嘉立）因深通华语，即派为汉文司员，民间词讼由之审断"。九月初七日，"邀甘再芗，同到义和成晚饭"。九月十五日，"甘再芗来晚饭，谈及洋人攻破天津，幸有俄国兵官倭君顾全大局，竭力保护，否则鸡犬不留耳"。[②]

据此可知，甘联超深度参与了此次浩劫之后的救灾工作。都统衙门是八国联军占领天津后建立的殖民机构。甘联超也有与"美人丁嘉烈"（即丁家立）打交道的机会。

甘联超等旅津的福建籍同乡，相与照拂，形成了互助体系。福建长乐人郑叔忱（字宸丹，进士出身，官至奉天府府丞兼学政）卒于 1905 年。其妻陆嘉坤（字荇洲，广西临桂人）于 1905 年受聘担任北洋高等女学堂总教习，挈二子一女居津。陆嘉坤不幸于 1906 年染疫（喉症）继逝后，"受郑宸丹夫妇之托，照抚孤儿、经理遗产者，

① 刘子扬：《清代地方官制考》，北京：故宫出版社，2014 年，第 416—417 页。

② 章建：《陆树藩——中国红十字运动的先驱》，合肥：合肥工业大学出版社，2017 年，第 208—210 页。

为其同乡、亲戚甘再芗联超、冯申甫汝骥、李秀瑜毓芬、林琴南纾、林朗溪灏深诸君。"① 据此可知，甘联超与福建名士林纾（字琴南）等人熟稔。

2. 任北洋大学堂正文案官兼北洋洋务局文案委员

1903 年，甘联超已入职北洋大学堂，后升任正文案官。1905 年初，北洋大学堂总办沈桐被南洋大臣兼署两江总督周馥调用，总核两江学务。3 月 13 日，沈桐南下履职之际，全堂师生为之送行。送行者包括"正文案官甘君联超，副文案兼掌书官沈君嘉炎，副文案官潘君寿恒"。

《大公报》1905 年 3 月 19 日《送别志盛》载，沈桐临行前，还留赠天津大学堂学生楹联一副："海水正群飞，大好河山，谁谓陆沉关气数；风云日相薄，巨川舟楫，须知吾党系安危。"此联语内涵深刻，高屋建瓴，甘联超等参与斟酌是不难想见的。

1904 年，梁敦彦接替唐绍仪出任津海关道。② 此后，甘联超被北洋洋务局（总办为蔡绍基）调用，参与调查直隶洋务、实业等事宜。以下记载可作诠释：

一是光绪三十一年（1905）六月《北洋大臣袁咨美孚洋行在新河地方租建油池将来如碍水利民居仍饬令该商迁让文》载：

"为咨呈事。据津海关道梁敦彦详称：……至于该处设立油池，有无妨碍，应候派员查明，再行核办。禀奉宪台批饬，由道派员赴该处查明，禀候核夺。等因。当经派委补用州判甘联超、英文翻译唐铁环，前往查明。禀覆去后，旋据该员等禀称：'卑职等遵即会同前往新河，查美商美孚行拟设火油池地段，系在新河村东南四里余之赵家厂地方，距天津八十余里，距塘沽仅五六里。该地段南至河干，北至铁道，西与新泰兴地毗处（相隔半里左右，设有芦保材料厂），东与民人赵姓地毗连（相隔一二里，亦设有铁路材料厂）。地势长方，约有五十亩之谱，购于商人钟清溪之手。滨河之二十余亩，除该公司已筑码头外，四围筑有砖墙，东西北三向均无民居。最近者为赵家厂民房，尚在铁路以北，相离半里有奇，似无妨碍。惟该油池尚未兴工，如在北面二十余亩内修建，与铁路毗连，或于轨道稍有妨碍。等情。禀覆前来。"③

可见，1905 年，甘联超受津海关道指派任事，职衔为"补用州判"。

① 梁漱溟：《梁漱溟全集》第 1 卷，济南：山东人民出版社，2005 年，第 579 页。参见郑庆喆等撰《长乐郑叔忱先生行述配陆夫人事略》，1920 年铅印本。陆嘉坤之母是梁济（字巨川）的姑母。梁济为梁漱溟之父。

② 《大公报》1904 年 10 月 7 日《电传上谕》载："八月二十七日奉上谕，直隶津海关道着汉黄德道梁敦彦补授。钦此。"

③ 北洋洋务局纂辑：《光绪乙巳年交涉要览》卷一《租借门·租建类》，北洋官报局，1907 年，第 63—64 页。

二是北洋洋务局德文翻译王承传（字钦尧，安徽桐城人）与甘联超友好。王承传日记载：光绪三十二年六月初二日（1906 年 7 月 22 日）午后，"赴同事甘再芗家，贺迁乔之喜，并赠礼四色。晚，同宴于聚丰园，席散茶谈久之"。8 月 26 日晚，"甘再芗兄招饮"。12 月 29 日晚，"晤甘再芗兄刻许"。[1] 1907 年，王承传跟随出使德国大臣孙宝琦赴德，后任参赞。

三是 1908 年制定的《直隶曲阳县白石沟开源煤矿有限公司颁发暨招股章程》载：

> "光绪三十三年十一月间，禀请农工商部修筑运煤小铁道，蒙批咨直隶总督杨札派洪观察述祖、甘大令联超查明，绝无洋股洋款、影射蒙混等弊，并前往矿场，查勘井硐工程，携回煤二千余斤，经矿政调查局炼得煤质佳美，颇堪开探，亦以运路为必不可缓之工，当已据实禀复，转咨大部。嗣于三十四年正月二十五日，奉到农工商部批开，禀请修造运煤铁道、以广销路一节，当以禀内有洋矿师、洋商勘估等语，与前禀不符。经本部咨行直隶总督饬查，声覆去后。兹准覆称，派员查明，并无暗招外股及影射蒙混等弊，已据文咨行邮传部酌核办理，仰该商径赴邮传部听候批示可也。"[2]

时任直督为杨士骧，甘联超已有知县职衔，且以官派代表身份履职。

四是《大公报》1908 年 10 月 4 日《铁路委员到东商购机器》载：

> "济南津浦铁路北段总局总办李道海顺等，以津浦铁路大小各桥工所用铁件，拟在北洋、山东各机器厂购办，以免利权外溢，且可撙节费用。因派熟悉机器洋员巴斯、文案委员甘令联超，分往北洋、山东各机器厂，分别调查，切实商办。日前，特禀鲁抚袁海帅，札行山东机器局，查照办理。现该华洋人员等已到东，与局内总办刘道恩驻，调查商办。"[3]

仅据此载尚难确认甘联超已被派赴津浦铁路北段总局任职，初步判断此属兼职的可能性很大。

五是《直隶教育统计表图（光绪三十四年报告）》所载《北洋大学堂简明表》开列："文案甘联超，福建。"[4] 可见，至少在 1908 年，甘联超仍任北洋大学堂文案官。

① 王承传著，冯雷、王洪军整理：《中国近现代稀见史料丛刊（第 4 辑）·王承传日记》，南京：凤凰出版社，2017 年，第 160、164、179 页。

② 邮传部：《轨政纪要（次编三）·商办第三》，通译局印行，第 1—2 页。

③ 《公牍录要：津浦铁路北段总局禀派洋员巴斯及甘令联超分往局厂调查各项铁件文并批》，《北洋官报》1908 年第 1845 期，第 6 页。

④ 《直隶教育统计表图（光绪三十四年报告）》所附《专门学堂简明表》，第 43 页。

六是《大公报》1909 年 1 月 11 日《直隶局、所、学堂职员一览表（续）》载：甘联超仍为北洋洋务局文案委员，月薪七十两。

据以上所载综合判断，1904—1909 年，甘联超已在北洋洋务局任职，并担任文案委员，但其原任的北洋大学堂文案一职，应该并未辞去。北洋大学堂督办例由津海关道道台兼任，而北洋洋务局总办也可由津海关道道台兼任，故甘联超受海关道道台节制是可以肯定的。其身兼二职的情形虽然较为特殊，但也并非不可以。总之，甘联超属于备受当道倚重的干员。

3. 赏加升衔　奏保补缺

1910 年，甘联超的职务开始出现变化，进入补用节奏。

一是纳入钦派视线。《申报》1910 年 1 月 2 日《交旨》载："十一月初十日经内阁奏，派王大臣验放分发：……直隶补用知县甘联超均堪以照例用。"《北洋官报》1910 年第 2313 期《督宪牌示》载："谕花翎同知衔补用知县甘联超分发直隶。"

二是出任北洋营务处发审官。《大公报》1910 年 11 月 5 日《车站纪事》载："初二日，营务处发审官甘大令联超由津晋京。"转天，"营务处发审官甘大令联超由京来津"。

三是量予奖叙，候补知州。《直隶总督陈夔龙奏北洋大学堂出力各员请奖折并单（宣统三年五月初九日奏准）》载：北洋大学堂"计自开办至今，已逾十五学期之久。""所有在事职教各员不无微劳足录，据提学使傅增湘详请奏奖。""臣查学部奏定章程，办学五年以上，照异常劳绩核奖，三年以上照寻常劳绩核奖。又，政务处奏准，成就学生六七十人以上，准保十六员内异常二三员""兹就任事实心、资劳尤著者，择尤酌保异常五员、寻常三员。""照拟给奖，以昭激劝。"其中，寻常出力者三员，即甘联超、徐德林、汪福熙。其中："文案官、花翎同知衔、直隶候补知县甘联超，请俟补缺后，以直隶州知州在任候补。"[①]

4. 开启"父母官"帷幕，担任"县知事"十年

1911 年辛亥革命爆发前夕，甘联超被委任为青县代理知县，《大公报》1911 年 9 月 15 日《藩辕牌示》载："武清县河工吃紧，署青县沈葆恒调署武清县。所遗青县缺，以三河县王鸿年调署。"9 月 17 日《藩辕牌示》补录："调署青县王鸿年未到任以前，委候补县甘联超代理。"9 月 22 日《车站纪事》又载："二十九日，青县甘大令联超，

① 《政治官报》宣统三年（1911）五月十三日《折奏类》第 1295 期，第 17—18 页。

由津赴任。"中华民国成立后，甘联超已离任，青县县知事为湖南人吴大启①。

甘联超很快就被起用。1913年10月29日《大总统命令》载："国务总理熊希龄、内务总长朱启钤呈，据顺天府府尹张广建呈请任命：……甘联超为宝坻县知事。"不过，好景不长。1914年2月起，北洋政府开始实行"县知事甄录试"试验。原任县知事只有迈过"审查暨试验及格"这道坎儿，才能具备任职资格。这可难坏了未曾接受新式教育且年龄偏大的甘联超们。1914年7月27日《大总统策令》载，宝坻县知事已改由茹临元担任。② 这表明，甘联超因任职资格不符规定而无奈去职。

当然，保住县知事资格的捷径也还是有的，那就是如果劳绩切实显著，且经当轴特予保荐的话，可由大总统特批为"特保免试县知事"。对此，甘联超也争取过一番，但无功而返。内务部是这么说的：在"第三届保免知事试验案内，胪列该员等履历事实，加考咨部审查，未经核准。"1914年11月公布的《内务部示》载："第三届知事试验京外保荐免试各员，经试验委员会审查决定。"甘联超被排除在名单之外。当时，未能通过此次准免试验和调查者，竟然超过400人。③

甘联超并不甘心，遂采取迂回战术，转而赴晋寻求发展机会。其在名义上充任山西巡按使署总务科机要股委员，实则投奔山西巡按使金永，成为其幕僚。此为甘联超与山西结缘之始。

甘联超对老本行驾轻就熟，深得金永等赏识。1915年4月28日《大总统批令》载："山西巡按使金永呈保荐成绩卓著人员张之仲、甘联超二员，拟恳以免试知事分发任用由，既据呈称，张之仲、甘联超二员现任地方，成绩卓著，应准以县知事免试任用，交内务部查照，并由政事堂饬铨叙局查照。此批。"④

金永在呈文中热情举荐甘联超："署保德县知县甘联超，福建闽侯县人，由前清贡监生，报捐北河主簿，积劳累保知县，归直隶补用。办理行政事务近二十年，颇有历练，嗣委代理青县，为时虽暂，而该员励精图治，未尝'存五日京兆之心'。民国二年，署顺属宝坻县知事，地处繁剧，又当多事之秋，土匪暴兵，所在滋扰。该员随时督率警长，严密踏缉，先后拿获逸犯剧匪及著名盗首王干等多名，民赖以安。交卸投效来晋。永（即金永）委充总务科机要股委员，深资得力，旋以保德县为晋北沿边要

---

① 青县地方志编纂委员会编：《青县志》，北京：方志出版社，1999年，第468页。
② 《政府公报》1914年7月28日第800号，第7—8页。
③ 《政府公报》1914年11月3日第897号，第35—39页。
④ 《政府公报》1915年4月29日第1068号，第6页。

地，与陕省之府谷县仅隔一河，奸宄出没其间，此拿彼窜，自非明干之吏，不足以消隐患而清盗源。因地择人，遂遴委该员往署知事。到任数月，孜孜以休养生息、保卫治安为己任。举凡地方应办之事，核其轻重缓急，次第敷施，境以称治。查该员心地恳实、才实明通，而听断尤长。"①呈文中披露了不少涉及甘联超的重要信息。

特准免试，分发任用，终于使甘联超达到了突破县知事任职限制的目的，也在山西官场站稳了脚跟。可见，制定规章如果一刀切，势必导致管理简单化。如果能从实际出发，因地制宜，仍能产生斡旋空间和周旋余地。换言之，对于甘联超这样经验丰富、注重实效的落伍旧官吏，只有采取"老人老办法"的因人而异之策，才能达到人岗相适、人事相宜的功效，体现人尽其才的原则。如果仅以有相当话语权的推荐者一纸评语为依据，显然是有失客观的僵化管理模式。

1915 年 7 月，甘联超仍任保德县知事。按照北洋政府国会选举成案，各县知事均被任命为"本县初选区选举监督"，甘联超也被要求声明脱离已加入的某党党籍。②

1916 年 12 月，《山西省长孙发绪呈大总统汇报五年十二月分委署各县知事员缺缮单祈鉴文（附单）》载："甘联超，福建闽侯人，特保免试知事，曾奉任命屯留县知事。十二月二十九日调署长治县知事。"③

县知事（民初对知县的改称）这个缺，虽然级别不大、待遇不高，但岗位重要、责任重大，出成绩不太容易，出问题的几率不小。且不说事无巨细、操心费神，动辄得咎、问责追责就让人受不了。尽管甘联超为保住这个职位，付出了相当努力，但在某种意义上，这也算不得是一个美差。

甘联超在担任保德县知事期间，由于未能完成赋税任务，而被追责。1918 年 4 月1 日《大总统训令（第 36 号）》载："据国务总理段祺瑞呈，准文官高等惩戒委员会咨呈，议决山西省民国四年份经征田赋不力之县知事"，依照《征收田赋考成条例》，交付惩戒。前任保德县知事甘联超、现任保德县知事魏铨等山西各县知事 11 人，均受到减俸处分，"着交内务、财政两部转行该省长查照执行"。其中，甘联超"受减俸三个月十分之二处分"。相较而言，甘联超受处分的程度还算是轻的。④

北洋政府内政部民治司 1919 年 3 月编印《全国道县等级员名表》载：甘联超仍

---

① 《山西巡按使金永呈保荐成绩卓著人员张之仲甘联超二员拟恳以免试知事分发任用文并批令》，《政府公报》1915 年 5 月 1 日第 1070 期，第 11—12 页。
② 《政府公报》1915 年 7 月 21 日第 1150 号，第 16 页。
③ 《政府公报》1917 年 1 月 19 日第 369 号，第 19 页。
④ 《政府公报》1918 年 4 月 2 日第 787 号，第 7—8 页；4 月 4 日第 789 号，第 18—21 页。

为山西省屯留县知事（本任），等别为二等。

1920年4月12日《大总统命令》载："内务总长田文烈呈，准兼署山西省长阎锡山咨，屯留县知事甘联超因病辞职，应照准。"

纵观甘联超履历，宦游三十载（1890—1920），浮沉大半生，浪迹萍踪，兢兢业业。其在直隶省任职时间居半（大多在天津）。作为北洋大学堂复校伊始的首任正文案官，其地位不可小觑。至于北洋大学堂复校之后，甘联超发挥了哪些作用，如今了解得还不多。

（六）潘寿恒生平小考

1. 家族显赫　深受侄辈影响

《申报》1900年8月4日至6日连载题为《探访胞叔》的寻人启事："潘寿恒，号子结，年十六岁，系前任天津府知府潘公青照之五子，为贱子之胞叔，随家庶祖母寄寓'津东门内展家花园'。昨有乡友自津南来，据云，许君粲如于五月十八日约同迁居，有南归之说。今近两月未见的信，阖家悬念，叨在同乡亲友，敢乞便为探访，知其下落，即祈示信于'安庆近圣街潘寓'，得知以便往接，则感大德无既矣。桐城潘世琛谨启。"这则寻人启事披露了不少关键信息，如潘寿恒应生于1885年，很有研究意味。

桐城潘氏为名门望族，才俊辈出。潘青照（1828—1898），原名名炳，字光庭，号黎阁、藜阁，安徽桐城人。监生出身，荐保江苏候补同知、直隶州知州。补缺后，以知府用。1871年，奏补松江府川沙厅抚民同知。1882年，改留直隶省，仍以原职升用。历官宣化府独石口抚民同知、宣化府延庆州知州、蔚州知州、怀来县知县、张家口抚民同知、万全县知县。三品衔在任候补知府。[1] 1898年授天津府知府。[2]

在直隶官场上，潘青照幸有同乡贵人相助。晚清桐城派代表人物吴汝纶（1840—1903）是直督的重要幕友之一，历官知州，主讲莲池书院，晚年任京师大学堂总教习。潘青照与之交谊不浅。

---

[1]　江小角、吴晓芬编著：《桐城明清名宦》，合肥：安徽美术出版社，2011年，第154页。

[2]　《申报》1898年2月25日《光绪二十四年正月十六十七日〈京报〉全录》载："直隶总督臣王文韶跪奏，为遵旨拣员调补首府要缺，以资治理，恭折仰祈圣鉴事。窃准吏部咨开，光绪二十三年十月初五日内阁奉上谕：'直隶保定府知府员缺紧要，着该督于通省知府内拣员调补。所遗员缺，着潘青照补授。钦此。'钦遵转行在案……合无仰恳天恩，俯念员缺紧要准，以天津府知府沈家本调补保定府知府，实于地方有裨益。如蒙俞允，该员系现任知府，请调首府，衔缺相当，毋庸送部引见。其所遗天津府知府，遵旨即以潘青照补授……奉朱批：'吏部议。钦此。'"

　　潘寿恒虽然是潘世琛的胞叔，但潘世琛年长潘寿恒八岁之多。潘世琛，字瑨华。《安徽历史名人词典》载其名为"潘晋华"，即：

　　　　"潘晋华（1877—1921），爱国民主人士。名世琛，桐城人。出生于天津。幼随举人张恂伯课读。1897年东渡日本，入警官学校学习。1901年，与留日学生陈独秀相识。次年相邀回国，唤醒民众，开展反清斗争。1903年，与陈独秀等人组织集会，痛陈亡国之恨，开展拒俄运动。成立集贤诗社，暗中组建革命组织。曾受陈独秀指派，北上保定，约见吴樾，商量谋杀出国考察宪政五大臣具体方法和步骤，积极从事革命活动。1906年回到安徽陆军，任安徽巡警学堂总教习。辛亥革命爆发后，同韩衍、胡万春等成立安徽省维持统一机关处，维护社会秩序。柏文蔚任皖督时，被安徽省参议会推举为国会众议院议员。任职期间，曾参加倒袁运动。1914年，因患肺病回桐城疗养。任桐城县教育局局长兼崇实小学校长，并先后创办县立女子小学、乙种农业学校、木崖小学、蘩阁小学。1920年，被聘为芜湖职业学校校长。"[①]

　　"蘩阁小学"就是为纪念潘青照而创办的。

　　潘世琛之父潘雨田为潘寿恒之兄。潘雨田应该是追随潘青照，在津任事。潘世琛兄弟四人均生于天津，潘世琛居长，次世璜（字璇华），三世璧（字瓒华，后改名赞化），四珩华。有记载称，潘赞化六岁时，父母双亡，随祖父生活。据此推断，潘雨田卒年不晚于1880年。

　　《安徽近现代史辞典》载有潘赞化事迹，即：

　　　　"潘赞化（1885—1959）。原名世璧，字瓒华，安徽桐城人，生于天津。未及弱冠，即随其兄潘瑨华和陈独秀、房秋五在安庆从事反清活动，并两度流亡日本，参加同盟会，入振武学校学军事、早稻田大学习兽医。1912年由柏文蔚派任芜湖海关监督。二次革命失败后赴云南，参与蔡锷、唐继尧讨袁活动，旋旅居上海渔阳里，与陈独秀为邻，掩护其革命活动。北伐战争后任中央实业部技正、农矿部简任科长。抗战中期离职自川返皖，创办桐城孟侠中学，1947年迁居安庆，建国后被聘为省文史馆馆员。1913年任职芜湖海关时，曾纳青楼陈秀清（1896—

1977），并改其名为潘玉良（即传记文学中的张玉良），结为夫妻。潘玉良1918年考入上海美专，后两度赴欧留学，并定居巴黎，从事美术创作。"[1]

潘玉良的知名度远远超过潘世琛兄弟。1937年版《民国名人图鉴》第2册第11卷第18页载："潘玉良女士，字世秀。中央大学艺术科讲师，桐城人。居南京东厂街四号。1894年生，法国国立美术学校毕业，意大利皇家美术学院毕业。曾任上海美术专科学校西画主任，创办艺范绘画研究所，并任上海艺术大学西画主任。"潘寿恒与潘玉良所学专业相同，不知是否曾切磋过西画艺术。

另外，关于潘世琛兄弟赴日留学情况，如时间、学校、所学专业等，今人记载尚存讹误不少，考察空间较大。以下两种文献记载很有参考价值。

一是1903年《日本留学生中国学生题名录》载："潘世璧，安徽桐城人，十八岁，光绪二十八年八月，浙江官费，就读成城学校，学习陆军；潘世璜，安徽桐城人，自费预备入校。"

二是《申报》1907年3月28日《巡警学堂委员名单（安庆）》载："副提调兼总教，候选同知潘世琛，桐城人，留学东洋，宏文学校毕业生，前充南洋巡警局警务科长。"

2. 清末民初　留日研习美术

1925年版《国立北洋大学卅周年纪念册》载，潘寿恒1904年任北洋大学堂副文案官。这个记载是可以得到验证的。1905年初，时任北洋大学堂总办沈桐南下履职。3月13日，全堂师生为之送行。送行者包括"正文案官甘君联超，副文案兼掌书官沈君嘉炎，副文案官潘君寿恒"。[2]

潘寿恒于1908年留日，后入东京美术学校学习，且与李叔同有过一段同校同科就读的经历（李叔同于1911年3月毕业于东京美术学校西洋画科的选科，时名李岸）。潘寿恒留日之举，显然是受到潘世琛兄弟的熏陶。

较早梳理潘寿恒履历的，是刘晓路撰《青春的上野：李叔同和东京美术学校的中国同窗》一文，即："潘寿恒，1885年5月15日生，卒年不清。毕业于天津日出学馆。1908年4月17日来日，1910年9月26日入东京美术学校西洋画撰科。1915年3月毕业。回国一度在北京任职。"[3]

① 安徽省政协文史资料委员会编：《安徽近现代史辞典》，北京：中国文史出版社，1990年，第437页。参见马厚文：《潘赞化传略》，方兆本主编：《安徽文史资料全书·安庆卷》，合肥：安徽人民出版社，2007年，第1334页。

② 《送别志盛》，《大公报》1905年3月19日。

③ 《荣宝斋》2001年第8期，第248—253页。

　　缘何可以肯定这个潘寿恒就是曾任北洋大学堂副文案官的潘寿恒呢？原来，在日本东京艺术大学资料馆保存的档案中，记载不少关于中国留学生鲜为人知的情况。其中，明确记载潘寿恒的出生地为安徽桐城，留学费用为官费，由直隶省选送。另外，该馆还保存潘寿恒在东京美术学校毕业时创作的作品两幅（布面油彩）：一是自画半身像，二是题为《弹琴》的古代仕女画。

图3　1915 年，潘寿恒在日本东京美术学校毕业时创作的自画像

　　1915 年，中华美术协会在日本东京成立。对于陈师曾所藏一帧《中华美术协会本部纪念摄影》照片，经中央美术学院美术馆研究人员李垚辰考证，基本确认此照摄于北京美术学校，时间约为 1918 年，左一即潘寿恒。①

图4　中华美术协会本部纪念摄影照片（左一为潘寿恒）。左起：潘寿恒、陈师曾、白常龄、陈之骦、李廷英、汪济川（汪洋洋）、郑锦

① 李垚辰：《寻找遗失的历史——关于陈师曾藏〈中华美术协会本部纪念摄影〉的考释及所想》，《美术研究》2016 年第 4 期，第 80—87 页。

关于潘寿恒 1915 年毕业回国后一度在北京任职的情况，笔者检 1917—1923 年出版的《东京美术学校一览》，发现了一些新线索：

一是 1917 年版《东京美术学校一览（从大正五年至大正六年）》、1922 年版《东京美术学校一览（从大正十年至大正十一年）》、1923 年版《东京美术学校一览（从大正十一年至大正十二年）》均载：1915 年 3 月，潘寿恒毕业于东京美术学校西洋画科的选科，通信地址为"北京西城祖家街农商部权度制造所"。①

二是 1918 年版《东京美术学校一览（从大正六年至大正七年）》、1919 年版《东京美术学校一览（从大正七年至大正八年）》、1920 年版《东京美术学校一览（从大正八年至大正九年）》均载，潘寿恒的通信地址为"北京，子杰，寓东城干面胡同二三。"②

三是 1925 年版《东京美术学校一览（从大正十二年至大正十四年）》及以后出版的《东京美术学校一览》只载潘寿恒姓名，已不载其通信地址。③

据《东京美术学校一览》所载，可做以下两个判断：

一是潘子杰即潘寿恒。潘寿恒的字号，除了前引《申报》1900 年所载的"子结"外，又有"子杰"。潘子结、潘子杰均为潘寿恒。

1919 年前后，潘寿恒在京参与筹组美术协会。《大公报》1919 年 3 月 1 日《美术协会之成立》载：

> "美术为文明之母。世界先进各国莫不积极研究。吾中华者，向以美术者国见称世界。迨至近时，奖励无法，研究乏人。旧有者，已渐湮没；新输者，正在萌芽。幸赖热心家之提倡，始有破天荒美术学校之设立。教育机关固已具基础，至于正则研究团体，尚属罕闻。近有美术专家汪洋洋者，由山东赴京联络美术家，组织一协会团体，昨在美术学校已开成立大会，办公事务所皆附设该校。闻

---

① 《东京美术学校一览（从大正五年至大正六年）》所载的《卒业生姓名·西洋画科》，第 176 页，1917 年 1 月 28 日印刷。《东京美术学校一览（从大正十年至大正十一年）》所载的《卒业生姓名·西洋画科》，第 189 页，1922 年 2 月 25 日印刷。《东京美术学校一览（从大正十一年至大正十二年）》所载的《卒业生姓名·西洋画科》，第 189 页，1923 年 3 月 25 日印刷。

② 《东京美术学校一览（从大正六年至大正七年）》所载的《卒业生姓名·西洋画科》，第 179 页，1918 年 2 月 15 日印刷。《东京美术学校一览（从大正七年至大正八年）》所载的《卒业生姓名·西洋画科》，第 180 页，1919 年 3 月 15 日印刷。《东京美术学校一览（从大正八年至大正九年）》所载的《卒业生姓名·西洋画科》，第 183 页，1920 年 2 月 25 日印刷。

③ 《东京美术学校一览（从大正十二年至大正十四年）》所载的《卒业生姓名·西洋画科》，第 175 页，1925 年 11 月 25 日印刷。

此会成立，全赖陈师曾、郑聚裘、黄喃喃、白常龄、潘子杰、韩子极诸大家之热心也。由此观之，则吾中华美术界之前途，其发达定可预卜。"

而这个新组设的美术协会与前文提及的中华美术协会应有莫大关系。

二是潘寿恒曾在农商部权度制造所任职。已知《农商部权度制造所章程》于 1914 年 8 月公布，全所事务由总务处（分设文牍课、会计课、庶务课、储藏课）及工务处（分设制造课、饰工课、检校课）掌理。1915 年 3 月，农商部度量衡制造所易名权度制造所，"专造各种法定之权度器具"。潘寿恒大概于 1917—1923 年在农商部权度制造所任职（饰工课掌电镀、油漆及装饰事宜）。1924 年后，王悦之（1921 年毕业于东京美术学校西洋画科）等利用权度制造所旧址（祖家街 6 号）开办私立北京美术学院（后改称北平美术专科学校）。尚不知潘寿恒与这所美术学校是否有瓜葛。

回过头来再说一下潘世琛于 1900 年在《申报》刊登的寻人启事。当时正值八国联军侵华，兵荒马乱。潘寿恒小小年纪满地乱跑，心也是够大的。全家怎能不为之着急上火？幸好是虚惊一场。潘寿恒后来毕业于天津日出学馆，或许家中也是早有促其留学日本的打算。

日出学馆始建于 1900 年 12 月，校址设在天津日租界闸口风神庙（今辽北路），有日本军方背景。侵华日军驻天津驻屯军司令部于 1909 年编辑的《天津志》载，1900 年庚子国变时，侵华日军也占领天津，日本当局"认识到向中国人讲授日语的必要"。经侵华日军宪兵大尉隈本实道倡导，募集捐款，设立日出学馆，"归日本华北驻屯军管辖"。日出学馆以面向华人子弟教授日语为幌子，灌输日本文化，开展奴化教育，培养亲日分子。日本帝国主义的处心积虑、用心险恶均可见一斑。[①]

1904 年，日出学馆改称天津普通学堂。《大公报》1904 年 2 月 23 日《纪天津普通学堂》载："从前日出学馆已改称天津普通学堂。此次改订章程，大加整顿。刻年假将满，定于本月初九日开学以后所教授之功课为日文、汉文、算学、格致、中外地理、中外历史、伦理、体操等。更添设英文课。"1906 年，"移交日本净土宗传教师经管"，遂易名天津高等学堂，"由三名日本人及一名中国人担任教员，学生有三十名左右"。[②]

---

① 参见吴艳：《清末民初天津日本租界的初等教育一考——以日出学馆为例》，《河北大学学报（哲学社会科学版）》2013 年第 6 期，第 112—116 页。

② 侯振彤译：《二十世纪初的天津概况》，天津：天津市地方志编修委员会总编辑室，1986 年，第 151 页。

3. 学成归国，参展崭露头角

潘寿恒于 1915 年留日毕业回国后，应该是回到了天津。1916 年《农商部示（续第四十六号）》载："西法画，潘寿恒。"1916 年《农商部示（续第九十五号）》又载："西法画，天津潘寿恒。"[①]

原来，《政府公报》从 1916 年 2 月 2 日第 28 号开始连载《农商部示（第一号）》，公布 1915 年举办的农商部国货展览会得奖名单。示曰："为示知事。案查，上年本部办理国货展览会。所有各省区出品，业经组织'物产品评会'，分类审查。兹准该会函送审查得奖清册。前来。计分特等、一等、二等、三等及褒状，共五种。自应分别给奖，藉资鼓励。除各等奖凭应俟填齐，分咨各省区转发收执外，合将得奖名单先行送登《公报》公布，俾便周知。此示。洪宪元年（1916）一月十四日。农商总长周自齐。"

所附的得奖名单包括："特等奖一百七十三名""一等奖五百四十一名""二等奖六百五十八名""三等奖七百五十名""褒状四百十七名"。其中，参展的"西法画"云集在美术陈列室，争奇斗艳，竞争比较激烈。笔者统计，最终获奖的"西法画"，一等奖 6 个、二等奖 9 个、三等奖 10 个、褒状 7 个。包括单位参赛获奖或代表单位参赛获奖的 13 个、以个人身份代表各省参赛获奖的 19 个。

虽然此次展览会的评奖着眼于国货，对于艺术作品也向传统技法倾斜，但显而易见的是，当时官方的主导思想已不再趋于保守，当局对西方美术的接受程度很高。

潘寿恒甫一参展，就获得一个"二等奖"、一个"褒状"，实属脱颖而出。不仅如此，1916 年《农商部示（续第 82 号）》又载：参赛作品"摘缅金鱼 潘寿恒""摘缅照相片架 天津潘问梅"均获得三等奖。[②]"摘缅"应为一种特殊的手工艺技法。[③]而潘寿恒与潘问梅似乎也有关系。

总之，初出茅庐的潘寿恒，在此次国货展览会上表现不俗，可谓一炮打响。这对于潘寿恒此后从事艺术创作，理应打下了基础、树立了信心。

举办此次国货展览会，目的是呼应 1915 年 2 月至 12 月在美国旧金山举办的巴拿

---

① 《政府公报》1916 年 2 月 23 日第 48 号，第 26 页；《政府公报》1916 年 4 月 11 日第 96 号，第 27 页。参见农商部国货展览会物产品评会编辑：《国货展览会报告书》，1915 年，第 156、190 页。

② 《政府公报》1916 年 3 月 29 日第 83 号，第 18 页。参见农商部国货展览会物产品评会编辑：《国货展览会报告书》，1915 年，第 177 页。

③ 缅，本义：微丝。《申报》1909 年 1 月 31 日至 2 月 2 日刊载的淞沪女子美术传习所招生广告中，所学科目的正科包括："摘缅、编物、造花、造果"。

马太平洋万国博览会，并为中国参赛造势。中国参加巴拿马赛会筹备前期，农商部就针对国货陈列馆和国货展览会，借势进行制度体系设计。从 1915 年 6 月起，在北京商品陈列所开始筹办这次规模空前的大型博览会（会场前临彰仪门大街，西沿下斜街，东界京师工艺厂，迤北至四眼井，占地 30 余亩）。会长为农商部顾问雍剑秋，副会长为农商部工商司司长陈介。展览会于 10 月 1 日开幕，展品近 10 万件（机制工业品也占一定比例），为期 20 天，观者达 20 万人次。此举对促进民族工业壮大了声势。详情参见国货展览会物产品评会 1915 年编辑的《国货展览会报告书》。

此次国货展览会的"物产品评会"会长为内务总长朱启钤。第八类（包括美术展品）审查主任为金绍城（即金城，号北楼，时任内务部佥事）。而 23 名评议员中，曾有出洋留学背景者占了相当比例，其中不乏北洋大学堂毕业生。如：汪扬宝，字寰父，江苏吴县人，时年三十二岁，庚子前毕业于北洋大学堂，后毕业于日本帝国农科大学，时任农商部技正。又如：谢恩隆，字孟博，时年二十九岁，广东番禺人，1906 年毕业于北洋大学堂后，派赴美国康奈尔大学留学，农林硕士毕业，时任农商部技正。

总之，潘寿恒在此次国货展览会上的表现，与其在农商部权度制造所任职，可产生必然联系。

4. 同名同姓，难免混淆不清

此后，潘寿恒的行迹并不明确，主要原因是同时代同名同姓的名人远不止他一个。

如上海大东书局 1933 年 6 月出版的《抗日救国诗歌》（王皎我编辑）中，有一首题为《赴敌去》的诗，作者就叫潘寿恒。

又如 1937 年版《民国名人图鉴》第 2 册第 11 卷第 27 页载："潘寿恒，字久芬。中国银行沪行副经理。余姚人，1891 年生。现兼任中国保险公司董事，惠中商业储蓄银行、浙江建业商业储蓄银行监察人，鼎鑫纱厂委员，上海市银行业同业公会常务委员。"

以上履历过于简略。1991 年版《中国银行上海分行史》所载较为具体：

> "潘寿恒，字久芬，浙江余姚人，1890 年生，余姚达善学校毕业。曾在大清银行工作，1912 年 2 月进入中国银行，历任上海分行出纳主任、营业主任，1925 年升任襄理，1928 年又升任副经理。1931 年春，为发展汉口汇兑处业务，赴汉口与该处主管人员会商扩大沪券发行，增做押款、押汇业务，并赴平汉路一带调查，决定开办许昌、漯河、驻马店等办事分处。1931 年 11 月，中国保险公司开

幕，潘任董事。1937年沪战爆发后，上海分行经理贝祖诒升任副总经理，常驻香港，1937年12月，常董会决议派潘寿恒接任上海分行经理，后因潘氏坚辞，改为经理职务仍由贝祖诒兼领，在贝氏离沪期内，所有沪行行务由潘主持，遇有重要事务，随时商请贝经理核示办理。潘遵照总管理处指示，会同副经理程慕灏等继续在上海租界内维持营业。1941年12月8日，日军侵入租界，上海分行为日军所接管。1942年被迫改组，于9月1日'复业'，任潘为'总行业务部经理'。1945年抗战胜利后，潘寿恒与程慕灏应召赴渝。11月，调任闽行代经理。1947年1月，调任总管理处副总稽核兼赴外稽核。1949年新中国成立后，潘寿恒留任总管理处赴外稽核。1954年中国银行在北京召开建国后第一次股东大会，潘被推为私股董事，又任中国保险公司董事。1964年在上海病逝。"[①]

以下可将曾在北洋大学堂任职的潘寿恒称为"桐城人潘寿恒"，以与其他同名同姓者有机地区别开来。那么，民国年间在沪公开从事美术活动的潘寿恒，是否为桐城人潘寿恒？

一是《申报》1931年6月14日刊载介绍上海图画周刊——《甜心》的广告。在《甜心》创刊号目录中，包括"《春献》（潘寿恒作）、《香梦》（潘寿恒作）、《飘泊者墓》（潘寿恒作）、《歌喉破碎了》（潘寿恒作）"等数种。已知其后又相继在《甜心》1931年第5、第6、第10期刊载图画作品。《图画晨报》1935年第166期，还载有署名潘寿恒的摄影作品《并蒂莲》。

二是《申报》1936年1月29日《全国儿童绘画展定期开始征集出品 预计当有五万件以上》载："全国儿童年实施委员会主办之全国儿童绘画展览会，定本年六月六日起在上海举行，筹备会业已组织成立。"该委员会设总务股、征编股、陈列股、评判股、交际股。潘寿恒为陈列股股员。4月30日，《申报》又以《全国儿童绘画展规定出品陈列及审查办法 昨开评判陈列两股联席会议 会场分区陈列每省市为一区》为题，对此进行了连续报道，潘寿恒出席了由全国儿童绘画展览会筹备会组织召开的这次会议。

以上运用排除法，千方百计搜寻桐城人潘寿恒的行踪，但效果并不理想。

5. 是否附逆？迷雾亟待廓清

1946年，上海大同出版公司出版的《海晶》周报开设"汉奸小事"栏目，其中载

---

①　中国银行上海国际金融研究所行史编写组编写：《中国银行上海分行史 1929—1949》，北京：经济科学出版社，1991年，第245页。

有《两个舒适 两个潘寿恒》（署名"产线"）一文。文中披露："潘寿恒，其一系中国银行上海经理，潘久芬为其号，战前与贝淞荪等地位相埒，刘攻芸（福建闽侯人，生于1900年，美国西北大学硕士——引者注）尚在其下。抗战军兴，附逆。又一潘寿恒，为丁逆默邨幕下健将，与平烈士祖仁最友善。胜利后，在汉口税务局局长并盐政局局长任内被捕，现羁押汉口，已判决无期徒刑，将遭终身监禁矣。"平祖仁是抗日烈士。"抗战爆发后，任国民党江苏省第三区行政督察专员、第三战区淞沪军事特派员兼淞沪保安司令，秘密留沪开展工作。1941年4月，被日军逮捕，备受酷刑，坚贞不屈，在狱中犹向同胞宣传抗日。1942年1月8日被杀害。"①

曾在北洋大学堂担任副文案官的潘寿恒，留日回国后从事与绘画艺术相关的工作是不难想见的，难道他真的置民族大义于不顾？竟然觍颜事敌，伤天害理，成为后世唾弃的民族败类？这很值得引起警觉，更应本着对历史负责的态度详加探究。

一是《美术研究》2016年第4期第82页载：1915年毕业于日本东京美术学校的"潘寿恒归国后，记载很少。目前只查到一条记录，在日伪时期，他曾在伪安徽省教育厅任过职务。"查此载的出处为傅华昌撰《日伪统治时期的蚌埠教育》一文，文曰：1942年10月4日，在伪安徽省教育厅的操纵下，伪中日文化协会安徽分会在蚌埠成立，潘寿恒被选为总干事。②

二是抗战胜利前夕，《申报》不止一次提及在武汉肆虐的潘寿恒。1945年2月9日《刘权继任汉盐政局长》载："汉口八日中央社电。［伪］盐政管理总局原任局长李炎汉，因贪赃伏法后，'中枢'兹已受委刘权继任，业已接篆视事。至［伪］武汉总税局一缺，则由［伪］敌产管理处长潘寿恒接充。"《申报》1945年2月28日《武汉敌产五次移管仪式》载："汉口二十六日中央社电。武汉地区第五次敌产移管仪式，二十四日上午十时假汉口日总领事馆举行，'我方'到［伪］敌产移管局长潘寿恒等，日方到中野总领事暨陆海军关系人员，仪式简单隆重。此次所移管之敌产，计有武汉附近及南昌、九江等地以及湖北、江西两省间之文化宗教关系等公共设施，共约一百一十件。"文中提及的"中枢""我方"，均指汪伪傀儡政权。

三是1946年版《汉奸水浒传》载有一篇题为《玉幡竿孟康——潘寿恒》的文章，揭露了这个潘寿恒（文中称潘逆，以下从之，以区别）的不少内幕，如：潘逆"自称是东吴大学法律学院法学士"；潘逆曾通过汉奸周佛海帮忙，"抢到了一个伪立法委

---

① 何兰生编著：《中国抗日将领英烈谱》下册，北京：团结出版社，2014年，第447页。
② 蚌埠市政协编：《蚌埠文史资料选辑 总第二十辑》，1997年，第156—157页。

员”；潘逆又经汉奸丁默邨推荐，"到安徽去当伪省政府委员兼民政厅长，同时又发表他兼任伪省党部的主任委员"；潘逆后因"伪府在南京通过了一个改革伪省府机构的提案，内容是取消民政厅，改为政务厅。潘逆在安徽的寿命因此结束，卷了铺盖，回到南京"；潘逆又被汉奸丁默邨派往武汉，担任伪"湘鄂赣三省财政特派员"，与伪武汉统税局局长兼盐税局局长王振声（震生）沆瀣一气，胡作非为；抗战胜利后，潘逆"想逃回老家合肥""立刻和王逆俯首就擒，相偕入狱。最近报载，他已经湖北高法院判决，处无期徒刑"。①

如此说来，潘逆确是罄竹难书的巨奸，罪有应得。但这篇文章在一些表述上有欠完整，也有失严谨。据伪中华民国维新政府行政院《政府公报》1938 年 10 月 24 日第 25 号《命令》载：潘寿恒被任命为伪中华民国维新政府教育部的科长。又据汪伪《铨叙部三十三年五月份任用审查合格人员清单》载：潘寿恒任"汪伪社会福利部部参事，实授，简任四级。"② 再据汪伪《江西省公报》1944 年第 8 期载，伪江西省省长高冠吾于 1944 年 6 月 1 日签发《江西省政府委任令》："兹调委本府政务厅秘书潘寿恒为本府专员。"另检多种《私立东吴大学法律学院一览》，尚未发现潘逆之名。

根据这篇文章所载，合肥是潘逆的老家。而桐城在安庆迤北，距合肥尚有 100 多公里之遥。但也有记载称潘逆为江苏人。

一是《安徽现代革命史资料长编》载：1939 年秋，汪伪在芜湖上二街组设"中国国民党安徽省执行委员会筹备委员会"，伪委员包括"潘寿恒，江苏人，职业特务，丁默邨系统，兼任伪中央社会部专员"。③

二是据《汪伪安徽省国民党组织序列及职官名录》载：1939 年秋，潘寿恒任伪安徽省党部筹备委员会委员，1940 年 12 月任伪安徽省党部书记长兼委员。④1998 年版《安徽省志（9）·政党志》则载："汪伪省党部主要人员，几乎每年都有更动。民国三十一年改组为常务委员制。常务委员 3 人：霍山人张拱辰、寿县人王震生、江苏人潘国俊。委员为绩溪人胡大刚、六安人林仰溪、合肥人洪一鸣、江苏人潘寿恒、潜山

① 励志出版社编辑：《汉奸水浒传——一百〇八个巨奸的罪恶》下集，上海：大同出版公司，1946 年，第 39—41 页。
② 《国民政府公报》1944 年 7 月 12 日第 665 号，第 19 页。
③ 中共安徽省委党史工作委员会编：《安徽现代革命史资料长编》第 3 卷，合肥：安徽人民出版社，1995 年，第 351 页。参见张大荒：《安徽汪伪的党务活动》，安徽省委政协文史资料研究委员会编：《安徽文史资料选辑》第 10 辑（抗日战争时期史料专辑）下册，1982 年，第 141 页。
④ 安徽省政协文史资料委员会编：《安徽近现代史辞典》，北京：中国文史出版社，1990 年，第 666—667 页。

人王跃庭。内设总务、组织、宣传 3 个科，1 个会计室。"①

那么，曾在安徽及南京、武汉等地充任伪职，上蹿下跳的潘逆，与桐城人潘寿恒到底有无瓜葛？涉及大节、气节的问题既是原则问题，也是严肃的政治问题，实在是不能有任何含糊。

历史，最终是公正的，绝不会冤枉一个好人，也不会遗漏一个坏人。不论是哪个潘寿恒，如果沦为汉奸，助纣为虐，为虎作伥，即便一时湮没在历史尘埃中，但有朝一日必将重新暴露在光天化日之下。朗朗乾坤，激浊扬清，绝不可能逃脱历史的审判、人民的裁决、后人的视线。既然抗战胜利后潘逆已被判处无期徒刑，相信在湖北高等法院判决书等档案中，一定会记载得清清楚楚。对此亟应查实。

（七）陆继周生平小考

检索北洋大学堂庶务官的史料，犹如大海捞针一般。对于陆继周也是如此。有蛛丝马迹表明，其很可能就读于天津辅仁书院。

同治十三年（1874）十月初八日，天津道丁寿昌之父丁世和（号煦亭）去世。从《荣哀录·诔丁煦亭封公文》可知，此文署名者包括"天津辅仁书院肄业晚学生"共计 159 名，陆继周为其中之一。②

1908 年出版的《直隶教育统计表图（丁未全年）》载有《学务公所员司衔名一览表》。其中：直隶学务公所总务课课员陆继周，籍贯为直隶大兴，拣选知县职衔，举人出身，光绪三十一年（1905）三月到差。③但 1909 年出版的《直隶教育统计表图（光绪三十四年报告）》中已不载其名。

《申报》1910 年 1 月 19 日《直督奏奖学务人才（天津）》载：

"直隶学务创办最早。光绪二十八年，先就省城、天津两处设立师范学堂、高等学堂、北洋大学堂、高等农业工业暨专门法政等学堂。旋于各属又设初等、高等各小学堂暨中学堂，并广立劝学、宣讲等所，扩充师范简易科旁及初等、实业、农商、女子小学、半日半夜等学堂。比年以来，蒸蒸日上。共有学校九千二百余处，学生二十一万四千余名。刻经护督崔方伯（即护理直隶总督崔永安）查照学部五年奏奖定章，将办学人员分别请奖名单录下……"

---

① 安徽省地方志编纂委员会编：《安徽省志（9）·政党志》，北京：方志出版社，1998 年，第 833 页。

② 《荣哀录》下卷，第 2—5 页，编印时间不早于光绪元年冬。国家图书馆分馆编：《中华历史人物别传集》第 55 册，北京：线装书局，2003 年影印版，第 197—199 页。

③ 直隶学务公所总务课编辑：《直隶教育统计表图》，光绪三十四年（1908）三月，北洋官报总局印刷。

此次奖叙办学有功者，共计十员。其中，陆继周时为直隶学务公所总务科科员，职衔为"拣选知县"，经奏准，"照寻常给奖"，以知县尽先选用。

直隶省学务公所前身为学务处。1906 年，学务改章，裁撤学政，新设提学使司，学务处改为学务公所，学务公所与提学使署合署办公。学务公所下设的部门原称"课"，后改"科"。

据以上所载判断，大约 1908 年，陆继周已赴任北洋大学堂汉文文案兼国文教员席。其是否一度仍在学务公所兼职，尚不明确。

民初，陆继周应以担任教员为主，1913 年离职，惜于 1915 年病故。《大公报》1915 年 11 月 28 日《请恤教员》载："北洋大学校教员陆继周，任职数年，勤劳夙著。昨日，因病逝世。该校同人莫不惋惜，当用学校名义禀请巡按使，给予恤金，以示优恤。"据此可见，北洋大学师生曾对陆继周的去世予以悼念。

（八）金泰生平小考

民国年间，金泰已是见诸史载的名人。以下征引目力所及的六种文献记载：

一是 1920 年版《最近官绅履历汇录》载："金泰，字鲁詹，年三十六岁，直隶天津人。北洋大学堂毕业，美国哈佛大学法政学士，前清举人。农工商部主事，北洋大学堂英文文案，内阁法制院科员。民国成立，任政事堂法制局参事。"[①]

二是 1925 年版《国立北洋大学卅周年纪念册·毕业同学录（本校派送留学外国学生）》载：金泰，字鲁瞻，年岁为"四十"，籍贯为河北天津，光绪三十二年（1906）由北洋大学堂派送美国留学。

三是 1931 年版《天津县新志·卷二十之二（荐绅三）》载："金泰，字鲁瞻，出身毕业举人，历官农工商部主事。"

四是 1931 年版《当代中国名人录》载："金泰，字鲁詹，年四十七岁，河北天津人，美国哈佛大学法学士。历任农工商部主事、北洋大学堂英文文案、内阁法制局科员、政事堂法制局参事、国民政府卫生部科长。"[②]

五是 1936 年版《国立北洋工学院校友及毕业同学录（民国二十四年度）·本校派送外国留学生（前清光绪三十二年）》载：金泰，字鲁瞻，籍贯为河北天津，光绪三十二年（1906）由北洋大学堂派送美国留学，1935 年前后的服务处所为南京卫生部。

---

① 北京敷文社编：《最近官绅履历汇录》（第 1 集），北京：北京敷文社，1920 年，第 72 页。
② 樊荫南编纂：《当代中国名人录》，上海：良友图书印刷公司，1931 年，第 152 页。

六是 2001 年版《民国人物别名索引》载："金泰（1885—？），字鲁詹，直隶天津人。"①

根据以上所载判断，金泰生年，有 1885 年和 1886 年两说。而其字号又有"鲁詹""鲁瞻"两种记载。以上所载仅反映出金泰生平概貌，仍有很大考证空间。

1. 留美毕业赏给举人，通过廷试钦点主事

金泰留美三年，1909 年毕业回国后，如愿在母校找到了一份差事。金泰在北洋大学堂任文案官期间，也没拾闲，1910 年参加游学毕业生考试，赏给出身，1911 年又参加廷试，因成绩优异而被授予农商部主事。

一是宣统二年（1910）九月初二日，《阿穆尔灵圭等为请分别给予游学毕业生等第及出身事奏折》载："本月初一日，臣等奉命派赴内阁验看人员，先期经学部将应行验看之游学毕业生四百四十九名履历移送内阁。在案。原咨内称：本年考试游学毕业生，计取列最优等六十二名、优等七十六名、中等三百二十二名……各生自应遵照定章，咨送内阁验看，分别奏请给予进士、举人出身。等语。嗣由学部于初一日将吴乃琛等四百四十九名带领到阁，臣等公同验看……拟援照历届考试游学毕业成案，仰恳天恩，明降谕旨，分别给予出身，以示鼓励。"所附《清单》载："金泰，年二十七岁，直隶人，游学美国毕业。""习法政科，本届考试列优等，拟请旨赏给法政科举人。"②据此推算，金泰 1910 年应为 26 周岁，即生于 1884 年。

此次奏请，遂获准奏。另据《大公报》1910 年 9 月 21 日《游学毕业生等第分数单》载：金泰考列优等的具体分数为"七十三分"。

二是宣统三年（1911）五月初九日，《唐景崇等为请照章录用廷试游学毕业生事奏折》载："本届廷试各生，业经钦定等第。上月二十九日，臣部奏请钦定引见日期，奉谕旨：'此次廷试游学毕业生，着于五月初九日起，分三日带领引见。钦此。'兹由臣部谨将该生江古怀等四百四十四名，分作三日带领引见。自应查照定章，拟具该生等应得奖励，分别开列清单，恭呈御览。除另缮简明排单，分日带领引见外，合无仰恳天恩，于引见完竣后，明降谕旨，照章分别录用，以资鼓励……"所附《清单》载："金泰，年二十八岁，直隶人，法政科举人。""廷试一等，前经学部考验，列优等，均拟请旨以主事按照所学科目分部补用。"③此记载也表明，金泰 1911 年应为 27 周岁，

① 蔡鸿源主编：《民国人物别名索引》，长春：吉林人民出版社，2001 年，第 355 页。
② 《宣统二年归国留学生史料》，中国第一历史档案馆编：《历史档案》1997 年第 2 期，第 56—58 页。
③ 《宣统二年归国留学生史料续编》，《历史档案》1997 年第 4 期，第 52—54 页。

也即生于 1884 年。

《大公报》1911 年 5 月 17 日《廷试游学生等第单》开列"廷试一等一百七十四名"名单，其中，金泰名列第 145 名。

《申报》1911 年 6 月 29 日《廷试游学生分部分省掣签名单》载：签分"农工商部主事"者共有七员，包括金泰。不过，此职虽为实授，却非实职，金泰属于农工商部额外司员，也称候补主事、学习主事。

2. 清末调任法制院，民初盘桓法制局

《大公报》1911 年 10 月 16 日《法制院留用、调用人员清单》载：调用人员共计17 名，包括"农工商部候补主事金泰"。可见，金泰到职后不久，即调任法制院，属于被重用。

宣统三年（1911）五月，宪政编查馆被裁撤，归并新设的法制院。法制院为责任内阁直属机构，其职掌包括："法律、命令案之撰拟；法律、命令之增删改废；各部所拟法律、命令案之审查复核；现行法律、命令之解释；各项法规之编纂整理及其他关于法制之统一事项"。法制院置院使、副使各一人，参议四人，参事、佥事、录事若干人。

当时，法制院"调人限制亦严，必须稍有法学知识者，始可调用"。金泰研习的是法政科，符合调用资格。总之，能有机会到中央最高法律制定部门工作，专业太对口了，眼界也开阔多了。

不过，金泰的人事关系应该还在农工商部。1911 年冬编《职官录（宣统三年冬季）》（清政府内阁印铸局发行）载：金泰（直隶天津县人，举人）仍为农工商部"额外司员"中的主事。1912 年春编《职官录（宣统四年春季）》所载亦然。

国内名牌大学毕业加上留洋毕业的经历，使金泰的优势很快就显现出来。中华民国成立之初，金泰仕途较为顺利。《申报》1912 年 7 月 28 日《命令》载："任命胡初泰、汪有龄、余荣昌、汪义芝、朱献文、高种、潘昌煦、金泰为参事，吴明吾为秘书，梁鸿志、刘健为佥事。"

金泰一干就是五年之久。1917 年，金泰有过一次充任湖北省实业厅厅长的机会。《申报》1917 年 9 月 21 日《教、实两厅长之赴任消息》载："湖北王督军（即王占元）日昨致电大总统，略云：新任实业厅长高松如，迭次来电辞职。兹查有法制局参事金泰、农商部佥事魏宗莲，均系学有专长，堪胜实业厅长之任……不知政府能否允其所请也。"

最终结果是魏宗莲如愿以偿，而金泰"到嘴的鸭子飞了"。不过，这个机会稍纵即逝，也谈不上有多可惜。当时的利益博弈已趋于白热化，报章连篇累牍地分析这个职务的前途和走向。一时间，湖北实业厅厅长成了烫手山芋，倍受社会关注。

此后，金泰在法制局参事这个岗位上又盘桓了大约十年之久。1926 年 8 月 17 日《大总统令》载，金泰再次被任命为法制局参事。

3. 投奔卫生界老同学，追随刘瑞恒十余年

北伐战争胜利之际，金泰改弦易辙，投奔老同学、卫生界大佬刘瑞恒（1890—1961）。金泰在刘瑞恒手下任职的时间不少于 10 年，可谓忠心耿耿。

刘瑞恒生于天津，也是北洋大学堂毕业生，1906 年与金泰一同赴美留学。这个交情如果自觉不自觉地体现到工作层面，也是在所难免。

《大公报》1930 年 4 月 2 日载，行政院于 4 月 1 日召开第六十三次会议，"卫生部呈请任命王旭为秘书，施藻翔、金泰为科长，杨崇瑞为技正。决照转呈政府任命"。

1932 年，卫生部改组为卫生署，隶属内政部，原卫生部部长刘瑞恒仍任署长。1934 年 4 月，南京国民政府公布《内政部卫生署组织法》，内政部卫生署"依据《组织法》规定做了人事安排：以金泰为总务科科长，金系留美经济学博士"。同时，在南京成立中央卫生设施实验处（与卫生署合署办公），刘瑞恒兼任处长，金泰兼任总务室主任。

以上引自傅惠、邓宗禹所撰的回忆性文章《旧卫生部组织的变迁》。此文开篇即称："笔者侧身旧卫生界工作长达 22 年，亲身参与及耳闻目见之事较多。"[1] 故此载较为可信。不过，金泰是何时留美且考取经济学博士的呢？相关史料有待挖掘。

《大公报》1936 年 8 月 7 日《刘瑞恒案，法院开调查庭，传讯证人核算账目，谕刘下次务必到庭》载："刘瑞恒被控侵占公款案，首都地院定十一日第二次公审。关于卫生署部分，特于六日先开调查庭调查，由审判长高维浚升庭审讯。刘之辩护律师狄侃出庭执行职务。当由审判长一一传讯证人：卫生署总务司科长金泰、科员郑洪及卫生署职员宿舍之房主陈裕华。据金泰供称：本京'秫陵路三一四号'，系卫生署宿舍，刘署长夫妻现住该处。而刘之妻弟王某，亦住在该处。有时卫生署之外籍顾问到京时，亦住该处。房屋系由卫生署租赁而来，因其供卫生署宿舍之用也。"据此可知，金泰属于刘瑞恒身边的工作人员，由于关系很近，金泰对刘瑞恒的底细知道得不少。

---

① 北京市政协文史资料研究委员会编：《文史资料选编》第 37 辑，北京：北京出版社，1989 年，第 253、262 页。

抗战全面爆发后，南京国民政府于 1937 年 8 月成立卫生勤务部，整合行政院卫生署、军政部军医署资源，加强战时救护工作。刘瑞恒继任部长。转年初，卫生勤务部撤销，回归旧制，刘瑞恒辞职。

南京国民政府秘书处处长白由道撰文《我所知道的刘瑞恒》回忆：

> "1938 年，由于卫生勤务部撤销了，行政院卫生署降为内政部卫生署。刘已无特任官可做。于是，宋子文特为他在香港投资开设了一个协和药品公司，刘任总经理，聘任曾任卫生部技正的孟某为制药厂长。在药业方面，也安置了刘的美国同学、曾随他办总务多年的金泰。这个药厂的产品曾由卫生署的战时医疗药品经理委员会帮忙大批购进。其自营内销方面，分别在昆明、贵阳、重庆等地设立了办事处，承担售销工作。"①

全面抗战爆发后，中国政府对于战时卫生事业积极推进，药物、医疗器械等制造业基础薄弱的局面有所改善。1940 年版《抗战三周年》一书中，对于协和药品公司有所涉及，即：

> "药品、器材，为办理各种卫生工作必不可缺者。卫生工作愈形推展，则其需要量亦日益增大。尤其战时向国外采购药材不易，还应以自给自足为目标，积极扩充制造，以供应用。现时，国内制造生物学制品之机关，有中央防疫处及西北防疫处。其量足供全国之需要，品质亦佳。对于麻醉药品之储贮及提制，则有麻醉药品经理处供给各地之需要，亦尚未感缺乏。关于治疗器械等之制造，则有卫生用具修造厂，惟规模尚属不宏，未能大量出品，但关于一般医疗药品之制造，大规模之中央制药厂，尚在计划筹设中。除福建、贵州、广西三省设有制造厂，其出品差足自用外，其余各省尚无制药机关。此外，中央设立战时医疗药品经理委员会，并由政府倡导，拨发专款，集合商股，创办协和药品公司，筹运国内外医疗上必需之药品，接济各地方医疗卫生机关及药房等，以期平抑市价。已设有中央药物研究所，从事各种药品之研究，为便利药学教育之联系，该所已改归教育部。"②

据以上所载可知，金泰追随刘瑞恒有年，刘瑞恒担任全国卫生行政主官期间，金

---

① 全国政协文史资料委员会编：《文史资料存稿选编（23）·文化》，北京：中国文史出版社，2002 年，第 797 页。

② 金宝善：《抗战期中之卫生事业·药品、器材之储制》，国民出版社编：《抗战三周年》，金华：国民出版社，1940 年，第 95 页。

泰堪称大管家。抗战之初，金泰转战大后方，后改为经营药品，支持抗战。

（九）宫守鸿生平小考

1911年起，宫守鸿担任北洋大学堂英文文案官。民国初年，宫守鸿改任天津南开中学英文教员。宫守鸿热心慈善，《大公报》曾多次报道其慷慨解囊助困助赈的善举，时间跨度达20年。

《大公报》1912年1月3日《绅商助款》载："自邑绅曾君栋臣、华君仲临、王君槐荪等，发起组织济贫会以来，绅商各界解囊资助者，异常踊跃。兹将捐款诸君姓名录下，计开：杨君鉴堂，捐洋一元；万君紫春，一元；李君少荣，五角；敦庆隆，二元；宋君则久，一元；王君少三，一元；魏君莲舫，一元；裕厚堂，一元；宫君季宾，十五元；吴君季侨，三角；明文堂刻字铺，捐助戳子一个；吴君桂伍，捐助收条一百五十张。"文中提及的善士"宫君季宾"，即指宫守鸿（字季宾）。

《大公报》1912年10月6日《义赈纪事》载："日昨，官绅救急义赈局收到北洋大学校职教员捐助义赈一百二十八元。兹将姓氏录下：王劭廉捐洋五十元、徐德源五十元、钱俊五元、吴大业三元、赵天麟五元、张玉昆五元、张桐云二元、孙大鹏三元、徐承志二元、宫守鸿三元。"可见，民初，宫守鸿是北洋大学的主要职员之一。

1914年，北洋大学校改组，宫守鸿离职他就。《北洋大学校周年概况报告（1915年）》载："洋文文案宫守鸿退职，以王龙光学监兼办洋文文案。"[1]那么，宫守鸿去哪里高就了呢？原来他被聘为天津南开学校英文教员。

天津南开学校1915年版《同学录》载：宫守鸿为南开中学教员之一，字季宾，时年"三十九"岁，籍贯为山东登州。[2]据此推断，宫守鸿约生于1877年。

1916年9月4日出版的天津南开中学校刊《校风》第三十六期《校闻·分掌校务》载："本学期校中事务，除职员中负有专责外，余均取职教员共同参预法。兹记诸位先生所掌之事务如下：……青年会股员林学炫、赵有公、宫季宾、洛德伟四先生。"这则消息应出自周恩来之手。[3]周恩来时为南开学校"三年二组"学生，后于1917年6月份毕业。[4]宫守鸿应为周恩来的老师之一。

---

① 原载1915年4月出版的《教育公报》第11册《报告》，第1—2页。
② 《天津南开中学志》编修委员会编：《天津南开中学志》，天津：天津教育出版社，2014年，第141页。
③ 中共中央文献研究室、南开大学编：《周恩来早期文集》上册（1912.10—1924.6），北京：中央文献出版社，天津：南开大学出版社，1998年，第193—194页。
④ 参见周恩来撰：《天津南开学校第十次第二组毕业同学录·序二》（1917年6月）。转引自《天津南开中学志》编修委员会编：《天津南开中学志》，天津：天津教育出版社，2014年，第269页。

1919 年出版的《中华基督教会年鉴》第五期（1918 年）第 198 页、1920 年出版的《中华基督教会年鉴》第六期（1919 年）第 318 页均载：宫守鸿为"中国信道教员"。所谓"信道"应指"基督教信道会"。当时，天津南开学校共有 15 名信道教员，包括张伯苓。

检 1922 年秋季版《南开同学录》所载的职教员名录发现，在《退职员司》中开列"宫守鸿（季宾）"。据此可知，宫守鸿当时已从天津南开学校辞去教职，另谋新职。

已知宫守鸿此后曾在京奉铁路、北宁铁路任职。《北宁铁路职员录·驻沈办事处》（编印时间不晚于 1930 年）载：宫守鸿为北宁铁路管理局驻沈阳办事处第二课调查股课员；别号为"季宾"；年龄为"五十二岁"；籍贯为"蓬莱"；出身为"天津水师学堂"；经历为"历充英文教员、秘书、四洮、洮昂、京奉、奉海各会议英文秘书、办事委员、清算所副所长"；委任年月为"民国十七年十月"；住址为"北平东单洋溢胡同八号"。这个记载传递出不少有价值的信息：

一是北宁铁路管理局驻沈阳办事处成立于 1929 年。北宁铁路原称京奉铁路，1928 年改称平奉铁路，1929 年改称北宁铁路。《河北省志·铁道志》载：1930 年，北宁铁路管理局设"驻沈办事处"。[1] 此载并不尽然。《申报》1929 年 10 月 3 日起连载《铁道部直辖北宁铁路管理局通告》："启者，本路前因路线中阻，曾在沈阳另设北宁铁路管理局，管理朱各庄至沈阳路务，现在全线统一，呈准铁道部，将沈局取消，改设驻沈办事处，自十八年十月一日起实行，特此通告。"可见，该办事处已于 1929 年 10 月 1 日成立。

二是富保衡兼任该办事处处长（别号公权，吉林永吉人）。查《申报》1929 年 11 月 27 日载："（南京）铁部派北宁路局副局长富保衡兼领该局驻沈办事处处长（二十六日）。"但不久之后才公布正式任命。《益世报》1929 年 12 月 10 日载："北宁路增设副局长，铁道部令派富保衡充任，兼领该局驻沈办事处长。"文中特别说明此举的目的，即："铁道部以北宁路路线绵长、事务繁多，为办事便利起见，特增设副局长一员，驻沈办事。"同日，《申报》又以《北宁路之新副局长（天津）》为题刊载消息："东北保荐富保衡为北宁路副局长。兼驻沈办事处长。业经铁道部照准（九日专电）。"

三是该办事处成立之初的领导架构。除富保衡兼任处长（时年三十七岁）之外，副处长为谭耀宗（别号子筹，广东台山人，时年四十一岁），代理副处长为胡纯赞

---

① 河北省地方志编纂委员会编：《河北省志（第 40 卷）·铁道志》，北京：中国铁道出版社，1997 年，第 252 页。

（别号训忱，辽宁北镇人，时年三十二岁）。该处下设三课（第一课、第二课、第三课）。查胡纯赞曾就读于天津南开学校（与周恩来是同学，1916 年周恩来任敬业乐群会会长，胡纯赞任交际部干事），是宫守鸿的学生。胡纯赞 1925 年已开始在京奉铁路任职。据此判断，宫守鸿到京奉铁路任职，与胡纯赞的举荐不无关系。

四是"四洮、洮昂、京奉、奉海各会议"，即北洋政府交通部关于东北各铁路联运问题的专题会议。当时设有"交通部铁路联运事务处"。《京奉、四洮、洮昂铁路联运会议议事录（中华民国十六年十二月十七日至三十一日在北京开会）》载宫守鸿为会场秘书。据此判断，1927 年，宫守鸿已任职于铁路，很可能在京奉铁路管理局任职。1928 年 12 月编印的《京奉、四洮、洮昂、齐克铁路客运联运规章》载，宫守鸿为清算所代表之一。

五是宫守鸿早年就读于"天津水师学堂"（即北洋水师学堂）。这是研究其早年经历的一个重要线索。

已知宫守鸿还曾两次捐赠善款。一是《大公报》1931 年 8 月 31 日《本社收到水灾赈款报告（八月三十日）》载："宫守鸿，四元"。二是《大公报》1935 年 11 月 2 日《天津救济水灾联合会征信录（廿六）》载："宫季宾五元、宫太太一元、宫恒爱一元、宫恒遵一元、宫恒信一元、宫恒实一元（以上由纪薪传先生经募）。"宫守鸿携全家捐款，可见其家风淳良。

因宫守鸿已迁居北京，故委托纪薪传代为捐款。纪薪传是直隶玉田人，1912 年加入基督教，原属卫理公会，毕业于北京汇文大学神科，后为美以美会成员，天津西门内教会牧师，也曾是教育界人士。

二、北洋大学堂会计官考

1904 年 1 月 13 日《奏定大学堂章程·教员管理员章（第五）》载：会计官"专司银钱出入事务，禀承于庶务提调。"[①]

1904 年制定的《天津大学堂新订各规则》包括《支应处规则》，共 8 条：

> 支应处规则：

> ——每期应领经费，由总办派员赴领，银据交呈总办收存，随时批发。

---

① 《奏定大学堂章程（附〈通儒院章程〉）》，王杰、祝士明著：《学府典章·中国近代高等教育初创之研究》，天津：天津大学出版社，2010 年，第 245—246 页。

　　——账目应立正副二册，一月一结，每月送册，不得过十日后（副册存支应处，正册呈缴总办）。

　　——正册送总办、监督查阅核对，监督有随时稽核之权。

　　——每季及年终造具报销总册，须候监督稽核无误，呈请总办禀报。

　　——常年经费分额支、活支二项：额支之款，立决算表，按时照支；活支之款，由总办核准批发。

　　——杂务处如有特别采买，所有账目仍由支应处银款核发。

　　——教习、办事员薪水，初一支发，杂役人等工食月尽发给，均不得预领挪借。

　　——副支应处襄助管理银钱出入账目，所有义务与支应委员同。①

　　可见，会计官也被称为支应官。清末还有收支官、收支委员、收支员、支应委员、支应员及会计委员等称谓。

　　1925 年版《国立北洋大学卅周年纪念册》开列收支及会计官、会计员 6 位，即：

　　1. 头等学堂收支庄受荣，籍贯、就职年月、离校年月均未载明，但注明根据《北洋大学堂光绪二十三年题名录》列入。

　　2. 二等学堂收支项绳祖（前文已述及）。

　　3. 正会计官张文涛（前文已提及）。

　　4. 副会计官汪福熙，籍贯为安徽歙县，就职年月为光绪二十九年十一月。汪福熙后任北洋大学堂文案官，就职年月为宣统二年七月，离校年月未载明。

　　5. 正会计官徐德林，籍贯为江西丰城，就职年月为光绪三十二年正月，离校年月未载明。

　　6. 会计员徐承志，籍贯为江西丰城，就职年月为民国元年三月，离校年月为民国七年十一月。

（一）汪福熙生平小考

　　汪福熙从光绪二十九年十一月（1903 年 12 月 7 日—1904 年 1 月 16 日）开始，任北洋大学堂副会计官，1910 年任文案官（说不好是否为兼职），民初在山东巡按使公署任主稿。

　　汪氏家族为徽州望族，人才辈出。汪福熙的主要成就在书法艺术上。其简介倒是

---

　　① 《专件：天津大学堂新订各守则（四续）》，《北洋官报》1905 年第 618 期，第 1—2 页。参见《北洋大学——天津大学校史资料选编》第 1 册，天津：天津大学出版社，1991 年，第 27 页。

不难检索得到，不仅见诸多种书画类辞典，而且百度百科网页也介绍其生平（还附有与其子汪采白的合影一帧）。检索书画拍卖网站可知，其书法作品在书画收藏市场上有些行情，尤以晚年作品愈发老到（其八十岁之后仍临池不辍）。

关于汪福熙在北洋大学堂这段经历，在今人著述中却莫衷一是。

一是有记载其曾任"北洋大学文案"。如2010年版《郑村志》载："汪福熙（1860—1943）。原名行本，字吉修，号芙屋，宗沂长子。郡庠廪膳生，曾在北洋大学文案工作……他能诗工书，尤善隶法，在天津偶得《泰山铭残本》，是唐李隆基的隶书拓碑，极为珍贵。他奉为珍宝，经常临摹研习。"①

汪福熙原名应为"复本"。光绪十一年（1885）版《续修庐州府志》载，"附生汪复本"为总校之一。汪福熙书法作品钤印，又有"吉修亦字芙屋"，可知"芙屋"为其字。至于其号"芙蓉屋主"之说，尚未发现文献依据。

二是有记载其曾"任职北洋大学"。如2011年版《中国书法家大辞典》载："汪福熙（1860—1943），字吉修。安徽歙县人，出身徽州世代书香人家。郡庠生。知名书法家。为新安画派一大家。曾任职于北洋大学。学识渊博，善书法，四体皆佳，尤其以隶书见长，古劲苍茂，朴拙质厚。"②2012年版《民国书法篆刻人物辞典》亦采此说，即："汪福熙（1861—1943），安徽歙县人，字吉修。曾任职北洋大学。工诗文。翁同龢称之'为命世才'，世称'暌庐先生'。善书法，书能四体，尤以魏、隶、行见长。"③

三是有记载其曾"任教于北洋大学"。如2002年版《黄叶村画选》载："1941年，芜湖芜关中学内迁歙县西溪南，校长汪崧祝聘请黄叶村为该校历史和图画教员。汪崧祝祖父汪宗沂是国学大师，黄宾虹曾两度投师门下。兄长汪采白，三十年代是与黄宾虹齐名的山水画家。父亲汪福熙早年任教于北洋大学，精通书法，四体皆能。"④

四是有记载其曾任"北洋大学副校长"。如2016年版《黄宾虹谈艺书信集（编年注疏）》收录《与汪福熙（1898）》函件全文，编注者注疏："受信人是黄宾虹老师、汪宗沂长子汪福熙（1860—1943）。他字吉修，长黄宾虹四岁，曾任北洋大学副校长，工书法。画家汪采白是其子。"⑤

①　歙县郑村志编委会：《郑村志》，2010年，第234页。
②　马辉、于立文编著：《中国书法家大辞典》第3卷，哈尔滨：黑龙江美术出版社，2011年，第1139页。
③　沈传凤、舒华编撰：《民国书法篆刻人物辞典》，上海：上海书画出版社，2012年，第170页。
④　黄叶村绘、汪友农编：《黄叶村画选》，合肥：安徽美术出版社，2002年，第88页。
⑤　黄宾虹原著，王中秀编注：《编年注疏——黄宾虹谈艺书信集》，北京：人民美术出版社，2016年，第5页。

经梳理散见史料，可对汪福熙生平的几处细节予以考实。

图 5　汪福熙晚年与其子汪采白的合影照

1. 汪氏家族，诗书继世

2015 年版《王茂荫年谱》载："咸丰十一年六月初二，王茂荫二女儿卒，葬休宁县东瑶原。二女婿汪宗沂时年二十五岁。王茂荫外孙汪福熙出生仅六个多月。"王茂荫（1798—1865），安徽歙县杞梓里人，进士出身，历官户部右侍郎。马克思在《资本论》中提到过他。

《王茂荫年谱》编著者附加按语：

"王茂荫二女儿于咸丰十年十二月十三日（1861 年 1 月 23 日）生一子，名福熙（1860—1943），原名复本，字吉修，为汪宗沂长子，汪福熙卒于民国三十二年癸未（1943）。见鲍义来《汪世清谈徽州文化》之《谈西溪人文》。又据光绪丙子科（1876）《汪宗沂江南乡试朱卷·履历》载：汪宗沂'子三：长复本，业儒；次律本（1867—1931），幼读；三行本，幼；女三。'据《西溪村文化志》载：汪宗沂四子为汪征本（1882—1959），出继给胞叔恩沅为后。"[1]

此按语把汪福熙家族基本情况已介绍得比较清楚了。不过，其中有一个问题也不容忽视，既然汪福熙生于 1861 年 1 月 23 日，那么，又载其生卒年为"1860—1943"，显系自相矛盾。

汪福熙之父汪宗沂（1837—1906），字仲伊、咏村，号韬庐，光绪六年考中进士。汪采白（1887—1940）继承其父汪福熙衣钵，被誉为"新安画派三雄"之一。《汪采

①　王经一编著：《王茂荫年谱》，合肥：安徽人民出版社，2015 年，第 238 页。

白生平》载："父亲汪福熙所在汪家是徽州的大姓，至老不衰。母亲章氏是翰林章洪钧之女，亦娴文里。"①

汪福熙之妻章氏，即章恒益，又名圭，安徽绩溪人。

2. 任职"北洋"，约计十年

1998 年版《黄宾虹论》载："清光绪二年（1876），黄宾虹 13 岁，按科举制度规定，回原籍歙县应童子试（县试），考中，名列前茅。次年，再赴歙县应院试（府试），与西溪汪吉修（汪采白之父）同列高等。"②此载涉及黄宾虹与汪福熙同考生员（即秀才）的时间，仍有可考空间。

黄宾虹回忆："余诞生于同治三年甲子冬，实乙丑正月朔，距立春尚先十余日，应增一岁计划也。"可见其生于 1865 年 1 月 27 日。其在《洪孺夫人行状略述》中，对院试有所回忆，即："余年十四，奉父母命，偕胞弟仲赓、族侄石珊崇保，由金华寓居，返歙籍，应院考试。督学孙公莱山毓玟，取余文与西溪汪吉修君列高等。"③笔者判断，黄宾虹、汪福熙考中秀才之年，也不能排除是 1878 年。

洪愿撰《一段有关北洋大学的体育史料——兼及徽州汪福熙家族的体育背景》一文，披露了一件汪福熙记述北洋大学堂体育运动会的信函："在安徽合肥九千卷堂藏徽州名人信札中，读到一通汪福熙写给儿子汪采白的信，其中，详尽地描写了 1902 年在天津北洋大学堂举行的全津学校联合运动会的情形。""1902 年的这次运动会的详细情形，却无从知道，而汪福熙的这一长信可以弥补其不足。"但此文又称："汪福熙于 1903 年所写的这通北洋大学堂举办的天津大学生联赛，正是汪采白在崇一学堂就学之时。"那么，这封信到底写于 1902 年还是 1903 年呢？

《一段有关北洋大学的体育史料——兼及徽州汪福熙家族的体育背景》一文，不仅摘录了此函原文，而且进行解读。现将此函原文转录于下（再句读，并重分段落），以便查考。即：

> 此间体操，例如夏初赛操一次，各学堂学生皆来。中国官员（海关道袁二公子、幕府诸公、本堂总办）暨各洋教习齐集，来观览、帮忙之洋人亦不少。
>
> 操场中搭一棚，如学台之阅武考一般，操胜者有赏。其同学皆拍掌为荣。头等方银牌，二等圆银牌，上刻"天津大学堂赏牌"字样。其法不一：

---

① 卞利主编：《徽州文化史·近代卷》，合肥：安徽人民出版社，2015 年，第 297 页。
② 王永敬、李健锋著：《古典与现代——黄宾虹论》，合肥：安徽美术出版社，1998 年，第 2 页。
③ 上海书画出版社、浙江省博物馆编：《黄宾虹文集·杂著编》，上海：上海书画出版社，1999 年，第 526 页。

或跳高（由三尺起至四尺止）。两边竖木杆，横搭一竹竿，连次跳过而竹竿不甚落者为第一。此技他学堂得，他同学拍手。若屡跳而落竹竿者不取。

又，跑圈（其圈有上十丈对方）。分一圈、圈半、三圈。凡数人同跑，而能独跑在前者为第一，稍后者第二，余不取。此技三次皆本堂得，本堂各生皆拍手。

又，平跳竹竿。其式同前，惟不过一半之低，隔一丈一个，共十余个，以能在前跳完者为第一。此技只有一人，为本堂得。

抛铁球。球有二十多斤之谱，以抛出二丈以外者为第一，若在二丈左右，而他人皆不能及，亦可第一。此技本堂得。

又，拾芋头。其法一排数个，隔六七尺一排，约五排，另头一排放蒲包数个。将第一排之芋头跑去拾起，即跑回，放于蒲包内。复跑至二排拾回，亦然。又跑至三排、四排、五排，皆系如此。以先拾完者为第一。如五人同拾，即放五个蒲包，不能紊乱。此技他学堂得。

又，考算学。一题数纸，布置者在东边坐地等候，有数人从西一齐将算题跑过交来，倾刻之间，即已算就，复由原人跑回交卷，先完者为第一，稍次者第二，余不取，此技二人皆本堂得。

又，三条腿跑。其法二人手攀肩头，底下两足相并处，用布捆扎，跑时如三只足一样，以先跑到为第一。此技乃二小学生，其大者竟跑不上，可笑之至。此技他堂得。

又，大粗麻绳一支，约五丈长，每边配定人数拉之，以拉胜者为强。此技无赏，以人多不便赏也。

赏牌之外，有凿花大银杯一只，红木托，以学堂得多数者得之，设于公处，为人观览。明年会操时，倘他学堂得多数，可以抢去，下次又可为他学堂抢去，颇足动人好胜之心。

西人于此事最兴高采烈，我等看者甚属吃力，彼等竟乐此不疲焉。以此见各国事无大小，皆有争竞之心，而优者胜，劣者败，遂为不易之至理。倘中国而能人人有此心，则兹事虽小，即可见大，亦何忧不能优强哉？[1]

汪福熙饶有兴致地记述了一次在北洋大学堂举办的天津学堂运动会。此次运动会的举办时间不可能是 1902 年。这是因为，1903 年 4 月份，北洋大学堂才在西沽复校

---

[1]　转引自洪愿：《一段有关北洋大学的体育史料——兼及徽州汪福熙家族的体育背景》，《体育成人教育学刊》2013 年第 29 卷第 1 期，第 28—30 页。

开学。有记载表明："1903 年，北洋大学堂与新学书院举办两校运动会，竞争激烈、精彩纷呈。"1903 年，还举办过"天津中等以上学堂联合运动会"。[①]

《申报》1905 年 5 月 20、27—28 日《〈京报〉汇录（二月八日）》载《直督袁为续查派赴各省暨外洋各埠劝办顺直善后赈捐出力稍次人员按照寻常劳绩酌拟奖叙开单折》载："禀贡生汪福熙，请以训导选用。"汪福熙为"派赴外洋各埠劝捐请奖寻常二百六十九员"之一。关于此次奖叙的来龙去脉，直督袁世凯在奏折中说得很清楚：

太子少保北洋大臣直隶总督臣袁世凯跪奏，为续查派赴各省暨外洋各埠劝办顺直善后赈捐出力稍次人员，按照寻常劳绩，酌拟奖叙，开单具陈恭折，仰祈圣鉴事。

窃查顺直地方，自光绪二十六年'拳匪肇乱'，惨罹兵祸，一切善后抚恤，需款浩繁。经前督臣李鸿章奏，奉谕旨：援照'秦晋成案'，开办善后实官赈捐。一面遴派道府大员，前赴各省暨外洋各埠设局劝办，并经奏明立案。凡劝集实银至六千两，准给内奖；劝集实银至三万以上，准予列入异常劳绩给奖，以示鼓励。等因。于二十七年六月二十六日，奉朱批："着照所请。该部知道。钦此。"

查自是年二月开办，截至七月二十九日奉旨停捐实官。经总局分别电致外洋各局，遵限一律停止。

所有奉天、山东、直隶三省劝捐出力应奖异常、寻常各员，先经前护抚臣周馥开单奏奖。其余各省暨外洋各埠捐局出力按照异常劳绩请奖各员，续经臣两次开单奏奖，均经陈明，出力稍次按照寻常劳绩给奖各员，应俟汇案另办。

兹据顺直善后赈捐总局详，此次顺直开办善后捐输统计：实官捐收银一千二百四十五万九千余两；赈捐贡监等项收银三百二十一万四千余两；代收部捐银六十五万五千余两；报效银六十四万余两。又，声复驳案核准收银五十八万五千余两。又，赈捐加成，应取银七十万三千余两。总共收银一千八百二十五万余两。除三次奏奖异常二百七十二员、寻常三十一员，应销除银八百三十七万六千两，仍余银九百八十六万四千两。

据各局开送出力稍次人员按照寻常劳绩请奖，核计银数，仅合五百五十余万两，声明余银四百余万两，无庸另行请奖开单，咨由总局详请具奏。前来。

臣查近年各省灾祲迭见，物力艰难，重以捐例纷开，势成弩末。顺直前当兵

[①] 刘欣：《天津近代学校体育发展史（1860—1949）》，太原：山西科学技术出版社，2016 年，第 49—50 页。

燹之余，百废待兴，几于无可措手全额。在事员绅，实力劝筹，方足以集巨款而资接济。各该员不分畛域，劝导有方，共集银至一千八百余万两，于畿辅深资补救。其劳绩诚不可泯，自应查照定章，核给奖叙。

前次奉天、山东、直隶三省请奖异常、寻常各员，经前护督臣周馥奏，奉朱批："着照所请。该部知道。钦此。"其余各省暨外洋各埠捐局应奖异常劳绩各员，经臣次第续奏请奖，均经部臣核准，奉旨俞允在案。

今各省暨外洋各埠捐局请奖寻常劳绩各员，因系在事出力，未便令其向隅。除已奖人员扣销银数不计外，核与劝集实银至六千两准给内奖之奏案相符，统计银数，亦有盈无绌。既据声明，余银无庸另奖，于定章委无冒滥。

谨将各该局劝捐出力稍次各员，按照寻常劳绩，开具清单，恭呈御览，仰恳天恩俯准，照拟给奖，以昭激劝。理合恭折具陈，伏乞皇太后、皇上圣鉴训示。谨奏。奉朱批："该部议奏，单并发。钦此。"谨将派赴各省暨外洋各埠劝办顺直赈捐出力稍次人员，按照寻常劳绩，酌拟奖叙，开具清单，恭呈御览……

此后，汪福熙获委候选训导职衔。《直隶教育统计表图（光绪三十四年报告）》所载《北洋大学堂简明表》开列："副会计汪福熙，安徽，候选训导。"[1] 清代，县设教谕（秩正八品），训导（秩从八品）为其佐官。

1911年，汪福熙因在北洋大学堂办学有功，而获奖叙。《直隶总督陈夔龙奏北洋大学堂出力各员请奖折并单（宣统三年五月初九日奏准）》载：汪福熙为寻常出力者之一，即："文案官、五品顶戴候选县丞汪福熙，请俟选缺后，以知县补用。"[2]

清末任北洋大学堂监督、民初任北洋大学校校长的蔡儒楷，1914年5月9日任山东民政长，5月23日改任山东巡按使。《申报》1914年6月29日《鲁巡按公署组成纪》载："蔡巡按使已于昨日将各科办事人员分别派定，旧人居十之九，新人居十之一。并闻，办事细则亦已拟定，不日即可宣布。"

其中，汪福熙任山东巡按使署总务科第三股主稿。汪福熙奉行"读有用书，行无愧事"，在任期间充当的是幕僚的角色。1916年7月6日，蔡儒楷去职。汪福熙与之共进退是可以想见的。

苏州《制言》半月刊1936年第30期载有黄焯（黄侃之侄）所录黄侃撰《量守庐

---

[1] 《直隶教育统计表图（光绪三十四年报告）》所附《专门学堂简明表》，第43页。
[2] 《政治官报》宣统三年（1911）五月十三日《折奏类》第1295期，第17—18页。

遗文·汪吉修先生夫妇六十寿颂》①。这是今人了解汪福熙生平事迹和家族情况的重要文献。文曰：

> 新历八年，岁在协洽。歙县汪先生及夫人章氏，以是岁同登耆寿。月旅大吕，穀旦于差。宗族邦人，至于婚友，群集德门，奉上寿之觞，献偕老之颂。嘉祥仍萃，和气充同，经称福有万。传云寿有三，受大顺之总名，传声闻于无竟。匪我先生及夫人其畴能当之哉。

> 汪氏之先，实守封嵎，枝流叶布，宅此新安。自唐忠武将军以来，世德长矣。越在清世，徽州儒术为天下宗。西溪之汪，名世号大师者，盖数人焉。其有深研礼经、刊摘沉秘、列称于儒林、藏书于石室者，则先生之皇考京卿君也。

> 夫其奕世载德，如彼之懿，趋庭奉教，如此之近。加以聪睿明哲之姿，济以中和正直之德，故能身备百福，为世楷模。渊乎铄哉，羌难得而覼缕矣。若其琦行高节，世所难能，扬榷而陈，庶睹崖略。先生岐嶷之性，由于夙成，爰从能言。至于舞夏，亲承庭训，未尝行贽他师。与弟三人，同执经业，有棠棣萼韡之度、元凯齐名之美。用克丕承堂构，怡悦考心，孝友之名，无间人口。

> 京卿君晚从夷逸，抗志浮云，下帷著书，身登胡寿。虽恬憺之怀，不随物化。亮亦先生左右就养，周慎安亲，故能以白华之章，增鼓缶之乐。其后礼堂日暮，遗简未宣。先生缀集前文，躬自缮写。因故大学士元和陆公，上之于朝，遂得受诏披门，储书秘殿。显令闻于惇史，图形表于丹青。记有之，孝子养志。又曰：孝者善继人之志，先生之谓也。

> 故太常寺卿、桐庐袁公，分巡芜湖，闻先生世耽典籍，兼通勤诲，遂奉束帛，至于丘园，请为子师，身从西面。袁公介节雅量，有声当时。其事先生，礼貌虔恪，是以宾主和乐、缱绻相从。

> 庚子变生，袁公效节于时。京辇不肃，丑正实繁，忠良薖醢，曾莫之惜。扶服营救，独有先生。既黄鸟歌成，复送其妻子，得还原籍。非袁公之明，不能识先生于平素；非先生之厚，不能报袁公于既危。记曰：不以燥湿轻重，不以存否易心，先生之谓也。

> 民国初元，庶事草创。安徽长吏，思欲振废匡乏，乃征先生于山东。既至，以为芜湖米厘局长。关门之征，人以为利，夤缘生事，商贾苦之。自先生受任，

① 黄侃：《黄季刚诗文集》下册，北京：中华书局，2016年，第578—579页。《制言》（半月刊）1936年第30期，第6—9页，章氏国学讲习所（苏州锦帆路五十号）编印。

捐培克之政，改一切之弊，公私交益，讴颂盈途。俄而，兵兴域内，江海扬波，遂乃解绂宁家，俭德避难。烽燧已息，主者卑辞降礼，请还故官。先生惜世路之未康，喻鲍瓜之不食，叹斧柯之难假，窃独醒之匪宜。用是，辞却羔币，隐身山岩，将俟宙合之朗融，思骋力于高路。记曰：君子难进而易退，先生之谓也。

夫其荦荦大者，已超踰世俗，纯洁完备若此。至于体元以长人、贞固以干事，接物则有劳谦之美，奉身则有克己之仁。雅善草隶，而不以艺名；饮至百觚，而不为酒困；敝车浣衣，而不嫌于俭；疏食曲肱，而不改其欢。

夫人行为女宗，秉操渊塞，仁孝婉顺，齐德先生。西溪先经太平之乱，庐落荒圮，殊异盛世。今则井里整齐，百堵皆作，庭楹植觉，见美邑中。盖京卿君首其意，先生任其成。而夫人善相夫子，以承宗祀。其绩尤懋，诗咏采芑，礼贵内主，岂不以此也。循是言之，先生备六行于躬，而夫人行四德于内，故能干禄百福，如山如河，身其康强，子孙逢吉。诗既醉不云乎？君子万年，天被尔禄，室家之壸，昭明有融。至乃偕臧而荷鸿麻，高期而受景命，惟先生与夫人允宜此颂矣。当作声诗，重申庆奋。

其诗曰："清和铄穆伊乾坤，秉此而生曰汪君。上泳洪源荫灵根，士有百行备一身。谁其佐之维良嫔，遂荷戬穀登耆龄。天锡眉梨酬其仁，岁次鸟帑月嘉平。前有尊酒族党臻，举万岁觞兴颂声。黟山高高与天邻，俯瞰江海常为尊。愿以况公宜悦欣，长乐无极老复丁。"

此文不乏溢美，但信息量颇大。以下就其部分关键信息，略作梳理：

一是汪福熙夫妇同岁。1919 年同过六十寿辰（即 59 周岁）。

二是汪福熙曾充任袁昶幕僚。光绪十八年（1892）冬至光绪二十四年（1898）夏，袁昶担任安徽宁池太广兵备道（分巡道，治所驻芜湖）。关于袁昶的生平事迹，参见陈三立《清故太常寺卿袁忠节公神道碑铭》。

三是汪福熙从山东离任之后返皖，一度出任芜湖米厘局局长。

（二）徐德林生平小考

1906 年起，徐德林担任北洋大学堂正会计官。1908 年，徐德林仍在任。《直隶教育统计表图（光绪三十四年报告）》所载《北洋大学堂简明表》开列："正会计徐德林，江西。"[①] 据此可知，徐德林的籍贯为江西省。

---

① 《直隶教育统计表图（光绪三十四年报告）》所附《专门学堂简明表》，第 43 页。

1911 年，徐德林因在北洋大学堂办学有功，而获奖叙。《直隶总督陈夔龙奏北洋大学堂出力各员请奖折并单（宣统三年五月初九日奏准）》载：徐德林为寻常出力者之一，即："会计官、县丞衔徐德林，请以县丞不论双单月选用。"[①]

由于重名较多，徐德林在民国年间的行迹尚难定位。如《大公报》1916 年 8 月17 日《特铸新币之呈验》载，徐德林为财政部造币总厂（设在天津）委员。对此值得继续查考。

三、北洋大学堂杂务官考

1925 年版《国立北洋大学卅周年纪念册》开列北洋大学堂时期的杂务官七位，即：

1. 钱锡舆（据《北洋大学堂光绪三十一年一览》列入）；
2. 许朝绅（据《北洋大学堂光绪三十一年一览》列入）；
3. 赵金铠（据《北洋大学堂光绪三十一年一览》列入）；
4. 王平章（籍贯为浙江诸暨，就职年月为"光绪三十一年三月"）；
5. 张振铎；
6. 卢沛恩（籍贯为江西龙南，就职年月为"光绪三十二年七月"）；
7. 田汝霖（籍贯为直隶满城，就职年月为"光绪三十三年正月"）。

1936 年版《国立北洋工学院校友及毕业同学录（民国二十四年度）·历任杂务人员》所载，与 1925 年版《国立北洋大学卅周年纪念册》所载基本无异，但较为简略。其中，将卢沛恩就职年月记载为"前清光绪三十年七月"。

1990 年版《北洋大学——天津大学校史》第 1 卷《1895 年至 1948 年北洋大学教职员名录·历任总务处人员》仅开列以上七人姓名，有所不同者仅有一处，即：将钱锡舆记载为"钱锡与"。

（一）杂务官的职责

光绪二十九年十一月二十六日（1904 年 1 月 13 日）《奏定大学堂章程·教员管理员章第五》载：杂务官"专司本科中厨务、人役、房屋、器具一切杂事，禀承于庶务提调"。[②]

---

① 《政治官报》宣统三年（1911）五月十三日《折奏类》第 1295 期，第 17—18 页。

② 《奏定大学堂章程（附〈通儒院章程〉）》，王杰、祝士明著：《学府典章·中国近代高等教育初创之研究》，天津：天津大学出版社，2010 年，第 245—246 页。

1904年制定的《天津大学堂新订各规则》包括《杂务处规则》，共10条：

杂务处规则

——堂中差役皆有管理之权，随时督率整理。

——堂中所有应用器具，应设立收管册，按时点验。如有毁坏遗失或添补，分类详载，造具清册，送监督查核。若因事告退，须按册点交接办之员管理。

——杂务委员常川驻堂，随时照料。

——堂中伙食银两，按时向支应委员支领，发给厨房，并督饬厨役制备整洁，不得迟误。

——饭菜不丰洁，应将该厨役分别惩罚，不得瞻徇袒庇。

——伙食银两不得克扣。如厨役实有不平，准其向监督处呈诉办理。

——采买物件分急需、预备两宗。急需之件由总办、监督开单，按单给发。预备之件，如灯油、煤炭之类，须觅买为宜者，酌量办理，核实数目，仍归支应处列册报销。

——每日应用之物，如纸张、笔墨、茶叶、煤炭、油烛之类，均存储杂务处核定，核实数目，逐项发给登记，以免滥费。

——堂舍院落随时督饬人役，打扫洁净，布置整齐，浴堂、厕所尤宜留意，以重卫生，有不勤谨者，分别轻重责革。

——购买物件进堂，凡号房差役，均当随时查核，有无勒索等弊，查得实情，分别责革。[①]

据此可知，北洋大学堂杂务处的分工较为具体，大致包括各类物品采买管理、食堂管理、校园环境卫生管理（也包括浴室、厕所卫生）等。

与此同时，京师大学堂也制定了《杂务处规则》。检《光绪三十年京师大学堂详细规则》可知，《杂务处规则》共计第十二条。相较可知，京师大学堂杂务处工作范围更广、责任更大，包括"助庶务提调管理全堂日用及建筑设备并各处器物、厨务、杂役等事"。由于"事务殷繁"，在杂务官之下还"特设账籍委员一名、采买司事一

---

① 《专件：天津大学堂新订各守则（四续）》，《北洋官报》1905年第618期，第1页。参见《北洋大学—天津大学校史资料选编》第1册，天津：天津大学出版社，1991年，第26—27页。

名，以资襄理"。①

1904 年订立的《天津大学堂新订各规则》中，《食堂规则》《延接室规则》《学生延接室规则》《盥漱处规则》《游艺亭规则》等，也涉及北洋大学堂杂务官的职责。

（二）"钱锡与"应为钱锡舆

《申报》1880 年 5 月 25—26 日《三月份分发人员验看名单》载："筹饷事例，指省分发典史"包括"钱锡舆，浙江，直隶"。据此可知，钱锡舆是浙江人，1880 年捐纳典史，分发直隶省授职。

《申报》1885 年 10 月 10 日《李傅相奏保电局人员衔名单》载："谨将创办沿江、沿海各省电线大工及传送紧急军报出力各员，酌拟奖叙，缮单恭呈御览……直隶候补典史钱锡舆，均请候补缺后，以应升之缺升用……以上三十九员，系创办奉天、直隶、山东、江苏、浙江、福建、安徽、江西、湖北、广东、广西各省电线大工出力……军机大臣奉旨：'览。钦此。'"②其中提到的"电局"即电报局。钱锡舆当时的工作岗位应属天津电报局。

1893 年，钱锡舆作为"天津办理海运出力员弁"之一，被直督李鸿章奏请保荐，具备晋升主簿资格。奏折称："窃查天津、通州两处办理苏、浙海运漕粮委员，每处奏保以六十五员为度，历经循办在案。本届办理苏、浙漕粮，由津派委及苏、浙粮道借调直省各员，均能勤慎将事，妥速无误，洵属著有微劳。据天津道方恭钊查照向章，共请奖文武员弁、书吏六十五员名，具详前来。臣核与定额无浮，谨缮清单，恭呈御览，仰恳天恩，俯准敕部照拟给奖，以示鼓励。其各员履历已照章开册送部。"其中："候补典史钱锡舆等四员，管理收发剥船并支销事宜……钱锡舆请俟补缺后，以主簿用。"③

1901—1904 年，钱锡舆在驻韩公使馆担任外交官。

先看看《申报》1901 年 7 月 3 日《奏疏汇录》所载："徐寿朋片。再，驻韩使署随员、候选县丞陆清寿，派充甑南浦领事。所遗随员一差，拟请以直隶候补巡检钱锡与接充，以资差遣。除咨总理衙门外，谨附片具陈，伏乞圣鉴。谨奏。四月初一日，

---

①　王学珍、张万仓编：《北京高等教育文献资料选编（1861—1948）》，北京：首都师范大学出版社，2004 年，第 194—195 页。

②　《清末台湾创设电报档案历史档案》载，此名单为《北洋大臣李鸿章为创办电报出力各员请奖事奏折（光绪十一年八月十五日）》的附件之一，原文为《创办电报出力各员请奖清单》，《历史档案》2017 年第 4 期，第 32—34 页。

③　顾廷龙、戴逸主编：《李鸿章全集（15）·奏议十五》，合肥：安徽教育出版社，2008 年，第 188 页。

奉朱批：'该衙门知道。钦此。'"文中记载的"钱锡与"，也即钱锡舆。而钱锡舆时为候补巡检，品秩也是正九品，与主簿无异。这表明，1893—1901 年，钱锡舆并未获得实质性迁转。

《申报》所载为迟到消息。出使韩国大臣徐寿朋奏请时间为光绪二十七年（1901）三月十九日。奏片的原文载明：原甑南浦副领事徐学伊（候选教谕）接充釜山领事，使署随员陆清寿被派充甑南浦副领事，由钱锡舆接充使署随员一职。[1] 可见，《申报》所载有误。不仅将陆清寿所任新职误载为甑南浦领事[2]，而且将钱锡舆之名误植为"钱锡与"。

光绪三十年四月初十日（1904 年 5 月 24 日），外务部收驻韩大臣许台身文《釜山正领事徐学伊、使署随员钱锡舆三年差满咨送请奖折稿（并履历清册）》载：

"奏为随使各员三年期满，循章请奖，恭折仰祈圣鉴事。查出使章程，随使各国人员，三年期满，准照异常劳绩请奖，历经遵办在案。兹有……驻韩使署随员、直隶补用主簿、分缺先补用典史钱锡舆，拟请免补本班，以主簿仍留原省，归后补班补用，并加六品衔。合无仰恳天恩，俯准照拟给奖，以示鼓励。"

此奏折所附的《履历清册》载：

"驻韩使署随员、直隶补用主簿、分缺先补用典史钱锡舆，年四十六岁，浙江仁和县人，由俊秀遵筹饷例，报捐典史。指分直隶分缺先补用，并免试用验看，到省。于光绪十九年（1893），以委办天津收发官剥局[3]，蒙保补缺后，以主簿用。奉部覆准。二十年（1894），以随同盛军在奉天克复连山关、分水岭等处案内出力，蒙保蓝翎。二十一年（1895）五月十日，奉旨：'着照所请奖励。钦此。'二十三年（1897）九月，丁亲母忧，回籍守制。二十五年十二月（1900 年初）服满，正拟在籍，请咨起复回省。二十七年（1901），奉前出使韩国大臣徐（即徐寿朋）奏调派充使署随员。二月十六日到差，扣至三十年（1904）三月

① 台湾"中央研究院"近代史研究所编印：《中国近代史资料汇编·清季中日韩关系史料》第 8 卷，1972 年，第 5342—5343 页。

② 查《清朝驻甑南浦兼平壤领事年表》载，1899—1911 年，共有六任副领事（包括署副领事一名），未设领事职。中国第一历史档案馆、福建师范大学历史系：《清季中外使领年表》，北京：中华书局，1985 年，第 80 页。

③ 李鸿章《官剥总局费用开支片》（光绪四年十月十八日奏准）载："据天津道刘秉琳详报，江、浙海运全漕，归南省自行起剥运通，直隶应办事务较减。光绪四年仍照上届章程，将海运局改为官剥总局，南北委员会同经理，并派员油修剥船，办理海河一切事务。"剥船也被载为驳船、拨船。

十五,三年期满。照章应请奖叙。"①

据此推算,1904 年,钱锡舆为 45 周岁,约生于 1859 年。

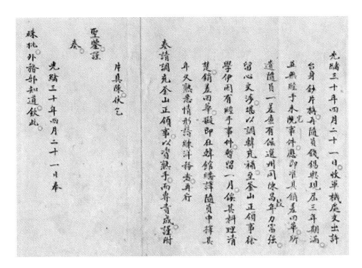

图 6　清政府外务部抄档载,驻韩使署随员钱锡舆任职三年期满后,于 1904 年离任回华。

1904 年 6 月 4 日,外务部收军机处交出驻韩大臣许台身钞片《奏随员钱锡舆差满回华,调陈昌毂充补一片,已奉朱批,录旨知照》载:"随员钱锡舆,现届三年期满,并无经手未完事件,应即准其销差回华。所遗随员一差,查有候选州同陈昌毂,年力富强,留心交涉,堪以调韩充补。"②

钱锡舆从驻韩使馆卸任归国后不久,即被委任为北洋大学堂杂务官。《大公报》1905 年 3 月 19 日《送别志盛》所载可为依据,即:3 月 13 日,北洋大学堂师生为南下履新的北洋大学堂总办沈桐送行,其中包括"杂务官钱君锡舆"。

(三)许朝绅为储藏室官

《大公报》1905 年 3 月 19 日《送别志盛》载:北洋大学堂总办沈桐调离南行之际,北洋大学堂教职员及学生为其举行了送行仪式,其中提及"储藏室官许君朝绅"。据此可知,许朝绅分管储藏室事务。

1904 年制定的《天津大学堂新订各规则》中,包括《储藏室规则》,共 6 条。

---

① 台湾"中央研究院"近代史研究所编:《中国近代史资料汇编·清季中日韩关系史料》第 9 卷,1972 年,第 5896—5898 页。

② 同上书,第 5899 页。

储藏室规则

——储藏室为学生公同安置箱箧之地，各按斋舍自书名条，由学堂编号位置定所，以免误紊，室门锁匙，由储藏室委员执掌。

——学生箱箧入室时，必经委员查验，如有贵重物品及非学堂应用之件，均不许收入。

——学生如欲开箱取物，须按定时限，至委员处报明取毕，仍自行关锁。

——储藏室开闭时刻，每日晨七点钟开一次，午后五点钟开一次，非时不开。

——委员常川驻堂，认真经理。

——夜间不得携火入室。[①]

可见，北洋大学堂储藏室官，也称储藏室委员。

许朝绅原在北洋海军任职。光绪十七年（1891）九月初六日，直督李鸿章奏《办理海军请奖折（附清单）》载："谨将遵保北洋海军在事出力文武员弁人等，择尤酌拟奖叙，汇缮清单，恭呈御览……分省补用盐大使许朝绅，拟请以运判分省补用，并加四品衔。"此折后奉朱批。[②]

此后，许朝绅长期在长芦盐运使司任职，至1900年之前，仍为运判衔。

一是《申报》1893年2月4日《分发人员验看名单》载："劳绩掣签分发：盐运司运判，四品衔许朝绅，广东。"据此可知，许朝绅的籍贯应为广东。

二是光绪二十年（1894）三月二十八日，直督李鸿章奏《钱溯耆等六员考语片》载："道、府、州、县，无论候补、试用人员，应自到省之日起，予限一年，详加察看，出具切实考语，奏明补用。兹查……长芦补用运判许朝绅，均到省一年期满，例应甄别。据藩臬两司、长芦运司详请核办前来。臣查……许朝绅年壮才明，均堪留省补用，俟有应补缺出，照例序补。"[③]

三是《申报》1899年7月25日《析津官场纪事》载："本年运库应解户部盐课银十三万四千两，原定分作两批解京交纳。头批札委候补通判许朝绅、候补盐经历高钟祥、候补盐知事萧赞元、候补盐大使雷熙庆、候补盐巡检杨兆麟管解……现已饬差

---

① 《专件：天津大学堂新订各规则（十续）》，《北洋官报》1905年第624期，第1页。

② 顾廷龙、戴逸主编：《李鸿章全集（14）·奏议（十四）》，合肥：安徽教育出版社，2008年，第183—190页。

③ 顾廷龙、戴逸主编：《李鸿章全集（15）·奏议（十五）》，第328页。

赴省请领，兵部勘合，约在二十三日之后，可以起解。"此处所载的通判，也即运判，均为秩正六品。

1902年，许朝绅署理蓟永盐运分司。一是《大公报》1902年8月17日《分转莺迁》载："长芦天津盐运分司运同员缺，自蔡寿臻请假开缺后，业经运司杨都转详请盐院，以蓟永分司运判谢廷恩升补，闻已奉到行知矣。此缺篆务，前由天津府凌太守兼理，曾志本报。现已改委许朝绅署理。闻日内即可接印任事。"二是《大公报》1902年8月18日《莺迁续闻》载："昨纪《分转莺迁》一则，兹复探悉，实系蓟永分司谢廷恩奉委调署长芦运同员缺。所遗蓟永分司员缺，委候补运同许朝绅署理。许分转定于十五日接印。并闻，运同之缺，已归部选。"三是《大公报》1902年8月20日《督辕纪事》载为"署蓟永分司许朝绅"。蓟永分司驻丰润县宋家营，下辖越支场、济民场、石碑场、归化场。

清代，长芦都转盐运使司（简称长芦运司、长芦运署）下设天津、蓟永、沧州三分司，以运同、运判掌分司。其中，运同别称分转。《大公报》载许朝绅当时的职衔为"候补运同"，恐非事实。

此后，《大公报》又称许朝绅任"芦台盐运分司"。一是《大公报》1903年11月16日《车站纪事》载："芦台盐运分司许朝绅氏，于前日由芦台乘火车来津。"二是《大公报》1904年5月1日《车站纪事》又载："芦台盐运分司许朝深氏，于昨早由津乘火车赴芦台。"此处所载的"许朝深"即许朝绅。查"芦台盐运分司"为俗称，应为"天津盐运分司"，下辖芦台场、丰财场。天津盐运分司已于1903年迁至天津老城内的戎家胡同。[①]

《大公报》1904年6月20日《分转履新》载："正任蓟永分司谢分转廷恩，现奉上宪饬赴新任，已于初六日辰时接印。其交卸该缺之许朝绅分转，另候差委。"此载有违事实。《申报》1904年6月3日《谕旨恭录》载："卓异俸满直隶长芦蓟永分司运判谢廷恩，着回任，准其卓异加一级，仍注册候升。"可见，谢廷恩当时仍为运判。在严格意义上，谢廷恩、许朝绅的职务均非运同，不能称之为"分转"。

实际上，以下三种记载表明，1904—1905年，许朝绅的职衔仍为"候补运判"。

一是光绪三十年六月十八日（1904年7月30日），直督袁世凯奏《长芦拨解京

---

① 《大公报》1903年11月13日《分司移署》载："东门外盐运分司衙署现任谢分转，择在城内旧运署后戎家胡同内，设署办公，已于昨日移入。"

饷片》载："案查，户部奏拨光绪三十年长芦盐课，解充京饷银二十五万两。内除划抵代户部鼓铸第二次铜圆铸本及用过运费，共运库平银二万七千一百四十两九钱七分三厘，尚应解银二十万二千八百五十九两二分七厘。遵即拨解第一批银五万两，随解加平银七百五十两，委候补运判侯德元，候补盐大使卓德征、陆炳奎、王宝善、程熙管解。又，拨解第二批银四万两，随解加平银六百两，委候补运判许朝绅、正任丰财场大使任敬敷、候补盐经历陆德钟、盐巡检孙林枝管解。均于本年六月初六日起程，前赴户部交纳。"①

二是光绪三十一年六月十三日（1905 年 7 月 15 日），直督袁世凯（兼长芦盐政等职）《为筹解长芦光绪三十一年第三批京饷银两事奏片》载："再据长芦盐运使陆嘉穀详称：案查，户部奏拨光绪三十一年长芦盐课解充京饷银二十五万两，内于三月二十六日拨解第一批银四万两，尚应解银二十一万两。遵即拨解第二批银五万两，随解加平银七百五十两。委候补运判许朝绅，候补经历戴侑芳，候补大使陈友瑛，候补巡检杨兆麟、陆钟泰，于本年四月二十六日起程，前赴户部交纳。造具拨解款册。详请奏咨前来。臣复核无异，除册咨部外，谨附片陈明，伏乞圣鉴，敕部查照。谨奏。光绪三十一年五月十五日奉朱批：'户部知道。钦此。'"②

三是光绪三十一年九月二十日（1905 年 10 月 18 日），直督袁世凯（兼长芦盐政等职）《为拨解长芦光绪三十一年第五批京饷银两事奏片》载："据长芦盐运使陆嘉穀详称：案查，户部奏拨光绪三十一年长芦盐课解充京饷银二十五万两，内于三、四、五、八等月，拨解第一、第二、第三、第四,四批，银十七万五千两，尚应解银七万五千两。遵即拨解第五批银五万两，随解加平银七百五十两。委候补运判许朝绅、汪昭昂，新选 [济] 民场大使赵寿臣，新选石碑场大使王继筑、候补巡检程开运管解，于本年九月初六日起程，前赴户部交纳。造具拨解款册详请奏咨前来。臣复核无异，除册咨部外，谨附片陈明，伏乞圣鉴，敕部查照。谨奏。光绪三十一年九月二十日奉朱批：'户部知道。钦此。'"③

---

① 骆宝善、刘路生主编：《袁世凯全集》第十二卷，郑州：河南大学出版社，2013 年，第 340—341 页。

② 中国第一历史档案馆、天津市档案馆、天津市长芦盐业总公司编：《清代长芦盐务档案史料选编》，天津：天津人民出版社，2014 年，第 551—552 页。

③ 同上书，第 555 页。

总之，1905年夏秋，许朝绅一直在为"拨解充京饷银"而奔波①。此前，许朝绅已获补用资格。《申报》1905年5月20日至27日《〈京报〉汇录（二月八日）》连载的《直督袁为续查派赴各省暨外洋各埠劝办顺直善后赈捐出力稍次人员，按照寻常劳绩，酌拟奖叙开单折》开列："长芦候补运判许朝身……分发补用。"

此奏折中记载的"许朝身"无疑就是许朝绅。其到任北洋大学堂杂务官的时间，不早于1905年秋季。

（四）张振铎生平小考

清末民初，名叫张振铎的下级官员不在少数②，判断难度较大。以下检出的史料，很可能与北洋大学堂杂务官张振铎有关。

一是《申报》1902年12月9日、11日《分发人员验看名单》《续录分发人员验看名单》载："新海防例指省分发：……典史：……张振铎，山东，直隶。"

二是《大公报》1903年2月21日《本埠·督批照录》载："唐县汛额外外委张振铎禀。批：'据请编入将弁学堂，候行雷道核办。具覆。此批。'"③

三是《大公报》1904年6月17日《课吏榜示》载："直隶总督部堂袁，为榜示事。照得四月初二日特课，在省正佐各员试卷，业已由馆拟定等第，封寄前来。经本督部堂覆加披阅，核定甲乙，发还。除奖赏照章给发外，合亟榜示。"其中，张振铎为河工一等第八名。

四是《大公报》1905年1月25日《保定府榜》载："为榜示事。照得本府于本月初八日考试习艺所正佐各员。所有试卷，现经详加校阅，评定甲乙，合将正取、备取名次开列……光绪三十年十二月十五日。"其中，"典史张振铎"为备取二十名之一。

据以上所载初步判断，张振铎是山东人，1902年，依"新海防例"捐纳典史，指

---

①　光绪二十一年十二月十八日（1906年1月12日）《直隶总督兼长芦盐政袁世凯为长芦光绪三十一年京饷已解清事奏片》载："据长芦盐运使陆嘉穀详称：光绪三十一年，长芦应解京饷，户部原拨盐课银二十五万两，续拨豫岸荥工加价银五万两，添拨内务府常年经费银一万两，共银三十一万两。遵于三、四、五、八、九、十、十一等月先后委解盐课银二十五万两、荥工加价银五万两，均赴户部交收。又在盐课项下，于四月间委解内务府经费银一万两。计光绪三十一年奉拨京饷共银三十一万两，均已如数解清，详请具奏前来。臣复核无异，理合附片陈明，伏乞圣鉴敕部查照。谨奏。光绪三十一年十二月十八日奉朱批：'该衙门知道。钦此。'"参见《清代长芦盐务档案史料选编》第555页。"豫岸荥工"指荥泽堵口工程。

②　如《大公报》1902年7月9日《五月分发人员验看名单》载："新海防例掣签分发：张振铎，江苏，举，分发湖北。"据《清代朱卷集成》第126册第343页载。张振铎，字剑含，号仲和，江苏常州府阳湖县监生出身。光绪甲午科顺天乡试中式举人，"分省试用县丞"职衔。

③　参见骆宝善、刘路生主编：《袁世凯全集》第十一卷，郑州：河南大学出版社，2013年，第29页。"雷道"即保定府将弁学堂总办雷震春，时为候补道。

分直隶省任职。

回过头来再检视 1925 年版《国立北洋大学卅周年纪念册》开列的三位北洋大学堂杂务官任职顺序，即：王平章（光绪三十一年三月）、张振铎、卢沛恩（光绪三十二年七月），可作出符合逻辑的判断，即：张振铎应该是 1905—1906 年担任北洋大学堂杂务官的。

（五）卢沛恩生平小考

《申报》1896 年 8 月 18 日《分发人员验看名单》载："新海防例，掣签分发：……典史：……卢沛思，江西，直隶。"文中所载"卢沛思"应为卢沛恩之误。据此可知：一是卢沛恩的籍贯为江西，这与 1925 年版《国立北洋大学卅周年纪念册》所载的其籍贯（即江西龙南），是一致的。二是 1896 年卢沛恩以"新海防例"名目，捐纳典史，签分直隶省。

《大公报》1903 年 11 月 23 日《保定·藩辕牌示》载："卢龙县典史卢沛恩，署事期满，遗缺以候补县丞张嘉干署理。"

据此可知，卢沛恩于 1904 年充任北洋大学堂杂务官之前，曾任直隶省永平府卢龙县典史（署理），但 1931 年版《卢龙县志》卷十三《历代职官（下）·卢龙典史》失载卢沛恩。[①]

（六）田汝霖生平小考

田汝霖从 1907 年起担任北洋大学堂杂务官，去职时间不早于 1912 年。在任期间，田汝霖参加过不少政治活动，后来成为家乡满城县的代表人物之一。

1. 直隶省普通科学馆学员

田汝霖为生员（即秀才）出身，于 1905 年初考取直隶普通科学馆（位于保定），在学以一年为期。田汝霖当时是个仗义执言的活跃分子，并不甘于安分守己。《大公报》1905 年 9 月 24 日《请整学务》载："普通科学馆学生田汝霖等，前日，赴学务处禀称：该学堂腐败，恳饬整顿。当经处宪饬候行县，认真切实查核具覆，并督同学董，劝令广设初等小学堂，以广教育。"直隶学务处当时已从保定迁津，设于河北公园。可见，田汝霖等为揭露直隶普通科学馆的办学"黑幕"，特意跑到天津来上访。

《大公报》1906 年 1 月 4 日《科学馆将发文凭》载："保定普通科学馆头班学生现已毕业。刻下，经总办在馆严加考试。俟考毕，以便发给文凭，听候派充中学堂教

---

① 参见周艳清主编：《〈民国卢龙县志〉校注》，北京：光明日报出版社，2019 年，第 314 页。

习。"同年 1 月 18 日《普通科学馆毕业榜示（保定）》又载：田汝霖的毕业成绩为"优等第一名"。前面还有最优等毕业生 14 名，其中包括马继融（1908 年任北洋大学堂检察官）。

田汝霖毕业后，被分配至行唐县公立高等小学任教。1906 年 10 月，田汝霖呈请筹拨经费，《学台批示》载："满城县田汝霖等禀学堂经费不敷，请饬县筹画事。批：'据禀已悉，候查明核夺。此批。'"①

田汝霖不满足于固守一隅，一直在谋求转圜机会。1907 年 3 月《学台批示》载："普通科学馆毕业生田汝霖禀请另派妥员接充由。批：禀悉。行唐公立高等小学教员即准另委他人前往接充。"②《大公报》1907 年 3 月 25 日《学署批示》载："南宫县监生郁增嘏，禀请咨送回堂肄业，批已准派充行唐县公立两等小学堂教员，仰即来司领札，速赴该堂教授，勿稍延误。"

田汝霖敢于辞去小学教职，显然是攀上了北洋大学堂某位主事者的高枝。当然，正是其不安于现状，图新思变，才创造了到北洋大学堂担任职员的良机。《直隶教育统计表图（光绪三十四年报告）》所载《北洋大学堂简明表》开列："杂务田汝霖，满城，普通科学馆毕业。"③

2. 成为满城县代表性人物

有幸到北洋大学堂就职，是田汝霖走出穷乡僻壤、开拓发展空间的关键一步。这为其后来打开全新局面，奠定了重要基础。在北洋大学堂的历练，果然使田汝霖一举改变了人生轨迹。

宣统年间，田汝霖虽然仍任北洋大学堂杂务官，但他乐于参与社会上的事务，通过积极参加政治活动，跻身士绅之列，且一度成为满城县的代言人。

1909 年清政府举办废除科举后的最后一次优贡、拔贡考试。田汝霖也以生员身份与考。《大公报》1909 年 8 月 30 日《考优揭晓》载："学宪考试优贡，业已发榜，兹将获选诸君，录登于下。"田汝霖为其中之一。

《申报》1909 年 8 月 29 日《各省筹办咨议局·复选举开票》载："直隶保定府于本月初一日，会同司选员，管理、监察、开票各员，在本府大堂举行复选。"其中，

①《本省近事》，《北洋官报》1906 年第 1110 期，第 7 页。
②《文告录要》，《北洋官报》1907 年第 1311 期，第 7 页。
③《直隶教育统计表图（光绪三十四年报告）》所附《专门学堂简明表》，第 43 页。

候补当选人包括"满城田汝霖"。[1]

3. 民初参加同盟会燕支部

《大公报》1912 年 6 月 14 日《顺直临时省会初选当选人榜单》载："委办监视京津保初选开票事宜、直隶提学使蔡，为榜布事。照得顺直临时省议会甲种初选举业经照章开票，合将甲种初选当选分各府厅州列名。"其中，"保定府：……田汝霖（满城）、德堃（安州）各四十九票。"

1912 年 3 月，同盟会由秘密转为公开。7 月，同盟会燕支部在津组建，以适应新的革命形势。8 月 25 日，同盟会燕支部改称国民党燕支部[2]。燕支部以"巩固共和，实行平民政治"为宗旨，下设总务、交际、政事、文事、理财等五科和评议部，事务所设在天津河北黄纬路。

1912 年 10 月 15 日刊印的《国民党燕支部党员录》，共计开列党员 1046 名（以同盟会燕支部会员转隶为主）。其中，包括田汝霖，据记载：年龄为"四十八岁"；籍贯为满城；职业为"师范毕业，现充北洋大学庶务员"；通信处为"大学堂"；介绍人为"黄毓枬、张宗敬"。所谓的"师范毕业"，应为"普通科学馆毕业"。[3]

黄毓枬、张宗敬与田汝霖曾有同窗之谊，1906 年共同毕业于保定普通科学馆。黄毓枬，直隶涞水人，民初的通信处为"直隶省涞水议事会"，为燕支部评议员。张宗敬，直隶高阳人，民初的通信处为"临时省议会"。

此后，燕支部在直隶省各地陆续设立约二十个分部。由于逐渐吸收了不少政客加入，政治投机色彩日趋浓重，革命色彩日渐淡薄。1913 年下半年，孙中山先生领导的"二次革命"失败后，袁世凯下令取缔国民党，燕支部各级组织基本瓦解。孙中山先生开始着手另组新党。1914 年，中华革命党在日本成立后，未在直隶省建立支部。

4. 从实业局局长到建设局局长

据《满城县志略》载："民国成立，注重实业。九年，县设劝业所，以资倡导。十四年，改为实业局。十七年，复以实业范围较小，而扩大之，改组为建设局。"满城县建设局局长由"各机关发团选举三人，呈请择充"，为"厅委"（即由河北省政府建设厅委任），也就是厅管干部，薪水"五〇元"。[4]

---

① 《大公报》1909 年 8 月 21 日《直隶选举纪·保定府属复选候补当选人名录》载："田汝霖，十一票，满城。"
② 京津冀一带，战国时期为燕国领地，故以"燕"字命名同盟会支部，简称"燕盟"。
③ 《直隶教育统计表图（光绪三十四年报告）》所附《专门学堂简明表》，第 43 页。
④ 《满城县志略》卷五《县政·机关组织》，1931 年铅印本，第 6—7 页。

1928年11月15日，河北省政府建设厅公布由厅长温寿泉签发的《委任状（第二百四十六号）》载："兹任命田汝霖为满城县建设局局长。此状。"[①] 但是，这个任命却引起了轩然大波。满城县农民协会等对此坚决反对，并历数田汝霖的种种"劣迹"。

1928年11月20日《满城县农民协会等呈控前实业局长田汝霖劣迹多端请勿加委为建设局长文》载：

> 呈为前实业局长田汝霖劣迹多端且无建设能力，恳祈钧厅勿再委该员为建设局长，以维民生，而恤民情事。

> 窃查建设局司全县之产业经济与全县之民生关系綦重，苟不得其才，而滥竽尸位，非特全县产业不能革新发展，且将秕政百出，阻其自然之进步。故建设局长人选，綦宜慎重。

> 查吾满前实业局长田汝霖苟尸位，业已数载，路人皆知。今当事业局改组伊始，百般运动，希图恋栈。职会等为全县产业计，为全县民生计，势难缄默。兹就所知者，略陈于后：

> 查田某，本前清秀才，并无建设学识，且年迈六旬，精神萎靡。此其不堪任建设者一。

> 且伊任实业局长数年，无一事之成就，无丝毫之成绩。路人皆知。一误何可再误？此其不堪任建设者二。

> 且该员贪婪成性，遇事只知惟利是趋，不顾生产之困苦。石灰捐、棉子秤等捐，均系该员创出。此其加捐妨碍产业之进展不宜再令长建设者三。

> 去年，造十七年度（1928年度）预算时，将实业局长薪金，每月擅自提高十元，县议会以该局毫无成绩，不予通过。田某竟自行开支。此其违法增薪不宜再长建设者四。

> 实业司每年有调查费六十元。而该局数年来，并无派一人到各乡村调查，而调查费则照数支出。此其吞蚀公款不堪再长建设者五。

> 实业局在县城南，设有苗圃一所，以培养苗种。乃该局只种瓜果、蔬菜，甚至栽植禾苗，又非用新法试验。查园丁携有家眷，不过供其私啖。此其溺职不堪再长建设者六。

> 且其人性狡猾、诡诈多端。县人莫不畏之如狼。又善逢迎长官，以拨挑词

---

① 河北省政府建设厅公报处编：《河北建设公报》1928年第3期，第31—32页。

讼，尤指不胜屈。近复藉整顿行秤、建筑中山俱乐部，而企图渔利。经各方反对，暂行停止。

总上以观，田某之为人，已属卑污，且无建设学识，在实业局任内，秕政迭出，溺职病民，若再令为建设局长，则吾县产业前途何堪设想？闻县长韩政修业已遴选该员，呈请钧厅加委。职会俯念舆情，不与加委，如已内定，亦祈收回成命，并饬县慎重人选，另行遴荐，以维民生，而恤民情。

是否有当，除分呈省政府、建设厅、民政厅外，理合备文，呈请鉴核施行。谨呈工商厅长。[①]

满城县农民协会等历数的"六大罪状"，不知是否能把田汝霖拉下马。不过，1928 年，田汝霖年已六旬（生年不晚于 1868 年至 1869 年），在满城县建设局局长任上难以恋栈，亦属必然。

1931 年铅印本《满城县志略》开列的《满城县志略编修姓氏》载，编纂者包括"前实业局局长田汝霖（邑人）"。这表明田汝霖当时仍健在。

---

① 河北省政府工商厅秘书处:《河北工商月报》1928 年第 1 卷第 1、2 期合刊，第 36—37 页。

后 记

对北洋大学和学人的追述研究，一路走来，繁花似锦，星空璀璨。一路溯源，品格尽显，精神淋漓。

如果说，前一系列《北洋大学与天津》出版面世，集中于微观层面个案的经历与反思，抽丝剥茧，展示着中国第一所现代大学的精神资源，以及中国大学的价值观是如何被塑造的，那么这一系列《北洋大学与近代中国》则水到渠成，聚焦学校对精神传统的继承与创造，以及步入社会的处于分散个体状态的学人对北洋大学传统的坚守与发展。

北洋学人遍布神州，处境不尽相同，虽难有整体的关注与描述，但其精神历程是相通的，无论是立身教与学、谋将来之幸福，还是颠沛流离、薪火相承，抑或是英雄泣血、开世间太平。作者感佩地发现北洋学人依然坚定信念和坚守，在孤勇中保持了群体性的特征——也就是传承至今的天大品格。

与此同时，这也成就了"北洋大学与近代中国"的主题成为研究的经典之选与长久纪念。经典主题能够诞生，源于其蕴含宝贵乃至永恒的命题——价值观与精神的传续与创新；经典主题的传承，得益于诸位大家赓续不辍、撰文求索，得益于诸位雅士鼎力同心，助推这一经典化的过程。当然，经典主题之所以经典，更在乎其承载着中国大学的过往、当下与未来。红日初升，其道大光；前途四海，来日方长。

经典之选可期可待，长久纪念不辍不离。

衷心感谢各位为本书提供帮助，在此一并致谢！

编 者

2022 年 6 月 20 日

征文启事

2022 年，正值天津大学建校 127 周年，天津大学大学文化与校史研究所主编的《北洋大学与近代中国（第 1 辑）》由商务印书馆正式出版。

大学是现代社会发展的标志，对于一个国家和民族的文明进步影响巨大而深远。作为中国第一所现代性质的公立大学，北洋大学的创建开中国现代高等教育之先河，对于近代中国社会转型与发展具有重要意义。北洋大学以"兴学强国"为宗旨，以科学知识注入中国文化之新流，以"实地将中华改造"为己任。北洋大学学子分布于中国司法、外交、文化、教育等人文社会科学领域，分布于矿冶、机械、化工、航天、航海、动力、建筑等现代工业领域，为中国社会现代化做出了自己的贡献。因此，对于北洋大学的研究，不能仅仅局限于学校自身，应该放在中国社会发展的大环境、大历史中去研究。

《北洋大学与近代中国》以中国第一所现代性质的公立大学——北洋大学为研究对象，探究北洋大学与社会变革的关系，致力于挖掘北洋大学历史，从北洋大学办学制度、学科设置和人才培养，北洋大学相关人物，近代中国高等教育发展历程，大学与近代中国社会的互动等角度展开研究。

"北洋大学与近代中国"系列研究意在探索近代中国大学的使命担当，传承大学文化。为此，我们发此"征文启事"，希望得到社会各界人上的青睐与热情参加，希冀在社会各界的支持下取得更加丰富的研究成果。

《北洋大学与近代中国》第 1 辑和第 2 辑是从一所大学管窥近代中国社会发展的尝试，是一个良好的开端，我们坚信，这一研究成果定会在国内乃至海外产生积极的影响。

投稿联系请发送电子邮件至：tjdxwjlsh@126.com 和 zhangshiyink@163.com。

天津大学大学文化与校史研究所

2022 年 10 月